U0331102

杜威选集

主编 刘放桐 陈亚军

经验的重构

杜威教育学与心理学

李业富 编

华东师范大学出版社
·上海·

目　录

主编序

在实用主义家族中,杜威是一位祭酒式的人物。他不仅最系统、全面地阐发了实用主义哲学的基本主张,而且从实用主义出发,在政治学、伦理学、心理学、教育学、美学、宗教学、逻辑学、历史学、法学、社会学等一系列领域,提出了许多极具影响力的观点。是杜威而不是皮尔士、詹姆斯,使实用主义不再只是扶手椅中的哲学而成为穿越学院高墙、塑造美国社会的文化思潮。今天,这股原本产自美国的思潮,早已成为西方思想学术舞台上的重要角色。杜威的思想不仅受到他的本国后裔,而且也受到欧洲乃至世界思想学术界的高度关注。

对于国人来说,杜威这个名字毫无疑问处于西方哲学家名册的显赫位置。这当然首先是由于他个人与中国的特殊因缘,但更值得一提的恐怕还是他的实用主义哲学与中国传统哲学、马克思主义哲学之间的诸多交叉重叠。杜威哲学与中国儒家哲学、马克思主义哲学之间的同异,早已为很多学者所关注。研究杜威哲学,有助于促进中国哲学、马克思主义哲学的当代发展。

本选集是在《杜威全集》(38 卷)中文版的基础上完成的。《杜威全集》中文版的问世,在海内外学术界引起很好的反响,但对大多数读者来说,一是体量太大,从购买到收藏,都极为不便;二是内容太杂,从浩如烟海的著述中把握杜威的思想,也殊为不易。正是为了帮助读者解决这些困难,我们编纂了这部《杜威选集》(6 卷),分别涵盖了哲学、教育学/心理学、价值论/伦理学、政治哲学/法哲学、宗教学/美学。鉴于杜威与中国的特殊关系,我们专门增加了《中国心灵的转化——杜威论中国》卷。

基于篇幅的考虑,有些文献虽然重要但难以收录,我们只选取了其中的相关部分,单行本和教材的内容则尽量不选或少选。另外,杜威的探究逻辑是他思想的重要组成部分,但这一部分放在"逻辑学"名下,恐会导致一些误解或争议,鉴于杜威的探究逻辑在很大程度上可以归于他的哲学方法论范畴,因此,我们将这部分内容统一纳入"哲学卷"。

我们力求在体例上保持一致,但并不强求一律。由于"哲学卷"的涵盖面更广,内容更加博杂,用主题分类的方式加以编纂具有难度,因此分卷主编用现在的年代划分方式对其加以整理。另外,"杜威论中国卷"也不适宜主题分类的方式,我们同样尊重分卷主编的意见,采用了目前的编纂方式。各卷主编都是相关领域的专家学者,为选集的选编付出了很多心血。我们对此深表感谢。

华东师大出版社历来重视杜威著作的翻译出版工作,为《杜威选集》(6 卷)的问世提供了大力支持,责任编辑朱华华女士做了大量的繁琐工作。我们对此也深表感谢。

刘放桐　陈亚军

2017 年 7 月 31 日

编者序

　　杜威对教育的影响既是全球性的,也是非比寻常的。[1]上世纪,已有多不胜数的文章书籍论述他的教育思想,以致人们很难再提出任何新的独特视角。关于他的教育论文集,至少有五本著名的选集。[2]我的挑战是,在杜威研究的汪洋中找到一条航线,以便为中国将来的教育家和教师们呈现一幅简明图景。

　　杜威在教育方面的著作甚丰,但他早期的杰作之一无疑是《我的教育信条》(1897),该论文写于他在芝加哥大学任教的那段岁月(1894－1904)。从《我的教育信条》开始,他的教育思想在《学校与社会》(1899)、《儿童与课程》(1902)、《民主与教育》(1915)以及《经验与教育》(1938)等著作中得到了进一步的发展和论述。为了帮助读者破解杜威,我首要的任务是对《我的教育信条》追根溯源。这故事从密歇根大学开始。

一、密歇根的岁月与杜威"恋上"教育

　　1884 年 9 月,一名女大学生正热切等待着一位年轻哲学教授来到密歇根,教

---

[1] 美国、德国和中国均有杜威研究中心。关于研究杜威的国际视角,请参见 Hickman,L. A. ,& Spadafora,G. *John Dewey's Educational Philosophy in International Perspective*:*A New Democracy for The Twenty－first Century*. Illinois:Southern Illinois University Press,2009.

[2] See Ratner,J. *Education Today by John Dewey*. New York:Putnam,1940;Dworkin,M. S. *Dewey on Education*:*Selections*. New York:Teachers College Press,1959;Archambault,R. D. *John Dewey on Education*:*Selected Writings*. Chicago:The University of Chicago Press,1964;Hickman,L. A. ,& Alexander,T. M. *The Essential Dewey*,*Volumes* 1 & 2. Bloomington:Indianna University Press,1998;and Simpson,D. J. ,& Stack Jr. ,S. F. *Teachers*,*Leaders and Schools*:*Essays by John Dewey*. Illinois:Southern Illinois University Press,2010.

导她心理学。她的名字叫爱丽丝(Harriet Alice Chipman),是一位对哲学和心理学兼感兴趣的哲学系学生。爱丽丝聪明伶俐,爱接纳新观念和科学思想,具有"坚定的勇气、活力和丰富的知识",是进步、有教养的女性。①她在等待的人便是杜威,一名来自霍普金斯大学的年轻博士,其专长为心理学和哲学。

爱丽丝有着"深沉的宗教本性",但从未"接纳任何教会的教条"。②她的观点和态度同杜威的十分契合。更重要的是,她有着强烈的社会责任感,并对教育感兴趣,计划在毕业后投身教育事业。他们住在同一栋宿舍里,并很快坠入爱河。随之而来的第一个结果是:杜威对女权主义和教育的兴趣骤涨。在《教育与女性健康》(《杜威全集·早期著作》第一卷,页 52—55)以及《高等教育中的健康与性别》(早期 1:56—64)两篇文章中,杜威运用了统计学的方法证明,教育确实对女性的健康无害。杜威也开始研究欧洲的教育理论,审视高中和大学教育中的课程设置问题。紧接着的第二个结果是:他们在 1885 年 9 月订婚,并于 1886 年夏季成婚。自那时开始,杜威便醉心于教育以及运用心理学来检视教育。

二、杜威的原则和抉择的时刻

"我宁愿挨饿,看着我的孩子们挨饿,也不愿看到杜威牺牲自己的原则"③,爱丽丝坚定地宣称道。这些原则是什么呢? 他们又面临怎样的窘境,以至于要作出什么牺牲呢?

那是在 1906 年,读者很快便会明白其中的关联性。那时候,杜威早已离开密歇根大学(1884—1894),转到芝加哥大学任教(1894—1904),并最终出任哥伦比亚大学教授(1905—1930)。在爱丽丝的支持下,杜威投身公共事务和社会公益事业。1906 年 4 月,激进俄国作家高尔基(Maxim Gorky)访问美国,并为沙俄的革命事业募捐。陪同他的是妻子——安德烈耶夫(Madame Andreieva),一位著名的俄国演员。杜威参与组织了高尔基的欢迎会。几天内,高尔基已经募捐到 8000 美元。而后事件变了质。谣言四起,有人说高尔基的"伴侣"不是他的妻子——这位女演员

① Dewey, J. M. *Biography of John Dewey*, in Schilpp, P. A. (ed). *The Philosophy of John Dewey*. New York: Tudor Publishing Company, 1939, p. 22.

② *ibid*.

③ Martin, J. *The Education of John Dewey - A Biography*. New York: Columbia University Press, 2002, p. 241.

是他的情妇！几乎所有人都开始对高尔基避而不见。震惊于这些道听途说，纽约的旅馆把高尔基和安德烈耶夫赶出门外。没有一家旅馆敢收留他们，因为他们骇人听闻地破坏了传统道德。他们该往何处落居呢？

对杜威和爱丽丝来说，这变成了面临抉择的时刻。他们也会因传统道德的谣言而离弃这位革命小说家么？他们会依附于公众意见，抑或保持思想的独立性？随着事态的进一步发展，他们勇敢地邀请高尔基和安德烈耶夫搬到他们在哥伦比亚校园的居所，随后还开了一个私人派对。在这个派对上，安德烈耶夫对一群美国进步女性做了讲话。有兴趣的读者可以进一步翻查马丁著作中所写的"高尔基事件"。① 杜威和纽约先锋人物的关系则可参看道尔顿的相关著作。②

这里所涉及的原则有：言论自由、表达自由、学术自由，简言之，即自由地思考和行动。这些自由对杜威所信赖和珍视的民主社会内的运作，至关重要。岌岌可危的是杜威在哥伦比亚大学的新教席。学校管理层，由于背负着宗教和神学方面的历史，大都站在传统道德的立场上。③ 当杜威为高尔基和安德烈耶夫提供住所时，他是用他的职位来冒险。

上述叙事最终引领到我的要点：道德或伦理，是杜威教育思想的基石。对于杜威来说，道德不仅是理论，还是实践。杜威夫妇有着强烈的道德感，并对传统道德持批判态度。即使在密歇根的那段岁月里，杜威也讲授伦理学课程，并出版了两本书：《批判的伦理学理论纲要》（早期 3：197－331）以及《伦理学研究（教学大纲）》（早期 4：189－311）。我们如何组织我们的学校系统，为了儿童，为了更好的社会，我们应该如何进行道德训练——这些都是杜威教育思想中反复出现的主题。总结而言，我们可以把杜威的教育思想追溯至他的密歇根时期。

---

① Martin，J. *The Education of John Dewey － A Biography*. New York：Columbia University Press，2002，p. 230－242.

② See Dalton，T. C. *Becoming John Dewey：Dilemmas of a Philosopher and Naturalist*. Bloomington：Indiana University Press，2002，chapters 4－6.

③ 杜威的老师皮尔士也在 1884 年被霍普金斯大学开除，原因是同他妻子之外的女人同居。See Burch，R. "Charles Sanders Peirce"，*The Stanford Encyclopedia of Philosophy*. (Winter 2014 Edition)，2014.

三、《我的教育信条》的形成

我试图从两条路径绘出《我的教育信条》的形成。心理学方面，杜威发表了论文《新心理学》(1884)，出版了《心理学》(1887)一书，随后是对《婴儿语言的心理学》(1894)的研究。当然，还有值得提及的《论情绪》一文。伦理学方面，杜威出版了两本书。这两本书均写于密歇根。当杜威转到芝加哥后，他开设了多门课程，包括《教育伦理学》，这来自他在1895年所做的6次讲座（早期5:223-232);以及《教育心理学》，这来自他在1896年所做的12次讲座（早期5:223-254)。几乎同时，杜威在1895年的《国家赫尔巴特社会年鉴》上发表了《与意志训练有关的兴趣》一文，在该文中，他建立了教育和心理学之间的关系。这些著作汇合成为他的《我的教育信条》(1897年1月)一文，以及另外两篇发表于1897年的同样重要的文章，一篇是心理学方面的，即《学校课程的心理学维度》，另一篇是伦理学方面的，即《构成教育基础的伦理原则》。

四、从密歇根到芝加哥：无产阶级革命还是社会改良主义?

虽然马克思预言了1848年欧洲大陆的无产阶级革命，但这革命并未旋即成功。尽管如此，无产阶级革命的浪潮冲击着全世界，绵延数十年。大概50年后，它波及美国的领土——这正在经历工业化进程的新世界。大都市变成了无产阶级和资产阶级的战场。1894年，杜威来到了大都市之一的芝加哥。

（图表请参见下一页）

美国正经历着19世纪最后数十年的巨变。工业革命从欧洲传到美国。当杜威到达芝加哥后，他观察到，"这个地方是全球最大的炖锅"。①杜威是正确的。为了纪念哥伦布1492年的航行，芝加哥于1893年刚举办过"世界哥伦布博览会"（世界博览会)。②芝加哥林立着钢筋混凝土建筑，标志着科技的发展以及当代资本主义的财富。然而，芝加哥的面纱下却掩藏着社会疾病和严重的社会矛盾：城市贫穷、资本家对工人的剥削严重、童工问题、工业罢工、失业、卖淫，以及政府腐败等。

---

① Martin, J. *The Education of John Dewey - A Biography*, p. 158.
② 细致的讨论请参见 Lawson, E. *The Devil in the White City: Murder, Magic, and Madness at the Fair that Changed America*. New York: Vintage Books, 2003。

表一　　　从《我的教育学信条》(1897)发展出的杜威教育思想轨迹

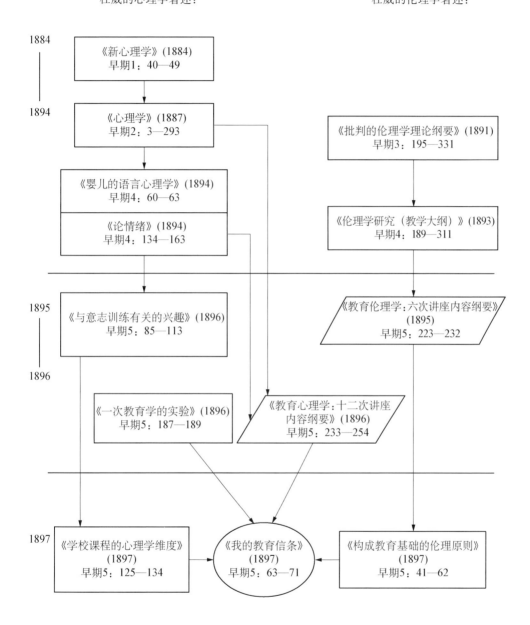

杜威的心理学著述：　　　　　　　　　　　　　　杜威的伦理学著述：

1884

《新心理学》(1884)
早期1：40—49

1894

《心理学》(1887)
早期2：3—293

《批判的伦理学理论纲要》(1891)
早期3：195—331

《婴儿的语言心理学》(1894)
早期4：60—63

《论情绪》(1894)
早期4：134—163

《伦理学研究（教学大纲）》(1893)
早期4：189—311

1895

《与意志训练有关的兴趣》(1896)
早期5：85—113

《教育伦理学：六次讲座内容纲要》
(1895)
早期5：223—232

1896

《一次教育学的实验》(1896)
早期5：187—189

《教育心理学：十二次讲座
内容纲要》(1896)
早期5：233—254

1897

《学校课程的心理学维度》
(1897)
早期5：125—134

《我的教育信条》
(1897)
早期5：63—71

《构成教育基础的伦理原则》
(1897)
早期5：41—62

1894 年迅速蔓延的"普尔曼铁路工人罢工事件"警醒了杜威。然而,他走上了社会改良的路线,他通过在赫尔馆授课的方式表达他的主张。赫尔馆是用来安置芝加哥失业者和新移民的福利机构,由亚当斯(Jane Addams)创立。亚当斯是 1931 年诺贝尔和平奖的得奖者,被后人称为"社会工作之母"。[①]亚当斯积极的行动和承担赢得了杜威的赞誉。杜威看到了社会改良的可行性,而毋须冲突和革命。教育因此被他视为实现社会改良、达至公平和正义的工具。

五、杜威十大教育著作概述

杜威的思想非常复杂。他的写作风格也是模糊且充满辩证性的:他时常提出两种对立的观点,并试图消解掉它们,然后提出一种新的、有着更高综合性的新观点。但是,人们很难跟得上杜威的思路。这或许是为什么他常被误读的部分原因。[②]为了帮助读者理解杜威,做一些简要的介绍是有用的。[③]我在这里提供杜威最著名的几本教育著作的简介,按时间顺序罗列如下:

1.《与意志训练有关的兴趣》(1896)

这是杜威第一篇把心理学运用于教育学的重要文章。大家要留意,杜威在心理学和黑格尔哲学方面的背景,以及他的《论情绪》(早期 4:134－163)一文。本文进一步阐述他的情绪理论。兴趣作为自我的表达可以分为两个阶段:直接的兴趣和愉悦的情绪阶段,以及间接的兴趣和意志的知性阶段(早期 5:93－94)。对于杜威来说,自我表达的意思是,一个儿童如何在他的活动中展现自己,包括一些紧张或冲动性的内在状态的行动。那么,教育的目的便在于培育兴趣,为自我表达提供支持。

2.《构成教育基础的伦理原则》(1897)

五十年前,杜威研究者阿尔尚博(Reginald Archambault)指出,对于杜威来说,

---

① 亚当斯的生平请参见 Berson, R. K. *Jane Addams: A Biography*. California: Greenwood, 2004,以及 Davis, A. F. *American Heroine: The Life and Legend of Jane Addams*. Oxford: Oxford University Press, 1973。

② Dworkin, M. S. *Dewey on Education: Selections*, p. 13.

③ 有兴趣的读者可以参阅 Pring, R. *John Dewey: A Philosopher of Education for Our Time?* New York: Continuum, 2007; Hildebrand, D. *Dewey*. Oxford: Oneworld Publications, 2008; Garrison, J. Neubert, S., & Reich, K. *John Dewey's Philosophy of Education*. New York: Palgrave Macmillan, 2012. 如果你想对历史背景有进一步的了解,以及想探究杜威的思想如何影响美国教育,请进一步阅读 Maxcy, S. J. (ed.). *John Dewey and American Education*. Volumes 1－3. Bristol: Thoemmes Press, 2002.

"伦理学是教育的关键"①。正如我对杜威早期著作所做的年表揭示那样,阿尔尚博是对的。《构成教育基础的伦理原则》对学校体系进行批评:学校错误地关注死记硬背,在学校中,"社会精神没有得到培养"(早期 5:48)。杜威指出,学校根本上是具有一定目的的社会组织,它的伦理目标应该是:为当代民主社会培养有道德、负责任的公民。

3.《学校课程的心理学维度》(1897 年 4 月)

杜威把心理学运用到学校课程设置的问题上,提出对"兴趣"进行"心理学的探究":"我们的研究是找出孩子们的实际兴趣所在"(早期 5:131)。杜威把儿童成长和经验放置在最为重要的位置上。教师必须观察和思考儿童的注意力、关注点、兴趣以及经验,以确保儿童所受的教育对其来说是有意义的。杜威在这里论证,课程从来不应该是固定的:选择课程应该基于社会和人类的兴趣。心理学可以通过发现处于学习和成长中的儿童经验的规律,来确定教学模式,因此,杜威有句名言:"经验的重构"(早期 5:133)。

4.《我的教育信条》(1897 年 1 月)

1896 年,杜威在芝加哥大学创立大学附属小学——即广为人知的"杜威学校"。这一教育宣言概括了杜威的教育学观点。本选集更收录了杜威的《一次教育学的实验》(1896)一文,读者可从中阅读到杜威自己如何讲述他的实验学校。

5.《学校与社会》(1899)

"杜威学校"无论对一所大学,还是对一个学者来说,都是一项开创性的工程。它引起了国内的关注,甚至有国际访客来访。显然,杜威的卓见吸引了一批高素质的教师,他们兢兢业业、专业且热情地把杜威的理念付诸实践,并获得了令人惊叹的成果,引起公共关注。1899 年,杜威对"杜威学校"的"家长及其他有兴趣的人士"做了三场讲座。他的讲座主题是:需要从社会范围内更大的变化的视角看"新教育"(中期 1:6)。伯内特(Burnett)总结道,"工业化、城市化、科学和技术已经带来了一场'历史上从未有过的迅猛、广泛而彻底的'革命"(中期 1:导言 10),即杜威的名言"教育中哥白尼式的革命",它从以教师为中心的教育转向了以儿童为中心的教育(中期 1:18)。②这一讲座空前成功,讲稿在一年内再版数次,累积销售达

---

① Archambault,R. D. *John Dewey on Education*:*Selected Writings*,p. xxi.

② 新近的阐述请参见 Fairfield,P. *Education After Dewey*. London:Continuum,2009。

7,500余册。①杜威不仅概述了他的观点,还运用了真实生动的例子,描绘学校的运行以及他的角色。②

6.《儿童与课程》(1902)

当杜威正忙于教学,管理芝加哥大学系内事务,并监督他的实验学校时,他也忙于心理学的研究。成果便是《心理发展的原则——以婴儿早期为例》(1899)(中期1:124-135)以及《心理发展》(1900)(中期1:136-155)两篇文章,已选择在本选集的心理学部分。那个时候,杜威进一步阐明了关于儿童内在的、自发性的成长需求的观点。有些研究者把课程视作事先写好的教材,杜威对此作出严厉的批评。杜威提议把教材"心理化",即"反过来,又变成它由之起源并产生意义的那种直接而个体化的经验"(中期2:219)。

7.《实用主义对教育的影响》(1909)

杜威是美国实用主义哲学的奠基人之一。他紧接着詹姆斯于1907年所做的分水岭性的讲座《实用主义:一个旧思想方法的新名称》,把实用主义思想运用于教育。杜威从讨论智力开始:"按照实用主义的观点,智力或者思想的力量是在有机生命体为确保其功能成功得以发挥所作的斗争中发展出来的。"(中期4:142)而后,他运用实用主义思想,解释了人类心灵和知识的发展,最后再度以道德目标作结:"社会同情、合作与进步。"(中期4:151)

8.《明天的学校》(1915)

杜威在1904年辞掉芝加哥大学的教席。直到1915年,在离开芝加哥的教育遗产十年后,他重返教育。这一次他的助手是他的女儿伊夫林(Evelyn),时年26岁。此次的新作是《明天的学校》。伊夫林进行实地考察,拜访著名的进步学校,访问校长、老师和家长,以描述发生在美国的进步教育运动;杜威则运用卢梭(Rousseau)、裴斯泰洛齐(Pestalozzi)、赫尔巴特(Herbart)、福禄培尔(Frobel)、蒙台梭利(Montessori)以及他自己的教育理论来给出论证,访谈学校包括:位于亚拉巴马州费尔霍普的约翰逊夫人学校(第二章),梅里安(J. L. Meriam)教授建在哥伦

---

① Jackson, P. W. *John Dewey's The School and Society: The Child and The Curriculum*. Chicago: University of Chicago Press, 1990, p. xi.

② 对杜威学校的讨论,请看看 Mayhew, K. C., & Edwards, A. C. *The Dewey School*. New York: Appleton—Century—Crofts, 1936. 新近的阐述请参见 Tanner, L. N. *Dewey's Laboratory School: Lessons for Today*. New York: Teachers College Press, 1997.

比亚的密苏里州大学附属小学(第三章),纽约市师范学院幼儿园(第五章),印第安纳州加里市的多所学校(第十章)等。

9.《民主与教育》(1915)

《民主与教育》是杜威对教育的系统性论述,其副标题是"教育哲学导论"。该书出版于 1915 年,共 26 章,长达 420 余页。该书彻底、全面、系统地阐述了杜威在教育学上的思想,覆盖了教育学多方面的问题:理论、课程、教学、社会功能以及儿童学习。由于篇幅所限,本选集只能选录关键的五章:教育的各种目标(第八章)、以自然发展和社会效能为目标(第九章)、教育作为一种社会功能(第二章)、教育中的民主概念(第七章)以及教育作为成长(第四章)。再次建议读者参阅《杜威全集·中期著作》(第九卷)中收录的其他章节。杜威无疑是超越其时代的,他的思想与今天仍息息相关。[1]

10.《经验与教育》(1938)

1939 年第二次世界大战爆发时,杜威已经抵达他的思想高峰和其学术生涯的最后阶段。他当时已 80 岁高龄,并"继续以非凡的速度发表着文章……哲学史上无人能与之匹敌"。[2]透过《经验与自然》(1925)——即《杜威全集·晚期著作》(第一卷)中"自然主义的经验论"的棱镜看,杜威指出了在以下三方面的教育改革的需要:教材(subject-matter)、道德训练以及学校组织。他试图解释传统教育失败的原因:传统的旧式教育只教导人们过去的知识,无法联系未来。提供不良的教育体验。新的进步教育是对旧式教育的反抗,它试图提供积极的体验(第一章)。这一批评受到了经验"连续性"、"交互作用"这些标准的论证(第三章)。再进一步,我们需要自由:观察、思考和理智的自由(第五章)。我们也需要澄清目的的意义,即经验在驯化冲动中如何获得了增长(第六章)。教材应该以持续不断螺旋形的方式进行(第七章)。上述章节——除了第三章——均收录于本集内。

请容我在此谈谈杜威与进步教育。杜威一向被视为进步教育理论的代言人、

---

[1] 例如 Jones, T. B. *John Dewey:Still Ahead of His Time*(as cited in Jenlink, P. M.(2009). *Dewey's Democracy and Education Revisited:Contemporary Discourses for Democratic Education and Leadership*. Lanham:Rowman & Littlefield Publishers.)以及 Cunningham, C. A. *Transforming Schooling through Technology:Twenty-First-Century Approaches to Participatory Learning*(as cited in Rud, A. G., Garrison, J., & Stone, L.(2009). *John Dewey at 150:Reflections for a New Century*. Indiana:Purdue University Press.

[2] Cahn, S. M. *The Collected Works of John Dewey. The Later Works*, Volume 13, 1988, p. x.

领袖,但是他更是一名"被误读的先知,而非我们应谨小慎微对之服从的领头人"。①杜威于1928年3月在进步教育协会第八届年会上发表了一次演讲,题为"进步教育与教育科学"(此演讲稿已被收录于本选集),他呼吁,以儿童为中心的教育应该是"一种有组织、成体系、理性的"教育(晚期3:200)。杜威同进步教育的争论持续至今。②

六、作为心理学家的杜威

人们视杜威为教育理论家和哲学家,但他起初其实是一名心理学家,并在心理学上作出了重要贡献。让我们谈谈他的心理学。

杜威在福蒙特大学(University of Vermont)求学时(1875—1879)就开始研习心理学。他年轻时读到赫胥黎(Thomas Huxley)的《生理学基础》和斯宾塞(Herbert Spencer)的《心理学基础》,并受到这两本书的启发。③ 当在霍普金斯大学读研究院时(1882—1884),他在豪尔(Granville Stanley Hall)的指导下研究心理学。杜威获得博士学位时,发表了《新心理学》一文,时年25岁。同年,他在密歇根大学谋得教职。三年后,即1887年,他出版了《心理学》一书,这本长达366页的心理学课本很快在大西洋两岸为他赢得了声誉和认可。④这便是这位含苞待放的年轻学者的成功故事。杜威为什么能在短短几年间取得这样辉煌的成就呢?那时的心理学作为一门新学科,是否很容易提出一些新思维或新研究方法呢?那时的心理学是怎样的?

七、19世纪心理学的时代精神

要回答这些问题,可能要写一整本书。概括地说,19世纪80年代的心理学是一个高度复杂的研究领域,英国和德国研究者在该领域竞争激烈。主要的思想家

---

① Dworkin, M. S. *Dewey on Education: Selections*, p. 10.

② 关于这一争论的历史说明,请参见 Cremin, L. A. John Dewey and the Progressive Education Movement, 1915—1952. *The School Review*, LXVII, , 1959, p. 160 以及 Fallace, T. D. Tracing John Dewey's Influence on Progressive Education, 1903 — 1951: Toward a Received Dewey. *Teachers College Record*, 113(3), 2011, pp. 463 — 492. 关于今时的评论,请参见 Howlett, J. *Progressive Education: A Critical Introduction*. New York: Bloomsbury Academic, 2013.

③ See Dewey, J. M. *Biography of John Dewey*, p. 10.

④ See Martin, J. *The Education of John Dewey – A Biography*, pp. 104—105.

和理论有:斯宾塞的进化论,①贝恩(Alexander Bain)的英国联结主义心理学,以及冯特的德国实验心理学。②心理学在概念和方法上不断推陈出新,同时承继了哲学的传统,诸如笛卡尔的心身问题、康德的思维范畴以及黑格尔的"绝对"和"理性"概念等一大堆问题。此外,一些死路歧途,特别是颅相学和通灵学,主导了公众对心理学的期望。这些领域经过发展,也到达了非常复杂的形态,研究人员很难提出一些新想法以一举成名。③杜威在这复杂的学术领域中建立起自己的观点理论,他之所以声名鹊起绝非仅凭运气。他也绝非是在合适的时间出现的合适的人。恰恰相反,他是一个具卓越才智的年轻美国学者,经过不懈的努力终于取得了成就。

八、杜威心理学的发展轨迹:1884—1933 年的概述

除了划时代的《新心理学》(1884)以及获得广泛认同的《心理学》(1887),杜威在密歇根时期持续发表了心理学方面的多篇论文,例如《婴儿语言的心理学》(1894),《论情绪》(1894)等。他在心理学上最著名的论文《心理学中的反射弧概念》发表于 1896 年 7 月刊的《心理学评论》杂志。这篇文章被誉为是接下来五十年里最重要的心理学文献,因为该论文宣告了美国心理学中功能主义学派的诞生。④1899 年,杜威当选美国心理学会主席,并做了题为"心理学与社会实践"的主席致辞,该文显示了他向社会心理学的转向和兴趣。

杜威在 1909 年出版了《我们如何思维》一书,该书被视为思维研究和教育心理学的开创性著作。基于 1918 年所做的一系列讲座,杜威在 1922 年出版了《人性与行为:社会心理学导论》一书。该书中,杜威试图回答心理学的终极问题:人类的本性、社会如何演化,以及两者有着怎样的互动关系。在其晚期著作《经验与自然》

---

① 斯宾塞(1820—1903),其代表作《综合哲学体系》(A System of Synthetic Philosophy)共有十卷,写于 1860—1896 年间,涵盖了所有人类知识的主题。

② 冯特(1832—1920),现代心理学之父,出版了《沃尔克心理学》(Volkerpsychologie)一书,该书也是十卷本巨著,始于 1863 年,直至他逝世。

③ 有兴趣的读者可以进一步参阅 Hergenhahn, B. R., & Henley, T. (2014). An Introduction to the History of Psychology (7th Edition). Wadsworth: Cengage Learning.; Schultz, D. P., & Schultz, S. E. (2008). A History of Modern Psychology (9th Edition). Boston: Cengage Learning.; Brysbaert, M., & Rastle, K. (2009). Historical and Conceptual Issues in Psychology. New York: Pearson.

④ See Schultz, D. P., & Schultz, S. E. A History of Modern Psychology (9th Edition). Boston: Cengage Learning, 2008, p. 207.

(1925)中,杜威探索人类生存的本质以及人类经验。在这本书内,杜威回到了他心理学中初始的问题——"意识"问题,其中有一整章专门讨论了此问题:"存在、观念和意识"(晚期1:第八章)。他也在《自然主义的感觉-知觉理论》(1926),《有情感地思考》(1926),以及《质化思维》(1930)等文中对"意识"问题深入探讨。在他的晚期著作中,个体意识的思想慢慢地被他的经验和文化观念所取代。[①]本选集选录了数篇关于杜威意识理论的文章。

九、杜威心理学方面主要著作概述

1.《新心理学》(1884)

这是一个心理学宣言,杜威思想在此首次登台,但此心理学宣言却常被忽视和误解。年仅25岁的杜威,大胆地整理整个心理学,并阐明自己的观点。在一段不足250字、表达娴熟的段落中,杜威用15个要点勾画了人类心灵的图景(早期1:40—41)。他一开始便批判旧式的心理学,对以往的研究做了总结,并把那些研究同18世纪和19世纪的时代精神联系起来。他认可生理心理学是"一个新工具,引入了一个新方法——实验的方法",这种新方法导致了心理学中的新方向(早期1:44)。但是,他同时指出,生理学不是心理学:它仅是一种间接的探究心理过程和活动的方法(早期1:45)。生理学只解释物理的机制,但心理学还必须解释整个人的经验。因此,杜威拥抱具体的经验和心理的生命。可以说,经验是杜威思想的基石,他在晚期著作中不断对经验加以发展和阐述。

《新心理学》展露了杜威在心理学上的卓见、广博和深刻理解。该文预示着杜威将来在儿童心理学、社会心理学、思维及其局限、生命经验和意义、存在和意识等方面将有进一步阐释。该论文无疑是心理学的一项重要成就——尽管在当时和今日,人们并未认识到这一点,甚至鲜有讨论。由希克曼和亚历山大(Hickman & Alexander)合编的《杜威文萃》[②]一书未选录该文。费斯迈尔(Fesmire)的《杜威》[③]

---

① 参见晚期1:161—191;Browning, D. *Introduction*, in Hickman, L. A. *The Influence of Darwin on Philosophy and Other Essays in Contemporary Thought*. Southern Illinois:Southern Illinois University, 2007, pp. ix—xxxii;以及胡克为《杜威全集·晚期著作》(第1卷)所做的导言。

② See Hickman, L. A., & Alexander, T. M. *The Essential Dewey*, Volumes 1 & 2. Bloomington:*Indianna University Press*, 1998.

③ See Fesmire, S. *Dewey*. London:Routledge, 2015, pp. 15—16.

一书也未提及该文。讽刺的是,该文的一小部分延伸成为功能主义,在十年后被重视并流行起来。

2.《心理学》(1887)

《心理学》是杜威出版的第一本书,该书在当时的美国,是具有开创性的教科书。从杜威身上看,他付出了令人惊叹的努力。《杜威全集》的主编博伊兹顿(Jo Ann Boydston)周密地梳理了《心理学》一书,并列出了共计331项参考文献,其中182条是德语文献,34条是法语文献,还有115条英语文献。这些文献涉及1876年至1886年间出版的心理学重要著作。据我估算,这意味着多达160,000页学术作品。即便杜威仅彻底阅读了其中10%的篇章,他也要读16,000页,平均每月阅读800页。杜威在1884年9月至1886年4月期间阅读了大量著作,把非常多的思想综合进了这本教科书里。

一开始,杜威指出,关于自我的科学是心理学的主题(早期2:6)。而后,他使用"心灵"一词来表示有意识的"智性自我"。杜威认同把意识视为心理学的主题,曾多次强调意识是一个"事实"。①意识分为三个方面:认知(包括知识的、信息的、理解的等);情感(包括感觉情感的主体状态,愉悦—痛苦等);意志(包括意愿、达到某一目的而努力的心理过程等)(早期2:15-16)。感兴趣的读者可能注意到,当今的人类心理学(human psychology)大体还保留着这种分类。当杜威的学生施耐德(Herbert Schneider)批评杜威是"旧瓶装新酒"时,他也承认杜威从德国唯心主义转向到成长的自我(早期2:导读1-5)。《心理学》一书是杜威的个人成就:他能以康德和黑格尔为基础,借助当代心理学和实验方法中的新思维,论述他的哲学思想。毫不夸大地说,杜威所有心理学上的想法都可以追溯到这萌芽的基床。本选集选录了《心理学》前两章和第二、第三部分的导论内容。

3.《心理学中的反射弧概念》(1896)

历史充满了反讽和滑稽剧,学术思想史也不例外。人们从未意识到杜威的《新心理学》(1884)这野心勃勃的宣言会做出重要贡献,当时如此,现在亦如是。但在12年后的1896年,杜威发表《心理学中的反射弧概念》一文后——具有反讽意味

---

① 杜威多次提及这一点,参见诸如《心理学》第一章(早期2:6-14),《新心理学》(早期1:48)。杜威曾着重强调这一点,他在《作为哲学方法的心理学》中写道:"自我意识实际上是一个经验事实(我并不怕使用这个词)。"(早期1:第118)

的是——他很快被视为是心理学中功能主义学派的创始人,心理学的史学家甚至称这篇文章"宣告了美国功能主义心理学的独立"。[①]这一次,杜威正是在合适的时间和地点,恰好出现的合适的人了。

那时候,心理学在美国取得了长足的发展。数以百计的美国年轻学者蜂拥至欧洲学习最新的思潮,待回国后自己成为弄潮儿。在经历了上一代对欧洲心理学的输入之后,他们想发展出美国式的心理学。美国社会风气青睐进化论思想、社会达尔文主义、自由企业以及自由。人们关注于事物和思想如何运作(起着怎样的功能)以及它们有什么用处。心理学中的功能主义很快被视为一种新的卓见。这是美国人第一次在心理学中提出自己本土的思想!剑桥有詹姆斯,芝加哥有杜威,功能主义绵延数代。正因《心理〗学中的反射弧观念》一文,人们认定杜威诞下了功能主义。

4.《我们如何思维》(1909,1933)

杜威在思维研究中的开创性著作《我们如何思维》,初现于 1909 年。根据研究,杜威对思维的思考超过三十年。[②]早在 1900 年,杜威讨论了儿童的心灵,对其记忆和联想能力做了探究(中期 1:144-145)。到了 1909 年,他更提出了反思性思维的概念。在接下来的二十年里,杜威对思维的分类逐步发展和扩充,包括:情感思维(1926),质化思维(1930),乃至实践思维(1926)。但是,反思性思维在教育过程中十分重要,以至杜威在 1933 年对著作进行修订,供教育界和社会大众阅读,希望借此改变美国体制的面貌。[③]他还加强了逻辑上论述的依据(第二部分)。因此,本选集以《我们如何思维》(1933)为基础。该书是杜威最终的、修订后的阐述。本集收录了《有情感地思考》一文。

5.《人性与行为》(1922)

这是杜威在心理学方面最深潜难明的一本书。在这本只有 227 页的小书中,捆扎了许多概念、观点和理论。简单地总结说,人类的环境包含着物理的社会力量。它有着人类本性,在同环境的相互作用中,本性表现为行为。人类本性有三种

---

① Boring, E. G. John Dewey:1859-1952. *American Journal of Psychology*,1953(66):146.
② 杜威的学生胡克(Sidney Hook)把杜威关于"思维的思考"追溯至 1902 年《逻辑学理论研究》之中,参见胡克在《杜威·中期著作》(第二卷)中所做的导言。
③ See Rorty,R. *The Collected Works of John Dewey. The Later Works*,Volume 8 Introduction,1986,p. xi.

成分：理智（intelligence）、冲动、习惯。"冲动"是无法改变的自然法则、人类本能、欲望、盲目的自发性。习俗和习惯以旧有的方式压制冲动，以让人能行事。而后，冲动中产生思想。思想或理智发明新的手段和目的，打破习俗，并释放冲动。旧有的限制行为的道德，将会被能够适应新环境的道德所取代。①

  杜威的教育学思想建基于他的心理学思想。他将心理学视作关乎意识的科学，具有改进人类的价值。那么，教育便是一种手段、活动，通过对现代民主社会的改良，达到改善人类生活的目的。道德是杜威的主要关注点，经验是其哲学中的基础性概念。经验的重构引发人的成长，成为杜威心理学和教育学的中心思想。实际上，杜威在《心理学与社会实践》（1900）和《民主与教育》（1915）中对此均有论述。随着他从进化论和德国唯心主义中发展出实用主义思想，他的学术研究始于《新心理学》，止于《经验与教育》。噫吁嚱，杜威，忠于己，诚真人也！

李业富②

2017 年 3 月 31 日于香港

---

① 这一梗概基于笔者的文章，请参见 Li, R. *John Dewey's Notion of Human Nature*. Paper presented in the International Symposium on the Centenary of *Democracy and Education*, 23 October, 2015, Hong Kong.

② 李业富，香港优才书院创办人，中国科学院心理研究所客座教授、复旦大学杜威中心客座教授。本文初始为英文，由南京大学哲学系博士周靖译为中文。

教育学

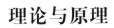

理论与原理

实用主义对教育的影响^{*①}

论文一

按照实用主义的观点,智力或者思想的力量是在有机生命体为确保其功能成功得以发挥所作的斗争中发展出来的。如果从宽泛的意义上说,这个学说可能会被喻为"关于历史的经济学解释"这个理论。按照这个理论,任何一个特殊社会结构的基本特征,只有通过首先对这个社会是如何解决维持其自身存在的问题——它如何承担起"创造生活"的首要职责——的研究,才能被最好地理解。类似地,相继的社会状态的转变和进化,依赖于把新的因素和力量引入工业生产和交换,以至于人们的价值观即价值判断,以及对力量的定位——对自然的控制并因此而对其他事物的控制——都会发生改变。于是,通过一种在某种程度上相似的方式,实用主义主张:个体有机生命的所有更高成就,都源于维持生命功能这个问题的紧张和压力。因为生命仅仅作为"创造^②生活"的有机体,通过对环境的正确处理以及对后者进行符合自身最终目的的恰当调整,才能继续存在下去。用最简单的话说,就是:个体生命的生物学问题与社会的经济学问题完全是同一个问题。在每一种情形中,目的都是支配自然环境的资源和力量,以使它们都为生命功能服务。

现在,尽管这要求在攫取、消化等等的过程中与事物直接发生联系,使资源服

---

* 此文选自《杜威全集·中期著作》第4卷,第142—151页。

① 首次发表于《教育进步杂志》,第1卷(1908年12月),第1—3页;第1卷(1909年1月),第5—8页;第1卷(1909年2月),第6—7页。

② 杜威在原版书中用斜体表示强调,中文版改用楷体。——译者

从于功能的直接方法的局限性也非常大。神经系统的进化,表现了对这种间接控制——它是通过根据过去和现在对当前环境,以及根据眼前和长远对感觉到和观察到的事物的处理来实现的——优越性的发现。

以此为根据,通过理论的和深思熟虑的精确性反映一个外部世界,并不是思想的职责。选择与最有效地维持生命功能相关的一切东西,并对所选择的东西进行安排——这种选择和安排不是根据某些外部的模式,而是与推动一个有机生命的所有可能活动的全部实际实现有关的——才是它的职责。因此,知识并不试图模仿一部百科全书的形式来拷贝这个世界的所有方面。它是对人类过去在实现调整和适应过程中所取得的最成功的成就的反映,以某种形式表示出来以便有助于在将来维持和促进对环境进行更好的控制。

这个关于智力与知识本性的理论,与其他两个理论——这两个理论,过去已经实际地分割了它们之间的这个领域——形成了对比。一个理论,它可能被称为纯粹理性主义的先验理论,它是:心灵是一个非物质实体,它暂时地栖居于一个物质的有机体,拥有思想或理性作为其独立的和先天的能力,并通过其自身能力的运用创造知识,这恰恰是因为生产知识正是思想的本性。知识,根据这种观点,完全是其自身实现的一个目的。它只是描述了这个产生于一种纯粹理论能力运用的沉淀物而已。或许,它在活动中可能得到某些有效的运用,但这完全是偶然的——它是一种事后的再思考。只要理性的这种纯粹理论能力已经表明了自身,知识就完全是自我实现的。

另一种对立的观点是:心灵是一张白纸,或者是某种被动的类似蜡块的东西,物体可以在其上留下自己的印迹;并且,这些后来所留痕迹的积聚就构成了知识。这种观点是斯宾塞进化理论的基础;按照这个理论,精神的本质和能力是通过环境力量的持续影响发展出来的,更为暂时的特征正在消去其他特征的影响,而较恒久的特征则把智力铸成了它们自己的相似性。根据这种观点,知识是在意识中对已经存在的现成外部世界的一个复制或复写版本。

现在,关于心灵和知识的这种实用主义观点赞同后一种解释,因为它把心灵看作是发展的,并且着力强调了有机体和环境之间的关系。但是,它却认为,心灵的进化是源于生命通过让环境服从自己而不是通过让自己适应于一个从外部起作用的强制性力量来维持并丰富自身功能的一种固定不变的倾向。因此,它认为,智力不仅仅是一个进化的结果,而且是一个引导进化过程的因素;因为它把智力视为一种生命功能的进化,以至于这些功能可以被最有效地履行。与此类似,根据这种观点,知识并不是一个其真理性将根据它相对于一个原初物的逼真度而被判定的拷贝;它是成功行动的一个工具。

我们不会根据手或眼是先前一直存在于环境中的某些东西的拷贝来恒定它们的价值,而是根据它们作为调整工具的价值来判定其价值的。根据实用主义的观点,这种情况与知识是相同的。检测其价值、其正确性和真理性的东西,是其把生命存在的行动引向成功的有效性程度。

因此,我们称之为"理论"和纯粹科学的东西,并不是孤立的或者先验理性按照其自身的一个先天法则而进行的纯粹理论式的训练。它们只是关于最有效和最富成果的行动的条件和结果的一种没有偏见、公正的观点的产物。因为,一个行动的成功,可能会从一个狭隘或宽泛的立足点出发而被判断。当一个个人孤立于他作为其中一个成员的社会来观察与他个人目的和需求相关的一切东西时,他就不会获得科学的知识,而只能获得意见和教条式的知识。当这个个人从他行动的条件和结果与共同体行动的成功或福利的关系这个立场出发来考察自己行动的条件和结果时,他就会得到对于人类而言,可能从之出发而进行认知的最普遍、最一般的(或者客观的)观点。接受这种社会性的而不是纯粹个人观点的结果,就是最好意义上的知识——即科学。而且,历史也已经表明:科学的进步,就是更为一般或社会性观点对纯粹个人的观点、意见以及仅仅一个阶层的观点——教条——所取得的渐进性胜利的表征。纯粹知识,简言之,就是以最普遍和最有效地适用和服务于社会进步而不是以其他人为代价从而得到保证的个人利益为基础的知识。因此,它并不完全反对实用的和有用的知识。

由于教育的一个基本职责就是心灵的训练——因为事实上,当我们在心灵与性格的有机关联中考察心灵的时候,这是教育的唯一职责——所以,一个已经改变的关于心灵的本性和目的的观点,就会带来在教育理念和教育实践上的极大变化。过去,教育几乎已经完全被我已经指出的那两个关于心灵——关于一种纯粹理性或一个完全被动和接受性的容器——的旧观点所联合支配。一般而言,"闲暇阶层"的教育,流行的"文化"观念,都是基于这个尽可能脱离物质条件以及因为与它们相关而受到污染的心灵观念,它的一个最高目标就是出于自身兴趣的知识生产。另一方面,"大众"的教育已经被视为一个过程——通过这个过程,他们特定的环境特征被内在地植于他们之中,直到他们的心灵被塑造为被动和顺从地一致于他们有关的存在类型为止。实用主义的心灵观念与教育的独特关系，必须由另一篇文章作进一步讨论。

论文二

在这个杂志 12 月份那一期上，我这样指出：在过去，教育理论与实践都与两个不同的关于心灵本性的理论有关。一个理论就是：心灵的最高才能就是理性或纯粹思想，这种才能的运用产生知识。这个观点，与知识是自身的目的而与社会运用和应用无关这种观念是一致的；它导致这样一种教育理论，该教育理论的反对者指控它是学院式的和学术性的，而它的支持者则总是以"文化"和一种"自由主义"、"人文主义"的教育作根据为之辩护。这种类型的教育，几乎已经完全在目标是培养英国传统意义上的"绅士"——即统治和闲暇阶层——的学校中盛行了。

另外一种心灵哲学，把心灵视为完全被动的某种东西。它由外部感觉和影像而留下印记，这些感觉和影像随后被整理而形成知识和信念。这种观念实际上主要盛行于大众或"较低阶层"的教育中，其结果或多或少是被有意识地设计的，是让他们成为现存秩序的消极被动和心甘情愿的支持者。因为较低级学校中的孩子们被教授的这些东西，绝大部分都不是自然的对象和事件，而是知识和计算技巧的符号——语言的书面和印刷形式以及算术的基本原理。结果是双重的：一方面，它培养了精神的依赖性和顺从性。对通过学校教师和教科书呈现出来的材料的顺从或服从的吸收，已经成为这些学校的传统和约定俗成的优势。另一方面，初级教育的社会和经济条件，致使绝大多数初级学校的孩子们在离开学校的时候已经达到这样的程度，即他们拥有了足够的阅读、书写和计算的能力，这可以让他们在所属的经济岗位上发挥更大的作用；但是，却不足以激励或促使他们（除了极少数特例之外）达到这样的程度，即他们是自己的身体和精神力量方面的掌控者。

于是，就像我在早先文章中建议的那样，实用主义的心灵和知识理论不仅适合一个不同的教育实践方案，而且还适合一种追求这种教育实践的不同的社会目标。实用主义心灵观就是：智力，首先是作为在对不断提升其复杂性的积极作用的需求中进行再适应和再调整的机能而被发展出来的。一个变形虫几乎不需要心灵和知识。它的功能是简单的，在很大程度上未分化的，并且是在一个简单的、基本上全部是同一类的中介中发挥的。人生活在一个高度分化的环境中，生活在一个自然和社会世界中；在这里，有无穷多样的因素都需要被考虑到；而且，在这里，生命的维持和目标的成功实现,依赖于把各种各样的因素精巧而又眼光长远地组合起来。文明的每一个进步,每一次进步的社会变革,都增加了起作用的因素的数量,并且增加了使它们相互之间保持和谐平衡(或者就像我们说的那样,技术上的协同)的难度。原始人的餐食、衣服、蔽身之所,相互之间都发生关联,不过这些只是数量很少的因素,几乎发生于一个很短的历史时期之内,发生在寥寥几平方公里的地域之内,并且包括人们的协作,但最多也只有很少人参与。一个现代城市居民需求的相应满足,甚至是一个最贫困的居民,都是这些因素——它们的作用几乎遍布整个世界,覆盖了一个包含很多年持续活动的时期,并且要求成千上万人之间的相互协调——的综合与协调。

到目前为止,这是对发展的一般法则唯一的一种解释。现代天文学家和化学家不仅有数千种情况等待处理——而他们的先辈却只有一种,而且还面临对每一个新情况的澄清和分组问题,使之符合其他情况的问题,一个或许要求对旧情况进行纠正和重新分类并对新情况作出解释的过程。譬如,按照这种方式,达尔文发现的新情况,不仅仅是在旧情况的基础上有所增加;而且这些情况的发现,迫使我们对每一个先前已知的植物学和动物学细节彻底地进行一个重新检验和重新申述。无论在什么地方,我们都会发现,有机体的进化既在增加参与进来的因素和细节的数量,也在增大保持所有这些因素相互之间平衡协调的任务和问题的难度。否则,单纯的数量增加和部分之间的不相似,将会导致彻底的混乱和因重负而崩溃。因为人类机体拥有如此多的比变形虫和牡蛎更加专门化的组成部分或器官,故而它更容易面临其他动物所没有的合作活动失调和失败的危险。在比较现代社会与原始群落时,情况同样如此。

实用主义的理论指出:心灵和智力,正是有机体在自然和社会中成长过程的伴随物。心灵,可以说,就是记录说明那些已经增长的条件的差异和倍增,以及为了行动的目的和手段而进行预先统筹和安排——这将使那些各种各样的因素相互之间得以保持真正的协调一致——的一个工具。这说明了这样一个事实:所有的智力都包含这样一个特殊的混合,即消极的教育理论所强调的感觉和接受性因素,与纯粹理性活动理论所强调的积极理智因素的一个特殊混合。感觉的功能,就是为被正确指导的行为——譬如,将会使生命功能得到正确调整的行为——提供刺激物。至于知识,感觉则指示出有机体必须对此作出反应的那些事物的状况。感觉的目标,不是去反映甚或记录整个外部世界,而是要让个体行动者认识到这个环境中的那些事物;这些事物威胁到了这个行动者的安宁福祉,或者为在特定时间内个体的生命调整提供所需的资源。如果我们认为感觉的意图完全是给出关于外部世界的知识的话,那么,可笑的是:它们并不胜任这个目标。如果我们把感觉视为用以把威胁性的危险物警告给一个行动者,以及唤起那些将会使这个行动者能够保护自己并避开或者摧毁这些障碍的反应的工具,那么,它们就能很好地胜任这个目标。

然而,当情况变得复杂时,一个有机体会得到许多关于需要注意的那些事物情况的报告,如果这个有机体能坚持住的话,就是非常多样和不能和谐共存的。对于这个有机体而言,突然间对它们都作出反应是不可能的;但是,它随意武断地选择一个或者少数几个而忽略其他的情况却可能是致命的。选择过程中出现的一个失误,必定会破坏这个有机体。因此,思想就发展成了一种衡量这些需要注意的各式各样刺激物的重要性的方法。判断,在平常的使用中,恰恰就是估价要求被注意和作出反应行为的事物的相对价值的能力。从长远看,一个微弱的声音或许会比一个洪亮的声音来得更为重要;对于有机体的福祉而言,一缕暗淡之光可能比一缕明亮光线富有更大的重要性。思想需要看轻它们的直接力量,并且需要根据它们间接的和长远的结果来解释它们自己。想象力对各种彼此冲突的刺激加以衡量,发明方法以减弱那些或许只是暂时更加剧烈的刺激,并精心制作似乎无足轻重的报告。因此,想象和思想都是根据其可能的未来结果来估价所观察对象的方法。它们都是关于当前条件就未来发展显示或预示了什么的预测、试验性的预言或推测。所有的观念都具有科学家称之为"工作假设"的性质;都是关于在未来条件下将会发生什么的预测;都是还要被用以引导和指导行动,以至于如果有可能我们想要的情况就会实现的预测。真正"起作用"的那些观念,当它们实现以后,将来的事件就会对它们进行检验的那些预测,关于成功按照所期望的方向改变条件的行为的那些计划和方法,都是正确的;适用于判断和观念的这个"真理"术语,除此之外,就再没有其他什么意义了。

现在,我简要地谈一下这个心灵概念与那个教育方法问题的关联,而把它与这个研究素材的关系以及与学校目标的社会和道德基础的关系留给更晚的一篇论文来处理。

1. 任何一个教育过程都将从做某件事情开始;而且,必要的感知、记忆、想象和判断训练,也将从所做事情的情况和需要出发而生发出来。所做的事情不应该是任务指派者所武断强加的任务,而是某件原本就很有意义的事情;并且具有这样一种性质:学生本身足够充分地认识到它的重要性,以至于对它产生了必不可少的兴趣。这就是这个孩子获得他最初的能力训练以及他所有关于这个世界最初知识的方式。在实现其获得、运用、丢弃的本能式意向过程中,一个孩子学会了认识他的四肢及其功能,并熟悉了事物的属性——它们的坚硬度、颜色、形式、大小以及其他很多属性。他开始并不知道这些事物,也没有任何一位老师为他开设发现它们性质的课程。他是从做某件事情开始的,而且这些结果必然会产生。

在其生命中的一段时间里,最初的一段时间,一个孩子本能的热心和自然环境都被调整得如此之好,以至于这种教育训练以极快的速度进行下去;并且,相对而言,几乎没有任何监督和引导。这样一个时期到来了。在这个时期里,一个更加富足、丰裕和经过更仔细选择和安排的环境,需要提供最富教育性活动的刺激因素和条件——一个比普通家庭环境更复杂多样、却不像一般的社会生活那样复杂多样、混乱无序、无法抗拒和过于专门化的环境。

自觉的教育是从这一点开始的。如果它是其应该是和即将成为的那种教育的话,那么,这种教育就在于对物质和技术环境的选择和安排。用这一个关于自然的最辉煌成就的模式来唤起并发挥孩子的生活功能——换句话说,就是向他建议值得做的事情,并使他专心致力于做这些事情。教师将是目前更有能力、更富经验的社会成员;但是,他们却将作为工人同伴和游戏同伴——贯彻游戏和工作活动计划过程,以及在与这些孩子们一起建立一个缩微世界,作为他们参与活动的明确结果和酬报过程中的同事——而出现。

2. 感觉训练将不可避免地产生于对这些各式各样活动的参与。玩弹子和球类的男孩,给洋娃娃着装和卸装并给她做衣服的女孩,都获得了感觉的训练。这种训练更加有效,因为对于某些行动计划的执行而言,它是偶发附随的,并且自身并没有被设定成一个特殊任务或目标。泥塑模型、园艺、木材和金属的商店经营,烹饪,编织,等等——这些都是培养观察能力和对感觉的精确解释的常规方法。人类并不是为了知识而获得其最初的信息储备,也不是因为自然对象自身而在心灵上留下了印记;其理解植物、动物、石头、金属、气候等等,是因为关于这些事物的知识是解决食物、住所、衣服、社会协作和防卫等问题所需要的。

3. 更高智力水平方面的教育,一般观念和原则的储备,对反思和慎思习惯的要求,都将被置于同一基础之上。所有的思考在开始的时候,都是计划、预测、形成目标,以及选择和安排能最经济和成功地实现这些目标的方法。相比较而言,在我们目前的学校系统中,发展这种思想所必需的实践活动的机会很少被提供出来。独立处理材料的机会,获取成果、监测和纠正错误的决心和责任,都是极其罕见的。所以,思考的能力仍然在相当大的程度上没有被开发出来,除了少数天生适合于更加专业和纯粹理论性学科的人——其思考高度集中于事物的符号而不是事物自身的那些孩子和青少年——之外。这些人自然地进入专门的学术研究和思想者的阶层。无疑,这个世界很大程度上归功于它的纯粹"研究人员"和学者;但是,如果他们从教育中获得了思考其抽象观点与社会问题之间关联的习惯,那么,世界还要在更大的程度上归功于他们。实际上,他们已经在很大程度上逃避进了一个孤立和偏远的阶层——也就是说,社会意义上的孤立和偏远,在这里,他们的思想成果相当"安全",因为它们并没有被从符号转化成行动事实。

在一个实际上包含实用主义思想观念的教育计划中,智力的教育将会因此具有下列特征:(a)它将全部产生于学生自己从事的活动的需要和机会。这个原则将会是普遍性的。目前,在某种程度上,它已经在较低层次目标的幼儿园、较高目标的科学实验室,以及在商店经营、烹饪等人工职业活动中被零星地表达出来了。(b)信息将不会被作为自在目的而被收集、堆积并被灌输给学生,而会围绕着活动的开展聚集起来。为了做什么事情都取得成功,有些信息是当下需要的;一个不懂得关于土壤、种子、量度、植物及其生长、雨水和阳光情况等知识的孩子,不可能成为聪明的园丁。但是,致力于持续开展这样一种活动,将会使心灵对与当下需求没有直接联系的很多事物产生好奇并对之开放。在这片和其他土地上从事农艺的方法,这个职业的历史演变与之相关的社会和经济问题,对于一个已经形成个人对一种相似活动——对于一个仅仅听说和阅读过它们的二手材料的人而言,是不能了解它的——的兴趣的人的心灵而言,都是一种自然的兴趣和路径。在学校有组织地致力于某些持续性的职业方向的过程中,一个主要的目标就是:这些能为各种各样的事实与观点的收集和组织提供自然的导向。(c)在这个基础上开展的教育将会这样教导心灵:所有的观点、真理、理论等等,都具有工作假设的性质。人类进步的主要障碍就是心灵的这个教条式习惯,这样一种信念:某些原则和观点拥有这样一种终极价值和权威,以至于它们将会没有任何疑问、没有任何修正地被接受。心灵的实验性习惯把观点和原则视为解决问题和组织材料的试验性方法,这是最近才出现的。以实用主义观念为基础的教育,将不可避免地培养出这样一些人——

他们认识到通过把他们的观点和信念付之于实践应用来持续检验它们的必要性，以及根据这个应用的结果修正他们的信念的必要性。

总结论文

在一般地谈论实用主义理论及其与教育方法的特殊关联之后，我打算简单地谈一下它与教育的素材或者研究的课程材料之间的关系。在最近两三个世纪，教育改革者们已经就它的人为性和远离生活对传统的研究计划提出了反对。首先，他们反对它的文字和语言特征，反对这样一个事实：它是如此排他地致力于学习的符号。这种抗议已经或多或少地产生了效果，来自于自然的内容（科学）和人类生活的内容（历史）也已经被引入了学校。然后，就有了对这些研究的排他性信息特征的反对——反对对记忆的强调和知识的堆积，以及对将会与当前的社会需求有更直接和更有用联系的内容的需求。工业制图、手工艺训练、各式各样艺术的入门都已经被引入，以满足这种需求。如果把诸音乐学科和其他的"纯粹"艺术增添到最终在学校中从事的学习系列的话，那么，我们就不会对已经爆发的对一个缺乏统一和集中性的分散教师和学生的活动并使之精疲力竭的超负荷课程的反对之声感到惊奇了。这儿甚至还有向旧式的基本知识的单调学习的简单性回返的呼声。然而，就没有确保内容有组织性和目的的统一性的其他途径了吗？

从整体上看，人类的教育已经通过所从事和发展出来的这些职业而获得了。在社会中得到发展的这些行业、职业、一系列的活动，都已经为知识提供了社会性激励以及知识得以组织的中心。如果职业成为教育的基础，那么，学校工作将遵守社会和精神发展的自然法则。这种改革已经开始被引入了。福禄培尔已经在他的幼儿教育计划中隐约地发现了这种观念，尽管他的计划因为太过浪漫空想和富有象征性从而不可能使这种观念得到充分表达。工程和技术院校在这里进行着对科学社会效用的研究，这说明高层次学校中同一个原则的另一方面。在小学和初中，对园林、园艺、烹饪、纺织以及木材和金属营销不断增长的强调，就是这同一个运动的另一个征候。目前，这个趋向产业化教育的运动的终极价值和命运（让我们期望），将取决于它是否切断了进入阶段教育——在这种情况下，这种运动迅速终止将会更好——的方法，或者它是否承认在典型、持续的系列活动中进行训练的重要性，这些活动对每个人来说都有社会价值。

认为职业活动只具有单一的功利性或经济性价值，是一个致命的错误。它们首要的价值是教育性的。这种价值在于对儿童思维的训练是与那些因为值得做而吸引他们的事物密切相关的，而不是通过在一定程度上是形式化的任务和操练对思维能力的训练。这并不排除而是包括一个宽泛、自由的知识方案。所有典型的社会性职业，都依赖于科学的洞见和信息。商店营业、纺织、园艺等等的主要价值之一，即使在小学也是这样的：它们把自然事实和力量引介给学生，并给他们一个彻底获悉这些具体事实以及自然规律的动机。这些职业——借助于它们，人们已经通过获悉自然的秘密而征服了自然，并学会为了共同的目的而如何与其他人合作——的历史发展，为研究历史提供了钥匙；它指出了，在从过去延续下来的大量事实中，哪些是重要的，哪些是无关紧要的。对典型职业的彻底掌握，把学生引向了对社会状况和当前目标的研究；引向了这些事实——它们一经被分类，就形成了社会学、政治经济学、公民学和政治学。美术也自然地被包括在内；因为，正如莫里斯（Morris）和其他人已经指出的那样，所有观点的外在体现，当它在活动中被自由、愉悦地实现时，都趋向于获得一种艺术的性质。简而言之，不存在这样一种科学、历史或艺术，过去的教育经历已经显示了它们的价值，而职业教育却不具有这种价值。旧的价值将会被保存下来，但是将会围绕一个新的原则而被集中起来，并获得一个崭新动机的生命力。

最后，这样一种教育将会改变学校的精神主旨。因为后面这些活动将会与人类的普遍兴趣和活动一起持续下去，学校将不再拥有伦理学和道德训练的特殊法典，只要学校是封闭的，它就一定具有这样的特征。它将会把道德目标和社会同情、合作与进步的力量都整合进自身。职业把人们自然地聚合成群，形成一个有所区分而又协调合作的自觉力量群体。像目前那样表面上只为了个人目的而被探求的知识、学校教育的成就、审美文化，都将会导致利己主义、社会的分层和对抗。

（姬志闯　译）

教育的各种目标 *

1. 目标的性质

我们前几章对教育所作的阐述,实质上已经预计到讨论一个民主共同体的教育要旨所能得出的结论。因为它设想教育的目标是让个体有能力继续接受教育——或者说,学习的对象和回报是持续成长的能力。现在,这样的观念要能够应用于一个社会的所有成员,那么,这个社会只能是这样的:人与人之间有相互的交往,因平等的利益分配而出现广泛的刺激,从而为重构社会习惯和社会制度做好了充分的准备。这就是民主社会。因此,在我们寻找教育的各种目标的过程中,我们并不是要致力于寻找一个外在于教育过程的、为教育所从属的目的。我们整个教育观念都不容许我们这么做。我们更关注的是,当各种目标从属于教育运作的过程时,或者当这些目标是从教育过程之外设立时,这两种情况有什么差别。在不公正平衡的社会关系中,必然会发生后面那种情形。因为在那种情形下,整个社会群体中的一部分成员会发现他们的目标取决于外部的命令;他们的目标并不是从他们自身的经验中自由地生发出来的,他们名义上的各种目标只是实现另外的更为隐秘的目的的手段,而不是他们自己真正的目标。

我们的当务之急是界定目标的性质,但这是就其内在于而非其外在于这个活动而言的。我们通过对比纯粹的结果和目的来考察这一界定。任何能量的展现都会产生结果。风吹过沙漠中的沙子,沙子的位置就会改变。这里有某种结果、某种

---

* 此文选自《杜威全集·中期著作》第 9 卷。首次发表于 1916 年,为《民主与教育》一书第 8 章。

影响,但却没有目的。因为完成或实现于结果中的东西,没有什么是先于这个结果的。沙子位置的改变只是在空间中重新分布,沙子在改变位置前后的情况没有什么两样。所以,把前面的事态作为起点,把后面的作为终点,并把介于两者之间的事态视为某种转变和实现的过程,是没有根据的。

我们不妨以蜜蜂的活动与风吹沙动的比较作为例子。我们可以称蜜蜂行动的结果为目的,这不是因为这些行动的结果是有意或自觉为之的,而是因为这些行动是对于之前行动的真正终结或完成。当蜜蜂们采集花粉、制蜡以及筑巢时,每一个步骤都在为下一个步骤做铺垫。筑好蜂巢后,蜂后就在其中产卵;蜂后产卵之后,卵便被封存起来;工蜂会负责孵化,并且让它们保持在孵卵所需的温度范围内。当卵被孵化出来后,在幼蜂有能力照顾自己以前,工蜂会一直喂养幼蜂。现在,我们对这样的事实如此熟悉,以致总是无视它们,即相信无论如何,生命和本能都是一种神奇的事情。如此一来,我们就无法注意到这种事情的本质特征,即每一个要素临时性的位置和次序都是重要的。先前事件引发其后继事件,而后继事件则接纳前者提供给它的东西,并用于另一个阶段,直到我们抵达终点,就好像这个终点总结和完结了整个过程。

既然目标总是与结果相关,那么,当涉及目标问题时,首先要留意的就是所布置的工作是不是拥有内在固有的连续性。或者,这一工作仅仅是一系列行为的集合,做了一件事,接着做另一件,如此而已。如果学生的每一个行为几乎都听命于教师,他的一系列行为遵循的次序只是出于课业的布置和别人给予的指导,那么,在这个意义上所谈论的教育目标都是胡言乱语;而那种假借自发的自我表现为借口,允许任性的或不连续的行动,对于目标来说同样是毁灭性的。所谓目标,意味着某种井然有序的、有条不紊的活动,而这种活动的秩序就体现为逐步地完结一个过程。假设一个活动发生在连续的一段时间内,在此期间,它会累积性地生长发展,那么,目标就意味着在终点或可能的终结之前的预见。如果蜜蜂能预料到它们的活动结果,如果它们能在其想象的预见中感知到自己的目的,那么,它们就具备了目标中主要的要素。因此,如果没有对于结果的预见,不能激发个人事先预见既定活动的结果,那么,谈论教育的目标或其他事业的目标,就都是毫无意义的。

其次,目标是作为某种被预知的结果来为活动提供导向的;它不是某种单纯的旁观者的无目的的期望,而是影响着为抵达终点而采取的各个步骤。这种预见的功能体现在三个方面。第一,它涉及仔细地观察各种既定状况,从而获知可以用来到达终点的手段有哪些，并且发现拦路的阻碍是什么。第二，它表明在使用手段时要有适当的顺序或序列，以有助于合乎经济地进行选择和安排。第三，它使二选一的替代性选择成为可能。如果我们能预料这样或那样的行动的后果，就能够对比这两种行动过程的价值，对其中哪一种行动过程比较合意做出判断。如果我们知道死水孳生蚊子，蚊子很可能携带疾病，而我们厌恶所预期到的这种结果，那么就能采取预防措施。因为我们不是作为纯粹的理智旁观者来预期结果的，而是作为与结果有利害关系的人作出预期的，所以是这个造成结果的过程的参与者。我们介入其中，以促成这样或那样的结果。

当然，这三个方面之间密切相关。只有当我们对当下状况进行认真的审视，才能够确切地预知到结果，而结果本身的重要性又提供了观察的动机。我们观察得越彻底，所显露的各种条件和障碍就越多变，而可供选择的选项也就越丰富。反过来说，对于情形的诸多可能性或行为的各种替代选择辨识得越充分，被选中的活动就越富有意义，而这种活动也就越便于灵活地被控制。如果人们只考虑到单一的结果，那么，心灵也就不会思考别的东西，而行为附着的意义也就是有限的。人们也就只是向着某种标记奋力前进。这种狭隘的过程有时可能会有效，但当意想不到的困难出现时，如果比较宽泛地考察过这个领域的诸多可能性，那么，就有更多资源可供支配；而如果只考虑到单一的结果，那么，虽然选择了同一套行动方案，却没有这么多资源可供支配，从而无法立即作出必需的调整。

最终结论是：有目标的行为，也就是明智的行为。要预知一个行为的终点，就要具有观察、挑选以及调整对象和我们自己才能的根据。处理这些事情，意味着要有心智——因为心智恰恰就是受到对诸事实及其相互关系的知觉所约束的有意图的、有目的的活动。有心去做一件事情，就是预知某种未来的可能性，就是为实现它而制订计划，就会关注用以执行计划的手段，以及克服它的障碍。换言之，如果真是有心去做某件事而不只是隐约地渴望，就会有一个计划，把资源和困难都考虑进去。心智就是一种能够将当下的状况关联于未来的结果、将未来的结果关联于当下状况的才能。这些特征正是人们所说的，具有某种目标或目的。一个人的愚笨、盲目或是无知——缺少心智——正是与他在任何活动中不知道自己意欲何为到什么程度，也就是对自己行为的可能的结果无知到什么程度有关。当一个人不顾及基本的要求而满足自己对结果的随意猜测，就只是在碰运气，或是不顾及实际的状况——包括他自身才能——就做出计划，那么就不能说他是明智的。这种心不在焉,以人们的感受作为所发生的事情的衡量尺度。要变得明智,就必须在为一个活动做计划的过程中做到"停一停,看一看,听一听"。

把有目标的行为和明智的活动视为同一,足以展现其价值,即在经验中的作用。人们只习惯于从"意识"这个抽象名词中生造出一个实体,却忘记了这个名词源于"有意识的"这个形容词。人们要变成"有意识的",就得察觉到自己要做什么;"有意识的",表示的是经过思虑的、善于观察的和有所计划的这样一些活动的特征。意识不是指人们拥有什么,不是随意盯着他们周围的场景而得到什么,也不是因物理事物所造成的印象而得到的东西。它是一个名称,用以表示一个活动具有目的性的性质,因为事实上,它受到目标的引导。换言之,有一个目标就是指让行为带有意义,而不是像一台自动机器;它要有意去做某事,按照那个意向去认知事情的意义。

2. 好目标的标准

我们讨论的结果可以被用来探讨正确建立目标的标准。(1) 设定的目标必须是各种现有条件的自然发展结果,必须基于对已在处理的事情及所在情形中的资源和困难都有所考虑。关于人们活动的适当目的的各种理论——教育理论和道德理论——常常违反这一原则。它们认为,目的外在于人们的活动;目的对于当前情形的各个具体组成部分来说,是外在的;目的有着某种外在的源头。这样,问题就成了如何让人们的活动对这些来自外部的目的的实现产生影响。这些目的正是人们应当为之而采取行动的东西。不管怎么样,这样的"目标"都会限制人们的智力。它们并不表明心智进行的预知、观察,以及在诸多可能性中择优而行。它们限制了智力,因为如果目标是现成给定的,它们就必须通过某种外在于智力的权威强加于人,从而使智力沦为只能对手段进行机械性的选择。

(2) 如前所述,目标似乎能够在实现它们的尝试前便完全形成。现在,必须对这样一种印象加以限制。目标最早出现时,只是一个暂时性的草图;只有力图实现目标的行为,才可以检验出该目标的价值。如果这个目标足以成功地指导活动,那就别无所需了,因为它的全部功能就在于预先设定一个标志;有时候,一个简单的提示就够了。可是,至少在一些复杂的情形中,在依据这个目标行事时,会发现以前所忽略的情形,这就要求对最初目标进行修改——补充或删减。因此,目标必须很灵活,必须能够变更以满足各种境况。外在于行动过程而被确立起来的目标,总是僵化的。它是从外部被硬塞进来或强加于人的,因而与当前的具体状况缺乏有效可行的关系。在行动过程中发生的事情,既不能证实或证伪它,也不能更改它。这样的目标,只能在被坚持的意义上加以理解。于是,因为适应性太弱而导致的失败被简单地归结为外部状况违背常情,而不是被归咎于这个目标本身的不合理。与此相反,一个合理的目标之所以有价值,就在于我们能用它来改变现状。它是一种应对环境的方式,为的是让环境发生所希望的变更。如果一个农民只是被动地接受自己看到的那些东西,完全不管土壤、气候等条件的许可就制订计划,会犯同样的错误。教育中那种抽象或遥远的外在目标,其坏处之一,就是它在实践中非常不适用,并且很可能引发人们对当下情形作出随意的处理。一个好的目标应该考察学生当下的经验状态,形成一套试验性的应对计划,随时审视这个计划,并随着实际情形的发展而修正它。简言之,目标是试验性的,因而会随着它在行动中受到的检测不断地改变。

（3）目标必须始终表现为活动的开展。预期目的这一术语是提示性的,因为它在人们心中设定了某个过程的终点或结果。人们界定一个活动的唯一途径,是把终止这个活动的对象放在自己面前,比如一个人在射击中的目标是靶子。人们必须记住,这种对象只是一个标志或记号,心灵是以此来具体指明一个人想要实现的活动的。严格来说,靶子不是预期的目的,击中靶子才是;射击者依靠靶子来瞄准,但也通过枪的准星来瞄准。射击时所顾及的不同对象,都是指导活动的手段。因此,当一个人瞄准——比如说——一只兔子时,他想做的就是直接射击:一种特定的活动。或者说,如果他想要的就是那只兔子,那么,这只兔子就不能脱离他的活动,而应该作为这个活动的一个要素;他想要吃兔肉,或者把它作为展现枪法的证据——总之,他想拿它来做某些事情,他的目的是借事物以行事,而非单独的事物本身。对象只是使活动得以顺利地持续下去的积极目的的一个方面。这就是上面所说的"开展活动"的意思。

与为了让活动能持续进行而完成某个过程不同,活动之外强加的目的带有静态的特征。它总是被设想为某种确定不变的、被获得和被占有的东西。当人们有这样的观点时,活动就只是达到他物的不得已的手段,而活动本身却没有什么意义,也变得无关紧要。与目的相比,活动只是某种不可避免的麻烦,只是在达到唯一有价值的目标前必须经历的东西。换言之,外在目的的观念导致了手段与目的的分离,而在活动中成长起来的目的,作为指导活动的计划,既是目的又是手段,区分目的与手段不过是为了方便。每一种手段在人们掌握之前，都是一个暂时的目的。每一个目的，一旦被实现，就成为进一步推进活动的手段。当它指示人们所参与的活动的未来方向时，我们称之为目的。当它指示当下的方向时，则被称为手段。每一次目的脱离手段，都会使活动的意义随之减少，并把活动降低为人们避之犹恐不及的苦役。农民必须使用庄稼和牲口来从事农活，他是喜欢庄稼和牲口，还是仅仅把它们看成用以得到感兴趣的东西的手段，这对他的生活肯定有很大的差别。在前一种情况下，他的全部活动过程都是富有意义的，活动的每个阶段都有其自身的价值。他在每一个阶段中都有达成其目的的经历。延期的目标，也即预期的目的，只是使他的活动充分而自由地开展下去的某种前瞻性的东西。因为如果他不展望未来，很可能发现自己身陷阻滞之中。显然，与活动中的其他任何部分一样，目标也是活动中的一个手段。

3. 教育中的应用

教育的各种目标并不存在什么特异之处，它们与任何受指导的事业中的各种目标是一样的。教育者就像上面所提及的农民，有一定的事要做，有一定的资源可以利用，有一定的障碍需要克服。农民所要应对的各种状况，不管是障碍还是资源，都独立于他的任何目的，都有着它们本身的结构和效用。比如，种子发芽，降雨，日晒，虫噬，枯萎病侵袭，季节变化。他的目标只是利用这些不同的状况，使他的活动和上述力量合作而不是相互牵制。如果农民设定了农务的目的，却不考虑土壤、气候、庄稼的生长特征等等，显然是荒谬的。他的目的只是预测把他的力量与他周围事物关联起来会产生什么样的结果，以此日复一日地指导他的活动。预测可能的结果，导致他更加仔细、广泛地观察他必须应对的那些事物的本质和性能，并制订相应的计划，即实施行为的某种顺序。

教育者，无论是家长，还是教师，也同样如此。教师设立他"自己的"目标，当作儿童成长的适当目标，就同农民设定一个无视农耕状况的农务理想一样，是荒谬的。目标，无论是在农务中，还是教育中，都意味着承担发挥一种功能所必要的诸如观察、预估、以及安排的职责。只要能够时刻协助人们从事观察、选择和计划，从而使活动得以继续开展下去，任何目标都是有价值的；如果目标妨碍了个人具有的常识（如果目标是外部强加的或源自权威的，必定会妨碍个人的常识），它就是有害的。

人们应该提醒自己：教育就其本身来说，没有目标可言。只是人，即家长、教师等等，而非教育这一抽象的观念，才有目标。因此，他们的目的是无限多变的，因不同的儿童而异，随儿童的成长而变。就教授的一方而言，目的也是随教育经验的增加而改变的。即使是那些能够被诉诸笔端的、最为正当有效的目标，如果人们没有认识到它们是目标，只是把它们理解为对教育者们在解放和指导他们自己所处的各种具体情形中的不同力量时，建议他们如何观察、如何预见和选择，那么，这种目标作为文字，是弊大于利的。近代的一位作家曾说："去引导这个男孩阅读司各特（Scott）的小说，而不是斯路什（Sleuth）的老故事；去教那个女孩针线活；彻底根除约翰性情中恃强凌弱的习性；为这个班级学习医学做好准备——这些都是在具体的教育工作中，现实地摆在我们面前的数以万计的目标中的一些例子。"

谨记这些条件，我们进而将提出所有好的教育目标中共有的一些特征。
（1）一个教育目标必须建立在既定的受教育个体的内在固有活动和需求之上（包括先天的原始本能和后天习得的习惯）。正如我们所注意到的，以预备作为目标的倾向会忽视现有的能力，而把目标放在某种遥远的成就或职责上。从总体上看，存在着这样的倾向，即考虑成人认为可贵的东西并把它们设定为目标，而不管那些受教育者的才能。同样也存在着这样的倾向，即提出整齐划一的目标，而忽视个体的特殊的才能和要求，忘记所有的学习都是在既定时间、既定地点发生在特定个体的身上的。成人的认识范围比较宽，这在观察儿童的能力和弱点、断定它们有多大分量时很有价值。因此，成人的艺术才能展现出儿童能力的某种发展趋向；如果没有成人的成就，就无法确认童年期绘画、复制、塑模、上色这类活动的意义。同样，如果没有成人的语言，婴儿牙牙学语的冲动的重要性便无法得到理解。但是，用成人的成就作为一个背景，把儿童和青少年的行为活动放在这个背景中进行观察，是一回事；不考虑受教育者的具体活动，而把成人的成就设定为一个确定的目标，则是另一回事。

（2）一个目标必须能够被转换为可以配合受指导者活动的方法。这个目标必须指出释放和组织他们的各种才能所需的是何种环境。除非它能促进自身具体程序的建设，除非这些程序又能检验、修正并加强这个目标，否则，这个目标就是无价值的。因为它非但无法协助具体的教学任务，反而会有碍于运用常规判断以观察和评估当时的情形。它的作用在于，只承认与确定的预期目的相一致的东西，此外对其他东西一概不予承认。由于每个僵化的目标都是硬性地被给定的，所以就不可能细心地去关注各种具体状况。既然它无论如何必定要被实行，注意那些不重要的细节又有何用？

从外部强加目的的陋习根深蒂固。教师从上级权威那里把这些目标接受过来，而这些权威则是从社会上流行的东西中把它们接受下来的。教师把它们强加于儿童，这样做的第一个后果是使教师的才智无法自由地得到施展。教师受制于由上级制定的目标，很难不受官方督学、论述教学方法的教科书、规定的学习课程之类的指示的约束，这样一来，他的思想和学生的思想以及所教授的内容无法密切地关联起来。这种对教师经验的不信任，还体现在对学生的反应缺乏信心上。学生在双重或者三重的压力下接受他们的目标，而且时常因为那些符合他们自己的经验的目标与被教导认可的目标之间的冲突而备感困惑。除非每一个成长中的经历都具有其内在固有的重要性这一民主的标准得到认可，否则，人们便会因为适应外部目标的要求而在理智上产生困惑。

（3）教育者必须提防那些被宣布为一般的和终极的目的东西。每一个活动，不管多么特殊，就其与其他事物的错综复杂的关联而言，仍然具有一般性，因为它通过无数途径与其他事物相联系。就一般的理念能让我们更关注这些关联而言，它越一般越好；但是，"一般的"也意味着"抽象的"，或者脱离一切具体的情境，而这种抽象则意味着遥远，这就回到先前的那场讨论——把教与学纯粹作为手段，用来为与手段无关的目的做准备——中去了。我们说教育实际上一直有它自身的回报，这意味着，除非所谓的学习或规训有其自身的直接价值，否则，它们就不具备教育意义。一个真正一般的目标，能够开阔人们的视界，激发他们考虑更多的后果（关联）；这也就意味着，对手段要持一种更广泛、更灵活的看法。比如，农民对交互作用的力量考虑得越多，他能够直接加以利用的资源也就越多。他将找到更多可能性的出发点，找到可以完成他想要做的事情的更多的方式。一个人对未来可能成就的认识越充分，他当下的活动就越少受制于少量可供选择的方法。如果一个人知道的足够多，他简直可以从任何地方开始，并连续不断且卓有成效地继续他的活动。

所谓一般的或综合的目标这类术语，只是从对当下活动领域的宽泛考察这个意义上去把握的。接下去，我们将着手研究一些时下在教育理论中通行的、更宏大的目的，并讨论它们是如何阐明教育者真正关心的、直接当下的、具体而多样的目标的。我们假设（其实，按照上面所说立即可以推论出来）没有必要在这些目的之间作出选择,或把它们视为相互冲突的竞争对手。当人们采取实际行动时,他们不得不在一个特定的时间中挑选或选择一个特定的行为,但是无论多少综合的目的都可能共存不悖,因为它们只意谓看待同一场景的不同方式。一个人不可能同时攀登多座不同的山,但当他登上不同的山以后,他所看到的风景却可以相互补充:这些风景并不构成一个相互矛盾的、竞争的世界。或者,换一种说法,一种陈述可能为一个目的提示某些问题和所观察到的东西,而另一种陈述则提示另一套问题,要求进行另一些观察。由此可见,我们拥有的一般目的越多越好,一种陈述将会补充另一种陈述所忽视的东西。拥有的假说越多,越有助于科学研究者。同样,拥有许多被阐明的目标,也有助于教师的工作。

概要

目标指示的是任何自然过程的结果,它引起人们的意识,并变成决定当下观察和选择行为方式过程中的一个要素。目标意味着一个活动变得明智。它特别意味着预知在既定情形中随着以不同方式展开的行为而出现的各种可供选择的后果,以及用所作出的预期来指导观察与实验。因此,一个真正的目标,在每一点上都与从外部强加在行动过程上的目标相对立。后者是不变的且僵化的,它不是在一个既定的情形中去激发才智,而是一个从外部发出的、指示做这做那的指令。这样的目标与当下活动没有直接关联,它很遥远,脱离借以实现它的手段。这样的目标无法显示出一个更自由、更均衡的活动,它是对活动设定的限制。在教育中,正是这些从外部强加的目标的盛行,造成了人们强调为遥远未来做预备的看法,并使教师和学生的劳动变得机械化和奴化。

（俞吾金　孙　慧　译）

以自然发展和社会效能为目标[*]

1. 提供目标的自然

我们已经指出,试图设立这样一个教育目标——某种将其他一切都囊括其下的终极目标——是徒劳无益的。我们也已经指出,因为一般的目标只是各种审视现存状况和评估它们可能性的预期观点,所以,我们可以有任意多的目标,这些目标相互之间可以共存。实际上,在不同时期,人们提出过很多这样的目标,它们在当时都有重要的区域性价值,因为对目标的表述关涉到在一个既定时间内应该重视什么。人们不会去重视没有必要被重视的事物,即那些已经受到充分关注的事物。人们更倾向于根据当时情形的缺陷和需求来形成他们对目标的论述;对于任何正确的或大致正确的东西,人们都视为理所当然的,不会详尽地去表述它们,因为没有必要做这样的表述。人们按照将被引起的某种变更来构建他们明确的目标,因而在每一个既定的时代或世代中,在有意识的规划中,常常只强调那些实际上最缺乏的东西,这并不是什么有待解释的悖论。在一个权威统治的时代,呼唤充分的个人自由;在一个无组织的个体活动的时代,则呼唤人们把社会控制作为教育目标。

由此,现实的及潜在的实践与有意识的或被阐明的目标之间达成了平衡。在不同时代,这样一些目标都曾为人所用,诸如完整的生活、学习语言更好的方式、以实效取代纸上谈兵、社会效能、个人修养、社会服务、人格的完备发展、渊博的知识、

＊ 此文选自《杜威全集·中期著作》第 9 卷。首次发表于 1916 年,为《民主与教育》一书第 9 章。

纪律、审美的沉思、效用，等等。接下来的讨论要探究最近很有影响的三种说法，有些观点在前面的章节中已经附带地讨论过了，另一些观点将在后面对知识和研究价值的讨论中加以涉及。按照卢梭的说法，教育是一种符合自然的发展过程，即以"自然的"来对抗"社会的"（见《杜威中期著作》第9卷第97页）[1]。我们先讨论这一观念，然后再探讨与之对立的、常以社会反对自然的社会效能的概念。

（1）教育的改革者们反对他们身边的学院因循守旧、人为造作的经营方式，倾向于诉诸自然，并以自然为标准。他们认为，自然能够提供发展的法则和目的，而人们所能做的就是追随和遵从自然之道。这一观念的积极价值在于，它以强有力的方式召唤人们去关注那些无视受教育者自然天赋的各种目标所存在的错误。这一观念的弱点是安于在常规意义上使用"自然的"一词，从而与"身体的"一词相混同。由此，智力在预见和策划中的建设性作用就会被低估；人们退让在一边，只听凭自然发挥其作用。既然卢梭对这个学说的真理面和谬误面的论述无人能出其右，那么，我们就先来考察一下他的观点。

卢梭说："我们的教育来自三个源头——自然的、人为的以及事物的。我们的器官和才能的自然发育，构成了自然的教育。我们被教导如何去利用这种发育，这是人为地给予我们的教育。从周围对象中获得个人经验，则构成事物的教育。只有当这三种教育协调统一、趋向同一个目的时，一个人才能趋向他真正的目标……如果问我们这个目的是什么，答案就是：自然的目的。因为这三种教育既然必须协调配合，才能保证其完满性，那么，完全独立于我们控制之外的那一种教育必然会掌控我们，并协调和决定另外两种教育。"接着，他把自然定义为与生俱来的能力和性情，"因为它们先于因制约性的习惯和他人的观点的影响所产生的修正而存在"。

仔细研究卢梭的言论会大有裨益，这些言论包含有以往论及教育的基本真理，同时连带着某种奇怪的歪曲。他开头的几句话说得再好不过了。教育性的发展有三个因素，分别是(a)我们身体器官的天然构造和它们的功能性活动；(b)在他人影响之下，利用这些器官的天然活动；(c)身体器官与环境直接的交互作用。他的这一陈述当然涵盖了所有主题。他另外两个命题同样是正确的，即：(a)仅当教育的三个因素协调一致、通力合作时，才能实现个体的充分发展，以及(b)因为个人身体器官的天然活动是原来固有的，所以对构成三个因素的协调一致而言，这种活动是

---

[1] 本卷正文中提到的《杜威全集》页码，均为边码，即英文版的页码。——编者

基本的。

但是，只要体会这些言论的言外之意，再辅以卢梭的其他论述，就不难发现，卢梭把这三个东西看作三种因素，却并不主张这三种因素必须在一定程度上通力合作，从而使其中的任何一个因素都具有教育性；他把它们看作是分离的，各自独立地发挥作用的。尤其是他相信，天然的器官和官能存在着独立自主的——用他的话说——"自发"发展。卢梭认为，器官和官能的这种发展自身就能够进行下去，与对它们的使用无关；而来自于社会交际中的教育，实际上是附属于这种独立发展的。在这里，在与活动本身一致的意义上开展天然的活动，而不强制它们，误用它们；或是假设它们可以脱离任何使用而正常发展，而这种发展又提供了所有在使用中获得的学习的标准和基准，这两者之间存在着极大的区别。我们再提一下前面的例证，习得语言的过程几乎是一个适当的教育性成长的完美的范例。学习语言，开始于发声器官和听觉器官等的天然活动。可是，如果有人认为，这些活动有某种自身的独立成长，任其自然发展就能演化出一种完美的言语能力，这是荒唐的。从字面上看，卢梭的原则意味着成人应该承认并且重复儿童的牙牙学语声和喧闹声，这不仅将被当作发展出吐字清晰的言说能力的起点——它们确实也是——而且，还为语言本身提供了所有语言教学的标准。

这一点可以总结为：卢梭把一场亟待进行的改革引入了教育，并认为器官的构造和活动为所有有关如何使用器官的教学提供了条件，在这一点上，他说得对；但是，他还暗示说，器官的构造和活动所提供的不只是那些条件，更是它们发展的目的，在这一点上，他犯了很大的错误。事实上，与随意任性的活动相反，天然的活动通过对它们的使用而得到发展。正如我们所知，社会媒介环境的职能就是尽可能地使用各种力量，以此来指导生长。本能的活动，在隐喻的意义上，可以被称为自发的，也就是说，在发挥一种特定的作用时，器官有某种强烈的偏向性——这种偏向性如此之强烈，以至于人们无法违背它，尽管他们试图违背它，但结果却只是误用、阻碍以及损害它们。然而，认为这些活动是自发地、常态地发展的观点，却纯粹是神话。在一切教育中，自然的或天然的能力会提供启动性的力量和限制性的力量，却并不提供教育的目的或目标。如果不从不学而知的能力开始，就不会有学习，但学习也不是这种不学而知的能力的自发流溢。卢梭之所以持反对的观点，无疑是因为事实上，他将上帝与自然视为同一。对他而言，天赋能力直接来自于一个智慧的和善良的造物主，因此是全善的。卢梭重新解释了关于国家与城镇的古老说法,主张上帝创造了人类的原始器官和官能,而人类则利用了它们已被指定好的用途,因此,它们的发展提供了人类在利用它们时必须遵从的标准。一旦人们试图决定这些原始活动被用于何种用途,他们就是在干涉一个神圣的方案。社会安排干涉了自然,干涉了上帝的工作,这是个人堕落的首要根源。卢梭认为,所有自然趋向都拥有内在固有的善,这一充满激情的主张是对当时认为先天人性完全罪恶的这一流行观点的反动,也在修正人们对待儿童的兴趣的态度上产生了巨大的影响。毋庸赘言,原初冲动就其本身而言无善无恶,只是根据它们所被运用于的对象,它们才成为这样的或那样的。以别的本能为代价,而忽视、压抑或者过早强迫一些本能,这无疑是导致许多本可以避免的恶的原因。要说有什么教训,那便是不能不管它们,任由它们遵从自己"自发的发展",而是要提供一个可以组织它们的环境。

回到包含在卢梭的论述中的真理要素上,可以看出,因为他以自然发展为目标,所以能提出对当前实践中的恶进行纠正的手段,能指出若干具有吸引力的具体目标。

(1)以自然发展作为目标,使人们关注身体器官,关注对健康与强健的需求。自然发展的这个目标对家长和教师说,要让健康成为一个目标;不考虑身体强健,就无法拥有正常发展,这是一个显而易见的事实。而这个正当的认识在实践中,几乎会不自觉地使许多教育实践发生彻底的变革。"自然"的确是一个含糊不清的隐喻性术语,但我们就"自然"所能说的一点就是:教育的效能要满足各种条件,在人们知道这些条件是什么、了解如何根据它们来进行实践之前,他们最高尚、最理想的目标注定会遭受挫败——因为它们只不过是口头上的、情感化的,而不是务实的、有效的。

(2)自然发展的目标转变为尊重身体可动性的目标。卢梭是这么说的:"儿童总是在运动;一种久坐不动的生活是有害处的。"当他说"自然的意向是在磨砺心灵之前先强健身体"时,并没有很好地说清事实。但如果他这么说,即自然的"意向"(用他诗意的言说方式来说)是提升心灵,尤其是通过锻炼身体肌肉的方式,那么,他就表述了一个肯定性的事实。换言之,遵从自然的目标,实际上意味着,要关注对身体器官的使用在探索发现过程中、应对各种材料过程中以及玩耍游戏过程中所发挥的实际作用。

(3)一般目标转换为关注儿童个体差异的目标。如果不是困惑于这些天然能力在不同的个体身上各有不同这一事实,便不会有人将研究天然能力的原则纳入考虑。这种天然能力在不同个体上的差异不只是强度上的不同,甚至在性质和安排上有更多的不同。诚如卢梭所言："每一个体天生便具有与众不同的性情……我们不分青红皂白地让拥有不同倾向的儿童进行同样的练习，对他们的教育破坏了他们的特殊倾向，只留下呆板的整齐一致。因此，在我们浪费精力却妨碍了自然的真正天赋之后，我们发觉，笼罩在自然天赋的替代品上的短暂而迷幻的光辉消退了，而被我们毁掉的各种自然能力却没能重生。"

最后，遵从自然的目标，意味着注意儿童爱好和兴趣的产生与消长。才能的萌芽和繁盛是不规则的，甚至没有并驾齐驱的发展过程。人们必须趁热打铁。能力的第一次萌发，尤其珍贵。儿童早期的倾向受到怎样的对待，会决定他们根本的倾向，决定他们之后展现出来的各种能力的转向，其影响超乎我们的想象。几乎可以说，从佩斯特拉齐和福禄培尔的时代起，教育上便追随了卢梭的自然成长原则，特别关注人生的早期，这不同于灌输有用的技艺。下面关于一个学生神经系统成长的一段文字，提示出成长的不规则性及其重要性。"在不断成长的过程中，身体上和精神上的发展是不平衡的，因为成长从来不是一般性的，而是这一刻会在这一点上凸显出来，那一刻又会在那一点上凸显出来。教育方法应该承认在天赋展现出来的巨大差别中成长的自然不平衡的动态价值，并加以利用。宁可不规则，也不要经过修整而整齐划一。这样，才能顺应身体的变化，从而证明其有效性。"①

在受约束的条件下，很难观察到自然倾向。自然倾向最容易展现在一个儿童自发的言语和行事中——也就是在他参与的、但不对他设置任务的活动中，在他没有察觉到自己正受到观察时。但由此并不能说，因为倾向是自然的，就都是值得拥有的。却可以说，因为它们存在着，就必定会发挥作用，必定要被纳入考虑。人们必须注意让那些值得拥有的倾向具有一个能保持它们活力的环境，它们的活动应该掌控其他倾向的方向，由此引导其他倾向停止活动，因为它们产生不了好的结果。儿童具有许多让家长头疼的倾向，它们的出现可能是暂时的；但有时候，家长对这些倾向的直接关注过多，反而使儿童把注意力集中在它们上面。无论如何，成人太容易把自己的习惯和心愿设为标准，把儿童违背他们的冲动视为应该被消除的恶习。与遵从自然的观点相对，在很大程度上，人为虚饰的观点都是试图强迫儿童直接进入成人标准模式的产物。

总而言之，我们发现，遵从自然的观念在其早期历史中结合了两个相互之间没

---

① 唐纳森：《大脑的成长》（*The Growth of the Brain*），第 357 页。

有内在关联的因素。在卢梭以前的时代，教育改革者们偏向于把无限的权力归并给教育，从而力陈教育的重要意义。民族的差异，同一民族中阶层与阶层以及人与人的差异，都被说成是由于受到不同的训练、练习和实践而造成的。起初，从总体上看，心灵、理性、理解力在实践上是一致的。心灵在本质上的一致性，意味着所有人在本质上平等，并有可能通过教育达到同样的水平。遵从自然的教育学说对这个观点提出了异议，这种学说对于心灵及其能力的理解不那么刻板和抽象。这种学说用具有个体差异的（卢梭指出，正如人各不同，甚至是同一群狗亦如是）、具体的本能和冲动，以及生理能力，取代洞察、记忆和概括的抽象官能。在这方面，遵从自然的教育学说因为近代生物学、生理学和心理学的发展而得到支持。实际上意味着，虽然教养很重要，通过直接的教育上的努力来修正和改造自然很重要，但正是自然，或者说不学而能的能力，为这种教养提供了基础和最终的资源。

另一方面，遵从自然的学说是一个政治教条。它意味着对现行社会制度、习俗和理想的反动（参见《杜威中期著作》第9卷，第98页）。卢梭提出，一切得自于造物主之手的东西都是好的。这个论述只有在对比同一句话的末尾部分才显现其含义，即"万物经人类之手而败坏"。他又说："自然的人具有绝对的价值；他是一个数值单位，是一个完整的整数，除了与自身有关、与他的同胞有关之外，与其他都无关。文明的人则是一个相对的单位，是一个分数的分子，其价值取决于它的分母，取决于它与社会整体的关系。好的政治制度是那些让一个人成为非自然的人的制度。"当前存在着的①有组织的社会生活具有人为而有害的特征。在这个观念的基础上，卢梭主张，自然不只是提供开始成长的最初力量，还提供成长的方案和目标。坏的制度和习俗几乎会不自觉地提供一种错误的教育，连再谨慎的教学都无法抵消这种错误，这是不争的事实。但是，这里的结论，并非要脱离环境进行教育，而是要提供一种能更好地使用天赋能力的环境。

2. 社会效能作为目的

自然提供的是正当教育的目的，而社会提供的则是有害的教育目的，这样的观点很难不招致反驳。相反的观点主要采用了这样一种学说：教育的职责在于提供

---

① 我们不能忘记，卢梭主张一种完全不同的社会、一个友爱的社会，这个社会的目的应该和其所有成员的利益相统一。他主张这样的社会大大优于现有状态，好比现有状态比自然状态糟得多。

自然所无力保障的东西,即个体对社会控制的熟习,天赋能力对社会规则的遵从。可以看到,社会效能观念的价值,很大程度上在于它对自然发展学说误入歧途之处提出了异议,这倒并不让人惊讶,但它却忽略了那个观念中的真理,因而受到了滥用。我们必须依靠社会生活的活动和成就,才能发觉能力的发展——也就是效能——意味着什么。事实也确实如此。但是,这个学说的错误在于认定人们必须采用让天赋能力屈从的手段,而不是利用天赋能力来保障效能。只有当人们意识到,获得社会效能不是依靠消极的约束,而是有赖于在具有社会性意义的事业中积极地使用个体的天赋才能时,这个学说才算被充分地阐述出来了。

（1）把社会效能转换为具体的目标,表明产业能力的重要性。人们无法离开物质手段而存活,而这些手段如何被利用和消耗,对于人们彼此间的所有关系都有深远的影响。如果个体无法维持他自身的生活和抚养自己的子女,那么,他就是他人活动的负累或寄生虫,他就错失了某种生活所需的最重要的教育经历。如果他没有受过正确使用工业产品的训练,那么就存在着很大的危险,即他有可能因他的财富而放纵自己或伤害别人。没有任何一种教育方案承担得起忽视这些基础性考虑的后果。然而,高等教育的安排往往在更高尚、更崇高的理想的名义下,不仅忽视了上述考虑,并且藐视它们,认为它们低于教育所关注的水准。随着社会从寡头统治转向民主制度,教育应该让人有能力在经济上谋生,并有效地经营经济资源,而不只是露富炫耀和奢侈享受。很自然地,教育的这种重要性应该得到强调。

然而,坚持这一目的存在着重大的风险,即现存的各种经济条件和标准将被人们认定为最终的标准。民主的基准要求人们发展才能,从而有能力选择职业和决定自己职业生涯的发展。如果我们试图事先让青年去适应某个确定的行业,但对行业的挑选不是依据训练有素的能力,而是依据父母的财富或社会地位,那么就违背了上述原则。实际上,由于新发明的层出不穷,当前工业正经历着翻天覆地的变化。新兴产业如雨后春笋般不断涌现,旧有产业受到完全的改造,因此,过度专注于某个具体的效能模式而进行训练,反而实现不了自身追求的目的。当职业方式改变时,这样的人就会因自我重新调整能力较弱而落后于较少受到特定训练的人。但最重要的是,当前社会的产业结构如同以往的每个社会一样,充斥着不平等。进步教育的目标正是要参与改正不公平的特权和剥削,而不是使这些现象永久地持续下去。只要社会控制意味着让个体的各种活动服从阶层的权威,那么,行业教育就有受制于接受现状的危险。这样一来,经济机会的差别就决定了个人未来会进入什么行业。人们无意识地又在重复柏拉图方案的不足，却还不如他的方案那样有开明的筛选方式(见《杜威中期著作》第 9 卷，第 95 页)。

（2）公民的效能或好公民。当然，把具备行业技能与良好的公民能力分离开来，是武断的。但是，具备良好的公民能力，可以被用于指涉某些比职业能力更含糊的资格。这些才能特性的范围很广，可以指任何将个体变成更适合的伙伴的东西，乃至政治意义上的公民身份；它表示明智地判断人及其行为方式的能力，以及在订立和遵从法律过程中发挥决定性作用的能力。以公民效能作为目标，至少有这样一个好处，即它在很大程度上让人们免受关于心理能力的训练这一观念的影响。它引起了人们对以下事实的关注，即能力必须与做某事相关，而亟待去做的乃是那些涉及与他人关系的事情。

这里，我们又必须警惕太过狭隘地理解这个目标。事实上，尽管社会的进步归根到底要依赖于科学发现，但有的时候，一个过于固定的解释会排斥科学发现。因为科学工作者们一直被认为只是理论上的空想家，对社会效能完全无益。但我们必须谨记，社会效能根本上就是共享相互交换经验的能力。它包括一切让个人自身的经验对他人更有价值的东西，一切让个人能更充分地分享到他人的有价值的经验的能力。在社会效能中，创造和欣赏艺术的能力，休闲的才能，对闲暇有意义地加以利用，比起传统上常与公民身份关联起来的那些要素来，是更为重要的要素。

在最宽泛的意义上，社会效能完全是心灵的社会化，它与增强经验的可交流性，以及破除阻碍个人渗透到他人利益中的社会层级屏障有着积极的关联。如果社会效能被限制于由公开行为所提供的服务，那么，它的主要要素(因为它只有这个保障)——明智的同情，或者善良意志——就被忽略了。因为同情作为一个可取的品质，不只是指情感；也是有教养的想象力，即想到人类共同的事情，反对任何对人们的无端分裂。有时候，所谓对他人乐善好施的兴趣，可能是一种不知不觉的伪装，只是在试图决定什么对别人而言是善好的，而不是力图使他们自由，让他们可以追寻并发现出于他们自己选择的善好。社会效能，甚至是社会服务，如果不是积极认可生活可以提供给不同的人以各种不同的善好，如果不相信社会效能支持每一个人作出自己理智的选择，那么，它就是冷冰冰的东西。

3. 文化作为目标

社会效能是不是一个与文化相符的目标，依据下面的考虑而定。文化至少意味着某种有教养的、成熟的东西；文化对立于原始和粗野。如果"自然的"被视为与这样一种原始状态一致，那么，文化就是对立于所谓的自然发展的。文化也是某种个人的东西，它关涉到培养观念、艺术，以及人类广泛的兴趣的鉴赏能力。如果效能被等同于极为有限的行动，而不是与活动的精神和意义相一致，那么，文化就对立于效能。当人们关注个体的独特之处时，不管是所谓文化还是人格的全面发展，其结果都与社会效能的真正意义相符合，但如果他身上没有什么不可度量或不可比较的东西，他也就不是个体了。这些东西的反面就是平庸、平均。无论何时，只要独特的品质得到发展，就会产生独特的人格，并且将会极大地有助于社会服务，这种服务绝不只限于提供大量的物质商品。因为除非组成社会的个体的个人品质本身是重要的，否则，又怎么值得为之服务呢？

宣扬人格的崇高价值，以此来反对社会效能，这是以封建化的方式组织起来的社会所具有的森严等级的结果。位尊者有时间和机会，作为人来发展自我；而位卑者，则被限于提供外在的产品。一个自称民主的社会，如果仍持有以产品或产出来衡量社会效能的观念，也就意味着它认可并且延续着贵族共同体轻视大众的特征。但是，如果民主拥有道德的和理想的意义，那么就要求所有人都对社会有所贡献，而同时也支持所有人有机会发展其与众不同的才能。对民主而言，教育中的这两个目标的分离是毁灭性的；在比较狭隘的意义上来使用"效能"一词，就使其失去了本质上的正当性。

效能的目标（如同任何教育的目标）必定包含在经验的过程之中。当它由有形的外在产物来衡量，而不是由获得特别有价值的经验来衡量时，就变为实利主义的了。有效能的人格，可能会有助于产出商品，但严格说来，那只是教育的副产品：这种副产品无法避免，也很重要，但仍然只是副产品。设立一个外在的目标，反过来会强化关于文化的错误观念，即把文化认同为某种完全"内在的"东西。完善"内在的"人格的观点，无疑是社会分化的表现形式。所谓"内在的"，只是指与他人没有关联——没有能力进行自由而充分的沟通。所谓的精神文化往往都是无效的，而且其中不乏陈腐之处，因为它一直被认为是个人可以内在地——因而是排他性地拥有的某种东西。一个人成为什么人，看他在和别人自由交往中是什么人。这样一来，既不会把效能理解为只是给他人提供产品，也不会把文化理解为只是排他性的文雅和修饰。

无论何人，无论农民、医生、教师、学生，如果不懂得实现他人有价值的结果只是一个有内在价值的经验过程的附属品,就没有理解自己的职业。那么,为什么人们又会认为,个人必须在以下情况中作出非此即彼的选择,即要么牺牲自己去做对他人有用的事情,要么牺牲他人去追求自己独有的目的——不论是拯救自己的灵魂,还是打造一种内在的精神生活和人格? 实际情况是:既然这两件事情中的任何一件都不可能持久存在,我们只能作出调和,使它们交替进行,轮流尝试两件事中的一件事。许多公开宣称的关于世界的精神的或宗教的思想,都注重自我牺牲和精神的自我完善这两大理想,而不是竭力反抗这种生活的二元论,没有比这个二元论更沉重的悲剧了,因为它的根基稳固,不容易被根除。为此,当下教育的特定任务正是为了达到这个目标,即让社会效能和个人教养统一起来而不是相互对立。

概要

　　一般的或概括的目标,就是考察教育具体问题的各种视角。因此,检验任何宏大目的的陈述方式有何价值,主要看它是否易于前后一致地转换为其他目的所主张的进行程序。我们已经将这一检验应用在三个一般的目标中:符合自然的发展,符合社会效能的发展,以及符合文化或个人精神财富的发展。在每一种情况下,我们都发现,如果对于目标的阐述是片面的,它们就会彼此产生抵触。如果对自然发展的阐述是片面的,就会将一个所谓自发的发展中的原始能力当作终极目的。从这个观点看,训练原始能力使之对他人有用,就是不正常的约束;训练通过自觉的教养而更改其原始能力,是一种败坏。但是,当我们意识到,自然活动意味着天然活动,它们只有在使用过程中被教养,从而得以发展,那么上述的抵触就消解了。同样,社会效能被定义为为他人提供外在服务,那么,它就必然与增添经验的意义这个目标相对立,正如文化被认作为是一种对于心灵的内在修炼,它就与社会化的倾向相对立。但是,社会效能作为一个教育目标,应该指培养某种自由而全面地参加共享的或公共的活动的能力。虽然这种参与能促进文化的修养,但是没有文化,这种参与是不可能的,因为个人如果不学习——没有较为开阔的眼界,不能体察那些可能被忽略的事物——就不能参与与他人的交往。对文化最好的定义也许就是:它是使一个人对事物意义的认知范围不断扩展、准确性不断提高的能力。

（俞吾金　孙　慧 译）

自由的性质[*]

　　社会控制问题的另一个方面是自由的性质，我想对此再啰嗦几句。只有理智的自由，才是唯一永远具有重要意义的自由，也就是说，理智的自由是能够对本质上有价值的目的作出观察和判断的自由。我想，关于自由最常见的错误，是把自由认定为活动的自由，或外部活动和身体活动的自由。但是，人的外部活动和身体活动无法与人的内部活动分开，也无法与思想、欲望和目的的自由分开。在典型的传统学校的教室里，课桌是固定排列的，对学生实行军事化的管理，学生们只准按照特定的信号进行活动。通过这些方式，限制了学生身体的活动，从而也就限制了学生知识的自由和道德的自由。必须彻底废除这"紧身夹克"（strait-jacket）①和铁链囚徒（chain gang）②，只有这样，个体的智力和精神才有自由生长的可能；而只有智力和精神的自由，才能保证个体真正的、持续的正常成长。

　　增加外部活动的自由只是一种手段而不是目的，这个事实依然存在。但是，增加外部活动的自由，并没有解决教育的问题。就教育而言，一切都取决于如何运用增加的自由，用它来服务于什么目的？这种自由的增加带来什么后果？让我首先说一下增加外部自由可能带来的益处：首先，对于教师来说，如果没有外部自由的存在，那么，他实际上不可能了解他所关注的那些个体。强制下的安静和服从，使学生掩盖其真实的本性。这种安静和服从会形成一种虚假的一致。它们注重表面

＊ 此文选自《杜威全集·晚期著作》第 13 卷。首次发表于 1938 年，为《经验与教育》一书第 5 章。
① 紧身夹克，用来盖在不清醒的人或为防止逃跑手臂被绑起来的犯人身上的厚袍子。——译者
② 铁链囚徒，尤指在户外劳动时被铁链拴到一起的一组囚犯。——译者

形式,认为形式在实质之先。他们鼓励学生保持表面上的专心、端正和顺从。每个熟悉这种体制之下的学校的人都知道,在这种表面现象的背后,活跃着各种不可阻止的思想、想象、欲望和淘气的举动。只有当一些失控的行为露出马脚时,教师才能察觉这些事情的真相。一个人只需要将这种高度虚假的情境和校外正常的人际关系,如一个有良好教育的家庭对比一下,就会认识到:这种虚假的情境,实际上严重地阻碍了教师熟悉和理解这些受教育者的个体。而教师如果没有这样的洞察力,要使教材和教法能够适应个体,使个体的心灵和品质的发展确实得到指导,恐怕只能诉诸偶然。这是一种恶性循环。教材和教法的机械统一造成了一种始终如一的不动性,而这不动性反过来又造成教材和教法永久不变的一致性。但是,在这种由强制获得的一致性背后,一些个体难免会以不正常和被禁止的方式进行活动。

增加外部活动自由的另一个重要的益处,表现在学习过程的性质上。前面曾经说过的旧教育的方法,注重被动性和接受性。身体静止,可以极大地有助于被动性和接受性。在标准化的学校中,逃脱被动性和接受性的唯一方法是不守规矩或违抗命令。在实验室或工厂里,是不可能完全安静的。传统学校把安静尊为第一美德,这个事实表明传统学校的非社会性。当然,全神贯注的理智活动可以不带有身体活动,这种事情自然是有的。但是,如果长时间缺少身体活动,就会使理智活动取得成绩的能力迟缓。即使对儿童来说,也应该有短暂的时间去静思。但只有在身体活动之后,并且习惯于只用手和脑子之外的身体其他部分进行有益的活动之后,儿童才能有真正的静思的机会。活动的自由是维持正常的生理和心理健康的重要手段。希腊人认识到健康的身体和健康的心灵之间的关系,我们现在仍然应该向他们学习。但从上面提到的所有方面看,外部活动的自由只是一种手段,运用这种手段,可以获得判断的自由和实现精心选择的目标的自由。至于需要有多少外部自由,是因人而异的。随着成熟程度的增加,对外部自由的需要会减少。然而,如果完全没有外部自由,会阻断成熟的个体与那些能够使他的智力自我锻炼的新材料的接触。外部自由活动的量和质是成长的一种手段,这是教育者在每个发展阶段必须思考的问题。

然而,把这种自由当作目的本身,乃是最大的错误。如果这样,就会破坏作为秩序的正常来源的共同参与的合作活动,从而把原来应该是积极的自由变成了某种消极的东西。因为对自由的限制,即自由的反面,是一种值得赞赏的力量,它仅仅是自由的一种手段。也就是说,它是一种构造目的的力量、一种明智地进行判断的力量、一种利用欲望所产生的后果来判断欲望价值的力量、一种选择和安排手段以实现所选择的目标的力量。

在任何情况下,自然冲动和欲望都是一种起点。但是,如果不对这些以原始形式展现自身冲动和欲望进行某些建构和改造,智力就不可能获得生长。这些改造包括抑制冲动的最初形态。通过个体自己的沉思和判断而形成的抑制,替代了来自外部强加的抑制。老话说"停下来想一想"(stop and think),是一种健康的心理状态。因为思想会使冲动的直接表现停下来,直到那种冲动开始与其他的活动趋势相联系,从而形成一个更全面和更连贯的活动计划。其他的活动趋势导致使用眼、耳、手来观察客观情境,同时唤起对过去已经发生的事情的回忆。因此,思考会延缓直接的行动,同时能通过观察和回忆的结合,对冲动形成一种内部控制。观察和回忆的结合,是沉思的核心。这些解释了"自我控制"(self-control)这个耳熟能详的短语。教育的理想目标是培养自我控制的能力。但是,仅仅取消外部控制并不一定能产生自我控制。"跳出油锅又堕入火坑"的事情很容易发生。换句话说,为了躲避一种形式的外部控制,而陷入另一种更加危险的外部控制之中,这种事情很容易发生。冲动和欲望如果没有理智的指导,就难免会受偶然情境的控制。为逃避其他人的控制而受制于心血来潮和任性,任凭冲动支配而没有明智的判断,这些都是有百害而无一利的。如果一个人以这样的方式来控制自己的行为,那就是对自由的一种错觉。实际上,他在受一种他不能控制的力量所摆布。

(戴　曦　译)

目的的意义 *

因此,把自由定义为构建目的(purpose)和实施、实现所构建的这种目的的能力,是一种正确的直觉。这种自由等同于自我控制,因为目的的构建和方法的组织是一项富含智慧的工作。柏拉图曾经将奴隶定义为实施他人目的的人。根据柏拉图的定义,受自己盲目欲望束缚的人也是奴隶。进步教育的哲学更强调学习者参与目的的构建,以此来指导他在学习历程中的活动。我想,在进步教育哲学的观点中,没有其他观点会比这一观点更加中肯。传统教育中最大的缺点,是无法确保学生积极参与其学习目的的构建。但是,目的的意义不是自明的,也不能自我解释。越是强调目的在教育过程中的重要性,就越需要理解目的是什么、如何发起目的,以及目的如何在经验中发生作用。

一个真正的目的往往是因冲动发动的。如果一种冲动受到阻碍而不能立刻实现,那么,这种阻碍就会把冲动转换为欲望。然而无论是冲动,还是欲望,它们本身都不是目的。目的是一种所期望的结果(end-in-view)。也就是说,目的关涉对实施冲动后所产生的结果的预见。对结果的预见,包含理智的作用。首先,它要求观察周围的客观环境与条件。因为冲动与欲望并不能单独地产生结果,而要通过与周围环境的交互作用或彼此合作才能产生结果。比如简单的行走冲动,要由行走活动与所站地面的交互作用才能实现。在寻常环境中,我们不用太注意地面的情况。但是,当处于困难的情境时,比如攀登陡峭崎岖的山岩时,或遇到无现成的路可走时,我们就必须仔细观察周围的环境。由此可见,运用观察是把冲动转化为目

---

* 此文选自《杜威全集·晚期著作》第 13 卷。首次发表于 1938 年,为《经验与教育》一书第 6 章。

的的一个条件。当遇到铁路道口的标志时,我们必须一停、二看、三听。

但是,单凭观察是不够的。我们必须理解所见、所闻、所触的意义。这种意义包括按照所见而行动所产生的结果。一个婴儿会看到火的光,并可能受到光的吸引而伸手去抓火。但当他碰到火时,便产生了一种结果。那时,婴儿就会发现,火的意义除了它的光之外,还有它的燃烧力。我们之所以能预见这种结果,是因为以前的种种经验。对于因为以前的经验而熟识的事情,我们没有必要停下来回忆这种经验究竟是什么。我们不必特意回想以往热与燃烧的经验,就能明确地知道火意味着光和热。但是,对于一些尚不熟识的事情,我们无法知道所观察到的情境将会产生什么样的结果。除非我们回忆以往的经验,将这些经验与眼前发生的情况进行对比,看看它们有哪些相似之处,从而形成对目前情境中可预期的结果的判断。

由此可见,目的的形成是一项十分复杂的理智的运用。它包括:(1)观察周围的种种情况;(2)由回忆或由经验丰富的人的劝告和警示而获得以往在相似情况中发生的事情的知识;(3)综合观察、回忆而推断它们的意义,从而作出判断。目的与原始的冲动和欲望不同。目的将原始冲动和欲望转换为计划和方法,需要在现有的情况下,以某种方式观察客观条件,并在此基础上预见行动的结果。"乞丐好骑欲望之马"(If wishes were horses, beggars would ride)。对于某些东西,人们的欲望可能会很强烈,以至于往往对实现此欲望所产生的后果弃之不顾。这些显然不能作为教育的典型范例。教育至关紧要的问题在于:在作出观察和判断之前,延缓以欲望为基础的直接行动。只要人们不误解我的意思,就会明白这一点与进步学校的实施是相关的。过分地强调把活动作为目的,而不强调理智的活动,就会导致将自由与欲望和冲动立即付诸实施相提并论。人们之所以把它们视作等同的,是因为混淆了冲动与目的的差别。如刚才所说,在预见到冲动付诸实施后的结果之前,要延缓进行明显的活动,否则就无目的可言。而没有观察,没有知识和判断,就不可能有预测。当然,仅有预测是不够的,即使预测极其精确也是不够的。理智的预期,关于结果的观念,必须与冲动和欲望相交融,才能获得活动的动力。这样理智的预期就能给予盲目的活动以方向,而欲望则会给予活动以动力。这样一来,一个想法就能成为一种活动计划。假设一个人有一个欲望,想要有一个新家,即要建一所新房子,那么无论他的欲望有多么强烈,也不可能直接实施。他必须形成一个他所想要的房子的观念,包括房间的数量及布局等等。他必须拟定一个计划,绘制一张设计图,制订一份说明书。如果他不估算一下自己的财力,他所做的上述一切不过是闲暇时光的娱乐而已。所以,他必须考虑可以用来实施这个计划的资金以及信贷额度。他还需要调查他可利用的土地、价格,以及这些土地与商业区的远近程度,还有与邻居的融洽关系、与学校的距离及设施,等等。诸如支付能力、家庭的大小和需求,可能的位置等等,这一切都是客观事实,都需要认真地思忖。这些并不是原来欲望的一部分,但要保证欲望能够成功地转化为目的,以及目的转化为行动计划,就必须考虑和观察这些事实。

我们每个人都有欲望,除了那些极端冷漠、对任何事无动于衷的人。欲望是行动的终极源泉。商人渴望财源滚滚,将士渴望战无不胜,父母渴望家庭和睦、子女成材等等,不胜枚举。欲望的强度是衡量努力的尺度。除非欲望能够转变为可实施的手段,否则就是空中楼阁。还需要多长时间或采用什么手段的问题,取代了所计划和想象的目的,因为手段是客观的。如果要形成一种真正的目的,我们就必须研究和了解手段。

传统教育倾向于忽略作为动力源泉的个体冲动及欲望的重要性。但是,进步教育并不能以此为由,而将冲动、欲望和目的混为一谈。如果学生要参与形成促使他们活动起来的目的,就必须重视仔细观察、广博的知识和判断的必要性。在一种教育计划中,欲望及冲动的发生并不是最终目的,而只是形成一种活动计划和活动方法的诱因和要求。再说一遍,这种计划只能通过研究各种条件和获得各种相关知识才能形成。

教师的职责就在于察觉这种可以被利用的诱因。因为自由在于运用明智的观察及判断,以形成一种目的。教师对学生智力练习给予指导,其目的是有助于自由而非抑制自由。目前,进步学校的教师似乎不敢对小组成员应该做什么提出建议。我曾经听说,有些教师在教室里放置好物品和材料后,就放任自流地让学生完全自由活动。教师甚至不愿意提出关于怎样利用这些材料的建议,唯恐这样限制了学生的自由。那么,为什么要提供这些材料呢?莫非因为材料是一种暗示,或是其他?更重要的是,在任何情况下,无论在什么地方,都必须为学生的行动给出暗示。因此,很难理解为什么会认为一个具有更丰富经验、更开阔眼界的人所给出的暗示,反倒不如偶然事件所给的暗示更为正确。

教师滥用职权并强迫学生按照他所指出的路径活动,遵从教师的目的而不是学生的目的,这种情况是可能发生的。但是,避免这种危险的方法并不是教师在教育活动中完全退出。首先，教师要明智地认识到学生的能力、需求，以及以往的种种经验；其次，教师要利用班级中各个学生的建议，以使他自己的建议发展成一种计划或设计。换言之，这个计划是一种合作的、共同的活动，而不是自上而下的命令。教师的建议并不是不可更改的模型，而只是一个起点；从这个起点出发，通过小组成员在学习过程中的经验而作出的贡献，发展成一种计划。这种计划是通过互惠的"传授-接受"（give-and-take）的模式发生的，即教师除了接受之外，还要传授。目的的形成与发展依赖于社会的理智过程，这就是重点所在。

（戴　曦　译）

课程与教学

学校课程的心理学维度[*][①]

现在,教育关心的首要问题,无疑应该是把学科看作一种个人经验的特殊模式,而不是作为一堆已经解决的事实和科学证实的原则。对一个孩子来说,恰恰因为他是孩子,地理学科不是,也不可能和那些从科学专题的角度阐述的地理内容一样。就前者而言,后者恰好就包含着它需要引导出的经验,这种引导也是教学的难题。把针对 7 岁或者 15 岁孩子的地理等同于洪堡[②](Humboldt)或瑞特(Ritter)的地理,是本末倒置的事情。对于一个孩子,教学所要采取的立场,不是既成事实的结果,而是粗糙经验的开始。我们必须发现一个孩子的现有经验领域(或者他能够轻易获取的经验领域)中那些值得称为地理学的东西。这不是如何教孩子地理的问题,而首先是地理对孩子来说是什么的问题。

并不存在对地理、自然历史或者物理进行永久性区分和标记的确定的事实体系。确切地说,根据所调查的兴趣和智力态度,相同的客观现实可能是其中一个或另一个,也可能一个都不是。拿一平方英里的领域为例,假如我们从某一兴趣着手,它可能是数学;从另一角度,它可能是关于植物学的;再从另一角度,可能是地质学的,或者是矿物学的,或者是地理学的,或者从其他的观点,它则能成为历史方面的材料。作为一个客观的事实被置之任何一方面,都不是绝对的。只有当我们问到当下进行的是哪种经验、某个个体实际上假设的是什么态度、个体想要达到的

* 此文节选自《杜威全集·早期著作》第 5 卷,第 125—134 页。
① 首次发表于《教育评论》,第 8 卷(1897 年 4 月),第 356—369 页。未重印。
② 亚历山大·冯·洪堡(1769—1859),德国自然科学家、自然地理学家、著述家、政治家。——译者

目的和结果是什么时，我们才找到可以作为选择和安排特定学科内容的基础。

因此，甚至在最具逻辑性和客观性的研究中，我们也不能脱离心理学的观点，我们不可能不参照一个有着经验的人，不可能不思考他是如何和为什么获得了这些经验的。我们现在所正在做的只是简单地采纳了成人的心理（也就是说，采纳已经历过某种系列经验的人的心理），他已经具有一定的背景和生长过程，并且用他的成熟和发展了的兴趣来代替孩子不成熟的和相对潜在的倾向。如果我们在教育工作中遵照这种区别的话，那就意味着用成人的意识来代替孩子的意识。

由此，我重申，关于课程学习的首要问题是一个心理学的问题。学习是什么，它是一种活生生的、直接的、个人经验吗？在这种经验中，兴趣是什么？它的动机或刺激是什么？它与经验的其他形式是如何作用与相互作用的？它本身是怎么样逐渐与其他经验相区别的？为了给予它们额外的确定性和意义的丰富性，它是怎样起作用的？我们问这些问题，不仅是出于对普遍意义上的儿童的考虑，而且也考虑到了具体的儿童——某个特定年龄阶段的儿童、具有一定学业水平的儿童，以及具体家庭与社区相联系的儿童。

在我们提出这些问题之前，对学校课程的思考还是独断和片面的，因为我们没有终极的决定标准。问题不仅仅在于儿童能够掌握什么事实，或者什么事实能够使他感兴趣，而在于在某个特定的方向上，他自身拥有什么经验。学科必须依照其固有的法则与那种经验相区别。除非我们知道这些法则是什么，内在的刺激、某种特定经验的行为模式和功能是什么，否则我们在实践中束手无策。我们可以遵循规则，也可以追求抽象逻辑思维，但是我们没有起决定性的教育标准。回答这些问题，是一个心理学问题。当我们得到这些问题的答案的时候，我们就知道怎么阐明、建立、排列经验的内容，因而，经验不断生长并包含成人意识已经拥有的系统的事实体系。

这是一个明显的实践问题——它关涉课堂的实际工作，而不是简单的专业地位。大体上说，我相信，现在教学中急切要应对的难题是课程的内容问题。无论在总体上，还是在不同的阶段中，课程内容的选择和决定都是建立在客观的或逻辑的基础上，而不是以心理学为基础的。卑微的教育大张着嘴，敞开着双手，站着"嗷嗷待哺"，等着接受抽象科学的作者给予完整的体系。这一体系经过几个世纪的经验和艰难的反思，得以完善和发展。教师以这种值得信任的方式接受现成的"内容"之后，就接着用这种同样现成的方法将其传授给学生。发生于其间的交流媒介只是以被称为"方法"的策略和计谋对其进行某种外部的附加,用被称为"激发兴趣"的外部刺激的方式构成"糖衣"。

所有的这些程序都忽略了一点,即教育学最重要的问题是:如果没有儿童现有的、未加工的、本能的经验,成人意识中完整的和系统的知识如何能逐渐地发挥作用。首要回答的问题是:经验是怎样发展的,而不是成年人在从儿童到成人发展过程中成功地获得了什么经验。进行科学研究的作者,他已经拥有原始经验的背景,经历了整个成长的过程,也许可以安全地承担它们而不迷失。对于他来说,课程内容无论从视角和关系而言,都是恰当的。但是,当成人材料被直接传给儿童时,视角被忽视了,课程被强制变成虚假的和武断的关系,内在的兴趣没有吸引力了,儿童所拥有的经验可能成为学习的一个极其重要工具的经验,却弃之未用,逐渐衰退。

真正的课程程序可以表述如下:

第一,我们必须把注意力集中在儿童身上,以找出在所选择的特定时期什么经验最适合儿童;如果可能的话,还要找出在这一时期什么构成了儿童经验的特色;找出为什么他的经验以这种而非他种形式表现。这意味着,我们要细致地观察什么经验对他是最有意义和价值的,观察他对这些经验的态度。我们在这些经验中寻找兴趣点和重点。我们寻找他所持有的经验水平和如何使他保持兴趣。我们通过观察和反思,努力发现孩子的哪些品味和能力对获得经验起积极的作用。我们询问儿童形成了什么习惯,想达到哪种目的和结果。我们追问什么是刺激物和孩子们对其作出何种反应。我们好奇什么动力推动了他们的表达欲望;他们是以什么特定的方式开始展现的,在展现的过程中,孩子们形成了什么结果。

所有这些都是心理学问题。如果允许的话,我将其概括成"兴趣"一词。我们的研究是找出孩子们的实际兴趣所在,或客观地说,找出世界上什么物体和人吸引了孩子的注意力,什么事物和人构成了他们生活的意义和价值。这并不意味着这些兴趣一经发现便成为学校工作的最终标准,也不意味着它们有终极性的规范价值。它意味着只有解决了这些前设性的问题,我们才能发现或运用最终标准。只有通过提问和回答这些问题,我们才能找出孩子的实际认知水平;他们有能力做什么事情,哪些事情能在最短的时间内花最小的力量、精力、体力来最好地完成。在此,我们发现了对孩子来说合法的事实和观念范围的指示信号。如果我们还没有掌握内容选择的绝对规则的话,我们确实无疑已经得到了这种选择的答案。不仅如此,在此展现在我们眼前的,还有教师在教学工作中所依赖的资源和同盟。这些天生就存在的兴趣、冲动和经验,都是教师工作中的杠杆。他必须将它们联系起来,否则就会最终失败。确实,恰恰是杠杆和联系这两个词暗示了一种比实际存在更外在的关系。新材料不可能从外面附属于这些经验或悬于其上,但必须和它们具有内在的区别。一个孩子在没有已有经验和兴趣的基础上,是不可能认识一个事实或获得一个想法的。因此,教学的问题是如何诱发这种生长。

接着,要把兴趣的表现作为现象进行研究。只有通过孩子所做的,我们才能知道他的经验水平。借助于兴趣的内涵,我们能够将他的外在行为转化为内在意义。如果我们知道孩子的兴趣所在,不仅会知道他的外部行为,也会知道他为什么去做;他的兴趣所在,就是他的真实个体所在。无论我们的兴趣何在,它都将显现萌发的能力;无论缺乏兴趣和感到厌恶的现象在何处出现,我们一定会发现孩子不能自由发挥,不能自如地控制和指导他自己的经验知识;或者如果我可以引用哈里斯博士所称谓的"雄辩的和专业性的术语"的话,也不能轻松和自在地"自我表现"。需要再一次强调的是,这些兴趣的现象都不是终结性的。它们不是告诉教师:我们是你们的最终目标,你们要投入所有的精力来培养我们。尽管如此,它们是象征和工具,是可使教师了解什么是真正的经验而非名义上经验的唯一线索。它们揭示了一种基本观点,即应该设置哪些科目才能吸引孩子。教师的问题是洞察孩子们表面上的表现,找出内在的蕴含资源。即使"坏"兴趣,诸如破坏欲等,也是某种必须发现和利用的内部力量。

第二,在谈到这些心理现象提供了机会、线索和杠杆作用时,我们实际上是在说它们提出了问题。它们需要被解释。它们有象征的价值,而且像其他象征一样,必须被解释成它们所代表的现实。现在,它们是在逻辑性和客观性教学内容的领域来帮助我们进行解释。通过对结果的洞察,我们看到了开始的意义;就其是否成熟而言,我们知道未成熟的意义。比如,通过思考语言的发音结构,并将其作为社会交流、逻辑思维和艺术表达的工具,我们知道最初含糊的语言的本能和冲动的意义何在。通过观察代数和几何的发展体系,我们知道小孩计数和度量的兴趣所在。最初的一些现象都是预言。要充分地意识到预言及其允诺和潜能,我们不应该孤立而应该全面地看待它。

有人认为,成人经验的结果可以代替小孩的经验,也可以通过教学手段或任何被赋予的外部手段将成人的经验直接注入小孩的意识当中。其实,这些都是对这一原则的误解。它们的价值不在于提供直接材料或教学内容，就像兴趣现象不是教学的终极性标准一样。这种井然有序、安排恰当的经验的功能，就是严密的解释或协调。为了理解、确定儿童表现出来的兴趣的价值，我们必须将其牢记在心。

第三，我们要挑选和决定教学材料，并且使其适应学习的过程。这包括刚刚考虑过的两种观点的相互作用，它们彼此相互作用。孩子的生活是转瞬即变的，而且多少是肤浅表面的，因此我们必须观察他们的整个生长过程。成人意识的客观知识必须从抽象和逻辑的要素中抽取出来，并且将其视为具体个体的生动经验。那时，我们才能知道教学内容和教学手段代表的意义。所谓教学内容就是从其对孩子发展的导向角度看孩子的现实经验，而方法是将内容变成各个个体的现实生活经验。因此，教学的终极性问题是以成熟自然发展的经验为中介的个体经验的重构。

我们有两个相对应的错误：一个是被孩子短暂的或稍纵即逝的兴趣强烈地吸引住了，似乎把它看作是终结性和完成性的，而不是一种新兴的力量；似乎那是一种结果，而不是一种工具；似乎它铸成了一种理想，而不是提出了一个问题。另一个错误就是从科学的观点来看待学习科目，把它看作是课程内容。恰如兴趣现象需要尽可能控制，学习科目的科学内容也需要通过"心理学化"进行转换，将其看作是某些具体个人借助自己的冲动、兴趣和能力所经历的经验。正是这种控制力，使我们从任意的技巧和手段进入有序方法的领域。正是这种对学习科目的修整和心理学解释，使它们成为孩子教材（Lehrstoff）的真正内容。正是由于这种过程的必要性，正是通过将死的客观事实看作个体的思想、感情和行为，从而使它们生机勃勃，我们才可以合理地说课程具有了心理学的维度。

在把心理学理论运用于当前实际的课程研究中，我想没有人会否认，直到语言、文学、历史和艺术等反映人性的科目诉诸心理学理论，它们才能被完整地理解，才能在教学中得到充分的利用。但是，我们必须再看得远一点，必须意识到，在教学中，我们不能仅仅了解我们所说的语言、创造的文学、存在的历史，而更应该将其看作是个体的活动，看作是个体表达生活的一部分。即使在看起来是研究离个体较远的事物现象的科学中，我们也应记住：就教育而言，我们的工作不是把科学作为固定的事实或真理，而是作为一种经验的方法和态度。在书中表达的、在演讲词中被提到的科学的意思，并不是教学内容。这些形式中蕴含的东西，只是一种索引和辅助工具。它为我们设立目标，即某种思维态度和我们所希望诱导的某种经验。

当我们从心理学的角度对其研究时,它会帮助我们达到预期目标;但如果没有心理学的介入,对它的研究只是呆滞的、机械的和死气沉沉的。

实践内容区别于抽象性和可能性内容。它是个人经验的核心,并非仅仅是事实和理论的系统集合。正因如此,课程无论是作为整体,还是具体的科目学习,都要体现心理学的一面。对其忽视和否认,将导致教学理论上的混乱;导致实际教学中对先例和常规的生搬硬套,或者以抽象、形式化的内容代替灵活、具体的内容。

（杨小微　罗德红等　译）

一次教育学的实验^{*①}

芝加哥大学教育系已经开办一所规模不大的小学②。这所学校与教育系的理论研究密切联系。它与大学相邻，位于第 57 大街 389 号。学校有两方面的工作，当然它们是一件事情的两个方面。学校一方面教育儿童，另一方面培养学生，他们在大学里学习教育学。学校不是一般意义上的教育实习场所，其主要目的与其说是让教育学系培训教师，倒不如说是吸引教师，他们拥有丰富的经验，希望进一步熟悉专业理论，了解更多的近期教育动向。于是，教育学系的研究生主要是从前的督学、师范学校的教师。这所小学的目的是关注理论研究与实践需要的紧密联系，使之成为一所检验和开发教育方法的实验基地。教育方法在具体研究实验后，积极地、稳妥地向其他学校推广。毫无疑问，许多普通学校在这个方面——推出的教育方法来源于坚实的心理学基础，并且已经在重要的实验检测中具体使用——需要非常明智的指导。

小学的实际工作遵循汇聚而成的三条路线。第一条路线是给每个学生的学习评分，不给儿童自身严格评分。刚刚从幼儿园毕业的孩子与那些有两年学校经验的孩子在一起学习、工作，每个孩子都在与不同年龄、成就和兴趣的孩子的接触中受益。儿童期及儿童期以后的大部分自私行为，似乎可以归咎于严格的评分体制所作出的强迫性区分。在合理自由的联系中，儿童不仅获取道德教育，而且得到理

---

* 此文选自《杜威全集·早期著作》第 5 卷，第 187—189 页。

① 首次发表于《幼儿园杂志》，第 8 卷（1896 年 6 月），第 739—741 页。未重印。

② 这所小学的正式名称是"大学初等学校"，后来叫"芝加哥大学实验学校"。因是杜威创办和他对学校的影响，许多人称为"杜威学校"。学校共办了八年（1896—1904）。——译者

智培养。在比较落后的儿童面前,激发自然而然的动机,让他们去阅读,去讲述观察或者学习所得,这样的学习和在对手面前进行简单的"背诵"是不同的。前者是自然的,后者是人为的。

第二条路线是学校在这样的信念下运作,即不要把小学的各门"科目"作为学习活动,而要作为儿童生活中的影响因素,这样才能最好地掌握它们。儿童到学校里做事:烹饪、缝纫,在简单的建筑活动中,运用木头、工具劳作;参与到这些活动中,学习书写、阅读、算术等等。自然方式的学习,指的是缝纫和手工训练。这些根本不是教育中的新特征,也许大学初等学校新颖、特别的地方即:这些活动不是被看作学习而引入教育的,而是作为儿童活动和日常作业;并且比较正式的学习活动尽可能地被分配到作业中,在这些活动中自然地、逐渐地形成。在烹饪、缝纫和木工中开展的度量和称量活动,为学习数字提供了大量的机会;这些活动把儿童的注意力引向其他人的生活方式,了解发明和工具是如何产生的,从而为学习历史打下了基础;这些活动引导学生外出寻找资源等,并提供了学习地理的机会。他们参与学习化学、生理学、物理学中的原理。如果儿童没有运用这些原理,那么他们就不会真正掌握它们。他们通过接触自己生活、成长环境中的植物、动物和矿石来学习生物学。事实上,我们发现,不论儿童参与活动还是改进活动,当儿童的问题出自从事的活动时,解决会遇到较少的阻力,儿童最容易学习;激发萌芽状态的能量,使儿童最有效地学习。如果遵循后者,我们应该尽可能多地在活动中引入艺术的成分。根据现阶段的教育学,以上内容可以总结为:儿童自身的生活(在其中,饮食和居住等熟悉的活动反复出现,这些是家庭生活主要的活动)为建立联系和统觉理解提供了最好的基础。

第三条路线可以简洁说明,事实上,它与第二条路线有关联。这个问题是:给予儿童的教育材料要有内在价值,使其形式的、机械的方面严格从属内在价值,取代在一个基础上过于频繁而琐碎地教授任何东西。这个基础是教育的主要目的,是学习正规内容——"3R"。① 现在幸运的是,自然方式的学习并非因第一次提出而完全不被人知晓。也许小学科学活动的典型特征是努力把科学素材组织成相关联的整体,而不是呈现为孤立的事实,或者间断地从一个事实到另外一个事实。无论是呈现孤立的事实,还是过早强迫儿童获得关联的意识——有关联的事实指的

---

① "3R"指读(reading)、写(writing)、算(arithmetic)。——译者

是:它能吸引儿童的兴趣,考虑儿童的生长,所有伟大的科学概括都遵循关联的原则——都是不必要的。既然第一项研究涉及教育方法,那么从某些方面说,这样的研究应该在大学里实施。这一定是合作研究。没有人能够在所有方面是专家,没有人能够掌握所有丰富的、准确的事实和资源。芝加哥大学的大批研究生提供了一个群体,可以从中挑选一些人,他们有兴趣适应他学科中更重要和可靠的事实,而且小学也希望持续地利用这些学生。此举既是为了教学内容和方法的发展导向,也是为了实际的教学工作。

我们希望明年将拓展这项研究工作,覆盖6—12岁儿童。如果芝加哥大学和初等教育领域的朋友们能够务实地表明,他们相信自己的智慧,能够联合双方致力于一项合作性的教育研究工作,一座新的而特别建设的校舍将不成问题。这学期学费已经下调(12周计12美元),目的是学校可以体现普通学校的特征。学校在工作期间,欢迎所有对此感兴趣的人打电话,参观校园。咨询和参观的时间是从早上9:15到12:15。

(杨小微　罗德红等　译)

我的教育信条*①

第一条 什么是教育

我认为一切教育都是通过个人参与人类的社会意识而进行的。这个过程几乎是在出生时就在无意识中开始了。它不断地发展个人的能力，熏染他的意识，形成他的习惯，锻炼他的思想，并激发他的感情和情绪。由于这种不知不觉的教育，个人便渐渐分享人类曾经积累下来的智慧和道德的财富。他就成为一个固有文化资本的继承者。世界上最形式的、最专门的教育确实不能离开这个普遍的过程。教育只能按照某种特定的方向，把这个过程组织起来或者区分出来。

我认为唯一的真正的教育是通过对于儿童的能力的刺激而来的，这种刺激是儿童自己感觉到所在的社会情境的各种要求引起的，这些要求刺激他，使他以集体的一个成员去行动，使他从自己行动和感情的原有的狭隘范围里显现出来；而且使他从自己所属的集体利益来设想自己。通过别人对他自己的各种活动所做的反应，他便知道这些活动用社会语言来说是什么意义。这些活动所具有的价值又反映到社会语言中去。例如，儿童由于别人对他的呀呀的声音的反应，便渐渐明白那呀呀的声音是什么意思，这种呀呀的声音又逐渐变化为音节清晰的语言，于是儿童就被引导到现在用语言总结起来的丰富的观念和情绪中去。

我认为这个教育过程有两个方面：一个是心理学的，一个是社会学的。它们是

---

* 此文选自《杜威全集·早期著作》第5卷，第63—71页。
① 首次发表于《学校期刊》（1897年1月），第77—80页。

平列并重的,哪一方面也不能偏废。否则,不良的后果将随之而来。这两者,心理学方面是基础的。儿童自己的本能和能力为一切教育提供了素材,并指出了起点。除了教育者的努力是同儿童不依赖教育者而自己主动进行的一些活动联系的以外,教育便变成外来的压力。这样的教育固然可能产生一些表面的效果,但实在不能称它为教育。因此,如果对于个人的心理结构和活动缺乏深入的观察,教育的过程将会变成偶然性的、独断的。如果它碰巧能与儿童的活动相一致,便可以起到作用;如果不是,那么它将会遇到阻力、不协调,或者束缚了儿童的天性。

我认为为了正确地说明儿童的能力,我们必须具有关于社会状况和文明现状的知识。儿童具有自己的本能和倾向,在我们能够把这些本能和倾向转化为与他们的社会相当的事物之前,我们不知道它们所指的是什么。我们必须能够把它们带到过去的社会中去,并且把它们看作是前代人类活动的遗传。我们还必须能把它们投射到将来,以视它们的结果会是什么。在前一个例子中,正是这样能够在儿童的呀呀的声音里,看出他将来的社会交往和会话的希望和能力,使人们能够正确地对待这种本能。

我认为心理的和社会的两个方面是有机地联系着的,而且不能把教育看作是二者之间的折衷或其中之一凌驾于另一个之上而成的。有人说从心理学方面对教育所下的定义是空洞的、形式的——它只给我们以一个发展一切心能的观念,却没有给我们以怎样利用这些心能的观念。另一方面,又有人坚决认为,教育的社会方面的定义(即把教育理解为与文明相适应)会使得教育成为一个强迫的、外在的过程,结果把个人的自由隶属于预定的社会和政治状态之下。

我认为假如把一个方面看作是与另一个方面孤立不相关而加以反对的话,那么这两种反对的论调都是对的。我们为了要知道能力究竟是什么,我们就必须知道它的目的、用途或功能是什么;而这些,是无法知道的,除非我们认为个人是在社会关系中活动的。但在另一方面,在现在的情况下,我们能给予儿童的唯一适应,便是由于使他们充分发挥其能力而得到的适应。由于民主和现代工业的出现,我们不可能明确地预言二十年后的文化是什么样子,因此也不能准备儿童去适合某种定型的状况。准备儿童使其适应未来生活,那意思便是要使他能管理自己;要训练他能充分和随时运用他的全部能量;他的眼、耳和手都成为随时听命令的工具,他的判断力能理解它必须在其中起作用的周围情况,他的动作能力被训练到能达到经济和有效果地进行活动的程度。除非我们不断地注意到个人的能力、爱好和兴趣——也就是说,除非我们把教育不断地变成心理学的名词,这种适应是不可能达到的。

总之,我认为,受教育的个人是社会的个人,而社会便是许多个人的有机结合。如果从儿童身上舍去社会的因素,我们便只剩下一个抽象的东西;如果我们从社会方面舍去个人的因素,我们便只剩下一个死板的没有生命力的集体。因此,教育必须从心理学上探索儿童的能量、兴趣和习惯开始。它的每个方面,都必须参照这些考虑加以掌握。这些能力、兴趣和习惯必须不断地加以阐明——我们必须明白它们的意义是什么。必须用和它们相当的社会的事物的用语来加以解释——用它们在社会事务中能做些什么的用语来加以解释。

第二条　什么是学校

我认为学校主要是一种社会组织。教育既然是一种社会过程,学校便是社会生活的一种形式。在这种社会生活的形式里,凡能最有效地培养儿童分享人类所继承下来的财富以及为了社会的目的而运用自己的能力的一切手段,都被集中起来。

因此,我认为教育是生活的过程,而不是将来生活的预备。

我认为学校必须呈现现在的生活——即对于儿童说来是真实而生气勃勃的生活。像他们在家庭里、在邻里间、在运动场上所经历的生活那样。

我认为不通过各种生活形式,或者不通过那些本身就值得生活的生活形式来实现的教育,对于真正的现实总是贫乏的代替物,结果形成呆板而死气沉沉的局面。

我认为学校作为一种制度,应当把现实的社会生活简化起来,缩小到一种雏形的状态。现实生活是如此复杂,以致儿童不可能同它接触而不陷于迷乱;他不是被正在进行的那种活动的多样性所淹没,以致失去自己有条不紊的反应能力,便是被各种不同的活动所刺激,以致他的能力过早地被发动,致使他的教育不适当地偏于一面或者陷于解体。

我认为既然学校生活是如此简化的社会生活,那么它应当从家庭生活里逐渐发展出来;它应当采取和继续儿童在家庭里已经熟悉的活动。

我认为学校应当把这些活动呈现给儿童,并且以各种方式把它们再现出来,使儿童逐渐地了解它们的意义,并能在其中起着自己的作用。

我认为这是一种心理学的需要,因为这是使儿童获得继续生长的唯一方法,也是对学校所授的新观念赋予旧经验的背景的唯一方法。

我认为这也是一种社会的需要,因为家庭是社会生活的一种形式,儿童在其中获得教养和道德的训练。加深和扩展他的关于与家庭生活联系的价值的观念,是学校的任务。

我认为现在教育上许多方面的失败,是由于它忽视了把学校作为社会生活的一种形式这个基本原则。现代教育把学校当作一个传授某些知识,学习某些课业,或养成某些习惯的场所。这些东西的价值被认为多半要取决于遥远的将来;儿童所以必须做这些事情,是为了他将来要做某些别的事情;而这些事情只是预备而已。结果是,它们并不成为儿童的生活经验的一部分,因而并不真正具有教育作用。

我认为道德教育集中在把学校作为一种社会生活的方式这个概念上,最好的和最深刻的道德训练,恰恰是人们在工作和思想的统一中跟别人发生适当的关系而得来的。现在的教育制度,就它对于这种统一的破坏或忽视而论,使得达到任何真正的、正常的道德训练变为困难的事情或者根本不可能。

我认为儿童应当通过集体生活来使他的活动受到刺激和控制。

我认为在现在的情况下,由于忽视了把学校作为社会生活的一种方式这个概念,来自教师的刺激和控制是太多了。

我认为教师在学校中的地位和工作必须按同样的基本观点来加以阐明。教师在学校中并不是要给儿童强加某种概念,或形成某种习惯,而是作为集体的一个成员来选择对于儿童起作用的影响,并帮助儿童对这些影响作出适当的反应。

我认为学校中的训练应当把学校的生活作为一个整体来进行,而不是直接由教师来进行。

我认为教师的任务仅仅是依据较多的经验和较成熟的学识来决定怎样使儿童得到生活的训练。

我认为儿童的分班升级的一切问题,都应当参照同样的标准来决定。考试不过是用来测验儿童对社会生活的适应能力,并表明他在哪种场合最能起作用和最能接受帮助。

第三条　教材

我认为儿童的社会生活是他的一切训练中生长的集中或相互联系的基础。社会生活给予他一切努力和一切成就的不自觉的统一性和背景。

我认为学校课程的内容应当注意到从社会生活的最初不自觉的统一体中逐渐分化出来。

我认为我们由于给儿童太突然地提供了许多与这种社会生活无关的专门科目，如读、写和地理等，而违反了儿童的天性，且使最好的伦理效果变得难于实现了。

因此，我认为学校科目相互联系的真正中心，不是科学，不是文学，不是历史，不是地理，而是儿童本身的社会活动。

我认为教育不能在科学的研究或所谓自然研究中予以统一，因为离开了人类的活动，自然本身并不是一个统一体；自然本身是时间和空间里许多形形色色的东西，要自然本身使它自己作为工作的中心，那便是提供一个分散的原理，而不是集中的原理。

我认为文学是社会经验的反映和阐明；因此，它必须产生在经验之后，而不是在前。因此，它不能作为统一体的基础，虽然它可以成为统一体的总和。

我还认为历史就它提供社会生活和发展的各个方面来说，是具有教育价值的。它必须参照社会生活而加以控制。假如只简单地作为历史来看，它便陷于遥远的过去而变成僵死的、毫无生气的东西。历史如被看作是人类的社会生活和进步的记录，那就成为有丰富意义的东西了。但是我认为，除非儿童也被直接引入社会生活中去，否则对于历史是不可能这样看的。

所以，我认为教育最根本的基础在于儿童活动的能力，这种能力是沿着现代文明所由来的同一的总的建设路线而活动的。

我认为使儿童认识到他的社会遗产的唯一方法是使他去实践那些使文明成其为文明的主要的典型的活动。

因此，所谓表现和建设的活动便是相互联系的中心。

这便给予学校中烹调、缝纫、手工等的地位以一个标准。

我认为这些科目并不是附加在其他许多科目之外，作为一种娱乐、休息的手段，或者作为次要的技能的特殊科目而提出的。我更相信它们是代表社会活动的类型和基本形态的；而且，通过这些活动的媒介把儿童引入更正式的课程中，这是可能的，也是值得向往的。

我认为科学研究就它显示了产生现代社会生活的各种资料和方法而言，是具有教育意义的。

我认为目前科学教学的最大困难之一是：这种资料以纯客观的形式提供出来，或者作为儿童能加于他已有经验之上的一种新的特殊经验。其实，科学之所以有价值正因为它给我们一种能力去解释和控制已有的经验。我们不应当把它作为新的教材介绍给儿童，而应当作为用来显示已经包含在经验里的因素和作为提供更容易、更有效地调整经验的工具。

我认为现在我们丧失了许多文学和语言科目的价值，这是因为我们抛弃了社会的因素。在教育学著作里，差不多总是把语言只当作思想的表现。语言固然是一种逻辑的工具，但基本的、最重要的是一种社会的工具。语言是一种交往的手段，是一个人用以分享别人的思想和感情的工具。如果只是把它当作个人获得知识，或当作表达已经学到的知识的工具，那么就会失去它的社会的动机和目的。

因此，我认为在理想的学校课程中，各门科目并不是先后连贯的。如果教育即是生活，那么一切生活一开始就具有科学的一面、艺术和文化的一面以及相互交往的一面。因此，一个年级的固定科目只是阅读和写字，而较高的年级里却开设阅读、文学或科学，这是不正确的。进度不是在于各门科目的连贯性，而是在于对经验的新态度和新兴趣的发展。

最后，我认为教育应该被认为是经验的继续改造；教育的过程和目的是完全相同的东西。

我认为如要在教育之外另立一个什么目的，例如给它一个目标和标准，便会剥夺教育过程中的许多意义，并导致我们在处理儿童问题时依赖虚构的和外在的刺激。

第四条　方法的性质

我认为方法的问题最后可以归结为儿童的能力和兴趣发展的顺序问题。提供教材和处理教材的法则就是包含在儿童自己本性之中的法则。由于情况正是这样，我认为下面的论述，对于决定教育所赖以进行的那种精神是极端重要的。

（1）我认为在儿童本性的发展上，自动的方面先于被动的方面；表达先于有意识的印象，肌肉的发育先于感官的发育，动作先于有意识的感觉；我相信意识在本质上是运动或冲动的；有意识的状态往往在行动中表现自己。

我认为对于这个原理的忽视便是学校工作中大部分的时间和精力浪费的原

因。儿童被置身于被动的、接受的或吸收的状态中,情况不允许儿童遵循自己本性的法则,结果造成阻力和浪费。

我认为观念(理智的和理性的过程)也是由行动引起的,并且为了更好地控制行动。我们所谓理性,主要就是有顺序的或有效的行动法则。要发展推理的能力、判断能力,而不参照行动方法的选择和安排,便是我们现在处理这个问题的方法中的一个重大错误,结果是我们把任意的符号提供给儿童。符号在心智发展中是必需的,不过它们的作用在于作为节省精力的工具;它们本身所表现出来的乃是从外部强加的大量毫无意义的和武断的观念。

(2)我认为表象是教学的重要工具。儿童从他所见的东西中所得到的不过是他依照这个东西在自己心中形成的表象而已。

我认为假如将现在用以使儿童学习某些事物的十分之九的精力用来注意儿童是否在形成适当的表象,那么教学工作将会容易得多。

我认为目前对于课业的准备和提出所费的许多时间和注意力,可以更明智地、更有益地用以训练儿童形成表象的能力,使儿童将经验中所接触的各种东西不断地形成明确、生动和生长中的表象。

(3)兴趣是生长中的能力的信号和象征。我相信,兴趣显示着最初出现的能力,因此,经常而细心地观察儿童的兴趣,对于教育者是最重要的。

我认为这些兴趣必须作为显示儿童已发展到什么状态的标志来加以观察。它们预示着儿童将进入哪个阶段。

我认为成年人只有通过对儿童的兴趣不断地予以同情的观察,才能够进入儿童的生活里面,才能知道他要做什么,用什么教材才能使他工作得最起劲、最有效果。

我认为这些兴趣不应予以放任,也不应予以压抑。压抑兴趣等于以成年人代替儿童,这就减弱了心智的好奇性和机敏性,压抑了创造性,并使兴趣僵化。放任兴趣等于以暂时的东西代替永久的东西。兴趣总是一些隐藏着的能力的信号;重要的事情是发现这种能力。放任兴趣就不能从表面深入下去。它的必然结果是以任性和好奇代替了真正的兴趣。

(4)情绪是行动的反应。力图刺激或引起情绪而不顾与此情绪相应的活动,便等于导致一种不健全的和病态的心理状态。

我认为只要我们能参照着真、善、美而获得行动和思想上的正确习惯,情绪大都是能够约束的。

我认为除了死板和呆滞、形式主义和千篇一律之外,威胁我们教育的最有害的东西莫过于感情主义。

我认为这种感情主义便是企图把感情和行动分离开来的必然结果。

第五条　学校与社会进步

我认为教育是社会进步及社会改革的基本方法。

我认为改革仅仅依赖法规的制定,或是惩罚的威胁,或仅仅依赖改变机械的或外在的安排,都是暂时性的、无效的。

我认为教育是达到分享社会意识的过程中的一种调节作用,而以这种社会意识为基础的个人活动的适应是社会改造的唯一可靠的方法。

我认为这个概念对于个人主义和社会主义的理想都予以应有的重视。它恰恰是个人主义的,因为它承认某种品格的形成是合理生活的唯一真正基础。它是社会主义的,因为它承认这种好的品格不是由于单纯的个人的告诫、榜样或说服所形成的,而是出于某种形式组织的或社会的生活施加于个人的影响,社会机体以学校为它的器官,决定道德的效果。

我认为在理想的学校里,我们得到了个人主义和集体组织的理想之间的调和。

因此,我认为社会对于教育的责任便是它的至高无上的道德责任。通过法律和惩罚,通过社会的鼓动和讨论,社会就会以一种多少有些机遇性和偶然性的方式来调整和形成它自身。但是通过教育,社会却能够明确地表达它自己的目的,能够组织自己的方法和手段,因而能明确地和有效地朝着它所希望的前进目标塑造自身。

我认为当社会一旦承认了朝着这种目标前进的可能性以及这些可能性所赋予的义务,人们便不可能去设想听任教育者随意地使用时间、注意力和金钱等资源。

我认为为了提醒社会认识到学校奋斗的目标,并唤起社会认识到给予教育者充分设备来进行其事业的必要性,坚持学校是社会进步和改革的基本的和最有效的工具,是每个对教育事业感兴趣的人的任务。

我认为这样设想的教育是标志着人类经验中所能想象得到的科学和艺术最完善、最密切的结合。

我认为这样形成人类的各种能力并使它们适应社会的艺术是最崇高的艺术;

能够完成这种艺术的人，便是最好的艺术家；对于这种事业，不论具有任何见识、同情机智和行政的能力，都不会是多余的。

我认为心理学事业的发展增长了对于个人的心理结构和生长的法则的观察能力；社会科学的发展增长了我们关于正确组织个人的知识，一切科学的资源都可以为教育的目的而使用。

我认为当科学和艺术这样携手以后，支配人类行动的最高动机已经达到了，人类行为的真正动力将被激发起来，人类本性中可能达到的最好的事业便有保障了。

我认为最后，教师不是简单地从事于训练一个人，而是从事于促进适当的社会生活的形成。

我认为每个教师应当认识到他的职业的尊严；他是社会的公仆，专门从事于维持正常的社会秩序并谋求正确的社会生长的事业。

这样，我认为教师总是真正上帝的代言者、真正天国的引路人。

（赵祥麟　译）

儿童与课程 [*]

放弃把教材作为位于儿童经验之外的某种本身固定和现成东西的观念，不再把儿童经验想象为一成不变的，而将其看作某些变化的、在形成中的、有生命力的东西，我们便会意识到，儿童与课程不过是我们用以界定一个过程的两极。正如由两点确定一条直线一样，儿童的现有观点与学科的事实、真理界定了教学。它是一种连续的重构，从儿童的现有经验一直到由我们所谓学科的那些有组织体系的真理所代表的经验。

从字面上看，算术、地理学、语言、植物学等各种不同的学科本身就是经验——它们是种族的经验。它们所体现的，是人类种族一代又一代努力、奋斗和成功的累积性结果。它们对此所作的呈现不是纯粹的累积，也不是孤立的经验片段的混杂体，而是以某种条理化、系统化的方式——也即反思性构想——呈现的。

因此，进入儿童现有经验中的以及包含在诸学科教材中的那些事实和真理，分明是一个现实的起点和终点。拿其中一个来反对另一个，就是把同一成长生命的幼年和成年对立起来；这是把同一过程的运动趋势和最终结果相互对立，就是认为儿童的天性与其必须达到的发展目的相克。

如果情况是这样的话，有关儿童与课程关系的问题又可如此发问：从教育上说，能够在一开始就看到终点，有什么意义呢？能够预见未来阶段，可以怎样帮助我们应对早期生长阶段？如我们已经同意的，各门学科表现了内在于儿童直接而素朴的经验中的发展可能性；但是，它们毕竟不是当下直接生活的一部分，那么，为

---

* 此文节选自《杜威全集·中期著作》第 2 卷收录的《儿童与课程》，首次出版于 1902 年。

何或如何重视它们呢？

这样提出问题时，答案已然寓于其中。看到结果，就是知道现有经验在朝什么方向前进，假如经验运行得正常和可靠的话。对我们那么遥远而没有意义的那个目标，一旦用它来界定现有的行动方向，便开始具有重大的意义。如此来看，教材并不是有待于完成的渺茫和遥远的结果，而是用以应对当前的指引方法。换句话说，成人心灵中系统的、精确的经验对我们具有的价值，在于对儿童当下生活的直接表现进行解释，并循此进行指导或引领。

我们且来看一下这两种观念：解释和指导。儿童的现有经验绝不是不释自明的。它不是最终的，而是过渡性的。它本身绝不是完整的，而只是某些生长倾向的记号或标识。如果我们把注意力仅仅局限在儿童此时此刻的表现，就会迷惑不清，误入歧途。我们就不可能读懂儿童经验的意义。在道德上和理智上极端贬抑儿童，以及对儿童过于热情的理想化，都根源于一个共同的谬误。两者都源于把儿童生长的各阶段当作某种孤立和固定的东西，前者没有看到，本身看来毫无希望和令人厌恶的那些感觉和动作里所包含的前景；后者没有看到，即便最为令人喜悦和美好的表现也只是迹象而已，而一旦把它们作为完成了的东西，它们就开始出现毛病。

我们所需要的东西是：它使我们能够解释和评价儿童现在出现的和消失的那些因素，以及他的强弱点的种种表现，按照它们在比较大的生长过程中占有的地位加以解释和评价。唯独如此，我们才能有鉴别力。如果我们把儿童现有的倾向、意图和经验与其在生长过程中所占的地位，以及在一种发展的经验中必须完成的作用隔离开来，那么，一切便都处在同一平面上，一切都同样的好或同样的坏。但是，在人类的活动中，各种不同的因素处在不同的价值层面上。有些儿童行为象征着一种正在减弱的倾向，它们是已经完成使命、正失去重要作用的一种器官机能的残余。给予这些特性以正面关注，就是把发展抑制在一个低级层面上，这等于故意维持一种发展不完全的生长状态。有些活动标志着一种能力和兴趣达到顶点，对于它们就要应用"趁热打铁"的法则，它们或许是不容错失的良机。这些活动如果加以选择、利用和重视，可以成为儿童整个一生中有益的转折点；而一旦忽视，机会就失去，永远不可能再来。其他的一些行为和感觉是先兆性的，它们表现为一道闪光的初现，只有在很远的将来才会持续闪耀。关于这些活动，现在能做的很少，唯有给予它们公正而充分的机会；至于明确的指导，要等待将来再说。

总体上，正如"旧教育"的缺点，在于它在儿童不成熟的状态与成人成熟的状态之间作不公平的对比，把前者视为需要尽可能早、尽可能多地加以摆脱的某种东西；而"新教育"的危险，在于它把儿童现有的能力和兴趣视为某种本身具有最终意义的东西。实际上，儿童的学识和成就是流动可变的，每日每时都在变化着。

如果儿童研究（child-study）在普通人心中留下的印象是：特定年龄段的儿童已具有明确的意图和兴趣，教育不过是顺水推舟而已，那么将是有害的。实际上，兴趣不过是对可能发生的经验的种种态度，而不是已经完成了的东西，其价值在于它们所提供的杠杆作用，而非它们所表现的那种成就。任何把给某一年龄段儿童所呈现的现象当作不释自明的或独立自足的，都不可避免地导致放纵和溺爱。不论儿童或是成人的任何一种能力，当其被有意满足于一时的和现有的水平时，就是一种放任自流。这些能力的真正意义，在于为达到较高的水平提供推进力。这正是与之有关的。用当下的水平迎合儿童的兴趣，意味着激发（excitation），意味着利用能力，其目的是持续挑逗、持续煽动这种能力而不将它引向明确的成就。不断地迸发，不断地开始种种不能有所结果的活动，就所有实际目标而言，这与不断压制创造力以符合某种据认为具有更完美的思想或意志的兴趣一样，是十分糟糕的。这就像是儿童永远在品尝但从未吃到；总是在情感上被挑动着味觉，但从未得到内在的满足，而这种满足乃是来自食物消化并把它转化成有用的能力。

与此相反的观点，即认为科学、历史和艺术的教材足可以用来为我们揭示真正的儿童。如果不将儿童看作萌发的种子、含苞的花蕾或待熟的果实，我们便无从知晓其所偏爱的意向和行为表现的意义。视觉所及的整个世界，远不足以回答儿童生性喜好光亮和形式的意义这个问题。儿童对吸引其注意的某种偶然的变化寻求答案，虽穷尽整个物理科学，也难以向我们充分揭示其好奇心的微妙。儿童喜欢绘画和涂鸦，即便拿拉斐尔或柯罗的艺术成就，也终究不够评估儿童心中所激起的冲动。

有关教材在解释上的应用就谈这些。它进一步运用于引领或指导，不过是同一思想的一种扩展。解释一种事实，就是在它充满活力的运动中审视它，就是在它与生长的关系中去审视它。而将其看作正常的生长的一部分，就等于获得了用以指导它的基础。指导并不是外在的强加，它是指释放生活过程，以达到其自身最充分的实现。上文说到，有两种情况导致对儿童当下经验的忽视，或是认为儿童当下的经验距成熟经验遥远而不足道，或是在情感上将儿童幼稚的性情和行为理想化。

对此,可以换一种略为不同的说法予以阐述。有那样一些人,他们看不到在从外部强迫儿童与完全放任儿童之外,还有其他选择的可能。由于看不到其他选择的可能,有的选择其中一种方式,有的选择另一种方式,两者陷入同一种根本性的错误。双方都不能明白:发展是一种特定的过程,有着其自身的规律,这种规律只有在适当的和正常的条件具备时才能实现。真要解释儿童在数数、测量和有规律地排列事物时所出现的天然冲动,就要涉及数学的学问——这种有关数学公式和关系的知识。这种知识在种族历史上,正是产生自如此不成熟的开端。要弄明白介于这两者之间的全部发展史,实际上,就是弄明白儿童此时此刻需要采取什么样的步骤,弄明白他需要怎样使用他的盲目冲动,以便使它可以变得明朗起来并获得力量。

再重复一次,如果"旧教育"趋于忽视儿童现有经验中固有的动态性、发展力,因而认为指导和控制之事不过是武断地将儿童带到既定道路上,并迫使他在那里行走,那么,"新教育"的危险就是完全以过于形式化和空洞的方式看待发展这一观念。我们希望儿童从他自己的内心"发展"出这个或那个事实或真理。我们叫他独立地思考事物或完成事情,而不提供为发动和指导思想所必需的任何周围环境的条件。无中不能生有,粗陋也自变不了雅致——而这正是当我们让儿童最终依靠他所实现的自我,并要求他从已实现的自我中构想出有关自然或行为的新真理时必然发生的。期望儿童从自己小小的心灵发展到一个宇宙,这如同让一个哲学家去尝试完成这一任务一样,当然是徒劳的。发展并不意味着仅仅由心灵获得某种东西。发展是经验的发展,是真正需要的东西成为经验。而此种发展是不可能的,除非刚好提供的教育媒介使得已被选中的那些有价值的能力和兴趣能发挥作用。这些能力和兴趣必须起作用,而如何起作用将完全取决于其周围的刺激物,以及它们起作用所凭借的材料。因而,所谓指导这一问题,就是要为本能和冲动选择适宜的刺激,以求其可用于获得新的经验。我们不可能指出什么样的新经验是想要的,因而需要有什么样的刺激,除非对于所要达到的发展目标有某种理解。总之,除非利用成人知识来揭示儿童面前展开的可能的前程,而这是不可能知道的。

把经验的逻辑方面和心理方面——前者代表教材本身,后者代表教材与儿童的关系——进行区分并相互联系,或许是有益的。对经验所进行的心理学陈述,是继经验的实际生长之后的;它是历史性的;它关注实际所采取的步骤,即有效的和成功的,以及不确定的和曲折的步骤。另一方面,逻辑的观念把发展看作已经达到某一确定的完成阶段。它忽视过程而看重结果，进行总结和整理，从而把所取得的成果与这些结果起初出现时所采取的实际步骤脱离开来。我们也许可以把逻辑的经验和心理的经验之间的这种差异，与探险家在一片新地区披荆斩棘尽力找出路时所作的笔记和他在完成整个地区的探险后所绘制的地图之间的差异，进行对比。这两者是相互依赖的。如果没有探险家或多或少意外和曲折的探路，就不会有可资利用的事实来绘制完整而连成一体的地图。但是，如果不把这个探险家的旅行与其他人所从事的类似的漫游进行比较和核对，便没有人能够从他的旅行中获益；除非那些所掌握的新地理的实况、所跨越的河流、所攀登的山脉等等，不仅仅作为某个旅行家旅途中的偶然所见，而是结合其他所已经知道的类似的事实（完全除开探险家的个人生活）来看待。地图对个人的经验进行整理，将它们彼此相联，而不论它们最初发现的时间、地点等环境上的偶然。

对经验作如此系统的叙述有什么用呢？地图有什么用呢？

好，我们可以先讲讲地图不是什么别的东西。地图不是个人经验的替代品。地图代替不了现实的旅行。一门科学或分支学问中，一门学科中，具有逻辑规定的内容并不能代替我们所拥有的个人的经验。关于下落物体的数学公式，并不能代替对于下落物体的个人接触和直接的个人经验。但是，地图作为一种总结，作为对以往经验一种有序的观点，可以用作未来经验的向导；它给出了指示，有助于控制；它节省人力，防止漫无边际的乱闯，并指出最为快速、最为可靠地通往意想结果的路径。借助地图，每个新的旅行者都可以让自己的旅行从他人的探险中获益而免于浪费精力和消耗时间——如果不是因为借助于对他人经验的客观的和概括的记录，他必定会被迫徘徊不前。我们称为科学或学科的那种东西，把过去经验的最后结果转化成最便于未来使用的一种形式。它代表了一种可立即转成利益的资本，在各方面都节省下了人们的脑力劳动。记忆的负担减轻了，因为那些事实被聚拢在某个共同的原则下，而不同于他们最初发现的各种不同的偶然事件单独地拴在一起。观察是有帮助的；我们知道要寻找什么，以及在哪里寻找。这是大海捞针与在整理好的橱柜中寻找指定文件之间的差别。推理是有方向的，因为有某种一般的路径或路线被制订了出来；人们的思想可以自然地沿着它前进，而不会从一个偶然联想转向另一个偶然联想。

那么，对于经验的逻辑诠释，没有什么是最终性的东西。它的价值不是包含在自身之内；其重要性是在它的观点、立场和方法上。它介于过去较为随意、暂时和迂回的经验与将来较有控制、有条理的经验之间。它把过去的经验呈现为一种纯粹形式,使得它对未来的经验最为可用、最有意义、最有成果。它所引入的抽象、概括和分类,都有正确观察事物的意义。

于是,这种构想出的结果便不与生长过程相对立。逻辑的并不与心理的相对立。这种经过考察和设计的结果,在生长过程中占据一种重要的位置。它标志着一个转折点。它指明了我们怎样才能从过去的努力中获益,以控制未来的努力。在最为宏大的意义上,逻辑的立场本身就是心理的;它所具有的意义,是作为经验发展上的一点;它的根据,是在它所确保的未来生长中发挥功用。

因此,需要把诸学科或学问分支的教材恢复为原来的经验。它必须回到它所由之抽象出来的那种经验中。它需要作心理分析;反过来,又变成它由之起源并产生意义的那种直接而个体化的经验。

每一学科或科目因而具有两个方面:一个是对于作为科学家的科学家,另一个是对于作为教师的教师。这两个方面绝不对立或冲突。但是,双方也均非直接同一。在科学家看来,教材的内容代表的不过是一定的真理,可供用于找到新问题,确立新研究,并得出可证实的结果。对科学家来说,科学的教材是自身独立的。他把教材的各个不同部分相互参照,把新的事实与其相联。作为一个科学家,他不需要走出特定的范围;如果超越出范围的话,也只是要获得更多的同类型的新事实。对于教师来说,问题就不同了。作为教师,他不关心对他所传授的科目增添新的事实,提出新的假说或对它们加以证实;他所关心的,是科学的教材代表了经验发展的某一阶段或状态。他的问题是要诱发学生产生一种生动的个人体验。因此,作为教师,他所关注的是该科目通过什么方式可以成为经验的一部分;就这一科目而言,儿童的现有经验中有什么是合用的;这些合用的因素如何被运用;他自己有关该教材的知识如何帮助解释儿童的需要和行为,并决定儿童应被安排在什么环境,以便使他的成长可得到适当的引导。他所关心的不是教材本身,而是把教材作为在全部的生长经验中一个相关因素。因此,理解它,就是对其作心理分析。

正是由于未考虑教材的双重性,造成了我们前文所说课程和儿童的彼此对立。正如在科学家看来,教材与儿童的现有经验并无直接关系,它外在于儿童。这里所说的危险不仅仅是理论上的,而且在实践上受到各方威胁。教科书与教师相互竞争,要把专家眼中的那种教材呈递给儿童。这种教材经过一些改变和修正,不过是删除某些科学上的难点,普遍降至一个较低的理智水平,其素材并没有转化为生活用语(life-terms)，而是直接供作儿童现有生活的替代品或外加的附属品。

有三种典型的弊病因而产生：第一，由于与儿童所见、所感或所爱的东西缺乏有机联系，致使其内容完全形式化和符号化。这里的意思是，不可能对形式化和符号化评价过高。真正的形式、实在的符号乃是掌握和发现真理的工具。这些工具是探索者用来极其稳健、大范围地向未知领地突破的，是他用以承载以往探索中所成功获得的全部现实的东西的手段。但是，这只有在符号真正作为符号时——当它代表并简要地概括个人所经历的实际经验时——才会如此。如果一种符号从外部引入，而不引向最初的经验活动中，这样的符号在我们看来，是空洞的或纯粹的，是僵死的或无结果的。现在，任何事实，不论是算术、地理或是语法，如果并非从儿童生活中由于自身原因而占有重要位置的东西逐渐被引导进去，就被迫处于这样的境地。它并非现实的，而不过是某些条件得到的话，或许会被经历到的一种现实的符号。但是，生硬地把他人所知道的事实呈现给儿童，一味要求儿童加以学习和强记，却不考虑那些条件不能满足，就使事实成了一种象形文字。这意味着只有在某人拥有诀窍时，才拥有某物。由于没有解决问题的线索，它始终是一种空费心思的无聊玩物、一种心灵的累赘。

这种外部化呈递(external presentation)的第二种弊病是动机缺乏。不仅先前所感受的事实或真理不能够用以占有并吸纳新事物，而且也不存在渴望、需要和诉求。当对教材作心理分析后，即把它看作儿童现有倾向和活动的结果时，我们很容易看清某种理智上、实践上或伦理上的障碍；如果能掌握所提到的这种真理，障碍便能得到适当的处理。这种需要提供了学习的动机。唯有儿童自身的目的，才能带他去掌握实现目的的手段。但是，当教材是通过课堂学习的形式直接提供时，需要和目的之间的联系纽带显然就不存在了。我们所指的机械和死板的教学，就是这种动机缺乏的一种结果。有机和生动意味着互动——它们意味着精神要求和教材提供之间的相互作用。

第三种弊病是：即便以最合逻辑的方式所整理的最为科学的教材，当以外部的、现成的方式加以呈递时，也会在到达儿童之前就失去这种特性。为了排除某些难以领会的部分，以及减少某些随之而来的困难，教材不得不经过某种修改。这会发生什么情况呢？那些对于科学家最为重要的、在现实探究和分类的逻辑性中最有价值的东西被取消掉了，其真正激发思想的特征被遮蔽掉了，其组织性机能消失了。或者，如我们通常所言，儿童的推理能力、抽象和概括的本领没有得到充分开发。因此,教材被抽去了逻辑价值,而且被呈现为仅仅用作"记忆"的东西;然而,教材之所以成为教材,正是因为从逻辑的观点上看的。这是一种矛盾:儿童既没有得益于成人逻辑规划方面的优势,又没有得益于他自己与生俱来的理解和反应能力方面的优势。因而儿童的逻辑受到阻碍和抑制,而如果他没有从一两代人以前获得科学力量的那些东西中得到实际上非科学的、乏味的、陈腐的残渣——那是一些别人在前人早已经历过的经验的基础上构想出来的东西的退化记忆——那么,是我们的侥幸。

一系列的弊病远不止于此。常常有彼此对立的错误理论直接有利于对方。心理学方面的考虑也许会被模糊或推向一边,但它们不能被排除出去;在被赶出大门后,它们又从窗户回来。学习的动机必须以某种方式、在某个地方引起注意,在心理与材料之间必须建立联系。问题不在于不带有此种关联进行教学,而在于它是产生于材料本身与心理的关系,还是由外部力量所强加并把它们拴起来。如果课堂上的教材能够在儿童发展的意识中占有适当的地位,如果教材是从儿童自己过去所做、所思和所经受中产生出来,能应用于未来的成就和知识接受,那么就不必为了引起兴趣而求助于各种策略和技巧。心理化了的教材,是充满兴趣的——即它被置于整个有意识生活之中,因而它分享了生活的价值。但是,那种从外部呈递的教材,它那由此产生的远离儿童立场和态度的构想,与儿童的动机格格不入。这样的教材不会有其地位,因而只能求助于外部力量加以灌输,以及通过人为的训练而加以推进,通过人工诱惑而加以吸引。

这种求助于外部方式赋予教材某种心理意义的做法,有三个方面值得提及。习惯会生漠视,但它也导致类似感情的东西。如果我们习惯了戴着镣铐,一旦除去还会若有所失。这是一个古老的话题。那些令人生畏的东西,因习惯的力量,我们能渐而变为与之相安相乐。因为无意义且令人不悦的活动,如果足够长期地予以坚持,也会变得惬意。如果外在条件持续地导向某种老套或机械的运作模式而排斥另一套模式,那么,人的心灵也有可能会对之渐渐产生兴趣。我经常听到令人麻木的方法和空洞的联系,因为"儿童对它们有'兴趣'"而得到辩护和赞美。是的,那是最糟糕的事情——人的心灵不让它用于有价值的事情,对适当的行为没有要求,就降低到让它随便做什么的水平,最终必然就是对狭隘局促的经验产生兴趣。在其自我运用中找到满足,这是心灵的正常规律。而如果对于心灵重大而有意义的事情加以否定,它就尽量自我满足于留给它的那些形式运动——这经常都会成功,除非出现那些他们难以适应的、更为紧张的活动情形。难以应对紧张的活动任务，造成了不守规矩的失败学生。对于符号形式理解以及反复记忆的兴趣，在许多小学生那里替代了原初对于现实的兴趣，这一切都是因为课程教材与个体的具体心理缺乏联系。所以，必须找到能够与心理建立起有效关系的某种结合物，并加以精心研究。

对于教材现实动机的第二种替代是对比效应：课堂的材料可能本身没有趣味，但至少与某个其他经验相比是有趣的。课堂学习比起接受斥责、受到普遍嘲笑、留校、得到可耻低分或不能升级，是较为有趣的。所谓"纪律"中的很多东西，以及以反对柔性教学法和高举努力和职责旗号为荣的东西，这些都是如此求助于"兴趣"的对应面——恐惧、厌恶各种身体的、社会的和个人的痛苦。教材没有吸引力，也不可能产生吸引力；它并不产生于成长经验中，也不产生什么结果。所以，要利用许许多多与外界无关的力量，它们可用于通过单纯的回绝和反弹而把儿童的心理重新推回其经常逃离的教材中去。

然而，人类本性如此，它往往在合意的而不是非合意的，以及直接快乐而非痛苦中寻求动机，因而就出现了现代关于"引起兴趣"（在该词的错误意义上）的理论和实践。教材依然是那种教材；就其自身特征而言，那些教材只是由外部选择和规定的，仍然是那么多的地理、算术、语法等科目，而很少涉及儿童经验在语言、地球和被计算和测量方面的那些潜能。因而，它们很难把儿童的思想集中到课业上来；这些课业引起儿童反感，注意力分散，使得其他行为和意象挤入而驱除了功课本身。正当的出路就是改变这种教材，将教材心理化——再说一遍，就是将它放在儿童生活的范围区域内加以发展。然而，更容易、更简单的做法是：让它保持不变，然后通过方法诀窍激起兴趣，使其变得有趣味；将它包上糖衣，用起调和作用和不相关的材料把枯燥无味的东西掩盖起来；而最终好像使儿童咽下并消化了那些难吃的饭菜，虽然他喜欢品尝的是极其不同的东西。但是，这是多令人伤心的类比啊！心智的同化，是意识上的事情；如果注意力没有集中在实际的教材上，那么，这些教材就不会被儿童所理解，也不会转化为他们的能力。

那么，"儿童-课程"这一公案该如何处置呢？该怎么裁定呢？我们所提出的最初辩论，其根本谬误在于它假定了我们要么任由儿童自己无控制地发展，要么从外部给予指导，除此之外别无选择。行动是回应，是适应、调整。不可能有纯粹自我活动这样的东西——因为所有活动的发生都是在一个生活环境里，在一个情境里，并需要一定的条件。但是，我们还是要说，不可能有外部强加的真理、外部介入的真理这种东西。一切都依赖于心灵在回应外部呈现之物时自身所经历的那种活动。现在，构成学业的那些大量系统的知识，其价值在于它使得教育者能够确定儿童的环境，从而间接地加以引导。其首要的价值，其首要的指向，是对教师而言的，不是对儿童而言的。它对教师说：这样的能力和成就是儿童在真、美及行为方面所能达到的。现在要确保的是每天都应如此，必须使得他们自己的活动不可避免地走向这个方向并由此完善自身。让儿童的本性自我实现，让其向你揭示当今世界中科学、艺术和实业等等领域的奥秘。

儿童与课程这一公案的要点，在儿童这一方。儿童需要将现有的能力拿来表现，需要将现有的才能拿来发挥作用，需要将现有的态度拿来实现。但是，如果教师不了解、不能明确而彻底地了解我们所谓的课程中包含着的种族经验，那么，教师便不会了解儿童现有的能力、才能和态度，当然也就不会了解如何使它们表现出来、发挥作用并得到实现。

（张留华　译）

非教育的教学^{*①}

随着反思性注意力的发展，产生了改变孩子教育模式的需要和可能性。直到7岁之前，直接、自发的态度一直是孩子的标志，这源于他对新经验的要求，以及他对通过构建影像并在游戏中表达它们来完善其不完全的经验的渴望。这种态度就是作者所谓的典型的自发的注意力，或者就像有些人说的那样，是非自决的注意力。

这个孩子完全专注于他所做的事情，他从事的这个工作彻底地抓住了他。他毫无保留地专注于它。因此，虽然有很多精力被花费，但却没有自觉的努力；虽然这个孩子专心到了专注的程度，但却没有自觉的意图。

随着对更远大目标的感知以及对引导行动以使它们成为实现这些目标的手段的需要的感知的形成，我们就转向了所谓的间接的，或者像有些作者更愿意说的那样，自决的注意力。一个结果被想象到了，并且这个孩子也注意到了他所面对的或者他直接做的事情，因为它有助于确保这个结果。就其本身而言，这个对象或行动可能是无关紧要的，甚至是令人厌恶的。但是，因为它被认为是属于想要的或有价值的某些东西，因此，它就占用了后者的吸引力或把持力。

这就是向"自决的"注意力的转变，但却仅仅是个转变。仅当这个孩子以问题或疑问的形式考虑了结果，也就是他为自己寻求结论时，这种转变才会彻底出现。在这个中间阶段（比如说，从孩子8岁到11岁或者12岁），当这个孩子根据他想达

* 此文选自《杜威全集·中期著作》第4卷，第159—161页。
① 首次发表于《教育进步杂志》，第1卷（1909年6月），第1—3页。

到的某个目标指导了一系列中间活动时,这个目标就是即将被做或制定的某种东西,或者某个即将被实现的切实可行的结果;这个问题是一个实际困难,而不是一个智力问题。但是,随着能力的不断增长,这个孩子就能把这个目标设想为将被找出、发现的某种东西,并且能控制其行动和想象以对探究和结论有所帮助。这才是真正的反思的注意力。

在历史作品中,存在着这样一个转变,即从故事和传记的形式,从对产生的问题的讨论到问题的系统阐述的转变。拥有各种可能的不同意见的观点,各种经验、反思等等可以被拿来对之施加影响的材料,总是会在历史中出现。但是,用这个讨论来把这个疑惑和差异发展为一个明确的问题,让孩子正好感觉到这个困难是什么,然后在查询与这个观点有关的材料过程中让他依赖他自己的资料,以及在运用判断或得出一个结论时让他依赖他的判断,这是一个显著的智力进步。在拉丁语中,存在着一个从聆听和阅读故事、根据某种观点谈论和书写答案到变音和句法问题——发现已经被实际处理过的问题的理论意义——的转变。

一般来说,这个成长是一个自然的物理过程。但是,对它的正确认识和使用,或许是教育的智力方面最为重要的问题。一个已经获得反思性注意的能力、能够提出问题和疑问的能力的人,就此而言,从智力方面说,就是受过教育的。他有精神修养——心灵的能力和支持心灵的能力。没有这种能力,心灵仍然会受习惯和外部建议的支配。有些困难通过谈及一个差不多支配了普通类型教育的错误几乎不能得到说明。常见的是:我们总是认为,只要有这个适当的意愿或意向,注意力就可以直接地被给予任何学科内容,失败被认为是不愿意或难教的标志。算术、地理和语法课程被摆在了孩子面前,并且为了学会它们,他被告知要注意。但是,除了有一些问题、一些困惑作为这种注意力的基础出现在心灵中之外,反思性注意力是不可能的。如果对于这些材料有足够的内在兴趣,就会出现直接的或自发的注意力。就其本身而言,这种注意力是极其卓越的,但仅凭它自己,并不能给予思想的能力或者内部精神控制的能力。如果没有内在的吸引力,那么,这个教师(按照他的气质和训练,以及学校的先例和期望)将会努力用外来的吸引力包围这些材料,通过"让这门课程有趣"而召唤或吸引注意;或者将会求助于反向刺激(低分数、不提升的威胁、放学后的留下、个人的非难,以各种方式表达出来的唠叨、连续要求孩子"注意",等等);或者可能会使用全部这些手段中的某一些手段。

但是,(1)因此而获得的这种注意力,从来就是不完整的或分散的,并且(2)它总是依赖于外部的某种东西——因此,当这种吸引力终止时,在内心或理智控制方面就收获很少或毫无所获。(3)这种注意力总是为"学会"服务的,例如,记忆那些将被其他人提出的可能问题的现成答案。真正的注意力,反思的注意力,从另一方面说,总是包括判断、推理、慎思;这意味着这个孩子有了他自己的问题,并且正在积极地致力于寻找和选择用以回答这个问题的相关材料,仔细考虑这些材料的关系和联系——它所要求的一种回答。这个问题是某人自己的,因此,注意力的刺激因素也是他自己的;因此,获得的训练也是某人自己的——它是修养,或控制力的获得;也就是说,一种思考问题的习惯。

下面这种说法一点也不为过:在传统教育中,太多地强调把现成的材料(书本、实物教学、教师的谈论,等等)传授给孩子;并且,孩子还完全排他地被迫承担起背诵这种现成材料的任务,以致只有培养反思的注意力的偶然机会和动机。几乎没有对这种根本需要——引导孩子把这个问题作为自己的问题来理解,以至于他为了找出这个问题的答案而自我诱导地注意它——给予考虑。确保自己提出问题的条件已经被如此彻底地忽视了,以至于这个自决性注意力的概念被彻底误解了。它被认为是通过非自愿的努力来衡量的——被认为是由压力条件下外部的、甚至是令人厌恶的材料,而不是自己发起的努力唤起的。"自决的"被认为意味着不情愿的和不合意的东西,而不是通过个人兴趣、洞察和能力实现的自由的、自我引导性的东西。

(姬志闯　译)

杜威略述乌托邦的学校*①

在乌托邦中，最为乌托邦的事情是根本没有学校。教育的运作没有任何学校的性质，或者更加极端地说，我们根本不能将它设想为教育；然后我们可能说，在目前我们所知道的事物中，根本没有学校那样的事情。但是，孩子们与指导他们活动的长辈和较为成熟的人聚集在一起。

聚集之地有大操场、花园、果园和温室。在老少聚集的建筑物中，没有一座能够容纳超过 200 人的，这个数字已被认为接近极限。人们由于联系在一起而展现出亲近的私人关系。

我们目前的露天学校的物理结构在性质上，所有建筑物的内部并没有什么事物与我们目前的学校相联系。当然，没有整齐排列的螺丝拧的课桌，而更像是今天精心布置的家。只有更多样的设备，以及五花八门的家具整齐地安放着，比我们今天的家有更开放的空间。

然后，这里有各种各样的工作间，有用各种材料——木头、铁、纺织品——做成的活动器械。这里有历史博物馆和科学实验室，到处都是图书，就像中央图书馆一样。

当然，那些积极地关注年轻人的成年人必须满足一定的要求。作为乌托邦的访客，给我印象最深的第一件事是：他们必须是已婚人士，而除非在特殊的情况下，

---

* 此文选自《杜威全集·晚期著作》第 9 卷，第 108—111 页。
① 首次发表于《纽约时报》(*Nem York Times*)，1933 年 4 月 23 日，教育版，第 7 页。杜威于 1933 年 4 月 21 日在哥伦比亚大学师范学院举行的 4—5 岁儿童教育现状会议上的演讲。

否则必须有自己的孩子。未婚、较为年轻的人士以一种启蒙学徒的身份,担任助手。另外,由于没有武断地划分成班级,年龄大一些的儿童参与指挥年龄小的儿童的活动。

年龄大一些的儿童的活动,可以通过我们称之为选举教师的方法来进行。这几乎是一个自我选择的方法。例如,13—18岁的孩子们被给予机会与他们结交。他们在监视下与幼儿工作。这样,他们中谁具有与儿童与青年人打交道的技能,就会看得很清楚。

由于他们对年轻人的发展感兴趣,所以更多地集中于对成长和发展过程的研究。因此,这有一个十分相似的自然选择过程,通过这一过程,父母和孩子在家中较为狭窄的接触,在广大孩童教育的天性中提出。

这些教育团体的工作,接受了与画画达到一定高度时期的意大利画家一样多的训练。成熟的领导们通过他们以往的经验和所选择的方式,把儿童的特殊知识与其在某些方面的特殊天分结合起来。

在一些行动方案中,他们把自己与年轻人联系起来。正如,在一些较老的工作室里,年轻人是学徒,起初跟随长者做些较为简单的事情,然后随着经验的积累,参与比较复杂的工作。因此,在这些中心的活动无论在绘画、音乐、科学探究、自然观察,或者某些产品的工业合作中,长者先做一些示范,让较小的孩子进行观察,并参与较为简单的活动——一个小角色,直到他们有所发展,在合作中承担越来越多的责任。

当然,我探究这些中心所进行的活动目的,或者像我们现在所说的目标。一开始,没有什么比目标之后的调查不能被完全理解这一事实更让我困惑;因为当我询问这些中心的活动目标时,完全没有学校、教师、学生和课堂的整体概念。我的乌托邦朋友们认为,我一直在询问为什么孩子应该生存下去,因此没有认真地对待我的问题。

在使他们了解我的意思之后,我的问题被这种评论驳回:由于孩子们在不断地成长,"当然,我们作为乌托邦民,尝试使他们的生活对他们来说是值得的;当然,我们设法看到他们真正的成长、真正的发展"。至于有任何超越正在发展的人生的目标,这一观点对他们来说,似乎十分愚蠢。年轻人应该尝试去达到一些特别的结果,这对于他们来说,完全是陌生的。

但是,通过观察,我被引向了这一结论:我们所认为的根本目标在这些活动的运作中是根深蒂固的。我们可以发现每一个孩子的能力倾向、爱好、能力及其弱点，要设法把他们的这些东西发展成个人的风格。这不是为了掩盖缺点，而是为了弥补缺点。

由于在我心里有一个自己学校的轮廓，我询问：学校如何确保学生们可以学到任何东西，如何掌握学习内容，如地理、算术和历史，他们如何确定自己学到了阅读、书写和算术。这里同我开始遇到的一片空白一样。因为他们的疑问，回到我的问题，从我访问乌托邦这段时间起，对于生理正常的学生来说，是否可能不学习所需要的知识而成长——对于他们来说，显然是不可能的，除非天生的白痴，他生来无需学习，成长也无需学习。

然而，当他们发现我是认真的，便问道：在我们的时代，我们需要学校、教师和考试来确保幼儿们学习走路和说话，这是不是真的。

在这些对话中，我领会到，获得事物的整个概念已由在生活过程中有意义的欲望形成和需要发展而逐渐创造的态度完全取代。

乌托邦民相信，我们时代的经济社会的模式，影响了大众的思维习惯；因为在所有领域中，个人的贪婪和私有财产是占主导地位的目标。即使未意识到，这些目标也控制了教育者的想法；在一定程度上，个人的贪婪和私有财产的想法控制了整个教育体系。

他们不仅指出，在我们的学校，要使用竞争的手段和奖惩制度、设立考试和晋级制度；而且指出，所有这些，只是社会获利体系的附带表达，这类成功的措施和试验不得不在一个可获利的社会类型中流行。

所以，我们已经承认，所有的研究只是探寻某件事的一个方法，即使是无用且遥远的事实，以及将研究和学识作为结果上获得的私人财产。根据他们的判断，社会发生的变化与获利性经济社会的废除，可以使强调的重心从学习（我们的意义上）到创作态度的转移成为可能。

他们说，当外部成就的概念被扔掉，当他们开始寻找每个个体从一开始就拥有的东西，然后致力于寻找环境条件和活动类型；在这些活动中，每个年轻人的能力将得到最有效的发挥，那么，伟大的教育就开始解放了。

当创造力、生产力与获取形成鲜明的对比时，他们宣称，没有享受就没有真正的生产。他们觉得，较早时期的道德教育曾是教育中的娱乐项目推迟；他们认为，学校的箴言至少是人类从来没有得到过的祝福，但始终将被祝福；而只有教育，能够真正发现和引发力量,并使这些力量立即得到使用和享受。

很自然地,我查究他们要创造的最重要的态度是什么,因为态度的形成随着年轻人获取信息而来。他们如此地忙于年轻人能力的全面培养,以至于将态度问题放在任何重要的位置,都有一定的难度。但是,通过观察,我可以说,他们把带来积极力量感的态度放到一种即便不是最高,但至少与其他方面一样重要的地位。

这种会产生积极力量的态度,当然牵涉消除恐惧、窘迫、约束、羞怯,消除产生挫败感和无能感的状况。它可能包括信心的提高、准备应付困难、寻找解决问题的方法,而不是害怕和逃避它们。它在人类能力中含有热烈的信念,支持有价值的活动,并以正确的方式适应和改造环境。

(朱剑虹　译)

进步教材的组织[*]

前面我已多次提及经验中的客观条件，以及它们对进一步经验的促进或阻碍作用。言外之意，这些客观条件，无论来自观察的、记忆的，还是从他人那里得来的，或者是想象的，都已被视作研究和学习的素材；或者更概括地说，都已被视为课程学习的材料。不过到目前为止，还没有明确地界定过教材。现在，就来讨论一下教材问题。当用经验概念来表达教育的涵义时，一个需要考虑的问题就跃然纸上。任何被称为学科的东西，无论是数学、历史、地理，或是自然科学中的任何一门，都必须取材于日常的生活经验。在这一方面，新教育与那些始于日常经验思想以外的事实和真理的教学程序，形成了鲜明的对比。因此出现了这样一个难题，即要找出将这些事实与真理带回经验的途径和方法。无疑，新的教育方式在早期的小学教育中获得巨大成功的主要原因，就在于新方法遵循了与旧方法相反的原则。

但是，在经验范围之内搜集学习材料，这只是第一步。下一步的工作则是促使那些已有的经验发展为更加全面、更加丰富以及更有组织性的形式，即逐渐地接近于提供给有技能的、成熟的人的那种教材形式。不脱离教育与经验的有机联系，就可能发生这样的变化。这一事实表明，这种变化发生在学校之外，并与正规教育没有关系。例如，婴儿对客观环境的认识，从一开始就受到空间和时间的限制。这种环境由于经验自身固有的动力而不断地扩大，而不需要学校教育的指导。随着婴儿学会伸手抓东西、爬、走和说话，其经验中本来固有的材料得以拓展和深化。当这些经验与新的对象和事件发生联系时，又产生新的力量，而运用这些力量能够改

---

* 此文选自《杜威全集·晚期著作》第 13 卷。首次发表于 1938 年，为《经验与教育》一书第 7 章。

进和拓展其经验的内容。于是,婴儿生活的空间与时间得以拓展了,他所处的环境,即经验的世界,不断地变大了,也变得更加丰富了。当儿童完整地经历这段稚龄期之后,他的教育者必须找到种种自觉且有意识的方法,以对待前些年他的"天性"所取得的成就。

上面详细地说明了两种情况,几乎没有必要去坚持第一种情况。新教育的学校最重要的格言就是:教学应当始于学习者已具有的经验;而这种经验在学习过程中获得的经验和能力,又为进一步的学习提供了起点。对于另一种情况,我不太确定。这种情况就是:应当通过经验的增长,使教材的扩充和组织有序地发展。不过,教育经验的连续性原则要求用同等的注意和思想去解决此类的教育问题。毫无疑问,这一方面的问题比另一方面的问题更加困难。那些与学龄前儿童,如幼儿园的儿童,或小学低年级的孩子们打交道的教育者,在确定儿童们过去的经验范围,或发现与这些经验有重要关系的活动时,不会遇到太多的困难。而对于年龄大一点的儿童,教育者所要面临的这两方面的问题都变得更加困难。要找出每个人的经验背景,以及指导经验中已具有的材料,并把这些材料引导到更大、更具组织性的领域之中,是比较困难的。

存在这样一种错误的观点,即认为只需要简单地向学生提供一些新经验就可以了,相比让他们更富能力和更灵活地处理熟悉的事物,更符合经验发展原则。同样重要的是,把新的对象和新的事件与早期的经验理智地联系起来,这意味着在事实和观念有意识的结合方面有了一些进展。因此,教育者的职责就在于,在现有经验中选择那些有可能和有希望提出一些新问题的事物,这些新问题可以激发新的观察和新的判断方法,从而进一步拓展未来的经验领域。教育者绝不能把学生已获得的经验当作固定不变的死材料,而应该将它们当作一种动力和媒介,用这些动力和媒介去开辟新的领域。在新的领域里,会对理智地运用现有的观察力和记忆力提出新的需要。学习过程的连续性原则必须成为教育者永恒不变的座右铭。

相比其他任何职业的人来说,教育者应当更具有前瞻性。医生在他的病人恢复健康后,就可以认为自己的工作完成了。无疑,医生还有责任告知病人以后如何生活,以及如何避免同样的疾病。但是,病人如何处理日后的生活,毕竟是病人自己的事情,而不是医生的事情;更重要的是,从目前的观点来看,当医生为病人的未来生活提供指导和建议时,他实际上是在履行教育者的职责。律师的工作是为他的客户打赢一场官司,或者使客户避免某些纠纷。但是,如果律师在事情结束之后再做进一步的工作,那么也就变成一个教育者了。从教育者工作的性质来看,教育者有义务去考虑他现在的工作:看看完成了什么,或还有哪些没有完成,因为未来的目标和现在的目标是联系在一起的。

这里还需要再次说明,对进步学校的教育者来讲,他们所面对的问题要比传统学校的教师更加困难。传统学校的教师的确也需要向前看,但是除非他的个性和热情使他超越传统学校的限制,否则很可能陷于如何应对下一个考试期或晋升到第二年级的事情中,因为他可以在传统学校制度所要求的范围之内去设想未来。而对于那些将教育和实际经验联系起来的教师而言,则要义不容辞地担负更为艰巨的任务。他必须关注引领学生进入新领域的可能性,这些新领域隶属于他们已经获得的经验,并把这种知识作为选择和安排影响学生现有经验的种种情境。

由于传统学校的学习是由教材构成的,而教材的选择和安排是建立在成年人对儿童未来所需之物的判断上,这就意味着被选择的学习内容是来自学习者当下生活经验之外的。因此,这些材料只与过去有关;它们仅被证实,在过去的年代对人们有用。有一种正确的观点,认为教育应当从现在的经验中提取材料,并应该培养学习者解决现有问题和未来问题的能力。但是,这一观点常常被误解为进步学校可以在极大的程度上忽略过去。这就走到了另一个极端。也许,这种不幸是在某种情境中自然生成的。如果现在和过去能够一刀两断地分割开来,这个结果就是正确的。但是,过去所取得的成就,为理解现在的要求提供了唯一的手段。正如一个人要理解他现在自身所处的境况,必须回顾自己的过去,现在社会生活中的种种问题也与过去有着直接和密切的联系。因此,学生如果要解决现有的问题,要为解决现有的问题找到最好的办法,就不可能撇开产生这一问题的根源。换句话说,正确的原则认为,学习的目的在于未来,它的直接材料必须源于当下的经验,当前的学习材料即在现在的经验之中;而学习材料能够取得怎样的成效,取决于现在的经验向后延伸到什么程度。它只有能吸纳过去,才能向未来拓展。

如果时间允许的话,讨论那些未来不得不面对的当代种种政治和经济问题,就可以明确且具体地证明这一普遍论断。而要理解这些问题的性质,我们必须知道这些问题的缘由。造成现在社会种种弊病和混乱现象的制度和习俗,并非是一朝一夕形成的。这些问题的背后有着长久的历史。试图通过对现有现象的简单观察而寻求解决之道,必然导致采取肤浅的措施,其结果只会使现有的问题更加严重,也更加难以解决。割裂与过去知识的关系,仅仅由现有知识构成的政策,就如同个体缺乏考虑而掉以轻心的行为。摆脱那种将过去视为目的本身的学校制度的方式，是将认识过去作为理解现在的手段。除非这个问题得到了解决，否则，教育思想和实践之间的冲突将连绵不绝。一方面，反对派声称，即使不是唯一的，教育的主要任务也应当是传承文化遗产。另一方面，也有人认为，不必顾及过去，而只需应对现在和未来。

进步学校迄今为止最大的弱点就在于对知识性教材的选择和组织，我认为，这是在当下环境中不可避免的事情。这种不可避免，就如同打破形成旧教育模式的刻板枯燥的教材的束缚，是正确而合理的。此外，经验的范围极为广泛，经验的内容随着地域和时间的变化而多种多样。所有进步学校不可能只制订一套唯一的课程，否则意味着它放弃了与生活经验相联系的基本原则。再说，进步学校是新生的事物，它们的发展历时不足一代的时间。因此，可以想见，在选择和组织教材的过程中必然会存在一定程度的不稳定和含糊松散的现象。然而，这不能被当作根本批判和抱怨进步学校的理由。

不过，如果正在往前发展的进步教育未能认识到，选择和组织适合于研究和学习的教材是一项根本性的工作，那么，这是一个正当的批判理由。即兴而为的优势在于能够利用各种特殊机会，防止教和学的一成不变和呆板停滞。学习的基本材料不能粗略草率地信手拈来。凡是有理智自由的地方，必定会发生难以预料的种种特殊事件，应该利用这些特殊事件。但是，在一种持续性活动的发展中利用这些特殊事件，与期望这些特殊事件提供主要的学习材料，这两者是截然不同的。

除非某种经验能够将我们带到无法产生问题的地方，否则，问题总能够激发思考。在现在经验中发现的种种情况，将被用来作为种种问题的缘由，这一点将以经验为基础的教育与传统教育区分开来。对于传统教育而言，问题总是来自外部。尽管如此，成长则依赖于运用理智去克服现存的困难。再重复一次，教育者的部分责任就是同等地看待两件事情：第一，从现在经验条件中提出的问题，同时是学生能力范围之内的问题；其次，这些问题必须能够激发学习者积极地探索知识并产生新的观念。由此获得的新事实和新观念就能成为取得未来经验的基础，而在未来的经验中又产生出种种新的问题。这个过程是一个持续不断的螺旋形。过去与现在之间不可避免的关联是一个原则，这个原则的适用性并不仅仅局限于历史研究。以自然科学为例。当代社会生活的现状在极大程度上是自然科学应用的结果。不论在乡村抑或城市，每个儿童和青年的经验都是由电、热和各类化学过程的多种运用所决定的。没有任何一个儿童的饮食会不涉及准备和消化过程中的化学和物理学原理，也没有任何一个儿童能够不依靠人造光源进行阅读，或者在乘坐汽车或火车时不接触科学所产生的作用和过程。

一种正确的教育原则应该如此：学生首先应当从熟悉日常的社会应用开始，进一步学习科学的材料，以及材料中的科学事实与科学定律。坚持这种方法，不仅是理解科学本身最直接的途径，而且是学生逐渐成熟后理解当今社会经济和工业问题最可靠的途径。因为当今的社会经济和工业问题在很大的程度上，是科学在商品生产和分配以及服务和流通过程中的应用。尤其是科学在商品流通过程中的应用，成了决定个体和社会群体彼此之间的现实关系最为重要的因素。因此，认为那些类似研究实验室和研究所的研究过程不是儿童日常生活的一部分，因而不属于以经验为基础的教育之范围，是一种非常愚蠢的见解。未成年人无法像成年专家那样研究科学事实和原理，这是不言而喻的。但是，这个事实并不能免除教师利用现有种种经验的责任。这一事实向教育者提出了重要的问题，即教师应该在利用现有经验的过程中，通过分析种种事实和定律，逐渐地把学习者引向具有科学体系的经验。

如果现有的经验无论在细微之处，还是在宽泛的维度上，都确实是由于科学的应用而引起的，那么，首先要把科学应用于商品的生产及分配过程和服务及流通上面；其次，要把科学应用于人与人维持彼此交往的种种社会关系上面。由此，教育必须引导学习者掌握最终系统地构成科学的那些事实和原理。如果学习者远离这样的教育，就不可能理解当前的社会力量，也不可能控制和支配这些社会力量。这种原则的重要性不在于使学习者熟悉科学的教材，也不在于仅仅限于了解当下社会的种种关系。而且，科学的种种方法指出了建设未来更好的社会秩序所需要采取的措施和方法。尽管科学的应用已经创造了现有的社会条件，但并未遍及所有可应用的领域。因为到目前为止，科学的应用或多或少或偶然地受到蒙昧时代的制度遗留下来的影响，比如，受到私利和私权的影响。

我们几乎每天从各个地方听到这样一种说法，即人类不可能理智地指导他们的共同生活。一方面，我们被告知人类关系的复杂性，比如国内的和国际的各种关系的复杂性；另一方面，人类作为过于受情感与习惯驱使的生物这一事实，使得基于理性智慧的大规模的社会规划和管理无法实现。如果真的从儿童的早期教育开始，通过持续不断地研究和学习，进行任何有系统的努力，并且把经过科学验证的理智方法作为最主要的教育方法,那么,这个看法将更为可信了。在习惯的固有本性中,没有任何东西能够阻止理智的方法变成日常应用的方法;在情感的本性中,也没有任何东西能够阻止人们对理智方法产生强烈的情感。

这里所说的是科学被作为一种例证,说明可以在现有的经验中,对教学材料作出进步的选择,以形成一种特定的组织:这一组织是自由的,而不是外部强加的,因为它与经验本身的成长相吻合。利用学习者的现在经验生活中的教材,以达到科学的目的,这也许是提供这种基本原则的最好的例证。这种基本原则是把现有经验作为一种工具,将学习者带入一种比由教育生长所产生的经验更广泛、更精确且更有组织的周围世界,包括物质的世界和人文的世界。霍格本(Hogben)在最近的著作——《大众数学》(*Mathematics for the Million*)里表明,倘若数学能被视为一面文化的镜子,以及一种促使文化进步的主要动力,那么,数学就可以像自然科学那样,对所期望达到的目的有所贡献。无论如何,知识的进步主义组织是根本的理想。关于知识的进步主义组织,我们同样可以看到种种最有活力的非此即彼的哲学。实际上,简要地说,人们往往认为,传统教育基于一个知识的组织概念,而几乎完全忽视了现时的生活经验。既然如此,以生活经验为基础的教育就理应鄙视关于事实与观念的组织。

刚才我曾将这种组织称为一种理想,我的意思是:从消极方面来看,教育者无法将已经组织好的知识作为起点,然后按照定量,一勺一勺地喂给学生。但是,作为一种理想,组织事实与观念是一个持续不断的教育过程。如果不能使人们认识更多的事实,吸取更多的观念,并将事实与观念更好地组织起来,那么,任何经验都不具有教育意义。有一种意见认为,组织是一种与经验无关的原则,这是一种错误的观念。没有组织,经验就会成为分散而混乱的东西。少年儿童的经验是以家庭生活为中心的。现代精神病学家已经认识到,扰乱家庭的正常关系,是导致个体后期发生种种精神障碍和情绪障碍的最深重的根源。这一事实也证实了经验连续性的重要性。在早期的教育中,如幼儿园和低年级教育的一个重大进展,是维护了经验组织中社会和人的中心位置,而不是像原先的旧教育那样,以暴力改变这个重心。但是,教育上的一个突出问题,如音乐中的突出问题一样,是转调的问题。就教育而言,所谓的转调,意味着从以社会和人为中心的活动转向更为客观、合乎理智的组织形式。然而,我们应该记住的是:知识的组织本身并不是目的,而只是一种手段;运用这一手段,可以理解和明智地安排种种社会关系,尤其是安排那些将人们连接在一起的社会关系。

当教育在理论和实践上都以经验为基础时，不用多说，成年人和专家所编制的教材不能提供教育的出发点。然而，它却为教育提供了一个应当不断前进的目标。几乎不用多说，科学地组织知识的最基本的原则之一，就是因果原则（the principle of cause-and-effect）。科学专家们对这一原则的掌握以及对其的解说方式，与儿童在经验中接近这一原则的方式是非常不同的。然而，无论是对因果关系，还是对因果关系意义的理解，都不是外在于人的经验的，甚至不是外在于儿童的经验的。当一个两三岁的儿童学会靠近火炉取暖，但又不会过于靠近火时，他就掌握并运用了这种因果关系。任何理智的活动都符合这种因果关系的要求，并且符合这种因果关系到什么程度，将这种因果关系铭记到什么程度，理智本身的发展也就达到什么程度。

在早期经验的种种形式中，因果关系本身不是采取抽象的形式，而是表现为方法和想要达到的目的之间的关系。判断力和理解力的增长，本质上就是形成目的和为了实现目的选择和安排方法的能力的生长。儿童最基本的经验充满着这样一些方法和结果的关系。一顿煮好的饭，或者光的来源，都能用来证明这种关系。教育上的困难不在于缺少以方法和结果的关系来验证因果关系的种种情境。然而，不利用这些情境以引导学习者理解特定经验中的因果关系，却是极其常见的事情。逻辑学家把为达到某一目的而选择和组织的方法，命名为"分析与综合"。

这一原则为在学校中进行种种活动奠定了基础。从教育意义上讲，没有比在为学校的各种活动辩护的同时，谴责对教材进行进步的、与儿童相适应的计划和组织，更为荒谬的了。理智的活动与无目的活动的区别在于：理智的活动是从对当下各种条件的分析中选择出方法来——这就是"分析"，然后安排这些被选出来的方法达到预期的目标或目的——这就是"综合"。显而易见，越不成熟的学习者，其观念中的结果就越简单，使用的方法也越原始。但是，感知结果与方法的因果关系这一活动组织原则，甚至适用于幼儿。相反，如果一种活动是盲目的，那么便失去了教育意义。随着成熟程度的增加，各种方法之间的相互关系问题变得日益紧迫。随着理智观察从方法与目的的关系转变为更为复杂的各种方法之间的相互关系问题，由于难度的增加，原因和结果的观念也变得突出和明确起来。认为学校中应当有商店、厨房的理由，并不仅仅因为它们提供了相应的活动机会，还因为它们为这类活动提供了参与和学习的机会，从而使学生关注方法与目的的关系，并且考虑事物之间的相互作用产生一定结果的方式。在原则上,这与科学研究应该有实验室的理由是同样的。

除非知识的组织问题可以在经验的基础上予以解决,否则,一定会产生反向作用,即趋向于从外部施加强制的组织方法。有证据显示,现在已经出现了这种反向作用的征兆。我们被告知:我们的学校,无论新学校还是旧学校,在主要任务方面都失败了。也就是说,我们的学校并没有发展学生批判性辨别能力和推理能力。我们被告知:由于积累了各种各样未经消化的知识,由于企图获得在商业界直接有用的各种形式的技能,窒息了学生的思考能力。我们被告知:这些弊端来自科学的影响,以及过于强调种种现时需要而牺牲了过去留传下来的、历经考验的文化遗产。有人主张,必须将科学及其方法放在次要的位置,必须回到亚里士多德和圣托马斯(St. Thomas)逻辑学体系所提出的终极的第一原理的逻辑,只有这样,才能使年轻人在他们的理智生活和道德生活中有可靠的停泊地点,而不至于随波逐流。

如果科学的方法曾经被始终如一地运用于学校所有学科的日常工作,那么,我将更强烈地感受到这种情感诉求。我认为,倘若要使教育不至于漫无目的地随波逐流,那么必须在以下两种办法中选择其一。一种办法是诱导教育者回到科学尚未发展起来的几百年前的理智方法和观念。这一诉求可能在情绪上、知识上以及经济上不安定的情况下获得短暂的成功。因为在这样的情况下,依靠固定的权威的欲望是强烈和主动的。然而,这种办法脱离现代生活的实际情况。因此,我认为,从这个方向寻求救赎是非常愚蠢的。另一种可供选择的办法是系统地利用科学的方法,把这种方法当作理智探索和开发经验内部固有的可能性的模式和理想。

这些问题所涉及的内容对于进步学校具有极为特殊的影响。如果不能不断地关注经验的理智内容的发展,如果不能不断地关注日益增长的事实和观念的组织,最终只会加强一种向知识上和道德上的权威主义倒退的倾向。目前在这里讨论科学方法,既不是合适的时机,也不是合适的场合。但是,科学方法的某些特征,与建立在经验基础之上的教育方案有着紧密的联系,因此必须对此加以注意。

第一,科学的实验方法比其他方法更重视观念。如果行动不受先在的观念(leading idea)所指导,就没有科学意义上的实验。观念被用来作为假设,而不是作为最终的真理。观念在科学范畴内要比在其他任何地方受到更加小心翼翼、谨慎地使用和检验,其原因就在于此。一旦观念本身被当成第一真理,那么就没有任何理由对它进行严格的审查了。如果观念被当作固定的真理而接受,那么,事情到此就完结了。但是，如果把观念当作假设，那么就必须不断地对它进行检验和修正。这里所要求的一个必要条件，就是必须用系统的概念或术语对观念进行精确的阐述。

第二，观念或假设必须接受由它们指导的行动所产生的结果的检验。这个事实意味着，必须细致而严格地观察活动的结果。在一种活动的结果没有经受观察和检验时，人们只能从活动中获得暂时的快乐。但是在理智上，这样做不会有所收获。因为它无法提供关于活动发生的种种情境的知识，也无法使观念得到阐明和扩展。

第三，实验方法所表现的理智方法，要求人们追踪观念、活动以及观察的结果。所谓追踪，是指反思式评论和提要式的总结，对发展中的经验结果的显著特征进行辨别和记录。反思是回顾过去做了什么，以便提取纯粹的意义，这些意义是下一步明智地处理经验的"股本"。这是理智组织的核心，也是心灵训练的实质。

我不得不用普遍的或者通常说的抽象的语言来解释上述原则。但是，上面说的与下述的要求是有机地联系在一起的。这一要求就是：为了使经验具有教育价值，就必须将经验延伸到正在拓展的教材领域，即延伸到关于事实、知识和观念的教材中。只有当教育者将教和学视作改造经验的不断持续的过程时，上述要求才能得以实现。反过来，只有当教育者保持高瞻远瞩，将现有的每一种经验都当作影响未来经验形成的动力时，上述要求才能依次得以实现。我清楚地知道，我对科学方法的这种强调可能会引起误解，因为它可能使人们想到这只是专家们在实验室研究中所使用的专门技术。但是，我所强调的科学方法的意义，与专业技术几乎毫无关系。我想强调的是：科学方法是认识和理解我们生活于其中的这个世界各种日常经验的唯一可靠的手段。也就是说，科学方法提供了一种工作的模式和各种条件，在这些条件下，经验得以继续向深度和广度拓展。如何使科学方法适用于不同成熟度的个体，一直是教育者所面临的一个问题。该问题中一些不变的影响因素是：观念的形成、依据观念的行动、对产生的结果进行观察，以及为将来使用而进行的对事实和观念的组织。无论是观念、行动、观察，还是组织，对于 6 岁儿童和 12 岁、18 岁的儿童来说是不一样的，更不要说对成年的科学家了。但是，如果经验能够对教育产生实际的作用，那么在每一个阶段，经验都会不断地扩展。因此，无论在经验的哪一个发展阶段，我们要么按照经验所提供的模式去做，要么忽视理智在发展和控制活跃、变化的经验中所应有的地位。除此之外，别无选择。

（戴　曦　译）

教育与社会

构成教育基础的伦理原则^{*①}

I

显然,不能有两套伦理原则或两种形式的伦理理论,一套为校内生活,另一套为校外生活。因为行为是一体的,所以行为的原则也是一体的。在讨论学校道德时有一种经常性的倾向,好像学校本身就是一种机构,好像无须根据行为的一般科学原理就能阐明学校的道德。在我看来,这是极其不幸的。原则是同一的,随不同环境而变化的是特殊的联系和应用点。据此,我无须道歉。我先从对我来说是普遍有效和宽泛的陈述开始,然后思考作为这些一般原则之特例的学校道德工作。需要原谅的是,篇幅有限,不允许我多作扩充和限定,且就所涉及的形式而言,材料是以一种多少有些教条的形式呈现的。但我希望,人们将会发现它实质上并不教条,因为据我判断,所陈述的所有原则都能得到纯科学的辩护。

一切伦理理论都面向两个方面,需要从两种不同的观点加以考虑,用两套不同的术语加以陈述,这就是社会的观点和术语以及心理学的观点和术语。但是,我们在此并非分离它们,而是区分它们。心理伦理学并不涵盖这个领域的所有部分,因而需要社会伦理学来包含所未触及的范围。两者涵盖行为的整个领域。这种区分既不表示折衷,也不表示融合,好似心理学观点在某一点上是失败的而需要社会观点的补充。每种理论只要考虑它自身的目的或目标,在它自身内部就是完整的和

---

* 本文选自《杜威全集·早期著作》第 5 卷,第 41—62 页。
① 本文首次发表于《全美赫尔巴特协会第三年鉴》(芝加哥:协会,1897 年),第 7—33 页。

一致的。但是，行为具有需要全面地从这两种观点出发加以陈述的这样一种性质。这种区分是怎样产生的，可能是因为个人和社会既不相互对立，也不相互分离。社会是个人的社会，个人始终是社会的个人。个人通过自己无所谓存在，他生存在社会之中，为社会而生存，并通过社会而生存。正如社会无所谓存在，除非它存在于构成它的个人之中，并通过个人而存在。但是，我们既可以从它在整个社会中产生什么影响的观点出发，也可以根据对特殊个体的考虑，陈述一个完全相同的过程（例如说实话）。就涵义和术语而言，后一种陈述是心理学陈述，前一种陈述是社会陈述。

因此，如果差别仅仅在观点上，那么，我们首先需要找到是什么东西决定这两种观点。为什么它们是必需的？因为行为本身具有两个方面。一方面，行为是活动的一种形式，是操作的一种方式，是某人做的某事。没有行为者，就没有行为。从这种观点来说，行为是一种具有它自身形式或方式的过程，可以说是一种具有它自身运行方法的过程。也就是说，它是行为者以一定方式所做的某种事情，是行为者自身产生的并且影响行为者作为行为者或实干者内部某种变化的东西。当我们问行为怎样实施，它是一种什么类型的举动时，也就是说，当我们根据行为源自的行为者以及行为改变谁的能力来讨论行为时，我们的讨论必然是心理学的。因此，心理学决定我们行为的怎样，即决定行为发生的方式。从这种观点考虑是必要的，因为很显然，结果或产品的改变必定来自行为者或实践者的变化。如果我们要做截然不同的事情，那么我们必须从改变做事的方法入手。

我希望，在这里不要以过于僵死和机械的意思曲解了"方法"一词。它在这里的全部含义是指个人行为者控制结果，控制所作所为的行动方式，就像一种特殊的机器操作在那个方向上控制产品的方式一样。个人行为者具有一定的结构，具有一定的操作方式。仅仅是这一点，说它是方法。

然而，行为除了有一个"怎样"之外，还有一个"什么"；除了有做的方式之外，还有做的事情；除了有方式、手段和过程之外，还有目的、成果和结果。当我们从这种立场（也即根据行为的实际情感、内容或具体价值）出发思考行为时，我们就是在从社会立场出发思考行为——从行为产生的处境，不仅根据产生行为的那个人，而且根据行为所处的整个生活情境去思考行为。

因此，行为的心理学观点与力量问题有关，即与个体怎样操作的问题有关；行为的社会观点则与个体做什么和需要做什么（从他的一个比他自身更大的整体的成员身份的观点考虑)有关。

我们可以以商业生活为例加以说明。一个人起初从事棉衣制造业。现在,他的这个行业可以从两种观点加以思考。制衣的个体并非出于对衣服的需要。社会需要衣服,因而赋予个体这种目的或目标。社会需要一定数量的衣服,并且对衣服的品质和样式有各种不同的要求。正是这种外在于制造商纯粹运营的情境,决定了他所做事情的意义和价值。如果不是出于这些社会需要或要求,制造商的工作纯粹就是做样子。他还可能不干活,到荒地里堆沙堆,堆好又推倒。

可是另一个方面,社会必须通过一些个体或群体的活动,满足其需要,实现其目的。除非有些人把社会的需要当成是自己的特殊事业,否则就永远不能满足社会需要。所以,我们不仅可以从棉衣制造厂在一个更大的社会整体中所占有的地位的立场出发思考它,而且可以把它看成是一种运营方式、一种自我完善的方式。制造商决定了需要达到的目的(他需要生产的衣服的种类和数量)后,他得开展工作,考虑最便宜和最佳的制衣方式,并且将成衣送入市场。他得将自己的注意力从目的转向手段。他还得把自己的工厂看成是一种活动方式,确保它本身成为组织良好的机构。在这个方面,无论他如何反思社会极其需要衣服,都无助于事。他得解决所使用机器的数量和类型方面的问题、雇工数量方面的问题,以及付多少薪水给工人、从哪里采购原料、采取何种手段将成衣推向市场等方面的问题。尽管这些问题对于更加广泛的社会目的来说终究仅仅是一种手段,但是,为了使它成为一种真正的手段,完成它必须做的工作,它必须暂时成为它自身的目的。换言之,必须从工厂作为一种工作机构的意义上来阐述它。

我认为,这种平行论可以适用于道德行为,而不改变任何一条原则。产生对道德行为最终要求的,确立最终目的和提出最终的价值标准的,不是作为个人的纯粹个人。处理这些事情的,是个人投身更大生活的构成和发展。但是,当我们接触到个体是怎样达到这些道德要求,即他是怎样实现他自身的价值时,这个问题就是一个与作为行为者的个人有关的问题,因而必须用心理学术语加以回答。

让我们把讨论的话题转向学校。在学校接受教育的儿童是社会的一员,必须把他们作为这样的成员予以教导和关怀。学校及学校经营者的道德责任是对社会负责。学校从根本上是由社会建立的一种从事某种特殊工作的机构——在维持生活和促进社会福利中行使某种特殊职能。不承认赋予它的这一伦理责任的教育制度是不负责的,它没有做使它所以存在而应该做和自称要做的事情。因此,有必要从学校在社会中的道德地位和道德职能的观点来讨论学校的整体结构和具体工作。

以上都是老生常谈。可是，人们往往以一种过于狭窄和呆板的方式理解这种观点。学校的社会工作常被局限于公民权的训练，公民权进而又在一种狭隘的意义上被解释为能够明智地投票和服从法律等等。但是，这样限制和束缚学校的伦理责任是无益的。儿童是一个人，他必须要么像一个整体的统一的人那样过他的社会生活，要么忍受失败和制造摩擦。从儿童多种多样的社会关系中挑选出其中的一种，并联系那种关系去界定学校的工作，就好像是建立一个巨大而复杂的身体锻炼系统，其目的仅仅是发展胸肺的呼吸功能，而不管其他的器官和功能。儿童在智力上、社会上和道德上以及身体上是一个有机的整体，因此，必须用最为复杂和最为有机的精神去解释决定学校工作的伦理目标。我们必须从最广泛的意义上把儿童看作是社会的一员，并要求学校采取必要的措施，使儿童能够明智地认识他的一切社会关系，并且能够实现它们。

儿童不仅要成为一个投票者和守法者，而且要成为家庭中的一员，他自己接下来很可能要负责对未来儿童的抚养和训练，以维持社会的延续。他将成为一个工人，从事某种有利于社会并维持自身独立和自尊的职业。他将成为某个特定邻里和共同体的一员，并且为生活的价值作贡献，为文明增添光彩。这是一些朴实的和形式上的陈述，但是，假如我们让自己的想象把它们转变成为具体细节，便会拥有一派广阔而多彩的景象。对于儿童来说，根据如此多种多样的职能适当地取得自己的位置，就意味着在科学上、艺术上和历史上的训练；就意味着掌握探究的基本方法，以及交际和沟通的基本工具；就意味着经过训练的健全的身体、机敏的眼和手；就意味着勤勉和坚韧的习惯，首先是各种有用的习惯。从整个实际上交织在一起的相互关联的体系中，把正式的公民关系隔离开来；假定有某种能使所有儿童成为好公民的特殊学科或处理方式；换句话说，假定好公民不是完全有能力的和有用的社会成员，不是一个全部身心力量都在控制之下的人，这是一种难以理解的没有根据的理论，希望很快从教育讨论中销声匿迹。

还有一点，在美国，儿童将成为其中一员的这个社会，是一个民主的和进步的社会。儿童必须接受领导和服从的教育，必须具有指挥自己和指挥他人的能力、管理的能力、担任责任岗位的能力。这种领导教育的必要性，与在工业方面和政治方面的教育同样重大。在感知和影响相结合的洞察力和技艺的控制之下，这种生活的事务将会越来越多。

再者,生活的环境在不断地变化。我们正处在巨大的工业和商业发展的薄雾之中。新发明、新机器、新的交通运输方式,正在一年一年地改变行动的整个面貌。为了生活中任何固定的位置而教育儿童,这是绝对不可能的。如果教育有意无意地在这个基础上进行,其结果将使未来的公民不能胜任任何一个生活的位置,而只能使他成为懒汉、食客或前进运动的真正阻力。他不仅不能照顾自己和别人,反而成为需要别人照顾的人。在这一点上,学校在社会方面的伦理责任,也必须用最广泛和最自由的精神予以解释;对儿童的训练,将使他得以管束好自己,并对自己负责;不仅使他适应正在进行的变革,还要使他具备形成和指挥这种变革的力量。

有必要把儿童在社会中的成员身份这一观念,更加具体地运用于决定教育的各种伦理原则。

除了参与社会生活,学校没有它自己的目的或目标。只要我们关闭在作为一个孤立的机构的学校里,我们就没有最终的指导性的伦理原则,因为我们没有了目标或理想。可是,据说教育目的可以用纯个人的语言加以陈述,譬如,教育目的据说是个人全部能力的和谐发展。这里没有明显提到社会生活或社会身份,很多人却认为我们已经有了一个关于教育目的是什么的充分的和完全的定义。可是,假如离开社会关系来下这个定义,我们就没有说明其中任何一个词的意义是什么的标准或准则。我们不知道能力是什么,发展是什么,和谐是什么。能力,就其所派的用场,即它必须服务的职能而言,是能力。提供各种控制的目的,为划分各种能力服务,以这样一种孤立的方式看人,人的结构中就不存在任何东西。假如我们离开社会生活提供的目的,我们就只能用旧式"官能心理学"说明一般能力是什么,特殊能力又是什么。把观念降低到只列举许许多多的官能,诸如知觉、记忆、推理等等,然后声称这些能力中的每一种都需要得到发展,这种说法是贫乏的和形式的,它把训练降低为一种空洞的体操。

敏锐的观察和记忆能力,可以靠学习中国文字得到发展;推理的敏锐,可以从讨论中世纪经院哲学的细微区别中获得。正如没有原始的做铁匠、做木匠或操纵蒸汽机的官能(faculty)一样,也不存在孤立的观察官能或记忆官能或推理官能,这是一个简单的事实。这些官能只不过指为了完成某种特定的工作而协调和组织起来的各种特殊的冲动和习惯而已。恰恰是同一事物包含了种种所谓的精神官能。它们自身并不是能力,仅就赋予它们的各种目的;它们行使的各种服务而言,它们才是能力。因此，不能在理论上把它们作为能力加以界定和讨论，而只能在实践的基础上加以界定和讨论。在我们获得任何理性的和具体的基础以说明某种精神能力的训练无论在其普遍原则上还是在其运作细节上实际意味着什么之前，我们需要知道个人将不得不运用观察、记忆、想象和推理能力的社会情境。

如果不这样用社会的语言加以解释的话，我们就得不到学校生活的任何理想、任何道德标准。了解学校事实上正在做什么，发现它实践中的各种缺陷，形成其发展规划，意味着具有关于社会需要什么以及学校与这些需要有什么关系的清晰的观念。不管怎样，现在正是运用这个一般原则以赋予它某种程度上更加明确的内容的时候。当我们用这个一般原则审视现行的学校制度时，这条一般原则意味着什么？这条原则指出了什么缺陷？它象征着什么变革？

基本的结论是：学校本身必须比我们现在公认的，在更大程度上是一种重要的社会机构。我听说芝加哥市有一所游泳学校，那所学校不在水里教年轻人游泳，只反复练习那些游泳所需的各种不同的动作。当一个受过这种训练的年轻人被问及他进到水里做了什么时，他干脆回答说："沉没。"故事碰巧是真的，要不然，它看起来像是一个特意编造出来的寓言，意在象征当前的学校状况（在从学校与社会的伦理关系的观点上判断时）。学校不能是社会生活的预备，除非在它自身内部再造社会生活的典型环境。学校目前大部分是在从事劳而无功的西西弗斯式的工作①。学校正在使儿童形成某种实践中的智力习惯以在社会生活中运用，可是几乎看来都是小心地和有目的地防止训练中的儿童与社会生活有生动的接触。为社会生活预备的唯一途径，是参与社会生活。脱离任何直接的社会需要和社会动机，脱离现存的社会情境，去形成社会有益的和经用的习惯，不折不扣地是在用通过水外动作教儿童游泳。最必不可少的条件不加考虑，其结果相应地就是无效的。

智力训练与道德训练、获取信息与人格成长在学校中可悲的分离，仅仅是未能把学校自身内部看成是并构建为一种社会机构的一种表现。除了学校是一种雏形的和典型的共同体生活之外，道德训练必定部分是病态的，部分是形式的。它是病态的，因为它把重点放在矫正错误行为上，而不是放在形成各种积极的服务习惯

---

① 西西弗斯是古希腊神话中的科林斯王，生前作恶多端，得罪了神，死后堕入地狱，被罚推一块巨石上山。可是，石头一到山顶就滚下来。西西弗斯不得不重新再来，推石上山，如此循环往复，徒劳无功。——译者

上。教师必然被迫处在这样一种位置,他们主要采取警惕学生不遵守学校的规则和秩序的方式去关心学生的道德生活。从当时儿童发展的观点来判断,这些规则或多或少是传统的和武断的。它们是为了现行的学校工作方式可以进行而不得不制定的各种规则。但学校中内在必要性的缺失本身就反映出一种感觉,在儿童看来,学校的道德约束在某种程度上是专断的。强迫教师注意失败而不注意健康成长的任何情况,都会把重点放在错处,其结果导致歪曲和颠倒。注意错误行为应当是偶然的,而不应当是一个重要的方面。儿童应当对他要做什么有一种正面的意识,应当能够从根据他必须从事的工作的观点出发,对他的各种行为进行判断和批判。只有这样,他才有一个正常的和健康的标准,以使他能够恰当地评价他的各种失败,能够评估出这些失败的正确价值。

所谓学校中的道德训练部分是形式的,我指的是学校特别强调的那些道德习惯,可以说是一些特别制造的道德习惯。即使是敏捷、整齐、勤奋、不干扰他人工作、忠于职守等学校特别谆谆教诲的一些习惯,其所以是道德上必需的习惯,仅仅是因为学校制度如此,而且必须保持原样。假使我们承认学校制度是神圣不可侵犯的,那么这些习惯代表永久的和必需的道德观念;但就学校制度本身是孤立的和机械的来说,坚持这些道德习惯或多或少是不真实的,因为与它有关的理想本身就不是必需的。换句话说,那些责任明显的是学校的责任,而不是生活的责任。假如我们拿这种情况和有良好秩序的家庭比较,就会发现,儿童在那里所必须认识和承担的责任和义务并不属于作为一个特殊化的和孤立的家庭,而是从家庭参加的和家庭为之作贡献的社会生活的真正本性中自然流露出来的。儿童应当对正当行为具有同样的动机,并用同样的标准来判断儿童,正如成人在他所属的更为广泛的社会生活中一样。对共同体的兴趣,即一种理智的、实践的和情感的兴趣——也就是说,一种发现形成一切社会秩序和社会进步的事物并践履这些原则的兴趣——是一种根本的伦理习惯。一切特殊的学校习惯如果要被道德生活的呼吸激活的话,它们就必须和这种伦理习惯联系起来。

学校是一种社会共同体,它以一种典型的形式反映和组织一切共同体生活的各种基本原则。我们既可以把这种观念运用于教学方法,也可以把它运用于教材。

就方法而言,这条原则在运用时意味着:重点必须放在建设和给予上,而不是放在吸收和单纯的学习上。我们未能认识到后面那些方法本质上是多么个人主义,未能认识到它们是多么无意识却确定而有效地反映到儿童的判断和行动方式中去。想象一下，40个孩子天天都读同样的书，预备和背诵同样的功课。假定这构成了他们的课业的极大部分，并且人们从儿童在学习时间里所吸收的和在复习时间里所再现的东西的观点出发，不断地对儿童加以判断。接踵而来，就没有对劳动进行社会分工或道德分工的机会。对于每个孩子来说，就没有机会产生他自己的某种特殊的东西，从而可以为共同的人类文明的积淀作贡献，反而还要分享别人的产品。所有人都在做一模一样的事，产生一模一样的成果。社会精神没有得到培养——事实上，只要这种方法在起作用，社会精神就会因为缺少运用而逐渐萎缩。从智力方面很容易看到，学校中的朗读之所以拙劣，其原因之一是没有利用使用语言的真正动机——沟通和学习的欲望。孩子们完全知道，老师以及所有同学在他面前正是和他有着同样的事实和观念；他根本没有给他们任何新的东西。但是，道德上的不足与智力上的不足是不是一样大，值得怀疑。儿童生来就有一种要给予、要做事、要服务的自然愿望，当这种倾向从未被利用时，当情况是如此而别的动机取而代之时，那种反对社会精神的反应就会比我们想象的大得多——特别是在课业负担一周又一周、一年又一年地落到这方面时。

但是，缺乏社会精神的培养还不是事情的全部。各种纯粹个人主义动机的标准得以反复地灌输。为了使儿童坚持学习，必须寻求某些刺激。充其量，这将是对教师的热爱，以及这样做是不愿违反校规的感情，从而消极地（如果不是积极地）为学校之善做贡献。就其本身而言，我没什么好说，去反对这种动机，但它们是不够的。要做的工作与对第三者的感情之间的关系是外在的，而不是内在的。因此，无论外部情况在什么时候发生了变化，它都将跟着消失。此外，这种对某一特殊的人的依恋，虽然有点社会性，却可能变得孤立和排他，以至于在性质上是自私的。无论如何，儿童都应当逐渐摆脱这种相对来说是外部的动机，而进到为了他自己的缘故，出于与整个生活的联系而不局限于与两三个人的原因，去欣赏他必须做的事情的社会价值。

但不幸的是，动机并不永远相对来说是最好的，它始终和各种明显是自私的动机混合在一起。恐惧是一种几乎肯定要加入的动机——不一定是肉体的恐惧，或者是害怕惩罚，或者是害怕失去别人的称赞；这样害怕失败，对失败这样敏感，以至于成为病态的恐惧。另一方面，竞争和对抗进来了。正是因为所有的人都在做同样的课业，并且不是从他们试图实现的目标或动机出发去评价他们（与评分和升级有关的是背诵和考试），所以才过分地求助于这种优越感。对儿童的评价，是根据他们呈现相同的一系列外在的事实和观念的能力,其结果必定把他们置于以这种纯客观的标准为基础的等级制度中。弱者逐渐丧失其能力感,而接受一个不断的和持久的自卑地位。这样对自尊和尊重工作的影响,就用不着细谈了。强者得意洋洋,并不是出于其力量,而是出于他们事实上更强一些。儿童被过早地投入个人主义的竞争领域,而在最不适于竞争的方面,即在智力和艺术的事情上,其规律则是合作和参与。

我不能停下来描绘另外一面。我只能说,每引入一种诉诸儿童各种主动的能力的方法,即引进诉诸儿童的建设、生产和创造的能力的方法,都标志着一个把伦理的重心由自私的吸收转移到社会性服务上来的机会。我在后文还将有机会从心理方面谈论这些相同的方法,也就是说,谈论这些方法与儿童各种特殊能力发展的关系。在这里,我是根据这些方法与共同体生活之间的意义关系,并根据劳动分工使个人所产生的奉献感情以及产生的各种结果来判断,不是将其简单地作为一种智力结果,而是从致力于工作的动机以及对于他人的意义来加以评判。

手工训练不止于是手工训练,也不止于是智力训练。在任何好教师的手中,它很容易而且几乎当然地有助于各种社会习惯的发展。自康德哲学以来,这些话在艺术理论中已成老生常谈了:艺术必不可少的特征在于其普遍性,也就是说,它不应当是某种纯粹个人愿望或嗜好的产物,或者仅能为个人所欣赏,而应当具有为所有看见它的人所欣赏的价值。

只要学和做分离,智力和道德的分离就必定不可避免地在我们的学校中继续下去(尽管有个别教师的努力)。把真正的道德考虑与单纯的学习过程联系在一起,与伴随于学习的各种习惯联系在一起,这样的努力只能导致道德训练受到拘泥形式、任意专断和过于强调不遵守校规的影响。实际上,那么多的成就仅仅表明,参与能提供互惠合作和相互服务活动方法的可能性,伴随这种可能性的是更有机的伦理关系。

学校本身是一种典型的社会机构这一原则可运用于教材——如果要克服信息与人格分离的话,就必须把它运用于教材。

随便浏览一下教育学文献就会发现,我们亟需一个关于各门学科的价值,以及决定内容价值和形式价值的根本标准。目前我们倾向于提出两个、三个乃至四个不同的标准,用于衡量不同的价值——如训练价值、教养价值和信息价值。没有任何关于某种统一原则的观念。这里提出的观点是:一门学科带给学生对社会环境的意识,以及给予他从在社会作用中的可能性观点来解释自身之能力的范围和方式,这是根本的和统一的标准。

人们对形式价值与内容价值的区分日渐熟悉,但据我所知,人们并未努力赋予它理性的基础。我提出以下区分的要点:从某种观点上看,学科的作用在于引导儿童对社会生活的构成或结构的意识;从另一种观点上看,它的作用在于教给儿童关于社会发展的工具,并掌握这些工具。前者为内容价值,后者是形式价值。因此,形式决不是贬义词,形式跟内容一样是必不可少的。形式表示技术,即对社会行动所包含的各种手段的调控,正如内容指的是实现的社会行动的价值或目标。需要的不是贬低形式,而是矫正它的位置。也就是说,由于它与作为手段与目的有关,因而必须使它隶属于某种目的,并联系这一目的加以教授。这种区分在根本上是一种伦理区分,因为它不是与从纯粹智力和逻辑观点出发的学科建立联系,而是与从考虑儿童发展一种有意识的社会生活本质的角度出发的学科有关,儿童将生存于这种社会生活之中。

我先从内容方面展开讨论。论点是:要把学科看成是引导儿童了解行为的社会情景。这样看待学科,就给出了一个选择材料和进行价值判断的标准。正如曾经指出的那样,我们现在提出三项独立的价值:教养价值、信息价值和训练价值。这些价值其实仅仅涉及社会解释的三个方面。信息,仅就产生了处于社会生活背景之中的材料的明确图像和观念而言,才是名副其实的和有教育意义的。训练,只有在它表示对转化为个体自身能力的信息的反应,以使他为了社会的目的控制住自身的能力时,才真正具有教育意义。教养,若有真正的教育意义,而不是一种外在的优雅或造作的虚饰,那么它表示信息与训练充满活力的联合。教养标志个体在其整个人生观上以及处理生活的方式上的社会化。

这一抽象的观点可以稍微参考一些学校学科加以说明。首先,各种事实本身并不存在像分别属于科学、历史或地理那样的界线。当前流行的那种文件夹格式的分类(通过向学生介绍包含在不同课本当中的众多不同学科来形成),引起了人们对学科与学科的关系以及学科与所有学科所属的知识整体的关系完全错误的看法。其实,这些学科与同一最终的实在有关,也即与人类的自觉经验有关。只是由于有着不同的兴趣或目的,才对材料加以分门别类,并给其中的一部分贴上科学的标签,一部分贴上历史的标签,一部分贴上地理的标签,如此等等。每门学科都表示根据社会生活某一主要的典型目标或过程的一种对材料的整理。

这一社会标准不仅对划分学科是必要的,而且对了解每门学科的理由以及提出这门学科的有关动机也是必要的。譬如,我们应当怎样界定地理?所谓地理的各个分支——数学地理、自然地理、政治地理、商业地理——的统一性是什么?它们纯粹是依赖于我们偶然碰到的许多不同的事实这一毫无理性的事实的经验主义的分类吗?抑或,存在某种把它们称作地理的理由,存在某种把这些材料分在不同的标题之下的内在的原理吗?我凭直觉就知道,没有什么与这些客观的事实本身有关,因为事实本身不会给自己分类,但是人类心中存在某种指向于它们的兴趣和态度之类的东西。这是一个大问题,需要一篇比这篇文章整个还要长的文章才能充分地予以回答。我提出这个问题,部分地是为了指明回到更为根本性的原则上的必要性,假如我们要有一门真正的教育哲学的话;部分地是为了用我的答案来阐明解释社会的原则。我可要说,地理与涉及人类生活与自然界交互作用的社会生活的一切方面都有关系,或者说,地理与被认为是社会互动环境的世界有关。因此,任何事实,就其与人类对自然环境的依赖性有关而言,或者就其与人类生活所引起的种种环境变迁有关而言,都是地理事实。

因此,上述四种地理类型系指讨论人类生活与自然界相互关系的四个递进的抽象层次。第一层次必定是商业地理,真心实意地把地球看作是相互关联的人类之家园。我的意思是说,任何地理事实的实质都是被自然环境既而分离既而联合的两个人或两群人的意识。社会地理的兴趣,在于考察这些人在活动中怎样被自然环境既而分离开来既而又聚集在一起。湖泊、江河、山岳和平原的最终意义,不在其自然意义而在其社会意义,其作用在于改善人类关系并使人类关系起作用。这显然包含"商业"一词的外延,它不仅在狭隘意义上与生意有关;在受到各种自然形态和自然特征影响时,它还与人类一切交往和通信有关。政治地理说明同样的社会互动,它以一种静态的方式而不是动态的方式理解这种社会互动,也即把它看成是凝固在某些形式之中的互动。自然地理(不仅包括地文学,还包括植物学和动物学)代表了更进一步的分析和抽象,它研究决定人类活动的各种条件,但暂时还不说明它们具体的决定方式。数学地理只把分析引向更为根本和深远的环境上,它表明地球上的自然状况并非终结,它还有赖于这个世界在更为庞大的系统中所处的位置。换句话说,那根连接当前的社会事业和人类团体与根本上制约它们的整个自然系统的纽带,在这里被我们一步步地找到了。环境一步一步地扩大,作为社会结构之一的意象一步一步展开和拓宽,这根联系的纽带应当是永远不会割断的。

把所有学科一一列举出来，并说明其意义同样受到社会因素的支配，是办不到的。但我还是忍不住要在历史方面说上一两句。对于儿童来说，历史是生动活泼还是僵死呆板，取决于它是不是从社会学观点出发加以描述。当把历史仅仅看成是关于过去已经消逝的事件的记录时，它必定是机械的东西，因为作为过去之往事是遥远的。它已不复存在，并且仅仅把过去看成是往事，就没有关注它的动机。历史教学的伦理价值，是以把历史看成是理解现存的社会关系的一种事物这个度来衡量的——也就是说，把历史看成是提供洞察当今社会结构和社会工作是由什么构成的见识。

如果我们从社会秩序的观点或从社会进步的观点，去看待历史与理解现行的各种社会力量关系的话，那么，这种关系是显而易见的。现行的社会结构极其复杂，对于儿童来说，要完全了解它并获得关于它的明确的心理意象，实际上是不可能的。但是，可以把历史发展的典型阶段挑选出来，它将像通过望远镜似的展示出现行秩序的基本构成。譬如，希腊的历史阐明了艺术和不断生长的个人表现力代表什么；罗马的历史则广泛地展示了政治生活的要素和动力。由于这些文明本身较为复杂，研究早期文明中更为简单的狩猎、游牧和农业生活方式，研究铁和铁器使用的影响，等等，或许可以起到把复杂性降为简单要素的作用。

历史教学往往并不十分有效，其原因之一，就在于学生用以获取历史信息的方法：在他们脑海里，没有突出的典型的历史分期和历史要素，所有这一些都给降至一个僵死呆板的层次上。而获得必要见解的唯一方法，则是把过去和现在联系起来，过去好像就是其中一些要素给放大了的投射的现在。

比较原则和类似原则同样重要。由于现在的生活跟我们很贴近，它在每一点上都与我们密切相关，所以我们不能脱离现在的生活去考察它的真实面貌。没有什么会像特性那样鲜明突出，在研习过去时代中，必须把注意力放在各个历史时期的显著差异上。这样，儿童就获得了一个想象点，由此可以摆脱眼前周遭环境的压力，并对它们作出解释。

历史同样可以用来教授社会进步的方法。人们常常断言历史研究必须从因果观点出发，这一断言的真实性取决于对它的解释。社会生活十分复杂，它的各个方面相互之间以及它与自然环境之间都有机地联系在一起，因此要说这件事或那件事是另一特定事件的原因是不可能的。但是，历史研究能够揭示那些开创过社会进步的伟大新纪元的各种发现、发明和新的生活方式等的主要工具,能够给儿童提供社会进步的各种主要路线,能够向他阐明什么是妨碍社会进步的主要困难和障碍。进步实际上始终是律动的,从生长方面看以及从地位或秩序方面看,应当选择出各个典型的历史时期。只有认识到社会动力是始终如一的——千百年来起过作用的影响力现在同样在起作用——并把各个特定历史时期看成是提供关于各种根本动力起作用的方式的例证,才能使历史研究再次起到这样的作用。

可见,所有这一切都取决于从社会观点出发去解释历史,就像揭示影响社会发展的动力和描述社会生活自我表现的典型制度那样。文化纪元论的研究方向虽然是正确的,却没有认识到联系现在去研究过去的重要性——就是说,如提供洞见其结构的典型要素的眼界,而过多地以为这些历史分期自身似乎就有某种意义或价值。传记法的运用方式说明了同样的观点。人们在运用传记法时,往往排斥儿童对蕴含在人类群体联合中的社会力量和社会准则的意识(或者至少并不十分强调)。从传记观点出发,儿童容易对历史产生兴趣,这是千真万确的。但是,对待"英雄"如果不联系他所总结和指导他的背后的共同体生活,历史就有沦为纯粹令人兴奋不已的故事的危险。一旦这样做,道德教学本身也降低为从有关的特殊人物那里汲取某些教训,而不是扩展和加深儿童对他生活着的那个世界所包含的社会关系、社会理想和社会手段的想象意识。

我认为,只提供各种例证而不加以展开,是存在某种危险的。但我希望人们记住的是:我并非出于它们自身的原因,而是根据一条一般原则提出这些观点的;这一原则是,历史一旦被当作一种理解社会生活的方式加以教授时,它就有了伦理上的意义。正常儿童不断需要的,并不是如此众多的关于真实、诚实之重要的孤立的道德课,也不是由特定的爱国主义行为产生的善果等,而是各种社会想象和创造习惯的养成。我的意思是说,儿童应当形成根据整个社会生活去解释发生的各种特殊的偶然事件,去解释出现的各种特殊情境的习惯。当前工业和政治形势在伦理方面的弊端,并不在于有关个人方面实际上过于违反常情,也不在于仅仅忽视了那些平凡的美德(诸如诚实、勤勉、纯洁等)是由什么构成的,以至于不能正确地评价我们生活于其中的社会环境。社会环境极其复杂和混乱。人的头脑唯有受到训练,以把握各种社会形势,并把它们化解为更加简单和典型的要素,才能充分地把握这种生活的各种现实,以发现生活真正需要的是什么类型的行为(批判的和建设的)。大多数人都是左派,同情传统、冲动或者那些为各种特殊阶层的利益服务的人的要求。与这种高度复杂的社会环境相联系,公民权的训练是形式的和有名无实的,除非它促进了对某种社会形势和各种机构(由它们来修正这种训练)是由什么构成的观察、分析和推理的能力的发展。由于得到正确教授的历史是实现这一目标的主要工具,它具有最终的伦理价值。

我已就学校课程的内容方面谈过了。现在我转入对课程的形式方面的讨论;正如我曾经解释的那样,把这个词理解为对控制各种社会运动所必需的各种工具和方法的意识。不能把学科划分成形式学科和内容学科,每门学科都具有这两个方面。也就是说,它既讨论社会的实际构成,又关注社会自我维持的各种工具和方法。语言和文学最好地说明了这种分离的不可能性。通过语言所含的种种观念,社会结构的延续得以实现。从这点上看,文学学科是内容学科。但语言显然也是一种手段、一种工具。它不仅本身具有社会的价值,还是一种社会工具。然而,在某些学科中,一个方面或另一方面占有极大的优势;在这个意义上,我们可以特别地称之为形式学科,譬如数学。

我在这一点上要阐明的主题是:数学是否达到其全部伦理目的,取决于人们是否把它当作一种社会工具加以说明。信息与人格、知识与社会行动之间盛行的分离,在此一目了然。数学课一旦脱离它就其在社会生活中的作用而所占有的地位,就会变得十分抽象,即使从纯粹的智力方面看也是如此。人们把它当作某种专门关系和公式加以说明,而与任何目的和用途无关。在初等教育中,识数课深受缺乏动机之害。在这种、那种或者别的某种特别糟糕的教学方法背后的根本错误在于,人们认为数学本身就是目的,而不是达到某种目的的手段。让儿童获知数有什么用途,它真正为了什么的意识,这场战斗就赢了一半。如此一来,这种对作用或理由的意识就暗含着某种主动的目的。这种目的无疑始终是社会的目的,因为它包含着生产某种对他人有用的而且往往显然是社会性的东西。

在较为高级的算术课中有一件不合理的事情,就是向儿童介绍数字运算的程度;数字运算并没有什么表征它们的独特的数学原理,只不过是表示商业关系中发现的某些一般原理而已。在这些运算中训练儿童,又不注意商业现实(在商业现实中运算才有用),或者不注意社会生活状况(社会生活状况使商业活动变得必不可少),就没有算术上的意义,也就没有一般的意义。要求儿童一连串地演算有关利息、股份、金融和佣金等例题,却又不设法联系算术,努力使儿童具有这些例题所包含的某种社会现实感。算术这方面在本质上是属于社会学的,要么应当把它全部取消,要么应当联系一门相应的关于社会现实的学科予以教授。像我们现在这样驾驭这门学科,就是在重蹈离开水学游泳之覆辙,与之相应的是实践方面和伦理方面的恶果①。

恐怕有个问题一直在纠缠着读者。无论是内容方面还是形式方面,关于地理、历史和数的所有讨论与构成教育之基础的各种原则有何关系?引起读者给自己提出这个问题(甚至以半形式的方式),说明的恰是我试图说明的观点。我们在教育中的观念过于狭隘,过于形式,过于病态了。我们已经把"伦理"一词与某些特殊的行为联系起来了,这些行为给贴上了美德的标签,它们与其他众多的行为截然分开,更脱离行为者表现这些行为通常的意向和动机。道德教学因此跟这些特殊美德的教学联系在一起,或者说,与灌输某些关于这些美德的陈述联系在一起,伦理以一种十分伪善的方式表达出来。在为社会利益和社会目的服务的工作中,最终的道德动机和道德力量不是别的,而是社会智力(观察和理解社会情境的能力)和社会能力(受过训练的控制能力)。没有阐明社会构造的事实,就没有促进社会财富增长的能力,这种训练就没有伦理的意义。

因此,我要你们注意学校道德"三位一体",以此作为这一部分讨论的总结。我们需要的是社会智力、社会能力和社会兴趣,我们的依据是:(1)本身就是一种社会制度的学校之生活;(2)学与做的方法;(3)学校的学科或课程。就学校在它自身的精神上代表一种真正的社会生活而言,就所谓的学校纪律、管理、秩序等是这种内在的社会精神的表现而言,就所采用的方法诉诸主动的和建设性的能力而使儿童有所给予且有所服务而言,就课程的选择和组织旨在提供材料而使儿童意识到他必须在其中承担职责的世界、意识到他必须实现的关系而言,就这些目的都达到而言,学校是在伦理基础上组织起来的。如果考虑到了各种一般原则,那么所有基本的伦理要求就达到了。其余的一切,不过是教师与儿童个人之间的事情了。

II

现在,我转入另一方面——心理学方面——的讨论。我们已对学校的目的和

---

① 随着心理的逐渐成熟,以及自然与之相伴随专化,这些各不相同的手段本身都会变成目的。就是说,儿童进入青年期时,对数字关系会出于它们的原因而感兴趣。曾经的方法,就成了自在活动。上面的论述并不是直接反对这种可能性,其目的仅在于强调确保充分度过预备期的重要性;在这个时期,形式或手段要与真实的目的或价值保持有机的联系。

标准必须在学校与社会生活的基本关系中寻求这一原则作了深入的思考；为了给出一个阐明这条陈述意味着什么的例证，我们已尽力把这条原则运用于某些典型的学校特征上。现在我们重提与之匹配的原则：这些目的和目标要在作为个人的儿童中实现，并且通过作为个人的儿童来实现。各种社会价值在被学生个体的生活所接纳和表现之前，是抽象的。因此，我们不得不问：翻译成个人行为语言时，它们意味着什么？这些价值不仅要在个体行为中得以表现，而且要通过个人的努力得以产生。我们不得不把儿童视为行为者或做事者——他在自身的生活中再生产社会的价值成分所凭借的各种方法。

必须从观察个体儿童做起。我们发现儿童身上的某些初始的能力——本能和冲动，我们希望知道它们代表什么——它们表示什么。这就意味着调查它们所能起作用的各种目的，或者说调查使它们变成有组织的行动手段的目的。这种对儿童天然能力的解释，把我们带入了社会生活。在那里，我们找到了儿童天性给我们提出的各种问题的答案，发现了促使我们诊断儿童自发地表现出来的各种征兆和暗示的圆满结果。因此，为了找到儿童各种自发的活动与我们期望这些能力实现的各种目标之间隶属和关联的最容易、最经济和最有效的要点，我们必须回过头来解释个体。现在，我们的职责是把这两者联系起来。只有通过儿童自身，才能做到这一点；教师不能真正地实现这种联系。儿童为他自己而实现这种联系，只有这样才能形成这种联系。此外，即便教师能够实现这种联系，其结果将是不道德的。只有当个体为了他自己而欣赏他正为之工作的各种目的时，只有当他出于个人的兴趣从事工作并献身于这些目标时，才存在道德的生活。因此，为了发现能够把儿童各种自发的和天然的能力调理成各种社会智力和社会感应性的习惯的手段，我们回过头来研究个体。

现在，给我们揭示这样的个体的性质和工作方式的正是心理学。为了从两个特定的方向确立教育的伦理意义和伦理行为，心理学研究在教育中是绝对必要的。（1）首先，一切行为在根本上都是由各种与生俱来的本能和冲动产生的，要了解这些本能和冲动诉诸什么和依赖什么，就必须了解它们是什么，在儿童发展的各个阶段又是什么。忽视这一原则，就可能导致道德行为的机械模仿；而这些机械模仿在伦理上都是僵死呆板的，因为它是外在的，以个人的外在而不是内在为中心。换句话说，我们必须研究儿童，以获得各种暗示、征兆和启发。切勿把儿童或多或少是自发的行为看作是给出教育者的努力所必须符合的固定的道德形式——这样只会导致溺爱儿童;而只能把它们看作是需要解释的征兆,是要用指导方式予以反应的刺激,是儿童将来的道德行为和道德品质唯一的根本要素的材料,无论其形态发生怎样的变化。

（2）伦理原则还要用心理学语言加以阐述,是因为儿童为我们提供了实现道德理想唯一可以使用的手段或工具。课程的学科内容无论多么重要,无论作了多么审慎的选择,倘若不按照个体自身的各种活动、习惯和愿望加以改造的话,就没有确定的道德内容。我们必须弄清历史、地理和数学在心理学上意味着什么,也就是说,在我们从中发掘其种种道德可能性之前,它们都是个人经验的方式。

教育的心理学方面,当然归结为考察品格特征以及品格怎样最完善地成长。如果我们根据品格来说的话,可以减少以往讨论的某种抽象性,假如改变不了的话。

常言道,品格发展是学校一切工作的最终目的。难就难在践行这种观点而造成这种践行上的困难的原因,又在于对品格是什么没有一个明确的观念。这好像是一个言过其实和根据不足的断定。如果是这样的话,这个观点还可以这样表述,就是说,我们只是单纯从结果方面去思考品格,在心理学上对于品格作为一种过程、一种运动或动态的行为却没有清晰的观念。我们根据来自品格的各种行为知道品格意味着什么,却没有关于品格作为一个动力系统的内在的确切观念。

因此,我主张根据这种观点给品格特征一个简要的阐述。一般而言,品格意味着社会行为者的力量,即行使社会职责的有组织的能量。正如曾经指出的那样,它意味着社会见识或社会智力、社会践行的力量,以及社会兴趣或社会感应性。用心理学术语来说,它意味着必须有对各种原始的冲动和本能的训练,把它们组织成为各种作为行动的可靠手段的种种习惯。

（1）力量即践行的能力,或者说公开的行为,是品格必不可少的组成部分。在我们的种种道德书籍和道德讲演中,我们可以强调好意等。但我们实际上明白,我们希望通过教育所培养的那种品格不仅要有好意,而且要坚决地实现它们。其他任何人格都是软弱无力的,都是伪善的,而不是善的。个体应当有能力面对和正视生活中的现实矛盾,应当有创造力,有主张,坚持不懈,勇敢而勤勉。总之,应当具有可以称得上是"品格力量"的所有一切。在这一方面,每个人的天资无疑是大不一样的,但每个人总还是有某种冲动、向前的倾向和天然需要等基本资质的。这方面的教育问题是,揭示能力的这种天然储备是什么,进而以这样一种方式（提供既刺激它又约束它的环境)运用它,把它组织成为各种明确保存下来的行为方式——习惯。

(2)然而,除了纯粹的力量之外,还需要有其他东西。纯粹的力量可能是毫无理性的,可能会践踏他人的利益,甚至在指向正当目标时可能以侵犯他人权利的方式去达到目的,更何况纯粹的力量难保有正当的目标。能力可能会被引向错误的目标,导致消极的危害和破坏。正如已经提出的那样,必须对能力加以指导,必须沿着社会途径加以组织,以忠于各种有价值的目的。

这包括对理智和情感两方面的训练。在理智方面,我们必须具有判断力(通常所说的良好的辨别力)。纯粹的知识或信息与判断力的区别在于,前者仅被掌握而未被运用,而判断力则是指导目标实现的观念。良好的判断力就是对个别价值或均衡价值的辨别力。一个有判断力的人,是一个能审时度势的人,是一个能把握眼前的环境和形势而置不相干的或在当时无关紧要的情况于不顾的人,是一个能抓住需要注意的因素并根据各自的要求分清主次的人。关于何为正确的纯粹知识是抽象的,它只不过是一般意义上理解正确之意向而已。无论这些意向本身怎样值得称赞,都永远不能取代这种受过训练的判断力。行为始终是具体的,是明确而个性化的。因此,如果缺乏关于行为发生的环境之实际的具体知识的支持和控制的话,行为必定相对无效和没用。

(3)但对目的的意识,还不止于单纯的理智。我们想象得出,一个人有极好的判断力,却不根据自己的判断行事。人不仅要有力量确保克服各种障碍的努力,还要有精细的个人感应(要有一种情感反应)。实际上,没有这种易感性,是不可能有良好的判断力的。对于周遭环境以及他人的目的和兴趣,如果缺乏快速的、几乎是出自本能的敏感性,判断的理智方面就不会有适当的运用材料。正如知识客体的材料与各种感官有关一样,伦理知识的材料与情感的感应性有关。这种特性难以用语言来描述,但我们都知道苛刻严厉和拘谨刻板的品格与富有同情心的、灵活变通的和坦率的品格之间的天壤之别。抽象地说,前者跟后者一样真诚地献身于各种道德观念;可事实上,我们却更乐于拥有后一种品格而活着。我们仰赖它,借助机智圆通,借助对他人的要求的本能认识,借助调节的技巧所成就的事情;较之于仰赖前者,借助对各种在理性上得到证明的规则和原则的忠诚所成就的事情要多。

这样,我们就获得了检验学校工作的心理方面的伦理标准。第一,目前学校作为一种社会系统,充分重视儿童自发的本能和冲动吗?学校为这些本能和冲动的自我表现和产生自身的结果提供充足的机会吗？撇开量上的考虑，我们甚至可以说，学校原则上忠于主动的建设性能力，而不忠于吸收和学习的过程（获取信息知识）吗？由于我们头脑中的那种自我活动是纯粹的"理智"，与那些通过手和眼起作用的冲动毫无关系，我们关于自我活动的空论难道不是在很大程度上变得毫无意义了吗？

仅就当前学校的教学方法不符合有关这些问题的检验标准而言，倘若没有得到满意的伦理结果，我们不必感到惊讶。我们不能确保积极的品格力量的发展，除非我们乐于为之付出心理上所需要的代价。我们不能窒息和抑制儿童的能力，或者使之逐渐夭折（由于缺少运用的机会），然后又指望儿童具有创造力和永远勤奋的品格。我知道依附于抑制的重要，但单纯的抑制是毫无价值的。只有一种抑制、一种约束稍有一点价值，这就是把儿童的能力集中在一个积极的目的上的限制和约束。只有防止儿童的本能和冲动放任自流，防止它们耗费在旁门左道上，才能达到目的。在把能力保持在有关的目的上起作用中，就有真正抑制的充分机会。说抑制高于指导能力，无异于说死比活更有价值，否定比肯定更有价值，牺牲比服务更有价值。在道德上有教育意义的抑制，是指导能力的一个要素。

第二，我们还必须检验我们的学校工作是否为形成良好的判断力提供了必要的心理条件。作为各种相关价值的辨别力的判断力，包括选择能力和与标准有关的甄别能力。因此，获取信息永远不能促进判断力的发展，儿童所取得的判断力的任何发展尽管如此，但不是缘于单纯重视学问的教学方法。只有在获得的信息得以运用时，才能达到检验的标准。学校愿意做到我们期望的那样吗？我曾听一个很有经验的教育家说，根据她的判断，当代教学在智力方面最大的缺陷，可以从儿童离开学校时内心毫无正确观察事物相互关系的能力这一事实中看到。对于他们来说，各种事实似乎同样重要，毫无前景和背景，毫无根据价值大小对事实进行分类并给它们划分等级的本能习惯。这种说法可能言过其实，但就其所含的某种真相而言，它指明了道德弊端跟智力弊端一样严重。

儿童除非在形成和检验各种判断中不断地锻炼，否则是不可能获得判断力的。他必须有自我选择的机会，并尽力将自己的选择付诸实施，从而使之受到最终的检验，也即行为上的检验。只有这样，他才能学会甄别什么选择可望成功，什么选择可能失败；只有这样，他才能形成习惯，不断地把其他孤立的观点和决定这些观点价值的条件联系起来。学校作为一种体制，现在为这类试验提供了充分的机会吗？

学校工作除非强调做的方面，强调建设，强调主动的调查，否则，它就没有满足作为品格一个组成要素的判断力的心理条件。

第三，关于另一点，即易感性和感应性的需要，我将简要地提一下。教育非正规的社会方面，也即审美环境和审美影响，是十分重要的。就学校工作安排得井井有条、按部就班而论，就学生相互之间、师生之间缺乏无拘无束的自由的社会交往而论，儿童这方面的天性要么处于饥饿状态，要么就让他们通过一条多多少少是秘密的途径找到随心所欲的表现方式。在学校体制中，借口注重实践（所谓注重实践不过是狭隘的功利主义而已），把儿童限制在基本的"3R"教育（即读、写、算——译者）以及与之相关的正规学科上，不让他有文学和历史上的蓬勃活力，剥夺他接触建筑、音乐、雕塑和绘画中最美好的东西的权利时，就别指望在品格中的这一组成要素的训练上会有明显的结果。

在教育中，我们需要的是真正地而不是有名无实地相信存在能够有效加以运用的道德原则。我们相信，就考虑到了广大儿童而论，假使我们长期信奉这些原则，我们就能教授读、写、算。其实，我们并不相信（虽然是无意识地）在道德中还存在别的像这一样的承诺的可能性。诚然，我们相信道德法则和道德规则，但它们是不确定的，是从自身发出的东西。它们是如此极端的"道德"，以致与日常生活中的凡务俗事毫无关系。我们所需要的是：经过社会方面和心理方面的阐述，应当把这些道德原则推翻在地。我们务必使道德原则不是专横的，不是"超念"的。"道德"一词并不是要指一个特殊的生活领域或部分。我们需要把道德转化为共同体生活的实际环境和动力，转化为个人做事的各种冲动和习惯。

我们要做到的是：认识到道德原则和其他力量在同等意义上都是现实的，认识到道德原则是共同体生活和个人活动结构所固有的。如果我们能在这一事实中获得真正的信念，那么我们就找到了从教育体制中取得它所具有的一切效力的唯一必要的条件。凡是在这种信念中工作的教师都会发现，每门学科、每种教学方法以及学校生活中的每件小事都蕴含着道德的生活。

（杨小微　罗德红等　译）

学校与社会进步[*]

我们很容易从个人主义的角度，把学校看成是教师和学生或教师和家长之间的某种东西。令我们最感兴趣的，自然是我们所熟悉的孩子所取得的进步：他的体格的正常发展，在读、写、算方面能力的提高，地理和历史知识的增长，礼仪以及敏捷、守秩序和勤奋习惯的改进——我们正是根据诸如此类的标准来判断学校的工作成效。这种方法是正确的，但眼界需要扩大。最优秀最明智的父母对子女的期望，也一定是社会对全体儿童的期望。对于我们学校的任何其他的期望，都是狭隘和不妥的；如果依此行动，必定会破坏我们的民主。社会通过学校机构，把自己所成就的一切交付给它未来的成员来安排。社会希望借助新的可能性而实现所有更好的想法，从而为自己开辟未来。在这里，个人主义和社会主义重合在一起。社会只有致力于构成它的所有个体的充分发展，才有机会忠实于自己。而且，在如此给定的自我指导上，没有什么比学校起的作用更大，因为正如霍勒斯·曼所说的，"事物初生之处，一个开创者胜过一千个跟随者"。

无论何时，一旦我们讨论教育中的新运动，采用更广阔的或社会的视点变得尤为必要。否则，学校制度和传统方面的变革将被看作是某个教师心血来潮的发明，往坏的方面说，这是变化的时尚；往好的方面说，最好的不过是某些细节上的改善——这是一个我们在考虑学校变革时习惯性采取的观点。这就像把火车机头或电报当作个人的发明一样，具有合理性。教育方法和课程上的修改，既是一种变化社会情境的产物，也是为了满足正在形成的新社会的需要而付出的努力，就像在工

* 此文选自《杜威全集·中期著作》第 1 卷。首次发表于 1899 年，为《学校与社会》一书第 1 章。

业和商业模式中所发生的改变一样。

因此，对于这个问题，我要特别提请读者注意：根据社会上的重大变化，努力设想大体上可称之为"新教育"的涵义。我们能把这一"新教育"和事件的一般进程相连吗？如果我们这么做，"新教育"将会消除与社会隔离的特征；它将不再是一个仅仅从具有非凡才智的教育者处理特定学生而引出的事件。它将表现为整个社会进化的部分和片段，而且，至少就其更普遍的特征上，它是必然的。我们于是来探讨社会运动的主要方面；然后转向学校，以发现它为跟上社会运动而付出了何种努力。既然覆盖整个基础是绝不可能之事，大部分情况下，我将把自己限定在现代学校运动中的一个典型事件上——即在手工训练名称下所进行的事——如果这件事和被改变的社会条件的关系得以显现的话，我们将易于承认关于其他教育改革的要点。

我对未能详细处理正在谈论的社会变化不作辩解。我本应提及的变化如此显著，甚至连快步闪过的人都能察知。我首先想到的是笼罩甚至控制了所有人的变化，即工业上的变化——科学的应用带来了大规模、廉价地利用自然力的巨大发明：以生产为目的，世界市场、供应这个市场的大规模制造中心，以及遍布各地的便宜而快捷的交通工具和分配途径，正在发展起来。从最初产生之日算起，到今天为止，这一变化也不超过一个世纪之久；在其许多最重要的方面，它仍处于继续发展的时期。人们很难相信，在历史中曾有过如此迅猛、宽广而彻底的革命。经过这场革命，地球的面貌发生了变化，甚至波及了地球的物理形态；政治边界或被抹去或被移动，似乎它们真的仅仅是地图上的一些线条；人口从大地的尽头匆匆聚拢到城市；生活习惯正在发生着令人惊异的急速全面的变化；对自然真理的寻求被无限地刺激和推动起来，而自然真理在生活中的应用不仅成为可能，而且成为商业的必需。甚至我们关于道德和宗教的观念和兴趣，位于我们本性最深处而最具保守性的事物，都受到了深刻的影响。因此，认为除了形式和表面风格以外，这一革命不会影响到教育的其他方面——这简直是不可想象的事。

工厂制度之前是家庭和邻里制度。今天的人们只需回溯到一代、两代或至多三代，就会发现那个时代的典型工作实际上是在家庭中开展的，或者簇集在它的周围。穿的衣服绝大部分都是在家庭中缝制的，通常，家庭成员都熟悉剪羊毛、纺线、踏织布机的活计。整个照明的过程不是按开关、开电灯这样简单轻松的事，而是从宰杀牲畜到炼制油脂、到制作灯芯、再到浸入蜡烛等一系列辛苦而漫长的工作。面粉、木柴、食品、建材、家具，甚至钉子、折页、锤子等五金，都由左邻右舍生产，在可随时走入、一览无余的店铺里出售。这些店铺常常是邻里们汇集的中心。整个工业过程从原材料在农场中的生产到最后的产品投入使用，完全暴露在人们的眼前。不仅如此，实际上，家庭的每个成员都分担一部分工作。随着体力和能力的提高，儿童渐渐被教以几个工序的窍门。这事关当下的、个人关注的问题，甚至到了实际参与的程度。

我们不能忽略这种生活中所包含的纪律和品格塑造的因素：在秩序和勤奋的习惯方面的训练，在责任心和做某事、制造某物的义务的观念方面的训练。总有确实应该去做的事情，需要家庭的每一成员忠实履行自己的职责，并与其他成员相合作。在行动中生效的人格，通过行动的中介得到培养、受到检验。再次重申，为了教育的目的，我们不能忽视直接接触自然的重要意义，不能忽视直接面对真实的事物和素材，不能忽视亲自参与到支配它们的实际过程并了解它们的使用和社会必要性的重要意义。在所有这些活动中，通过与现实的亲密接触，可以不断培养一个人的观察力、才智、建设性的想象力、逻辑思维和现实感。家庭纺织、锯木工场、磨坊、制桶工厂和铁工场等工作的教育力量在持续不断地发挥着作用。

为灌输知识而组织的实物教学不管有多少，决不能代替关于农场和田园有关动植物的直接知识，这种直接知识是在和动植物亲密相处并照料它们的过程中获得的。学校中为训练的目的而开设的感官训练的学科，永远无法与在熟悉的职业生涯中所表现出的感觉-生活的生动和丰富相媲美。执行任务可训练语言记忆，科学和数学课程可提供推理能力的训练；但是，怀着真实的动机期待着真实结果的出现而行事，注意力和判断力在这种过程中获得的训练毕竟远远胜于通过上述课程得到的训练。课程的训练，毕竟是间接和空洞的。今天，工业的集中化和劳动力的分化已经在事实上取消了家庭工作和邻里工作——至少是取消了为教育目的而设立的家庭职业和邻里职业。但是，哀叹儿童谦虚、质朴、绝对服从的美好岁月一去不复返是无用的，我们无法仅凭叹息和劝说而使过去的好时光重新回来。环境发生了根本的变化，教育唯有发生同样根本的变化才足以应对。我们必须重视需要为此作出的补偿——宽容精神的增长，社会见识的扩大，对人性的进一步了解，从外在的表现识别人的性格和判断社会环境的敏锐性，准确地适应不同的人格和接触更多的商业活动。考虑这些，对于今天城市里成长的儿童意义重大。但是，也存在一个实际问题，即我们如何留住这些优势，怎样把反映生活另一面的东西——要求个人负责和培养儿童与外界现实生活有关的各种作业——引入学校中来呢？

当我们把目光转向学校，就会发现，当前最为显著的一个趋势是所谓手工训练、店铺劳作以及诸如缝纫和烹饪等家庭工艺的引入。

这不是怀着一定要现在的学校提供从前家庭中所提供的训练要素的明确意识而"有目的地"所为的，而是借着本能，通过实验，发现这一工作能为学生们提供有效的支持，给予他们一些任何其他途径所不可能给予的东西。对这一工作的真正重要性的意识还是如此微弱，乃至于此项工作仅是以三心二意的、混乱的和互不相关的方式在进行。同时，为此项工作提供的论证很不充分，甚至常常是错误的。

即使我们盘诘那些最乐于把此项工作引入学校系统的人们，我想，我们会发现，其主要理由是此项工作能吸引儿童们的自发兴趣和注意力。它能使他们主动、积极和保持活力，而不是消极和被动接受；它使他们更有用、更有能力，因此，在家庭中更能帮得上忙；在某种程度上，它是他们以后生活的实践职责的准备——女孩成为更有效的家庭管理者，如果不是厨师和裁缝的话；男孩（如果我们的教育体系只是停留在职业学校层面的话）为他们未来的职业而作准备。我不想低估这些理由的价值。对于儿童们改变态度的问题，我将在下次直接讨论学校和儿童关系的讲座中发表看法。但总体来说，这些观点是不必要的、牵强的。我们必须把木工和铁匠、缝纫和烹饪当作生活和学习的方法，而不是刻意的研习。

我们必须从社会意义的角度把它们看作社会借以存在的过程的形式，看作使儿童明了共同体生活的必要手段，看作人类以不断增长的洞见和才智满足上述这些需要的方式；简言之，看作借此使学校成为真正活跃的共同体生活的工具，而不是留置出来作为课程学习的场所。

所谓社会，就是以共同的精神为共同的目标而共同劳作的一群人。共同的需要和目标，要求思想的不断交流和感情的和谐一致。现在的学校不能将自身组织为一个自然的社会单元，其主要原因就在于缺乏这种共同的要素和生产活动。在操场上，在游戏和运动中，社会组织自发地和必然地产生。某事要完成，某种活动要进行，这就需要劳动力的自然分工、选择领袖和跟随者、互相合作和竞争。学校缺少社会组织的动机和凝聚力。从伦理层面来看，现在学校可悲的弱点是它试图在社会精神条件奇缺的情况下培养社会秩序的未来成员。

当各种作业成为学校生活的明确核心时，由此显现出来的差异不容易用言语来描述；这是一种在动机、精神和氛围上的差异。当一个人走进一间一群孩子正积极地张罗食品的忙乱厨房时,其心理的差异,即从多少有点被动、呆板的接受和拘谨状态向活跃开朗、热力四射的精神状态的转变是如此的明显,以至于在表情上会不自觉地表现出来。实际上,对于那些对学校有刻板固定印象的人来说,这一变化肯定颇为震撼。但是,社会态度方面的变化同样是显著的。只吸取事实和真理是一件极具排他性的个人事件,与人的自私性特征只有一线之隔。缺乏鲜明的社会动机而只追求学识的获得,即使有了成绩,也不能给社会带来明显的益处。实际上,衡量成功的唯一标准是一个竞争性的标准,而且是在竞争这一概念的坏的意义上而言的,即通过比较背诵的结果或考试的结果,看哪个儿童在积累最大信息量方面能成功地领先于其他的儿童。这一风气影响之大,甚至使一个儿童在学习任务上帮助另一个儿童变成一种犯罪。当学校的工作仅仅是学习课程,互相帮助就不是最自然的合作和联合形式,而变成解除邻里的职责的秘密行为。当积极工作在进行的时候,所有这一切发生了改变。帮助他人不是一种使接受者更加依赖别人的施舍形式,而仅仅是一种帮助,使得被帮助者焕发活力、激扬斗志。自由的交往,观点、建议和结果的交流,包括之前成功和失败的经验,成为课堂练习的主要特征。引入竞争不是为了比较每一个体所吸收的信息量,而是为了比较已经完成工作的质量——这是真正的共同体的价值标准。学校生活以一种非正式但更为通行的方式在社会基础上组织起来。

学校的训练或秩序的原则就存在于这一组织中。当然,秩序只是与某一目的相关的东西。如果你的目的是想让40—50个儿童学习某些现成的课程,并在教师面前背诵出来,你的训练方法必须旨在获得这一结果。但是,如果你的目的是发展社会合作精神和共同体生活精神,那么你设立的训练必须脱胎于这个目的并与之相关。事物形成的过程中尚不存在什么秩序,忙乱的工厂必定存在一定的无序,沉寂是不存在的;人们不会专注于保持某种固定的身体姿势,他们不是双臂交叉、正襟危坐的,不会捧着他们的书本,如此等等。他们做着种种不同的事,因而有种种的混乱和喧扰。但是,从职业中,从可产生结果的行事中,从以社会化的和合作的方式的这类作为中,诞生了一种自成一体的训练方式。当我们获得这一观点的时候,学校训练的整个观念都发生了变化。在重要关头,我们都认识到,支持我们的唯一训练转化为直觉的唯一训练,是通过生活本身而得到的。我们从经验中学习,从仅仅只是与经验有关的书本或他人的言论中学习。但是,学校却被如此分化出来,被如此从日常环境和生活机中孤立出来,以至于儿童们被送去接受训练的地方变成世界上最难获得经验的地方——而经验配得上全部训练的发源地这一名称。只有当一种传统学校训练的狭隘僵化的形象占上风的时候，才会有忽视更深入和范围更广的训练的危险。这种更深入和范围更广的训练，来自对建设性工作的参与。这种建设性工作的成果在形式上是明确可见的，通过这一形式可确定人们的责任，并获得精确的判断。

这样，我们在把各种形式的主动作业引入学校的时候，需要记住的重要一点是：通过这些主动作业，使学校的整个精神得到了更新。学校有机会把自己与生活连接在一起，成为儿童的家；在这里，儿童们通过直接的生活而学习。学校也不再仅仅是一个学习课程的地方，而那些课程与将来可能要从事的生计活动只有抽象、间接的关联。学校有机会成为一个微型的共同体、一个雏形的社会。这是一个根本的事实，从中可得到连续不断和秩序井然的教学。在我们前面描述的工业制度中，儿童毕竟不是为了参与工作而参与工作，而是为了产品而参与工作，由此得到的教育结果是真实的，但也是偶然和有条件的。但是，在学校中所采纳的典型的作业活动没有任何经济压力，其目的不是产品的经济价值，而是要发展儿童的社会能力和洞察力。正是在单纯的效用中的解放，正是向人类精神可能性的开放，使学校中的这些实践活动成为艺术的伙伴和科学、历史的中心。

所有科学的统一性可以在地理学科中找到。地理学的意义在于把地球看作人类职业活动的永久家园。与人类活动无关的世界，不是一个完整的世界。人类的勤劳和成就，离开了地球这个根据地，甚至连多愁善感都算不上，更难以给予一个名称。地球是人类全部事物的最终来源，是人类永久的庇护和安身之处，是人类全部活动的初级原料。人类全部的成就都是为了使它更为人性化和理想化。地球是广袤的原野，是丰富的矿藏，是热能、光能和电能的丰沛来源；地球上有浩瀚的海洋，有连绵的山峦，有无数条溪流，有一望无际的平原，我们的农业、矿业、林业、制造业只占用了其中很小的一部分。正是通过这种环境所决定的职业活动，人类才取得了历史进步和政治进步。正是通过这些职业活动，对自然的理智化和情感化解读才获得了发展。正是通过我们在世界中的作为和对世界的作为，我们才能阅读世界的意义和衡量世界的价值。

用教育的术语来说，这意味着学校中的作业活动不应该只是实践性的设计或一般职业的模式，以此获得作为厨师、裁缝或木匠更好的技术技能；而应该作为科学地去理解自然的材质和过程的活动中心。这是儿童开始认识人类历史发展的起点。这种作业的重要性,通过从学校的实际作业中的选取的例证,比一般性讨论能更好地证明它的现实意义。

对于一个认知水平一般的参观者来说,没有什么事情比让他看到一群 10 岁、12 岁和 13 岁的男孩、女孩专心编织缝纫更为惊奇了。如果从让男孩子为将来钉扣子、缝补丁做准备的角度来看待这件事,我们获得的只是一个狭隘和功利的观念——这一观念难以解释学校中的这种作业何以得到如此的重视。但是,如果从另一个角度来看待这件事,我们会发现,这种作业为孩子们提供了一个起点,从这里出发,他们可以追溯和继承历史中人类的进步,同时也可以了解工作中使用的材料和涉及的机械原理。把这些作业联系起来,就无异于把人类历史的发展过程重演一番。比如,首先给儿童一些原材料——亚麻、棉花以及刚从羊背上剪下的羊毛(如果我们把他们带到剪羊毛的现场,效果会更好),他们会对这些材料进行一番研究,看它们可以派上什么用场。举例来说,他们会对棉花纤维和羊毛纤维进行比较。直到孩子们告诉我以后,我才知道,与毛纺工业相比,棉纺工业发展得慢一些的原因是因为棉花纤维很难用手从棉铃里分离出来。一队孩子花了 30 分钟的时间从棉铃和种子中分离棉花纤维,最后成功分离出不到 1 盎司的棉花纤维。他们可以很容易地算出一个人用手一天只能分离出 1 磅纤维,因此,也就懂得他们的祖先穿毛纺衣服而不是棉纺衣服的原因。他们还发现,影响棉花实用效应的另外因素是棉花纤维比羊毛纤维短,棉花纤维的平均长度为三分之一英寸,而羊毛纤维的长度为三英寸;棉花纤维表面光滑不容易粘连,而羊毛纤维表面粗糙容易互相粘连,因此适于纺织。在教师的帮助和引导下,通过比较真实的原材料,孩子们自己得出了这一结论。

接着,儿童按照必要的程序把纤维织成了布料。他们“重新发明”了梳理羊毛的第一台架子——两块上面有梳理羊毛的细尖顶针的木板。他们重新设计了纺织羊毛的最简单的流程——一个打孔的石片或其他别的什么重物,羊毛从孔中穿过,捻转石片时就能拉长羊毛;接下来,用一个陀螺,陀螺在地板上旋转;与此同时,孩子们把羊毛抓在手里慢慢拉长,并把羊毛缠在陀螺上。然后,按发明史上的顺序向孩子们介绍下一个发明,并试着把它造出来,由此体会这一发明的必要性,认识它在这一具体工业上的效果和对社会生活方式的影响——进而以这种方式回顾织布机发展到今天的整个历程。我不需要谈到这其中所涉及的科学——对纤维的研究,对地理特征的研究,对原料生长环境的研究,对制造和分配核心的研究,以及与生产机械相关的物理学研究；同样，我也不需要谈到历史方面——这些发明对人类的影响。你可以把全人类的历史浓缩在从亚麻、棉花和羊毛纤维做成衣服的演进史中。我不是说这就是唯一的或最佳的中心，但研究人类历史的某些真实而重要的途径确实因此得以展开——我们由此发现了比在通常的政治记载和编年记录中所显示出的更为基本和具有支配作用的影响力量。

儿童把棉花和羊毛的纤维用于纺织品这个例子的一些情况（当然，我只是提到了其中一两个基础性的方面），也同样适用于其他作业中所使用的原料和使用的流程。这种作业为儿童提供了真正的动力。它赋予儿童第一手的经验，使儿童进入与现实的关系中。它完成了这一切，但除此以外，它通过转化为历史与社会的价值和科学对等物而获得了自由。随着儿童心智在能力和知识方面的成长，它不再仅仅是一个令人愉快的作业活动，而是越来越变成理解事物的媒介、工具和手段——因此，得到了转化。

这个转而会影响科学的教学。在当今时代，所有的活动如果想要获得成功，必须获得科学专家的指导——这是应用科学的一个事实。这一关系应该决定它在教育中的地位。这种作业活动即学校里的所谓手工或工艺为引入科学提供了机会，因为科学能阐明作业活动，能使作业活动充实且富有意义，而不仅仅是手眼配合的事情；不仅如此，通过这种方式获得的科学洞察力还会成为自由而积极地参与现代社会生活必不可少的工具。柏拉图在某本著作中，把奴隶定义为其行为不是表达自己的观念而是表达别人的观念的人。方法、目的、理解应该存在于做工作的人的意识中，他的活动应该对他有意义——这是我们的社会问题，这一问题在现在甚至比在柏拉图时代更为紧迫。

当我们以这种宽广而丰富的方式看待学校的作业活动时，我对经常听到的反对意见感到迷惑不解而又束手无策。这种反对意见认为，这些作业活动不适合在学校进行，因为它们的倾向是唯物主义的、功利主义的，甚至是卑贱的。我经常会想，那些发表这些反对意见的人，一定是生活在另一个完全不同的世界。我们大多数人生活于其中的世界是这样一个世界，每个人都有一份职业或工作，都有一些事情要做。其中一些人是管理者，另一些人是下属。但是，不管是管理者还是下属，关键的一点是每个人都应该接受教育，通过这种教育，他能在自己的日常工作中找到全部重大的属于人的意义。今天有多少工人现在已经完全变成了他们所操作的机器的附庸！这或许有一部分原因可归咎于机器本身，或归咎于过分强调机器产品的社会体制;但是,更重要的原因在于这一事实:工人们没有机会发展他们的想象力和他们的同情的眼光,因此也就没有能力发现自己工作的社会和科学的价值。目前,居于工业体系基础的冲动,在学校阶段实际上要么被忽略,要么被扭曲了。除非建设和生产的本能在童年和青年时代被系统地抓住,除非以社会指向来训练它们,并以历史的解释来丰富它们,以科学的方法来控制和启发它们,否则,我们甚至无法确定经济罪恶的来源,更不用说有效地处理这些罪恶了。

如果我们把目光投向几个世纪以前,就会发现,那时存在着对学术的实际垄断。实际上,"拥有"学识是一件幸福的事。学术曾是一个阶级的事。这是社会条件的一个必然结果。大众没有任何接近知识资源的途径,知识被存储和密藏在手稿中,需要用很长的时间和几经周折才能得到这些知识资源中很小的一部分。富有学识的高级教士阶层守护着真理的宝藏,而只在严格的限制下才向大众施舍一点知识。这些高级教士阶层正是这些条件的必然反映。不过,作为我们谈到过的工业革命的直接后果,这种情况已经发生了转变。印刷术发明了,知识资源被商业化了,书籍、杂志、论文成倍地增长,费用越来越便宜。由于机车和电报的发明和使用,出现了以邮件和电信为载体的频繁、快捷和廉价的交流。旅行变得容易了,迁徙自由,这样为观念的交流带来了无限的便利。于是,带来了知识的革命,学术得以传播和流通。尽管仍然存在而且或许会一直存在一个专事研究的特殊阶层,但是,一个特殊的学者阶级却从此不可能有了,因为这是违背时代精神的。知识不再是凝固不动的东西;它已经被液化了,在社会所有的支流中流淌。

显而易见,就知识的内容而言,这一革命带来了个人态度的显著变化。知识的洪流从四面八方向我们倾泻而下。那种单纯理智的生活,即学术和学问的生活,因此获得了一种相当不同的价值。学究式的人物和经院气不再是荣誉的称呼,而正在变成嘲弄人的措辞。

所有这一切都意味着学校态度的必然转变,但是,我们至今却远未认识到这种转变的力量。我们学校的方法和大部分课程都是从过去时代继承下来的,而在那一时代,学术和某些信条的指令都是十分重要的。这一时代的理想大部分依然在控制范围之内,甚至那些外在的方法和研究发生转变的地方仍是如此。我们经常听说把手工训练、艺术和科学引入初等学校甚至中等学校,它们因为倾向于培养专家而遭非难——说它们偏离了我们现在丰富、自由的文化模式。这种观点即使不会导致悲剧性的后果,也将是荒唐可笑的。我们现在的教育是高度专业化的、片面的和狭窄的。这是一种几乎完全被中世纪的学术观念所统治的教育。它在很大程度上只诉诸我们本性的理智方面，以及我们的学习、积累信息和掌握学术的欲望；而不是诉诸我们实用或艺术上的制作、行动、创造、生产的欲望。手工训练、艺术和科学作为因技术化和专门化倾向而遭到反对，这一事实本身正可充当证明控制当前教育的专门化目标的证据。除非教育实际上与排他性的理智追求相等同，并与学识相等同，否则，所有这些材料和方法仍将是受欢迎的，仍将受到最热烈的追捧。

尽管为学术职业而训练被当作文化类型或一种通才教育，但训练技工、乐手、律师、医生、农夫、商人或铁路管理员则被当作纯粹的技术性和职业性训练。结果就是，我们在自己周围随处可见——"文化人"和"工人"的分化，理论和实践的分离。全部学生中，只有不到 1% 的人能接受我们所谓的高等教育；只有 5% 的人能接受我们的高中教育；而远超过一半的人在完成五年初等教育以前就已经流失掉了。基本的事实是：在大多数人群中，特有的理智兴趣并不占主导地位，他们具有所谓实践的冲动和特质。许多从本性而言具有很强的理智兴趣的人，因为受到社会条件的阻碍而不能充分实现其兴趣。因此，相当数量的小学生一旦获得了基础的教育，一旦具备了在今后谋生中足够用于阅读、书写和计算的符号，就马上离开了学校。虽然我们的教育领袖谈论要把文化的熏陶、个人的发展等等诸如此类当作教育的目的和目标，但是，绝大多数在学校接受教育的人只把它看作挣得一份工资以求生计的单纯实用的手段。如果我们以一种不那么独有的方式看待我们的教育目的和目标，如果在教育过程中引进适合那些主要兴趣在行动和制作的人的活动，那么，我们会发现，学校对学生的吸引力会更强、更长，也包含更多的文化意义。

然而，我为什么要不厌其烦地作出这么一番说明呢？明显的事实是，我们的社会生活已经发生了全面彻底的变化。如果我们的教育想要对生活有什么意义的话，它必须要完成一番相应的完全的转变。这种转变不是突发的，也不是一蹴而就的。它已经发生了，并且正在进行中。我们学校制度的改革，通常仅仅是细节上的变更和内部机制的改良（即使最关心学校改革的人也这么看，更不用说那些旁观者了），实际上，这就是发展的标志和证明。采用主动作业、自然研究、科学常识、艺术和历史，降低单纯的符号和形式方面的教育，改变学校的氛围、学生和教师的关系，引入更积极的表现性的和自我指导的要素——所有这一切都不只是偶然发生的，它们是更大的社会发展的必然结果。全部这些要素还有待组织起来，它们的全部意义还有待评估，其中所涉及的观念和理想也有待于为我们的学校体系所消化吸收。这样做就等于把我们的每个学校变成共同体生活的萌芽，这样的学校中活跃着作为更大的社会生活反映的职业活动，充满了艺术、历史和科学的精神。如果学校带给每个儿童这样的社会中的小共同体成员身份，通过这种方式训练他们，让他们充分领会服务的精神，为他们提供行之有效的自我指导的手段，那么，一个有价值的、可爱的、和谐的社会即将到来。我们对此深信不疑。

（刘时工　译）

教育作为一种社会功能[*]

1. 环境的本性和意义

我们已经注意到，一个共同体或社会群体通过持续的自我更新来保持自身，而这种更新是通过群体中未成熟成员们在教育上的成长来实现的。通过各种无意的和设计好的中介，一个社会把没有经验的、看上去差别很大的人们转变成它自己的各种资源和理想的强有力的保管者。因此，教育既是抚育，也是教养或培养。所有这些词都表明，教育暗含着对成长的各种条件的关注。我们也会谈到栽培、培育、抚养等词，这些词体现出教育旨在涵盖的不同层次。从词源学上看，"教育"这个词恰恰是指引导或抚养的过程。当人们心中想到这个过程的结果时，他们是把教育当作塑造、构成和铸造这样的活动，即塑造出社会活动的标准形式。在本章中，我们考察的是一个社会群体如何抚养未成熟的成员们，使他们融入其社会形式所采用的途径的一般特征。

既然人们所需要的是转化经验的品质，直至其分有（partake）通行于社会群体的各种兴趣、目标和理念，那么，问题显然不只是体力上的成形了。运用体力可以在空间中搬动、运送事物，但各种信念和抱负却不能以体力上的方式被抽出来或塞进去。那么，它们是如何被传播的呢？假设它们不可能直接地被传播或逐一加以灌输，关键问题就是要找到一种方法，让年轻人能用以吸取年长者的观点，或者使老一辈能以此让年轻人拥有和他们自己类似的心智。

＊ 此文选自《杜威全集·中期著作》第 9 卷。首次发表于 1916 年，为《民主与教育》一书第 2 章。

通常说来,这一解答就是通过环境的作用,引起一定的反应。人们所需要的信念不能被硬塞进大脑里,所需要的态度也不能靠外观上的粉饰,但个体生存于其中的特殊的媒介会引导他去体会和感受这一个事物,而非那一个事物;也会引导他做出某个计划,从而顺利地与他人一起行动。作为博得他人认同的一个条件,某些信念会被加强,而另一些信念则被削弱。因此,媒介使得他逐渐发展出一定的行为体系和行动倾向。"环境"(environment)、"媒介"(medium)这些词,不仅意谓环绕着个体的周围事物,更是指周围事物和个体本身各种积极的趋向之间特定的持续关系。当然,一个非生命体与周围事物的关系也是持续的;但除了在比喻中,围绕着它的各种境况并不构成环境,因为无机物并不与施加于它的各种影响力有关。另一方面,虽然有些东西在空间和时间上距离某种生物甚远,但它们甚至可以比有些近在咫尺的东西更真切地构成其环境,尤其是对人这个物种来说。如果一个人会随着某些东西的变化而变化,那么,这些东西便是他真正的环境。因此,天文学家的活动就是随着他所注视或加以推测的星星而变化的。在他直接当下接触的诸多周围事物中,他的望远镜构成他最为息息相关的环境。对于一个博物学家来说,他的环境包含着他所关注的人类生活的久远时代,以及他以此与那个时代联系起来的遗迹、碑铭等等。

简言之,环境是由那些促进或妨碍、刺激或遏制一种生物特有的活动的条件构成的。水是鱼的环境,因为水对鱼的各种活动——对它的生活是必不可少的。北极是一个极地探险者的重要的环境要素,这与他是否成功抵达北极无关,因为北极界定了他的各种活动,规定了这些活动的与众不同之处。恰恰是因为生活所意指的不单纯是被动的存在物(假设有这样一种东西),更是一种行为方式,因此,环境或媒介便意味着作为有帮助的或破坏性的条件而参与这一活动的东西。

2. 社会环境

如果一个人的各种活动与他人发生了关联,他便拥有了一个社会环境。他的所作所为及他所能实行的作为,取决于他人的期待、要求、认同和责难。一个与他人相关联的人在开展自己的活动时,不可能不把他人的活动纳入自己考虑的范围内,因为他人的活动是他实现自己的各种趋向所必不可少的条件。当他开展活动时,他激起他人的活动;反之亦然,他人开展活动时,也会激发他的活动。如果可以设想我们有可能依照个体各种单独的行动来界定他的各种活动,那么,我们不妨试着想象一下：一个生意人做生意，自己买，自己卖。再者，一个制造商，无论是在账房里独自制定计划，还是在购买原材料或者销售成品，他在这些活动中都切实地受着社会的指引。那些与联合他人的行动相关的思维和感受，如同一目了然的合作行为或敌意行为一样，属于行为的社会模式。

尤其需要说明的是，社会媒介如何教养其未成熟的成员们。要了解社会媒介是如何塑造各种外在的行动习惯的，没有多大的困难。甚至狗和马在与人有联系时也会改变它们的行动，因为它们所做的事情与人们有关系，于是养成了不同的习惯，人们是通过控制影响它们的自然刺激的方式来控制动物的；也就是说，是通过创造一定的环境来实现的。食料、嚼口和缰绳、呼喊声、马车都被用于引导马的各种自然的或本能的回应方式。通过持续不变的操作唤起一定的行为，由此，习惯也就形成了；这些习惯与最初的刺激一样，始终一贯地发挥作用。如果一只老鼠被放进迷宫里，而它只有按既定的顺序、经过一些既定的转弯才能找到食物，它的活动就会渐渐地被修正，一直到它在饥饿时，会习惯性地采取这条路线而非别的路线。

人的各种行动的修正也是类似的情况。被烧伤过的孩子恐惧火。如果家长安排这样的条件：每当孩子触摸某个特定的玩具时，就会被烫到。这个孩子将学会像避免接触火一样，自觉地躲避那个玩具。当然，到目前为止，我们谈论的只是可以称之为训练（training）的东西，它有别于有教育意义的教学。我们所考虑的变化都是外在行为上的，而不是有关行为的精神和情绪倾向方面的。然而，这种区别并不突出。我们可以设想，前面提到的那个孩子可能最后不只是对那个玩具，还会对与它相似的那一类玩具产生极端的厌恶感。在他忘记最初被烧伤那回事之后，可能仍然保留着那种厌恶感，之后甚至会编造某个理由来解释他那看似非理性的厌恶感。在一些情况下，借由改变环境来影响对行动的刺激，从而改变行动的外在习惯，这会改变行动中相关的精神倾向。但事情也并非总是如此。一个人被训练去避开一个威胁性的打击，他学会了自觉的闪躲，但并不因此就有了相应的思维或情绪。因此，我们有必要发现训练和教育之间的某种差异。

下述事实也许可以提供一点提示：一匹马的活动服务于社会功用，但这匹马却并不真正参与它的行动的社会功用。有人通过给马一些利益，比如给它食料等等，使马从事其活动，从而利用马来获得一个有利的结果。但是，也许这匹马没有什么新的兴趣；它仍然只对食物有兴趣，而对服役不感兴趣。它不是一个共享的活动中的伙伴。假设它成为这个共同活动的参与者，它就会与别人一样，对活动的成果有同样的兴趣,也会分享他们的理念和情感。

现在,在很多情况(这样的情况不免太多了)下,一个未成熟的人只是为了获得各种有用的习惯而进行活动。他像动物一样被训练,而非作为人来受教育。他的本能仍然系于人们最初所由之而感到痛苦或愉悦的对象上。但是,为了获得快乐或避免失败的痛苦,他不得不以与他人保持一致的方式行事。在另一些情况下,他真正分担或参与到共同活动中去了。在这种情况下,他的原始冲动被修正了。他不只以与他人行动保持一致的方式行事,而且通过这样的行事方式,同样激励他人的理念和情感在他心中被唤醒了。举例来说,一个部落好战尚武,它所力求的成功和崇尚的成就,都是与战斗以及胜利相关的。有这样的媒介环境存在,就会激励出一个男孩子好斗的表现,首先是在游戏中,之后当他足够强壮时便会在现实中表现出来。如果他战斗,就获得认同和晋升;如果他回避,就会被嫌恶,被嘲笑,被排除在体面的认可之外。他原始的好战的趋向和情绪以牺牲其他趋向和情绪为代价而被加强了,他的观念转向与战争有关的事情,也就不足为奇了。显然,只有通过这种方式,他才能真正成为群体中得到认可的一员。因此,他的各种精神气质也逐渐被群体里的精神气质所同化。

如果我们简洁地陈述一下这个例子中所涉及的原则,就会发觉,社会媒介既不直接地灌输某些要求和观念,也不仅仅养成某种行动在纯粹的肌肉运动方面的习惯,比如"本能地"眨眼或躲避袭击。创造条件,从而激发某些外部可见的行为方式,这是第一步;使个体成为联合活动中的分担者或伙伴,让他意识到活动的成功就是自己的成功、活动的失败就是自己的失败,这才是最终步骤。他一旦为群体的情感态度所掌控,就会很敏锐地意识到群体所追求的那些特定目标,以及为获得成功所运用的手段。换句话说,他的各种信念和观念都会采用与群体中其他人的信念和观念相似的形式。他也会获取相当多同样的知识储备,因为这些知识正是他所从事的惯常事务的构成要素。

人们普遍认为,知识可以由一个人直接地传递给另一个人;而语言在获得知识的过程中的重要作用,显然是导致这种普通观念的主要原因。乍看起来,如果我们要向另一个人的心灵传达一个观念,必须做的几乎就是把声音传到他的耳朵里。因此,传授知识几乎成了一个单纯的物理过程。然而,当我们分析语言的学习过程时,就会发现,这一过程可以证实刚才提出的原则。恐怕大多数人会毫不迟疑地承认,诸如帽子的观念,孩子是通过像别人所做的那样使用帽子来获得的;通过用它罩住脑袋,把它给别人戴,出门时别人帮他把它戴上等等方式来获得帽子的观念的。有人也许会问:假如在言说或阅读中涉及希腊头盔的观念,而人们又没有直接使用过该种头盔,这种共享活动的原则如何行得通? 同样地,当人们从书本上了解到美洲大发现时,又存在什么共享活动?

既然语言常常成为学习很多东西的主要手段,那就来看看语言是如何发挥作用的。婴儿的学习,当然是从没有意义即不表达任何观念的纯粹的声音、声响和音调开始的。声音只是一种激发直接回应的刺激,其中一些声音具有安抚之效,另一些声音能把人吓一跳,如此等等。声音 h-a-t(帽子)除非是与很多人参与的某个行动联系在一起而被说出来,否则,就如同巧克陶族的印第安人发出的某个声音,类似于口齿不清的咕哝声,仍然是无意义的。当母亲抱着婴儿出门时,她一边把一样东西戴在婴儿头上,一边说"帽子"。孩子的兴趣是自己被带领出去,母亲和孩子不仅在外在的身体上结伴出行,而且双方都关联在这趟外出中,两人都喜欢这趟外出。结合活动中的其他因素,"帽子"这个声音在孩子那里,就有了和在家长那里相同的意义;它成了它所参与的活动中的一个记号。语言由可被共同理解的声音构成,这个事实本身就足以说明,语言的意义取决于它与一种共享经历的关联。

简言之,实物"帽子"通过它以既定方式被使用而获得其意义,声音 h-a-t(帽子)也完全按相同的方式获得了它的意义。实物"帽子"和声音 h-a-t 在孩子和成人那里具有相同的意义,因为双方在共同经历中使用了它们。首先,实物和声音在一个联结的活动中,作为确立起孩子和成人之间积极联系的手段而被运用,这一事实确保它们以同样的方式被使用。由此萌发了相似的观念或意义,因为两个人作为伙伴参加一个行动,在这个行动中,一方的所作所为既依赖又影响了另一方的所作所为。如果两个原始人参与联合狩猎,其中某个信号,对发出这个信号的人意味着"向右侧移动",而对听到这个信号的人意味着"向左侧移动",他们显然无法一起顺利地进行狩猎。理解意味着,对双方来说,各种对象,包括声音,在一项共同事务中价值一致。

在一项合作事业中,声音与一些被运用的其他事物发生联系,从而具有意义。此后,它们可以被用于与其他类似的声音联系起来,从而创造出新的意义,正如它们所象征的那些事物结合起来一样。因此,一个孩子学习一组语词,比如希腊头盔,它起初是在有共同兴趣和目标的行动中被使用才获得意义的(或被理解的)。如今,它通过引发那些听到或读到这个语词的人,在脑海中想象希腊头盔在活动中被使用的场景而引出新的意义。目前,理解"希腊头盔"这个词的人,便和那些使用过这种头盔的人在精神上成了伙伴。凭借想象,他参与了一个共享活动。充分理解语词的完整意义,是不容易的。可能多数人的理解停留在"头盔"意指某个被称为希腊的民族曾戴过的一种古怪的头饰上。相应地,我们可以得出这样一个结论:运用语言传达和获取观念,是对"事物通过被使用于共享经历或联合行动中获得意义"这一原则的扩充和概括;语言的使用绝不会与这个原则相抵触。无论在公开的场合中,还是在想象的场合中,假如语词都没有作为要素进入一个共享的情景中,那么,它们只是作为纯粹的物理刺激发挥作用,而不具有意义或者理智上的价值。它们使活动按既定的惯例进行,然而活动并不伴有自觉的目的或意义。因此,举例来说,数学中的加号可以激发人们在一个数字下写上另一个数字,把它们叠加起来,但如果做演算的人没有意识到他的行为有什么意义,那么,他的行为就是一架自动机的行为。

3. 社会媒介的教育意义

到目前为止,我们得出的结论是:社会环境通过让不同的个体参与到能唤醒并强化某些冲动、具有某些目的的、并要求承担某些后果的活动中,塑造出他们在行为中的精神倾向和情感倾向。一个在音乐世家成长起来的孩子,在音乐上的任何才能不可避免地受到激发;而且相对地说,比起其他冲动在别的环境中可能被唤起的情况,这些音乐才能受到更多的激发。除非他对音乐感兴趣,并有一定的才华,否则,他只能是个"局外人",无法分享他所属的那个群体的生活。个体不可避免地要参与一些和他本身有关系的人们的生活;通过这些人,社会环境以不知不觉的、不带有任何既定目的的方式产生了教育性或构造性的影响。

在原始人和野蛮人的共同体中,这种直接参与(构成我们已经提及的间接的或附带的教育),对栽培年轻一代,让他们融入群体的习惯和信念之中,几乎产生了独一无二的影响。在当今社会中,甚至对持续不断地受到学校教育的年轻人来说,直接参与也给予他们基础性的教养。根据群体的利益和事业,某些东西变成深受推崇的对象,另一些则被嫌弃。联合并不产生好恶的驱动力,但它提供人们好恶所指向的对象。一个群体或阶层的行事方式,常常决定人们对哪些对象的关注是合适的,因而也指示他们观察和记忆的方向与限度。陌生的或外来的东西(也就是外在于群体各种活动的),容易受到道德上的禁止和理智上的质疑。比如,人们似乎难以相信,他们熟知的事物过去并不在他们的认知范围内。关于这一点的解释,人们常常归因于他们的先驱者们天生的智力不发达,而假定他们自己有与生俱来的出众的才智。但符合事实的解释应该是:他们的生活模式并不要求他们注意那些事实,而要他们的心灵密切关注别的事物。诚如各种感官需要有感觉对象来刺激它们一样,人们观察、回忆和想象的能力并不会自发地运作起来,而是由当下社会事务确立起来的各种需求所调动。正是通过这些影响,行为倾向的主要结构得以形成,而这与学校教育并没有关联。自觉的、审慎的教学所能做的,至多是让由此形成的各种才能自由地发挥出来,从而更充分地使用它们,清除它们的粗劣之处,提出丰富活动意义的各种目标。

由于"无意识的环境影响"微妙不定而又无处不在,因而它深深地影响着性格和心灵的每一个方面。这里论述的是它影响最为突出的若干方面。首先是语言习惯。言说的基本模式和大部分词汇是在平常的生活交往中形成的,而平常的生活交往不是作为教育指导的既定手段,而是作为社会需要而进行的。如我们常说的,小孩习得母语,由此形成的言说习惯可能会被自觉的教学所纠正和取代。但是,当不同的个体兴奋的时候,有目的地学会的言说模式往往隐匿不见了,恢复了真正原汁原味的土语。其次是举止风格。众所周知,范例比规条更有效力。就像人们所说的,好的举止风格来自好的教养。毋宁说,它就是好的教养;而教养是通过回应惯常刺激的惯常行动,而不是靠信息的传递而获得的。虽然自觉的纠正和指导永无休止地上演着,但环境氛围和精神最终仍是塑造举止风格的主要中介环节,而举止风格还只是道德中的次要成分。在主要的道德上,自觉的指导只有在与构成孩子的社会环境的那些人的一般"言谈举止"相一致的范围内,才可能是有效的。再次是好的品味和审美鉴赏。如果映入眼帘的总是一些形式高雅、色彩协调的对象,品味的水准自然会被提高。一个媚俗、杂乱、过分矫饰的环境会导致品味退化,就像贫瘠而荒芜的环境会浇灭对美的热望。在这种逆境下,自觉的教学除了传达关于别人所思所想的二手信息之外,起不了更多的作用。这样的品味决不会变成个人自发的,也不会对人产生根深蒂固的影响;而不过是用来提醒人们,那些为人景仰的人对此是怎么想的。价值判断的更深层标准是由个人通常参与的各种情境所构建起来的,这一点还不足以称得上是第四点,因为它不过是把上述几点融合起来而已。人们很少了解,他们对事物有无价值的有意识的评估,在何种程度上取决于他们根本没有意识到的那些标准。但大体上可以说,人们视为理所当然而不加以探询或反思的事物,恰恰决定了他们有意识的思维,决定了他们作为结论的东西;而那些处于反思水平以下的习俗,正是在和别人不断的往来交换关系中发展起来的。

4. 学校作为一个特定环境

上面论述的是一种不论人们愿意与否都在进行着的教育过程,其重要性在于引导人们发现,成人们若要自觉地控制未成熟者接受何种类型的教育,唯一的方法就是控制未成熟者的环境,即他们在其中行事,从而也在其中进行思索和感受的环境。人们从不直接地进行教育,而是通过环境间接地进行教育。人们允许各种偶然环境担当此任,与为此目的而规划各种环境,这两者是有天壤之别的。就涉及环境的教育影响来说,任何环境都具有偶然性,除非人们已经根据教育效果对它进行审慎的调整。明智的和不明智的家庭的差别,主要在选择家里通常的生活习惯和交往习惯时是不是基于它们对孩童发展的影响这种想法来进行,或者至少带有这种想法的色彩。当然,在这类旨在专门影响其成员的精神和道德倾向而被构建出来的环境中,学校仍然堪称典范。

粗略地说,一旦社会传统变得复杂起来,以至于大量社会积累被记录下来,以书面符号来传播时,学校便应运而生了。与口头符号相比,书面符号具有更多人为的,或者说约定俗成的性质,在与他人的偶然交往中,它们是无法被习得的。另外,书面形式倾向于挑选和记录相对来说与日常生活无关的东西。一代又一代人所积存下来的成果沉淀于此,尽管其中有些东西已经没有用处。因此,只要一个共同体在很大程度上依赖于它自己领地以外和当前这代人以外的东西,它就必须仰仗既定的学校机构,以确保它所有的资源都能得到充分的传递。一个显著的例证就是:古希腊和古罗马人的生活深刻地影响了我们现在的生活,但他们影响我们的方式并不是通过日常经历的表面浮现出来的。同样,现在依然存在着空间上遥远的国家,如英国人、德国人、意大利人,也直接关系到我们的社会事务。当然,在没有得到人们明确的陈述和关注的情况下,这种交互作用的本质是无法被理解的。同样的道理,我们不能指望日常的各种联合能使年轻人明确了解遥远的自然能量和肉眼看不到的组织结构在我们活动中所起的作用。由此可见,学校是作为社会交往的一种特定模式而被建立起来以处理这类事情的。

与生活中普通的联合比较起来,这种模式的联合有三个功能非常特殊,值得注意。第一，一个复杂的文明，因为其过于复杂而无法被后人全部（*in toto*）吸收，因而它不得不被分解成各个部分，逐个地、循序渐进地、有层次地被吸收。众所周知，当下社会生活的关系是如此之繁多，如此之错综复杂，以至于一个孩子就算被置于最有优势的位置，也无法轻易地参与到其中很多至关紧要的关系中去。如果不能参与进去，它们的意义就无法传递给他，也就无法成为他自身精神倾向的一部分。真可谓只见森林不见树木。商业、政治、艺术、科学、宗教，一时间都吵嚷着争相要求得到重视，结果将是混乱不堪，无所适从。我们称为学校的社会机关，其第一要职就是提供一个精简的环境。它确定一些青少年能作出回应的相当基本的特性，然后设定一个递进的次序，即运用先被习得的一些因素，作为循序渐进地洞见更复杂的东西的手段。

第二，学校环境的责任是尽可能清除现有环境中各种不足取的特性，以免影响孩子的精神气质。学校要确立一个纯净的活动环境。选择不仅旨在精简，也是为了清除不合适的东西。每个社会都会被一些微不足道的、过去遗留下来的无用的东西及断然错误的东西所拖累。学校有责任把这些东西从它所提供的环境中清除出去，以便竭尽所能地抵消这些东西对社会环境的影响。学校通过挑选最优的东西留作专用，争取加强这种最优东西的势力。随着社会越来越开化，学校意识到它负责的不是传递和保有社会现有的全部成就，而只是传递和保有促使社会未来更美好的那部分内容。学校便是社会实现这个目标的主要机构。

第三，学校环境的职能在于平衡社会环境中的各种要素，保证让每个个体都有机会摆脱他所从属的社会群体的局限，进入具有更广阔环境的生活交际中。诸如"社会"和"共同体"这类词很可能误导人，因为它们容易使人们认为，每个单独的词都有一个单独的东西与之对应。实际上，现代社会就是由许多松散地被联结起来的社群组成的，每个家庭和亲近的朋友们构成一个社群；村庄或街道里的玩伴群体是一个共同体；每个商业群体、每个俱乐部也都是如此。除了这些较为亲近的群体，像我们这样的国家还有各种不同的种族、宗教教会和经济部门。虽然现代城市名义上是一个政治统一体，比起早先时代整个大陆，却可能存在更多的共同体、更多不同的习俗、传统、理想和统治或控制的形式。

每个这样的群体都对其成员的积极倾向产生了发展性的影响。一个派别、一个俱乐部、一个帮伙、一个盗窃教唆犯的团体、一个监狱里的犯人们，正如一个教会、一个工会、一个商业合伙集团或一个政党，都为参与他们的集体活动或共同联合活动的那些人提供了教育性的环境。它们中的每个都是联合的或共同体生活的模式,好比一个家庭、一个市镇或一个国家。也有一些共同体,它们的成员相互之间鲜有或压根儿没有直接接触,如艺术家协会、文人团体,遍布世界各地的专业知识分子阶层的成员。因为拥有共同的目标,每位成员都通过知晓其他成员的所作所为而直接修正自己的活动。

古代群体的多样性大体上与地理状况有关。虽然存在着很多社会,但每个社会在自己的范围内是相对同质的。然而,随着商业、运输、通讯和移民事业的发展,拥有不同传统习俗的不同群体便结合起来构成了一些国家,美国就是这样的国家。正是这种情形,可能比任何别的缘由都更紧迫地需要教育机关为青少年提供一个大致同质而平衡的环境。唯有如此,同一个政治体内因不同群体并存而产生的离心力才能被抵消掉。在学校里,种族不同、宗教不一和习俗各异的青少年混杂往来,为所有人创造了更为广大的新环境。与他们作为单独群体的成员所看到的东西比较起来,共同的教材让所有的人都习惯于在更为开阔的视野中达到观念上的一致。美国公立学校的同化力量生动地证明了共同的和平衡的诉求所具有的效力。

学校还具备一种职能,即协调个体所参与的各种不同的社会环境对他的性情倾向所产生的不同影响。譬如,在家庭里有一套规则通行;在街道上有另一套;在车间或商店,有第三套规则;在教会,则有第四套规则。一个人从其中一个环境转移到另一个环境,会受制于各种彼此抗衡的力量的牵引,从而陷入一种在不同场合对判断和情感具有不同的标准的危险中。这一危险要求学校具备并发挥稳固和整合力量的职能。

概要

青少年态度和性情的发展对持续发展的社会生活是必不可少的,但不可能依靠信念、情感和知识的直接传递,而必须通过环境的媒介来实现。环境的构成,包括一个生物进行其特有的活动时涉及的所有条件。社会环境的构成包括同类成员的所有活动,而这些活动与社会中任何一个成员活动的开展密切相关。社会环境真正的教育效果,在于个体对某个共同联合活动的共享或参与达到何种程度。通过共享联合活动,个体就把推动这个活动的目标作为自己的目标,对这个活动的方式和题材也了然于心,并获得了所需的技能,从而分享了这个活动的情感精神。

随着青少年逐渐参与他们所属的各种群体的活动，他们的性情在不知不觉之间受到了更为深层和隐秘的教育层面的塑造。然而，由于社会越来越复杂，提供特定的社会环境来培养未成熟者的各种才能就成为必不可少的了。这个特定环境有三个比较重要的功能：精简和安排人们期许其发展的那种性情的各种要素；把现行的社会习俗净化和理想化；营造一个更为广大、更为平衡的环境。假如将原有环境留给年轻人自己去面对，他们很可能受到原有环境的影响。

（俞吾金　孙　慧　译）

教育中的民主概念[*]

除了偶然的东西,我们迄今为止所涉及的教育的大多数内容都可能存在于任何一个社会群体中。现在,我们必须阐明,当教育在不同类型的共同体的生活中运作时,在精神上、材料上和方法上究竟存在什么差别。当人们说,教育是一种社会功能,是通过确保未成熟者参与他们所从属的群体的生活而获得指导和发展的过程,实际上等于说,只要群体中流行的生活样式不同,教育就会随之而不同。必须指出,下面的情况是实际存在的:有的社会不只是变化着,而且有着改变以完善其自身的理想,这样的社会与纯粹旨在因循守旧的社会比较起来,在教育的标准和方法上确实存在着很大的差异。因此,为了让人们已经提出的这些一般的教育观念适用于我们自己的教育实践,有必要深入地探究当下社会生活的本性。

1. 人类联合体的诸含义

"社会"只是一个词,却包含许多意思。出于各种不同的目的,人们以各种不同的方式联合起来。一个人可以与许多不同的群体缔结关系,而他在这些群体中的伙伴也可能相当不同。通常看来,除了这些群体属于联合生活的模式这一点,它们之间没有任何共同点。在每一个比较大的社会组织里,都存在着许多较小的群体:不仅有政治上的派系,也有行业上的、学术上的、宗教上的各种联合体;存在着目标各异的政党、社会集团、派别、团伙、股份公司、合伙组织,以及通过血缘紧密结合的群体等等。在很多现代国家和一些古代国家里,存在着巨大的人口差异,也存在着

---

[*] 此文选自《杜威全集·中期著作》第 9 卷。首次发表于 1916 年,为《民主与教育》一书第 7 章。

不同的语言、宗教、道德规则和传统。由此看来,许多较小的政治单位,比如,我们生活于其中的某个大城市,与其说是无所不包的、渗透各处的行动和思想上的共同体,毋宁说是以很宽松的方式联合起来的社会。①

因此,社会、共同体这些术语是模棱两可的。这些术语既有称赞或规范上的意义,也有描述的意义;既有法律上(de jure)的意义,也有事实上(de facto)的意义。在社会哲学中,前一种含义总是占主导地位,社会被设想为本性上一致的统一体。于是,人们特别注重这个统一体所拥有的各种品质,诸如足以称道的对目标和福利的共有、对公共目的的效忠以及相互的同情。然而,当人们不是狭隘地一味注意这个术语的内涵,而是考察它所指称的事实时,就会发现,它并非统一体,而是有好有坏的多元社会。人们聚集起来从事犯罪活动,比如在服务公众的同时行盘剥之实的商业集团,组织起来旨在侵夺的政治机器等等,都属于此类。据称,这类组织不是社会,因为它们不能满足社会这一观念的理想要求。我们的回答是:这一观点之所以产生,其一部分原因是人们把社会概念弄得太"理想"了,以至于它与事实无涉,实际上的效果微乎其微;还有一部分的原因是人们认定,这类组织中的每一个,无论与其他群体的利益如何冲突,总是包含着那些使它们团结一致的、值得颂扬的"社会"品质。盗贼也讲忠诚,一伙强盗也有共同的兴趣,如尊重其成员。团伙以兄弟般的感情而著称,狭隘的派别则极度忠诚于其内部的规则。在家庭生活中,成员之间关系亲善、相互帮助,但这种生活模式却具有排外、怀疑、猜忌外来者的显著特征。一个群体提供的任何教育都倾向于将其成员社会化,但社会化的性质和价值却取决于这个群体的习惯和目标。

因此,人们需要有一个可以衡量任何给定的社会生活模式的价值的尺度。在寻求这个尺度的过程中,必须避免两个极端。我们不能在头脑中凭空构造出我们视为理想社会的某种东西。我们的社会观念必须以实际存在的各个社会为基础,从而确保我们的理想是切实可行的。然而,如前所述,这个理想不能纯粹停留于对那些我们已经发现的特征的简单重复,关键是要从现实存在的共同体生活的各种形式中提取出那些合乎我们意愿的特征,利用它们来批判另一些不合我们意愿的特征,并提出改善的方案。无论如何,在任何社会群体中,甚至在盗贼团伙中,我们都能发现某种共同的利益,以及与其他群体之间的互动和合作关系。我们的标准

---

① 见《杜威全集·中期著作》第9卷,第24页。

源于以下两个特征:在一个群体内部,有哪些种类和数量的利益是自觉地被共享的?这个群体与其他联合体形式之间的相互作用又有多全面、多自由?假如我们把这些考虑应用到一个犯罪团伙上去,就会发现,自觉地使成员们团结在一起的纽带极少,简直可以缩小到纯粹掠夺方面的共同利益;就各种生活价值的相互交流看来,这些纽带从本性上把这个群体与其他群体区分开来了。因此,这样一个社会提供的教育必定是片面而扭曲的。另一方面,如果我们采纳了可以为这种标准作阐释的家庭生活形式,就会发现,在所有人一起分享的物质的、理性的、审美的各种兴趣的过程中,一个成员的进步对其他成员的经验是有价值的——这种交流是轻而易举的——而家庭并不是一个隔绝的整体,它与商业团体、学校、文化机构以及诸如此类的团体都紧密相连;我们还会发现,家庭在政治组织中作出了应有的贡献,反过来,又获得了政治组织的援助。简言之,存在着许多有意识地用于交流和共享的利益,也存在着与其他模式的联合体相关联的各种不同的、自由的接触点。

(1)我们可以把这个标准的第一个要素置于一个专制统治的国家中加以应用。假如说,在这样的组织中,统治者和被统治者没有任何共同利益,这种说法并不是真实的。统治者必定会诉诸受统治者与生俱来的活动,调动其中某些力量发挥作用。塔列朗(Talleyrand)曾经说过,政府可以用刺刀为所欲为,就是不能安坐其上。这一嘲讽至少承认了联盟的缔结不只是凭借一股强迫性的势力。然而,人们或许会说,诉诸这些活动本身是微不足道的,也是不体面的——这样的政府所从事的有效活动,只是培养人们的畏惧能力而已。在某种意义上,这个说法是正确的,但它并没有注意到,畏惧不一定是经验中一个不良的因素。谨小慎微、深谋远虑、期望预见未来的事件以回避有害的东西,所有这些可取的特征与懦弱而可怜的屈服一样,也是畏惧本能的结果。真正的问题,在于孤立地诉诸畏惧。在引起畏惧和期待特定的实质性的奖励——比如舒适安逸——的过程中,其他许多才能被弃之不顾了。或者说,它们受到的影响只是让它们变得反常。它们不但没有为自己发挥作用,反而沦为服务于趋乐避苦的行为的奴仆。

这等于说,对社会群体的大多数成员来说,并不存在共同的利益,成员之间也不存在自由的交往和互动,刺激和回应都是极度偏颇的。为了分享更多的共同价值,群体中的所有成员都必须有平等的机会接受或从别人那里取走同样的东西,也必须有各种共享的事务和经历。否则,把一些人教育成主人的影响力量同时会把另一部分人教育成奴隶。当不同的生活-经验之间的自由沟通受到限制时,双方之中任何一方的经验都会丧失其意义。特权阶级和被统治阶级的区分,阻碍了社会内部的相互渗透。尽管影响上层阶级的各种罪恶较少是物质性的或可感知的,但它们同样是真实的。他们的文化往往是贫乏的、自拾牙慧的,他们的艺术成了浮夸的炫耀和矫饰;他们在财富的消耗上,是极尽奢华的;他们的知识因过度专业化而变得狭隘;他们的举止风格,则过分讲究但并不高尚。

源于各种共享利益的自由公平的交往的匮乏,导致了理智刺激的不平衡。刺激的多样性意味着新颖奇特的情况,而新颖奇特的情况则意味着对思想的挑战。活动越是被约束在一些确定的界线内——比如,阻碍充分的经验交流的严格的阶级分野,对弱势的阶级说来,行动就越容易变成常规的;而对物质上拥有优势地位的阶级来说,其行动就越容易变成任性的、盲目的和爆发性的。柏拉图把奴隶定义为这样一种人,即这种人从他人那里接纳了使他自己的行为受到控制的目的。甚至在法律意义上不存在奴隶制的地方,这种状况也会存在。无论在哪里,只要人们所从事的活动有益于社会,而他们对这些活动既不理解也没有兴趣,就可以发现这种状况。关于科学管理工作,人们已经说了很多。显然,认为科学能保障运作的效率但只限于肌肉运动的范围内,乃是一个偏颇的想法。其实,科学主要的契机就是发现一个人与他的工作之间的关系——包括他与其他参加者之间的关系——这一发现将会增进他对自己所做之事的智力上的兴趣。生产效率通常要求劳动分工,但除非工人们在他们所从事的工作中发现其中涉及技术的、智性的和社会的关系,并且出于由这种理解所产生的动机而开展工作,否则,劳动分工就会被降格为一种机械性、常规性的事务。把活动的效率、科学的管理这类事情贬低为徒有纯粹技术性外表的这种趋向,正好证明了对掌控工业的人来说,他们被施以偏颇的思想刺激,而他们也正是为工业的发展提供了目标的人。由于他们缺少综合而均衡的社会兴趣,因而难以充分地刺激他们去关注工业中人的因素和各种关系。智力被狭隘化为与工艺生产及商品营销有关的因素。毋庸置疑,在这些狭隘的界限里,也可以发展出一种非常犀利而深刻的智力;但是,如果无法把重要的社会因素纳入考虑之中,那就意味着心灵仍然缺席,而且相应的情感生活受到扭曲。

(2)这一例证(其要点将被扩展到所有缺乏利益互惠的联合体上)把我们带到第二个要点上。一个团伙或派别的隔离性和排外性,把它的非社会性的精神烘托了出来。但是,这同一种精神无论在哪个有"它自己的"利益的群体中都随处可见,而这些利益阻碍了这个群体与其他群体之间充分的互动关系,以至于这种群体的主导性目的就是维护其已得的东西，而不是通过更广泛的关系得到重组和进步。它标志着国家处于各自孤立的状态中，家庭事务对外隔绝，好像它们与更大范围的生活毫无关系；学校与家庭、共同体的利益被划分开来；还有，贫富分化、知识阶层与非知识阶层被分离开来等等。根本的重点在于，这种割裂导致生活变得刻板，生活在形式上被制度化，而所有这一切只是为了追求群体内部那些静止的、利己的理想。原始部落把外族人视为敌人，决非偶然。它源于这样一个事实，即他们把自己的经验认同为严格恪守过去的习俗。在这样的基础上，惧怕与其他人进行交往全然是符合逻辑的，因为这种交往可能会毁灭他们的习俗，从而导致习俗的重构。众所周知，敏锐而开放的精神生活依赖于与自然环境打交道的范围的扩大，然而，这一原则可以更为合适地应用到我们易于忽略的社会交往领域之中。

人类历史上每一个扩张时代恰好都有某些因素发挥作用，以消除先前使民族、阶级彼此隔开的距离。甚至可以说，所谓战争的益处其实比已经认可的更多，因为民族间的冲突至少在事实上迫使民族相互间进行交往，由此，能够意外地相互学习，从而开阔了各自的眼界。如今，旅游以及经济和商业上的发展趋向已经成功地破除了外部的阻碍，使各民族、各阶级之间有了更紧密、更可感知的联系。在相当大的程度上，人们仍然要保证消除这种物理距离在理智和情感上所具有的重要性。

2. 民主的理想

我们标准中的两个要素都指向民主。第一个要素不仅表示分享的共同利益在数量和种类上更多，而且更加依赖对互惠利益是一种社会控制因素的承认。第二个要素不仅意指社会群体（就它们有意地彼此维持距离来说，它们一度是隔绝的）之间的互动更加自由，而且意指社会习惯发生了变化——通过应付与由于交往而出现的各种新的情形，它不断进行再调整。这两个特征正是以民主的方式构成的社会的特点。

在教育上，我们起先注意到，民主共同体实现了这样一种社会生活形式，其中各种利益相互渗透，进步或重新调整成为重要的考虑事项。这种社会生活形式使民主共同体比其他各种共同体更有理由发展出对自觉而系统化的教育的兴趣。人们对以下这个事实并不陌生，即民主热衷于教育。对这种现象所作的表面上的解释是：对一个依靠民众投票选举的政府来说，如果选举人和服从治理者的人没有受过教育，它是无法成功的。因为民主社会既然否定外在权威的原则，它就必须在人们自发的倾向和兴趣中找到替代品，而这些东西只能由教育创造出来。然而，还有一种更深层面的解释：民主不只是一种治理形式，它首先是一种联合生存的模式、一种共同沟通经验的模式。个体在参与某种利益时，他的行动不得不参考其他人的行动，不得不考虑其他人的行动而使自己的行动有意义和有方向。大量个体在空间上不断扩展，破除了阶级、种族和国家领土这些阻碍他们去感知自己活动的所有意义的樊篱。这些接触点数量上越来越大、种类上越来越多，表明个体也必须回应越来越多变的刺激，从而推动个体行动的变化。这些接触点也确保个体力量的解放，而只要对行动的刺激是局部性的，那些力量就仍然备受压抑；因为这种刺激必须在一个群体里，而这个群体由于其排外性排除了很多社会利益。

共同关注的领域扩大，以及个人各种能力在更大程度上的解放，是民主的标志，但不是深思熟虑和自觉努力的结果。相反，它们源自科学对自然能源的支配而形成的那些制造业、商业、旅游、移民和通信的发展。然而，一方面是更大程度的个体化，另一方面是利益范围更宽泛的共同体的出现，因此，通过自觉的努力来保持和扩展它们就成了一个问题。显然，一个被划分成相互隔离的各个阶级的社会是毁灭性的，必须给所有的社会成员以平等和宽厚的条件获得知识的机会。在一个等级有别的社会中，尤其需要注意的是各种主导性要素的教育。一个易于变动的社会充满了各种渠道，以分流传递随处都会出现的变化，因而必须教育其成员具备个人的首创精神和适应能力。否则，他们将在这些变化面前不知所措。他们被这些变化困住，无法感知其重要性及相互之间的关系。其结果将是一片混乱，少数人为自己而占用了其他人盲目的、在外来因素指导下达成的活动结果。

3. 柏拉图的教育哲学

随后几章致力于解释民主观念在教育中的含义。在本章余下的部分中，我们将探讨一些教育理论，这些教育理论在教育的社会重要性变得尤为明显的三个时代中是如何演化的。第一个要探讨的是柏拉图的教育理论。柏拉图比任何人都更好地说明了这样一个事实，即只有当每个人通过对其他人有益的方式（或对他所从属的整体作出贡献的方式），做自己有禀赋（apitude）做好的事情时，这个社会的组织才是稳固的。教育的职责正是发现这些禀赋，并出于社会功用的目的而循序渐进地训练它们。我们上面所说的许多东西，都取自柏拉图率先有意识地教导世人的言论。然而，他无法在理智上加以控制的境况，导致他在这些观念的应用上受到了制约。他从未达到可能标志着个体和社群特征的活动的无限多样性的观念，因而把自己的观点囿于类型有限的能力和社会安排。

柏拉图的出发点在于，社会的组织归根到底依赖于有关生存目的的知识。如果人们不知道生存的目的，他们只能听凭偶然性和任意性的摆布。如果人们不知道这个目的、这个善，他们就没有任何标准，以理性地确定应该推进哪些可能性，或者应该部署什么样的社会安排。人们将对恰当的界定和分配一无所知——即对柏拉图所称的正义（它是个体和社会组织的特征）一无所知。然而，人们究竟如何去获得这个作为最后的、永恒的善的知识呢？在解答这个问题时，人们似乎遭遇到无法跨越的阻碍。除非社会秩序是公正的、和谐的，不然，就不可能有这样的知识。在其他任何地方，心灵都被虚假的价值判断和错误的视角所干扰和误导。一个杂乱无章、派系林立的社会，会提出各种不同的典范和标准，在这样的状况下，个体不可能达到心灵上的统一。只有一个完整的整体，才是全然自洽的。假如一个社会依赖某些因素相对另一些因素所具有的优势，而完全忽略另一些因素合理的和适当的要求，那将必然导致思想误入歧途。它高度重视某些事物，但又轻视另一些事物。它创造了心灵，乍看起来，心灵是统一的，但这种统一却是被迫的、扭曲的。归根到底，教育源于由体制、习俗和法律所提供的典范。只有在公正的国家中，这些体制、习俗和法律才能提供合适的教育；也只有心灵受过正当训练的那些人，才能认可这个目的和万物有序的原则。人们似乎陷入了无望的循环之中，然而，柏拉图指出了一条走出困境的道路。一些人，哲学家或爱智慧的人，或爱真理的人——通过研究，至少大致地认识到了真实存在的恰当典型。如果一个强大的统治者依照这些典型来构建一个国家，那么，它的规则就可以被保留下来。这个国家可以提供这样一种教育，即它对个体进行过滤，发现他们适宜做什么；并且提供相应的方法，分配每个人去做适合他禀赋的工作。只要每个人各司其职，决不越界，这个整体的秩序和统一就可以被保持下去。

在哲学思想中不可能找到任何其他方案，比柏拉图哲学更加认可社会安排在教育上的重要性、也更加认可这些安排依赖于教育年轻人所使用的更合适的手段。同样地，教育能发现和发展个人能力，并且训练这些能力，使它们与其他人的活动联系起来。从这方面来说，也不可能找到其他方案比柏拉图的哲学对教育功能有更深层的理解了。可是，柏拉图是在一个非民主的社会里提出其教育理论的，所以，尽管他清楚地看到了这个问题涉及的种种关系，却无法解决这个问题。

他重申，个体在社会中的位置不应该由出身、财富或任何传统的身份所决定，而应该由他在教育过程中被发现的本性所决定；但是，他没领悟到个体的独一无二性，对他来说，个体按其自然本性被分类，由此而被归入若干不同的阶层中。因此，教育的测试和过滤功能只是表明个体归于三个阶层中的哪一个阶层。假如没有认可每个个体构成他自己的阶层，那么，个体所能有的各种积极倾向及其结合的无限多样性也就无法得到认可。按照柏拉图的看法，在个体的构造中，官能或能力只有三种类型。所以，教育不久就会在每一个阶层中达到让它止步不前的界限，因为只有多样性才能创造出变化和进步。

欲望占主导地位的某些个体被安排到劳动和商人的阶层，这一个阶层体现和提供人类的欲求。另一些人受了教育，表现出自己在欲望之上具有慷慨、直率和勇敢的性格，他们成为国家的公民——臣民：在战争时期，他们是国家的守护者；在和平时期，他们是国家内部的护卫者。但是，他们的局限性是缺乏理性，缺乏把握普遍性的才能。只有拥有理性的人，才能接受最高等的教育，并在适当的时候成为国家的立法者——因为法律是统摄经验中的个别性的普遍性。由此可见，从主观意图上看，柏拉图确实没有使个体隶属于社会整体。可是，由于他对个体的独特性、个体与他人之间的不可通约性确实知之甚少，因而认识不到一个社会可能稳中求变。他关于有限制的能力和阶层的学说，最终导致个性处于从属地位的观念。

柏拉图坚信，如果每个个体都从事与其自然才能相适合的活动，个体就是幸福的，社会就会被很好地组织起来；他也坚信，教育的主要职责是在拥有这种才能的人身上发现这种才能，并为有效地运用这种才能而训练他。在这些方面，我们无法超越柏拉图。然而，知识的进步使我们意识到，柏拉图把个体及其原始能力归并为几个界限分明的类别是肤浅的。知识的进步启示我们：原始能力在数量上是无限的，在变化上是无穷的。然而，这一事实的另一面表明，在社会已实现民主的情况下，社会组织意味着对个体特殊的、可变的品质加以利用，而不是按类别分层。尽管柏拉图的教育哲学是革命性的，但它只是局限在静止的理想上而已。他认为，改变或变更所证明的东西是不合法的涌动，真正的实在是不变的。因此，当他试图以彻底的方式改变社会现状时，他的目标却是构建一个以后不会再有任何变化的国家。他认为，生活的终极目的是确定不变的；一个以这样预期的目的构建起来的国家，甚至连微小之处都不会发生变化。尽管它们并不是重要的，但一旦允许改变，人们的心灵就会习惯于改变的观念，因而导致解体和无政府主义。他的哲学的局限性是十分明显的，即他无法信赖逐渐改良的教育能创造一个更美好的社会，而这个社会又会进一步改革教育，如此往复，无休无止，直到理想的国家出现。只有这样，正确的教育才可能出现。从那时起，教育将仅仅致力于维持这种国家。为了实现这样的国家，柏拉图不得不诉诸信赖哲学智慧与拥有统治权力的结合这一令人欣喜的偶然性。

4. 18世纪的"个人主义"理想

在考察18世纪哲学时，我们发现，自己身处各种不同的观念派系之中。自然仍然意味着某种对立于现有社会组织的东西。在这一点上，柏拉图深深地影响了卢梭。然而，现在自然的呼声是为支持个体天赋的多样性及其各方面的自由发展所辩护的。与自然一致的教育，为指导和规训提供了相应的目标和方法。此外，在极端的情况下，天生的或原始的禀赋被设想为非社会的，甚至是反社会的。社会安排被认为不过是外在的权宜之计，非社会的个体可以通过它们使自己拥有更多个人的幸福。

尽管如此，这些论述只是传达了关于这场运动真正意义的一个不充分的观念。事实上，这场运动的主要兴趣是注重进步，尤其是注重社会进步。这种貌似反社会的哲学戴着近乎透明的面具，追求更广泛、更自由的社会——世界大同主义，其积极的理想就是人性。作为人类中的一个成员，与作为国家中的一个成员不同，人的各种才能都可能被释放出来；而在现有的政治组织中，为了满足这个国家统治者的要求和私利，人的能力却受到了束缚和扭曲。显然，极端个人主义的学说只是人的无限可完善性的理想，以及范围像人性一样宽泛的社会组织的理想的对立物而已。获得解放的个体，将成为一个综合性的、进步的社会的器官和推动力。

这一福音的传道者们已经清醒地意识到自己所拥有的社会遗产的罪恶，他们把这些罪恶归咎于强加在人的自由力量上的枷锁，这种枷锁既有扭曲的作用，也有腐化的作用。他们狂热地投身于把生活从外在约束中解放出来的活动，而这些外在约束是被用来有效地服务于由过去的封建制度赋予其权力的那个阶级的，他们这种投入在对自然的崇拜中找到了理智上的表达。听凭"自然"的充分展开，就是以全新的、更美好的人性王国来取代人为的、腐朽的、不公正的社会秩序。这种对自然的不受约束的信仰，既把自然当作一个典范，又把它当作某种起作用的力量因为自然科学的发展而得到了加强。摆脱了教会和国家的偏见与人为约束的探究，表明世界乃是由法则支配的场景。作为每一种力量都与其他力量平衡的奇妙的场景，牛顿的太阳系体现出自然法则的统治。只要消除各种人为的、强迫性的约束，自然法则在人类关系中将达到同样的效果。

人们认为，符合自然的教育是保证更富有交往性的社会的第一步。显然，经济和政治的局限，归根到底取决于思想和情感上的局限。把人们从外在的枷锁中解放出来，首先就要让他们从各种错误的信念和理想的内在枷锁中摆脱出来。所谓社会生活，所谓现有制度，都太虚假和腐朽，以致难以担当此任。如果担当此任意味着自身的毁灭，人们又怎能期待它胜任？因此，"自然"必定是担当此任的力量。甚至流行一时的极端感觉主义的知识论，也源于这个观念。对心灵原初是被动的、空白的观念的坚持，乃是美化教育各种可能性的一种方式。如果心灵是用一些对象在它上面进行刻写的蜡版，那么，以自然环境为手段，就不存在教育可能性有界限的问题了。既然由对象组成的自然世界是一派融洽的"真理"的场景，那么，教育会绝对无误地创造容纳真理的心灵。

5. 国家教育和社会教育

只要人们对自由的最初热情消退了，这一理论在建设性方面的弱点就暴露出来了。首先，让一切任其自然，实际上就等于取消教育这一理念，意味着去信任环境中的各种偶然事件。为把教育的进程贯彻下去，不仅要求有某种方法，也要求有某种积极的机关、某种行政方面的力量。"所有能力全面而协调的发展"这个理想的社会对应物是受过启蒙的、进步的人性，而这种发展的实现需要确定的组织。这里或那里的个人可以私下里宣告福音，但他们无法把福音贯彻下去。佩斯特拉齐(Pestalozzi)一个人可以尝试做实验，并规劝那些既有财富和权力、又有仁慈倾向的人以他为榜样；但是，甚至连他也心知肚明，对新教育理想的任何切实有效的追求，都需要有国家的扶持。要创造出一个新社会的新教育，首先取决于现行国家的各种活动。这一以民主理念为目的的运动，必然成为由公众指挥和执行的、针对学校的运动。

在欧洲范围内，历史状况使得为教育争取国家扶持的运动与政治生活中的民族主义运动结合起来了——这一事实对随后的运动具有无法估量的重要性。尤其是在德国思想的影响下，教育成为公民训练的职能，而这种职能又与民族国家理想的实现相统一。人性被"国家"所取代，而世界大同主义则为民族主义让步。塑造公民而非塑造"人",成为教育的目的。① 上面提到的这一历史状况乃是拿破仑征服欧洲,尤其是征服德国的结果。德意志各邦意识到,系统化地关注教育是恢复和维持政治上的完整性及其权力的最佳手段(随后结果也证明这一信念是正确的)。从外观上看,这些邦国是疲弱的、各自分离的,但在普鲁士政治家的领导下,这一状况成了发展范围广泛而根基扎实的公共教育系统的促进因素。

　　实践上的变化必然导致理论上的变化,个人主义的理论隐退到背景中去了。国家提供的不只是公共教育的手段,还有它的目标。当实践使学校体制从小学各年级到大学各院系,塑造的都是爱国的公民、战士和未来的国家官员和行政人员,提供的都是军事、工业和政治防卫与扩张方面的手段,那么,理论上就不可能不重视社会效用的目标。随着民族主义国家被赋予巨大的重要性,而它又被其他竞争的、或多或少带着敌意的国家所围绕,按照模糊的世界主义者的人道主义观点来解释社会效用,同样变得不可能了。既然维持特殊的国家的主权需要个体在军事防卫和国际贸易竞争两个方面都遵从更高的国家利益,那么,人们只能把社会效用理解为对个体隶属于国家的暗示。人们通常把教育的过程认作纪律上的训练,而非个人的发展。然而,既然文化的理想被理解为人格的全面发展,并且这种理想持续着,所以教育哲学企图调解这两种观念。这一调解采取的形式是关于国家"有机体"特征的观念。隔离状态中的个体什么也不是,只有在组织化的制度中,通过对其目标和意义的吸收,才能拥有真正的人格。表面上看,他服从政治当局,并被要求牺牲自己,听从上级的命令,实际上,他只是把在国家中显现出来的客观理性纳为己有——这也是他能够成为真正的理性存在物的唯一方式。我们已经看到,具有制度理想主义(正如黑格尔哲学中的情形一样)特征的发展观念尤其是把人格的完全实现和对现行制度"有纪律的"绝对服从这两个观念结合起来的。

　　在德国,在为民族独立而与拿破仑的占领作斗争的那一代人中,教育哲学的转变程度在出色地表达出早期个体-世界主义理想的康德身上得到了集中的体现。在 18 世纪最后几年的演讲所汇编而成的论教育学的专著中,康德把教育定义为人成为人的过程。人类历史的开端湮没在自然中——当时的人并不是理性的创造

---

① 在这一方向上,卢梭理智倾向中的张力完全被人们忽视了。以既不塑造公民、也不塑造人这一点为理由,他反对现有事态。在现有的条件下,他更偏向于尝试后者而非前者。但是,他的许多言论表明,从理想上看,塑造公民是更重要的,并表明了他自己的努力。这一点充分体现在《爱弥尔》(*Emile*)一书中,该书是那个腐朽的时代容许他勾勒出来的最好的图景。

物,自然提供的只是本能和欲望。本性只提供有待教育加以发展和完善的胚芽。真正人类的生活特征在于,人不得不通过自发的努力来创造自己,不得不使自己成为真正道德的、理性的、自由的存在者。这一创造性的努力,通过一代代人的教育活动缓慢地得以实施。这一努力的提速依赖于人们自觉地为了让将来更好的人性得以可能,而非出于现状去教育他们的后继者。然而,这里存在着巨大的困难。每个世代都倾向于教育年轻人适应当下世界的生活,而不是着眼于教育的真正目标,即最大可能地促使人之为人的实现。家长教育孩子,是使他们出人头地。君主教育臣民,是使他们成为实现自己目的的工具。

那么,谁应该引导教育,改善人性?我们必须依靠受过启蒙的人的个人才能的努力。"所有文化都肇始于私人,并通过他们向外散播。只有通过那些爱好得到扩充、能够把握未来更美好境况的理想的人的努力,才可能使人性逐渐接近它可能达到的目标。……统治者感兴趣的只是这样一种训练,它能使臣民成为满足他们自己意图的更好的工具。"甚至对统治者给私人运作的学校的补助金,也必须小心警惕;因为统治者拨款给学校,只是出于对国家福利的兴趣,而不是因为这样做对人性有利,所以才愿意制订这样的计划。上述观点明确地表达了代表 18 世纪个人主义的世界主义特征的要点,即个人人格的充分发展与作为整体的人性的目标、与进步的理念相一致。此外,我们也十分担忧,由国家操控和管理的教育对达到这些理念会有阻碍作用。然而,这个时期过去还不到 20 年,康德哲学的追随者费希特和黑格尔已经详尽地阐述了关于国家的主要功能是教育的理念。尤其是德国的复兴,要凭借贯彻国家利益的教育来实现,而私人必定是自我中心的、非理性的存在者,如果他不能自愿顺从国家制度和法律的教育性的规训,就只能沦为其欲望和环境的奴隶。本着这种精神,德国是第一个从小学到大学都实行公众的、普遍的、义务的教育体制的国家,所有私立的教育机构都必须听从充满戒备心理的国家的规定和监督。

从这一简要的历史考察中,以下两个结论应该引起我们的高度重视。第一,个体的教育观念和社会的教育观念这类术语,如果把它们普遍化,或者脱离它们的语境,都是没有意义的。柏拉图的教育理想是对个体的实现和社会的统一、稳定一视同仁。那时的状况迫使他把自己的理想变成按等级阶层方式组织起来的社会的观念,而遗忘了阶层中的个体。从形式上看,18 世纪教育哲学是高度个体主义的,但这一形式也受到高尚的、慷慨的社会理想的启发;按照这一理想,社会应该以人性的方式被组织起来,应该为人类无限的可完善性提供发展余地。19世纪初的德国唯心主义哲学,试图再度把有教养的人的自由而全面发展的理想与社会规训和政治顺从的理想等同起来。一方面,它把民族国家作为私人人格得以实现的媒介;另一方面,又把它当作实现人性的媒介。因此,无论是用"人格中所有力量的协调发展"这样经典的术语,还是用"社会效能"这样更时新的术语来表达其启发性的原则,都同样是可能的。所有这一切都强化了本章开头所作的陈述:只有人们界定了他们头脑中构想的社会类型,教育作为社会进程和功能的观念才能获得确切的意义。

这些考虑为我们的第二个结论做好了铺垫。在民主社会之中且为民主社会而存在的教育中,一个基本问题是由民族主义的目标和更宽泛的社会目标之间的冲突而设定的。早期世界主义和"人道主义"观念的共同缺点是:意义含糊,缺少确定的执行组织和行政机构。在欧洲,尤其是大陆国家,教育对人类福利和进步具有重要作用的新观念引起了国家利益的注意,从而使教育被用于其社会目的十分狭隘而排外的工作。教育的社会目的与其国家的目的被看作是完全一致的,其结果是社会目的的意义变得含糊了。

十分显然,这一混淆与人类交往的现状是相吻合的。一方面,科学、贸易和艺术跨越了国界,无论在性质上还是方法上都在相当的程度上被国际化了,因为它们涉及居住在不同国家的人民之间的相互依存与合作。与此同时,国家主权的观念也在当代政治上受到前所未有的重视。每一个国家与它的邻国都处于压制着的敌意和随时备战的状态中。不言而喻,每个国家都期望自己是本国利益的最高裁定者,每个国家都有自己排外的特殊利益。怀疑这一点,就是在质疑被视作政治实践和政治学基础的国家主权观念。联合而互帮互助的社会生活的更宽泛的领域,与排外的从而是潜在地充满敌意的事务和目标的更狭隘的领域之间的抵触(实际情形正是如此),要求在教育理论上,相比以往达到的对作为教育的功能和社会的检验标准中所用的"社会的"这个词的意义的认识,具有更清晰的观念。

对于受民族国家指引的教育体制来说,其教育过程的全部社会目的是否可以不受国家的制约、束缚和不被腐蚀?从内部看,由于当前的经济状况,这个问题不得不面对以下的趋向,即社会被分裂为各阶级而其中一些阶级被当作另一些阶级实现更高等文化的手段。从外部看,这个问题涉及对忠于国家、爱国主义与完全不顾国家间的政治界限而让人们统一在共同目的中的事业之间关系的调和。这个问题的任何一个方面,都不可能只通过消极的手段就能解决。仅仅注意到教育并不是作为让一个阶级更为便利地剥削另一个阶级的积极工具这一点,是远远不够的。必须保障学校的设施充足、有效,从而在事实上而不只在名义上减少经济不平等所造成的影响,让国家所有的人的未来生涯得到平等的对待。实现这一目标,不仅需要提供充分的学校行政设施,并辅之以家庭辅导而让青少年利用这些资源,还需要修正传统的文化理想、学习科目、教学和规训的方法,从而使所有的青少年都继续在教育影响之下,直到他们能够把握自己经济的和社会的命运。这一理想距离其实现似乎很远很远,然而,除非民主的教育理想越来越多地主宰公众的教育体制,否则,它只能是一个既滑稽而又具有悲剧色彩的幻觉。

在考虑一个国家对另一个国家的关系时,这个原则同样适用。教育青少年认识战争是可怕的,希望他们避免激起国际猜忌和仇恨的一切事端是不够的;更重要的是,人们应该撇开地理上的限制,在合作性的人类追求和成果中联合起来。对全人类彼此之间更完整、更自由、更富有成效的联合和交往来说,国家主权只具有次要的、暂时的特征,而这一点必须逐渐灌输给青少年,成为他们有效的心理倾向。假如这些应用看起来与教育哲学应考虑的东西相去甚远,那会造成这样一种印象,即以前提出的教育观念的意义并没有得到充分的领会。这一结果必定关系到这样一种教育观念,即教育是在被导向各种社会目标的渐进成长过程中,对个体能力的解放。否则,教育的民主标准就无法得到彻底的贯彻。

概要

既然教育是社会过程,而社会又有不同的类型,那么,教育评定和建构的标准就蕴涵着特殊的社会理想。我们选取两个要点来衡量一种社会生活形式的价值:其一,一个群体的所有成员在何种程度上共享这个群体的利益;其二,这个群体与其他群体互动时的充分性和自由度。换言之,一个不良的社会是这样一个社会,它内在地和外在地设置了阻止经验自由交往和交流的种种障碍。如果一个社会为它的全体成员以平等地位分享社会利益而做好了准备,并在与不同形式的联合生活的互动中灵活地调整自己的各种制度,那么,这个社会一定是民主的。这样的社会必定拥有下面这类教育,即在社会关系和社会控制中,赋予个体以私人的兴趣,并使个体养成既保障社会变化又不陷入失序状态的心灵习惯。

从这个观点出发,本章考察了历史上三种典型的教育哲学理论。从形式上看,柏拉图理论的理想与我们阐述的很相像,但它那实际解决的方案把阶级而非个体作为社会的单位,从而放弃了这个理想。所谓18世纪启蒙时代的个人主义涉及这样的观念,即把社会视为像人性一样宽泛,而个体应该成为社会进步的器官。然而,这种理论缺乏保障其理想发展的相应的机构,它退而诉诸自然就证明了这一点。19世纪的制度唯心主义哲学,通过把民族国家当作这种机构来填补这个缺陷,但这样做,对同一个政治体的成员来说,社会目的的观念又被窄化了,而且再次引入了个体隶属于制度的观念。

（俞吾金　孙　慧　译）

美国的教育和文化^{*①}

人们可以预测一项声明在一些人中可能引发的嘲讽。该声明认为,国家教育学会(National Education Association)当前会议的中心议题是文化的教育。数百万疲惫的学生和老师全神贯注于字母组合和算术的日常事务,文化和他们每天的任务有什么关系? 是什么把文化与贫乏的历史、文学概论捆绑在一起? 迄今为止,这一景象只能说可悲而不是进行讽刺的缘由。但是,也有人预见到如下现象:这些批评者,自我选择进行补救的幸存者,愤怒批评我们教育系统自愿屈服于功利的目的,及其沉迷于短暂时间内的要求和对实用性的迫切需要。当高傲的批评家沉痛地质疑过去优秀方式的回归是否太迟时,或者有可能作为一种对话主题的文化教育选择,会因为它作为一种迟到的忏悔标记而受到欢迎。

有一些意见控制着大部分教师和教育领导者的思想,对于与这些意见密切接触的人来说,假定他们放弃了对职业和实业的崇敬,则显得很滑稽。每年这个国家的教师到欧洲大教堂和艺术画廊朝圣,真实地表明了对文化中更古老理想的自觉尊重。除了那些批评家就这些问题发表的谈话之外,没有什么能让教师如此迅速地组织起来。批评家和劳动者的批评的共同点,在于抓住各种口号和感伤情绪。"文化和风纪"作为一种期望或达成的优越性的象征,作为解决个人思想中遇到之麻烦的口号。在这后面则出现一种感觉:我们缺乏对自省性文化的自我意识。我

---

* 此文选自《杜威全集·中期著作》第 10 卷,第 159—163 页。

① 首次发表于《新共和》,第 7 期(1916 年),第 215—216 页;重新发表于《人物和事件》,第 2 卷,第 498—503 页;同时发表于《今日教育》,1940 年,第 106—111 页,编者都是约瑟夫·拉特纳。

们反抗的东西太多了。我们的姿态暴露出一种姿势上的笨拙,这种姿势费力地抵制着各种可能性。相反,那种全身心放任于其未开化状态的野蛮人的质朴中反而存在着一种优雅。

虽然批评家完全错误地判断了教育体系的管理者的自觉态度和意图,不过,他们关于今天强有力的教育潮流的判断还是正确的。当用过去那种标准进行衡量时,这些不能被称为是文化的。那些标准是关于过去的——那些曾经被言说和被思考的东西,而那些在我们教育中活生生的和激发人们兴趣的东西,则朝向某种未知的将来进行运动。在这种有意识的理想和我们的行动趋向的对照中,产生了我们的疑惑和我们盲目的不确定性。我们认为我们在考虑一件事情,而我们的行为却需要我们去注意那些根本不同的思考对象。这种理性的约束,是我们文化的真正敌人。文化的开始是停止对我们过去文化进行哀怨的追颂,停止追颂那些在其被淹没在今天的噪声之前只能前进一小步的东西。文化要对某些可能性尝试进行具有想象力的洞察,虽然这种可能性盲目而粗糙,却如此真实地存在着。

实际的趋向和保守的忠诚之间的差异,包含了文化教育的所有问题。只要涉及公共教育,文化的原因就消亡了——此时,我们用其他方式而非迄今为止尚未达到的可能性进行衡量;这些可能性,只是一种使隐匿文化令人惊骇地萎缩的力量。事实上,这些文化的原因,除了还存在于保罗·埃尔默·莫尔(Paul Elmer More)先生和他的继承人以及代理人的书中之外,在其他任何地方很难找到了。严肃的问题在于,我们能否提供帮助使各种力量进入思想和感觉的新形式中去。我们需要对各种关系中表现思想的事实进行理想化解释,而更古老的文化将这种事实当作纯粹的材料,并把人类和道德的主题感知为工业中纯粹的物质性力量;此时,通过古老的起源观念对今天举步维艰的教育努力进行评价并非没有益处,虽然这种观点有点残酷。

文化的开端剥夺了自我主义的幻象这样的说法,会产生一种迄今为止没有文化的感觉:我们的文化是某种要去获得和创造的东西。这样一种感觉,给予国内教师团体以极具代表性的尊严。学校中的教师们被视为是在为将来可能实现的东西而非现在的东西进行冒险。实际上,他们并不是致力于保护一种隐蔽性的文化免受今天美国物质主义和功利主义的凶猛攻击。只要他们不是在复述那些意义已经被忘记的警句,就是在努力将这种力量转化为思想和感受。这项事业颇有英雄的味道。要想塑造日益萎缩的古典主义的保护者,需要的只是接受学术训练的机遇,拥有闲暇,合乎推理规则的记忆力并能记下一些警句,以及流畅的文笔。这个社会建立在工业之上，它还没有被教化成为这样一个社会，在其中为了民主的文化而支配知识和工业力量。而要对这个社会作出改变，需要能够进行有灵性想象的勇气。

很多人将任意形式的政治和经济社会对艺术和科学（即大致可以被称为文化）的贡献看成是对其唯一的检验和证明，我也是持这种看法的人之一。即使有点难过，但很显然，美国尚未如此证明过自己。辩解说，首先需要完成的是对一片土地的物质征服，这显然是一种本末倒置。平定一块大陆，就是将其纳入到秩序中；而这发生在伟大的理智和伟大的艺术之后，而非之前。这种证明的完成因而是非常困难的。因为这完全意味着发现和应用一种从民主的利益出发征服和处置自然的方法，也就是说，虽然群众人数众多，但他们应该构成一种有着确定思想和情感的共同体。不用说，这尚未实现，甚至还从未被尝试过。因而，某些微不足道的不相干物从过去的阶级文化中流传下来，成为衡量我们努力的准则。

取得成就的异常艰难就意味着它有可能失败。不存在命中注定的成功。但是，假如失败来临，它将成为悲剧的主题。这既不是自满的悲哀，也不是任性的讽刺。因为，当成功不是命中注定的时候，就有一些力正在运作，它们就像命运一样，独立于有意识的选择或者意愿。不存在有意识的目的——无论荒谬的，还是明智的——正将实在的、实际的和工业的东西强行纳入到教育中去。并非一种有意识的审慎导致大学校长们在学位授予典礼那天歌颂纯粹的文化，而把工作时间用于安排技术和专业学院的事务。并非一种有意识的偏好导致学校管理者在教师会议上发表演说，赞颂老套的规则和文化，以便向董事会要求新设备、新课程，以及学习更"实际"和更吸引人的东西。外在于他们的政治和经济力量主宰这一切。他们也将依然外在于我们这些真诚面对现实的人的控制，他们自身将继续忙于研究他们传授的是什么教育，以及在他们的教化中会产生出什么文化。

作为这种英勇事业中的要素，当前美国教育中的趋向可以得到评价。由于我们不能在不背弃文化和自身的情况下祈求或者借用一种文化，那么就没有一种东西可以保留下来以产生出另一种文化。那些过分虚弱或者过分苛求以至于不能参与这项事业的人，将继续寻求避难所和医院，他们会将这些地方理想化为宫殿。其他人或者在机械工业主义的罗网中继续前行，或者征服工业机械以适应人类的目的，直到这个国家被赋予灵魂。

特定的普通事情必须被重复，直到它们的重要性得到承认。工业革命来自一种新的自然科学。任何一种不仅仅是对古代民主共和国政府进行模仿的民主，都必须来自我们喧闹的工业主义这一发源地。科学使民主政治成为可能，因为它减少了对大量人工劳动力的依赖；因为它使利用非生物的力量替代人类的肌肉能量成为可能；也因为有资源进行多余的生产和由此产生的从容宽裕的分配。古老文化对我们来说渐行渐远，因为它建立在政治力和精神力联合的基础上，建立在一种统治阶级和闲暇阶级平衡的基础上，而这些已经不存在了。有些人谴责那种标志着我们今天特征的、粗糙浅薄的思想和感情，但他们并没有过于残酷，以至于期待古老政体的回归。他们只是过分不明智，以至于在缺乏产生条件的情况下，在面对着已经使结果不再可能的条件时，依旧想要那种结果。

简而言之，我们的文化必须与现实的科学以及机器工业协调一致，而非作为逃避这些东西的避难所。而且，虽然不能保证一种使用科学并将工业控制过程作为其正常部分的教育一定会成功；但可以确定的是，那种使科学和工业与其文化理想相对立的教育实践一定会失败。自然科学在应用到经济生产和交换领域以后，会带来一种只计算数量的工业和社会。教育的目的就是让科学之光和工作的力量帮助每个人的灵魂，使之可以发现其品质。在一个精神上民主的社会中，每个个体都将实现自身的特点。文化在人类历史中破天荒地成为个人的成就而非阶级特有的东西。一种与我们的理想应用相适应的教育，乃是实际的力量，而非一些意见。

我们的公共教育是一种将现代生活的机械特征转化为情感和想象力的潜在方法。我重复一句，我们可能永远都跳不出机械性。我们可能在赚钱、寻找幸福和取得对他人的短暂胜利时，放纵地保持那种强悍的、仅凭力量的能量输出。即使这种状态也缺乏一种文化上的雄壮气概，这种文化的方法是怀旧的，它的胜利是发现一个避难场所。但是，通过对过去的贵族政体中最好部分的反对来为民主政体的合理性作辩护是不够的——即使已经不再可能回到这种贵族政体。给下一代人的意识中灌输一些今天生活的潜在意义，将之从一种外在事实转化为一种理智的感知，是创造这种文化的第一步。面对这一事实并试图利用今天重要的非精神化的手段，以便实现对一种更需要被认识之人类意义的感知的老师们，分享着这种创造的行动。要想在现实的科学和强制性的工业系统中以文化的名义，使一种冰冷的传统得以永恒，就要以最原初的方式自由地传授课程。当前教育的乏味趋向以及粗糙的功利主义需要的不是责骂，而是同情心和理解的引导。

（王成兵　林建武　译）

教育行业的职责[*][①]

    那些认可一般性目标的原则的人们,目前似乎对这些目标的本质存在一致的认识。在心理或个体方面,其目的是保证能力的进步和发展,这些能力应因人而异,它们涉及身体基础,包括健康与活力、有价值地利用空闲时间的审美品味和能力,独立进行批判性思考的能力,以及对获取以往文化所积累的成果的工具和过程的掌握。在社会方面,这种个人的发展将会为民主合作的生活提供分享的愿望和能力,包括政治上的公民权、职业效率和有效的社会慈善。反对意见似乎只关系到这些目的中不同元素应该在多大程度上得到重视,以及获得它们的最佳途径,而不是这些目标本身。

    而在另一方面,其他群体明显地倾向于摒弃所有的一般性目标,取而代之的是寻找具体的目的。在这种情况下,对于后者的探寻往往是借助分析现存的社会职业和社会机构(当前成年人的全部生活)来实现。他们没有说出口的一般性目标,似乎是教育应该通过为社会和个人规划蓝图来为学生有效地适应当前生活作准备。

    1. 在这些情况下,第一个要求便是教育行业作为一个体系应该考虑到学校的社会职能这一属性。一般性目标与具体目标相对立的问题可以追溯到学校的宗旨,应该是使个体适应现存的社会秩序还是应该承担起社会规划责任的问题。后

---

[*] 此文选自《杜威全集·晚期著作》第 5 卷,第 254—257 页。

① 首次发表于《学校与社会》,第 32 期(1930 年 8 月 9 日),第 188—191 页。这是 1930 年 6 月 28 日全国教育委员会(National Council of Education)召开的会议的讨论依据。

一目标显然涉及学生为进入变化的社会而作的准备,要求考虑需要加以改变的缺陷和危害。

据此,第一个论题或主题为:除了考虑学校的实际课程、科目和方法中所产生的改变以外,以及在考虑这些因素之前,教育作为一个体系应通过内部讨论总结出学校工作根据社会条件将朝哪个方向发展。这包含规划和领导的职责,还是仅仅为了创造一致?

2. 一旦结论显示为前一个方向,那么关于美国公立学校在执行这一职能时所遇到的障碍问题就会产生。(A)有言论表示,社会舆论,特别是关系到重要利益的舆论,不会允许在学校讨论有争议的问题,甚至反对引入与它们相关的客观公平的学科。(B)还有言论表示,教师作为一个阶层,没有资质参与到对这些问题的理性讨论中,也没有能力引发对它们的思考。因此,我的第二个主题为:通过教育体系的内部讨论,应该对学校实现其社会职能所存在的障碍有一个更加清楚明确的认识。这可能涉及教育体系的状态,以及关于它为参与社会和领导社会作出更好的准备的限度问题,这既包括在职教师,也包括培训学校可能必须作出的改变。讨论必须关注到成人教育问题,以及目前儿童教育和成人教育这两个过程之间不协调程度有多深的问题,因为教育连续性的思想表明它们之间应该存在一致性,而不是矛盾冲突。

3. 目标该如何确定和制定也是一个问题。这篇报告也许会证明存在这样一种趋势,即从上层开始,将制定好的方案向下传达,途中要由一系列不同级别的领导经手,最后辗转到达任课教师手中。这一过程与民主合作的原则相矛盾。这提出了一个主题:任课教师与学生有直接的接触,因此有必要比现在更深入地参与到教育目标以及教育过程和材料的决定之中。

针对它们所涉及的问题进行提问,会使这三个主题更加具体明确。

(1) 教育过程应该有多大自主权,在实际操作中如何达到这种程度?学校是否有义务教导政治经济事宜,包括当代社会流行的国家主义原则?是否应该允许对现存社会秩序进行批评?如果允许,应该采取怎样的方式?如果排除掉一切有争议的问题,学生所受的教育能否使他们有效地参与社会生活?

(2) 除了由领导制定的目标以外,教育体系作为一个整体是没有目标的,以至于它不具有统一的、有感染力的积极性,该情况是由没有认识到教育潜在的社会性所造成的,这个观点的正确性有多少?学生们离开学校走向社会时,对他们将要面临的问题和事件是不是没有足够的认识？就算该情况属实，如果教育体系和管理者没有意识到自己负有社会规划的责任，那么它会得到纠正吗？

（3）如果（a）教育没有更大的自主权，如果（b）教育者对使他们能够担任社会领导者的社会知识和利益应当负有责任这一点没有得到更大程度的认识，那么教师中能否形成核心的职业精神？

（4）高层曾表示任课教师的个性和自由正在减少，"教师越来越像是一部没有情感的大型机器中的一个齿轮"，这个言论的正确性有多少？它的原因和补救措施分别是什么？管理者的工作与教师的是不是相差太远？目前，标准化测试管理存在怎样的趋势？它是否倾向于把任课教师的注意力集中于统一结果，从而产生机械性教学？它是否以牺牲个体发展为代价，培养出了一种根据学生对事先确定的标准化学科的掌握情况而给他们分类的体制？他们的管理可能采取怎样的测试和方式以更多地释放教师在工作中的创造性？目前的管理程序在多大程度上是基于对任课教师智力能力的不信任？如果不给予教师更大的自由，这些能力会得到提高吗？

（5）如果与有争议的社会问题相关的一切都严格地被排除在思考的范畴以外，那么被视作教育的一个目标的批判性思考和独立思考的能力能够获得吗？如果思考仅限于技术问题，而将这样的社会材料排除在外，那么还能够期望思考习惯发生"转变"吗？

（6）实现民主的社会合作的愿望和能力，其发展会遇到哪些具体障碍？——因为有言论称这也是一个重要的教育目标。资本和劳动力的关系、工人组织的历史和目的、失业现象的原因和程度、税收方法、政府与国家收入再分配的关联、合作型社会对竞争型社会，诸如此类的问题能否在学校教室里进行思考？关于家庭关系、禁酒、战争与和平，也有着同样的问题。

（7）学习如果来自真实经验并与之相关，会是最容易、最有效的，这个原则得到了普遍接受。那么从逻辑上和实际上来看，该原则在多大程度上暗示了影响我们学校经验的经济政治活动的结构应该在学校得到系统的关注？

（8）现在的学校工作其目的在多大程度上是在为个体的个人成功作准备？在多大程度上依靠竞争的刺激？这些因素在多大程度上与民主合作的职业目标相一致？

（9）学校在多大程度上可以并应该涉及种族与阶级的往来和歧视所产生的问

题？与黑人、北美印第安人、新生移民人口相关的问题是否应该明确地得到思考？对于学校内部存在的文化传统和观念差异，校方应该持怎样的态度？是应该致力于培养还是消灭它们？为进一步促进我们人口中各民族间的友谊和相互理解，学校可以并应该做些什么？

（10）关于我们的国际关系，也存在同样的问题。爱国主义教育对其他民族是否存在敌对的倾向？美国史的教学设计在多大程度上应该以牺牲历史事实为代价来弘扬"美国主义"（Americanism）？我们与加勒比地区的关系、使用武力干预财政和经济问题、我们与国际法庭的关系，此类具体的国际关系问题是否应该成为教学内容？

这些问题的提出，是为了使所总结的三个原则的意思更加具体，它们之所以有关，是出于以下确定无疑的理由。第一，目标的制定，一般性的也好，具体的也罢，往往会变得正式、空洞、甚至只说不做，除非后者被转化成有关学校实际工作的条款。第二，学校与生活相脱节，这是造成教学工作效率低下、缺乏活力以及没有形成更加积极的职业精神的主要原因。第三，学校和生活无法形成更加密切的关系，除非教学体系能够严肃不断地关注妨碍这种关系建立的原因。第四，考虑到学校所承担的社会责任，特别是有关我们时代的重大事件和问题，有必要赢得全部教育主体的支持，包括任课教师。

这些原因背后隐藏了一个信念，即教师所作出的承认他们具有社会职能的设想，一定会得到公众积极的回应；而目前公众之所以反对自由思考社会问题，是因为教育行业没有积极、有组织地争取自己的自主权。

（战晓峰　译）

儿童学习与成长

与意志训练有关的兴趣[*][①]

引言

像哲学一样,把任何一个教育话题孤立起来讨论,具有相同的困难。这些话题是如此相互依赖,以至于只有冒着忽视某些重要结论的风险才能挑选其中的一个进行讨论,或者冒忽视问题实质之大不韪,假借其他主题引入讨论中的那个问题。然而,在一定的空间和时间的限度内,要求我们进入其中的某个领域,并充分地进行讨论。在这种情况下,我们所能做的就是追求一种方法,它至少能注意到这些问题,表明所讨论的问题与相关话题有关。在兴趣的讨论过程中,困难显得特别巨大。一方面,兴趣与情感生活的关系最密切;另一方面,由于兴趣与注意即使谈不上是同一的话,关系也非常密切,故而兴趣与理智生活也有着紧密的关系。由此,如果要对此作适当解释的话,需要完备的情感和认知心理学的发展,分析它们彼此的关系、它们与意志之间的联系或它们之间所缺乏的联系。

因此,我只希望能提出对我来说似乎是突出的观点,如果这样的结果不能博得大家的同意,至少能帮助大家为进一步的讨论确定问题。

如果期待大家同意任何一个教育原则,也许是过于乐观了;但是,从教育方面开始讨论,也许更有希望达成有效的意见。如果我们能够拟定一些有关兴趣在学校中的地位和功能的基本原则,就能在某种确定性的基础进一步对兴趣作心理学

---

[*] 本文节选自《杜威全集·早期著作》第 5 卷,第 85—103 页。

[①] 本文首次发表于《全国赫尔巴特协会首次年鉴的第二增补版》(伊利诺伊州,布鲁明顿:派特格拉夫,1896 年),第 209—246 页;修订和重版本(芝加哥:芝加哥大学出版社,1899 年),第 40 页。

的分析。无论怎样，我们要限制和固定讨论的领域，这样才能使心理学讨论得以继续下去。然后，针对历史上的和当今的有关兴趣问题的研究关注点，对其主要的假设作进一步探讨。最后，我们将带着达成的心理学观点和批评的建议回到教育问题中来，更加明确地强调道德训练的问题。

I

兴趣 *vs.* 努力—— 一场教育诉讼

初看起来，想要对教育方面有关兴趣的问题取得共识，好像是不可能的。首先使我们备受打击的，是目前教育理念和标准中的兴趣理论部分所存在的深刻矛盾。一方面，我们有这样的原理：兴趣是教学和道德训练的主旨。教师最基本的问题是使所呈现的教学材料变得有趣，从而赢得和保持儿童的注意。另一方面，我们断言，从兴趣中生出努力是有教育意义的；我们还断言，依赖兴趣的原则在智力上会使学生分心，在道德上会使他们变得虚弱。

这场兴趣对抗努力的教育诉讼，使我们要对原告和被告的信条作分别的考察。代表兴趣"出庭"的一方声称，兴趣是注意力的唯一保证。如果我们在呈现事实和观念的时候能够保证兴趣，就可以十分肯定孩子们将在兴趣的导引下掌握它们；如果我们能在某种道德训练和行为规范中保证学生的兴趣，同样可以放心地假定孩子们的活动将沿着那个方向反应；如果我们不能保证兴趣，那么在某种情况下的所为就将没有了保障。事实上，训练方面的信条就尚未成功。认为孩子不情愿地做某件事比他带着极大的兴趣和全身心投入做该事能进行更多的智力或心理训练，是非常荒唐的。简单地说，努力理论认为，勉强注意（unwilling attention）（做某件不愉快的事情，因为它是不愉快的）应该优先于自发注意（spontaneous attention）。

实际上，努力理论产生不了任何结果。当孩子感觉到作业是任务，他就是在强迫之下才去做的。如果来自外部的压力减少到最低程度，我们发现，孩子的注意力马上转移到他所感兴趣的事情上。在努力理论基础上培养起来的孩子，似乎是在一个了无趣味的主题中简单地获取一些熟练的技能，而他的思想和精力的核心其实是被其他东西所占据的。其实，该理论自身就是矛盾的。在没有兴趣的情况下唤起活动，在心理上是一件不可能的事情。努力理论仅仅是用一个兴趣代替另一个兴趣。它用对教师惧怕的不纯粹的兴趣或者对未来奖赏的兴趣，替代了对材料的纯粹的兴趣。这种兴趣特征就是爱默生（Emerson）在他的散文《补偿》

(Compensation)中开头提到的。他坚持认为，目前的补偿理论实际上暗含着这样一个意思，即如果你现在作出足够的牺牲，将来你就能好好地享受；如果你现在仅仅是善的话（善蕴含于关注那些不感兴趣的事物），在将来的某个时刻，你将会获得更多愉悦的兴趣——也就是说，那时会很糟糕。

对我们而言，努力理论总是不断地培养着坚强而充满活力的品格，它们被看作是这种教育方法的结果；而实际上，我们却没有培养出这种品格的人。我们看到的，要么是狭隘的、固执的人，除了根据他们自己预想的目的和信念原则，他们顽固而不负责任；要么是个性呆板、机械、迟钝的人，因为自发兴趣原则中的生命之水已经被挤兑殆尽了。

现在我们来看看被告的案例。努力理论认为，生活充满着很多无趣的事情，但我们必须去面对。要求不断地被提出，毫无兴趣特征的情景必须面对。除非个体先前就已经受训能专注于自己不感兴趣的工作，除非他已经养成习惯，处理那些必须处理的事情，不考虑自己是否对其满意，否则的话，当面对生活中更严肃和重要的问题时，个性就会被削弱或者逃避现实。生活非常严肃，不可能是单纯的享受，或者个人的兴趣不断被满足。因此，对未来生活的忧虑，不可避免地要求我们不断地努力完成任务，形成认识到生活艰辛的好习惯。其他事情磨损了人的性情，使人变得淡而无味、毫无光彩；或者会养成道德上的依赖，为了不断满足消遣和娱乐的要求，过分依赖别人。

除了未来的补偿问题，持续地产生吸引力的兴趣原则，甚至在孩提时代就一直被认为是使儿童感到兴奋，也就是说，转移孩子的注意力。活动的整体性被打乱了。什么事情都是游戏和娱乐，这就意味着过度刺激，意味着消耗能量。意志永远不会发挥作用，依靠的只能是外在的吸引和娱乐。每件事对孩子来说都是糖衣，很快，他就学会对身边一切真实的、有趣的事情感到厌恶。这个被宠坏的孩子，只做他自己所喜欢的事情。这是教育中兴趣理论的必然结果。

这个理论在智力和道德方面都是有害的。注意力永远不会转向必要的和重要的事实，只转向具有吸引力的事实外表。如果事实很令人厌恶和乏味，其毫无遮蔽的一面迟早会被面对。提出一些假想的兴趣，不会使孩子比在开始的时候更接近事实。2＋2＝4是一个明显的事实，它必须被掌握。可以把明显的事实呈现在他的面前，也可以把它和有趣的小鸟或蒲公英的故事放在一起呈现，但是后者并不会比前者让学生掌握得更牢靠。那种假设孩子会对数字关系感兴趣，完全是一种自欺行为。他的注意力集中与否,仅仅在于使人愉悦的映象是否和这个关系相联系。理论就这样达不到自己的目的。还不如一开始就承认我们不得不学习某些很少或几乎没有兴趣的事实来得更明确和直接,承认处理这些事实的唯一方法就是通过努力的力量,通过完全独立于外部诱因的激发活动的内部力量。而且,用这种方法使学生形成对重大事件作出反应的秩序、习惯等,为应对未来生活作好准备。

裁决

正如大家看到的,我已经试着分别陈述了双方当今的和历史的争论,如柏拉图和亚里士多德的理论。稍作反省就将使人相信,双方辩论中的核心观点既不在于对自己立场的捍卫,也不在于对对方软肋的攻击。每个理论的核心观点与其说在于它的立场,不如说在于它对对方的否定。就所有的外部表现而言,这两种理论的基础是彼此理论的极端对立,而我们就是在这个基础上不知不觉地假设了一个普遍的原则,也就是我刚才阐述的,以片面的形式表达的努力和兴趣理论。这是一个常见的、然而有一点令人惊讶的事实。

同样的假设是:对自我而言,要掌握的观念或者客体是外在的,要达到的目标以及要从事的活动是外在的。正是因为被假设的客体或者目标外在于自我,它就必须使之变得有趣,它就必须被人为的刺激和虚假的注意诱因所包围。同样因为客体存在于自我的范围之外,纯粹的"意志"能力,以及虽然没有兴趣但还必须作出的努力,就不得不为之。兴趣的真正原则,在于承认事实或者主张的活动形式和自我的同一,在于行为人自己生长的方向。因此,如果行为者是他自己的话,该原则的要求就很迫切。假设这种一致性的条件得到保证,我们既不需要诉诸纯粹意志的力量,也不需要忙于让孩子对事情感兴趣。

分散的注意

努力理论就如所陈述的,意味着注意力在智力和道德上实质性的分散和个性的相应瓦解。所谓的努力理论,其最大的荒谬之处在于,它将练习和意志的训练与某些外部活动和外部结果等同起来。该理论假设,因为儿童投身于某些外在的任务,因为儿童成功地展示了被要求的结果,他就真正运用了意志,一定的智力和道德习惯就处于形成的过程之中。但事实上,意志的道德训练不是在任何情况的外部假定中发现的,而且道德习惯的形成不可能被当作那种炫耀其他人所希望的结果的能力。意志的训练一目了然于注意力的方向上,依赖于工作得以继续进行的道德、动机和性情上。

一个孩子可能外在地全身心地学习乘法表,也能够按照老师的要求复述。老师也许会为此自我庆贺一番,因为训练了学生的意志,形成了正确的智力和道德习惯。除非道德习惯与炫耀某种被要求结果的能力是相一致的,否则就不会这样了。直到我们知道孩子内心到底是被什么真正占据了的时候,直到我们知道他投身于任务时的注意、情感、性情的主导方向的时候,道德训练问题才真正被触及。如果对于他来说,任务仅仅是一项任务,那么从心理角度来说,它就和某种行为与反应规则一样确定。从生理角度来说,他正在形成分散的注意力的习惯;他把这些东西保留在记忆中,同时释放自己的心理意象,做自己真正感兴趣的事情。用这种方法,他逐渐形成了一种能力,能够把自己的眼睛和耳朵、唇和嘴专注于呈现在眼前的东西上。

除非认识到我们正在教孩子分散的注意,除非我们正视这种分散的道德价值可能是什么的问题,否则的话,所提供的现行道德训练理由是不充分的。根据趋乐避苦的原则,对所谓任务的外部机械注意,不可避免地与内在随意的思维漫游相关。

孩子的自然力量,以及对实现自我冲动的要求,是无论如何都不可能压制得了的。如果外部的条件使得孩子不能把他的自然力量投入到他要做的工作中,如果他发现在工作中不能表达自己的意思,他就学会了一种很神奇的办法,即集中他的注意去处理所给的外部材料以满足老师的要求,用余下的心智力量追随对他有吸引力的意象。我没有说,在形成这些外部注意的过程中没有任何道德训练;但我确实说了,道德重要性问题涉及内部缺乏注意力的习惯的形成。

因为被点到名的孩子能够按照要求复述,我们就因此判断孩子已经养成好的训练习惯而庆祝时,我们忘记了怜悯我们自己,因为孩子深层的智力和道德特征完全没有得到训练,反而使他放任自己于一些反复无常的怪念头、瞬间的乱七八糟的联想,或者过去的经历之中。我不明白,人们如何能够否认内部意象的训练至少和外部某种行为习惯的养成同等重要。对我而言,当涉及纯粹的道德问题而不是一个实用方便的问题时,我觉得更加重要了。我也不明白,对大量学校作业完全了解的人,如何能够否认大部分学生正在逐渐养成注意力分散的习惯。如果老师很有技巧并且很灵敏,如果他是所谓的良好训练者,孩子确实将会在某些方面保持注意力集中。但是,他也学会了把构成他自然价值的、成熟的意象导向完全其他的方向。需要面对大多数学生下课后真实的心理特征,并不是一件很愉快的事情。我们将发现这种注意力的分散和由此带来的分裂很严重,我们可能出于纯粹的厌恶而停止教学,尽管如此,对我们来说,我们还要理智地承认,不追问注意的本质,只要求注意的模仿,导致了这个不可避免的结果。

使事物有趣

使客体和观念有趣的原则就和"努力"理论一样,暗示了客体和自我的隔离。当必须使事物有趣的时候,那是因为兴趣本身的欠缺。而且,这种表达本身就是用词不当。客体已经不像它以前那么有趣了。使客体有趣,只是简单地满足孩子趋乐的要求。人们希望,在这种既定的方向下,孩子会兴奋,因为他们相信,出于某种未知的原因,孩子将在兴奋中同化某件事情,否则的话,就排斥它。有两种类型的快乐:一种是活动的附属品。在可以自我表现的地方就可以找到它,这只是对外部能量的内在意识。这种类型的快乐全身心地表现在活动本身中。它不在意识中个别存在。这种快乐存在于合理的兴趣中,它的刺激来自于生物体自身的需要。另外一种快乐来自于交往。它以感受性为特征。它来自于外部的刺激。有了兴趣,就有快乐。这种由外部刺激引起的快乐是孤立的。在意识中,它是作为一种快乐独自存在的,它不是活动的快乐。

当事物被使得有趣的时候,正是后一种快乐进入到游戏之中。它利用了这个事实,即任何器官的一定程度的兴奋是令人快乐的。这种被激发的快乐,被用于填补自我和某些自身不能激发兴趣的事实之间的鸿沟。

精力分散

在此导致的结果也是精力分散。精力分散与不愉快的努力是同时发生的,在这种情况下,也是连续发生的。兴奋和冷漠是交替进行着的,而不像机械的外部活动和随意的内部活动是同时进行的。孩子在活动中交替感受着过度刺激和平淡的阶段。这种现象在所谓的幼儿园中发生着。而且,某种感官的兴奋,如眼睛、耳朵等,其本身也能创造出对这种刺激的不断需求。与味觉一样,对眼睛和耳朵同样可能引起愉快刺激的渴望。一些幼儿园小朋友依赖于经常呈现的明亮颜色和令人愉快的声音,就好像酒鬼对酒桶的依赖一样。这些恰恰可以用来解释这些孩子的特征,如精力不集中和分散、依赖外部暗示等。

小结

在尝试更精确的心理分析之前,有关这一点的讨论可以总结如下:教育中真正的兴趣是自我通过行动对某个客体或者观念认同的伴随物,因为客体或观念有维持自我表现的需要。相对于兴趣而言,努力意味着自我与要掌握的事实以及要进行的活动之间的割裂,并且引起了活动的习惯性分散。从外部来说,我们具有不带有任何道德目的和价值的机械习惯;从内部来说,我们具有随意的精力或漫游不定的心灵,充斥着一系列没有目的的观念,因为它们并未专注于行动。相对于努力而言,仅仅意味着给予快乐的一种感官的兴奋,一方面导致紧张,另一方面又导致倦怠。

但是,当我们意识到孩子身上具有某种渴望发展的力量并需要依此行动时,为了让他们获得应当具有的效率和训练,我们应该有一个赖以依靠的坚实的基础。努力通常产生于这些力量充分发挥作用的尝试中,因而,这些力量得到生长和完成。充分地作用于这些冲动就涉及严肃的、专注的和明确的目的,以及在完成有价值的活动中形成的稳定和坚持不懈的习惯。但是,这种努力不会退化为辛苦乏味的苦差事,或者仅仅是用死力瞎忙活,因为兴趣一直存在着——自我自始至终投入其中。

II

兴趣心理学

下面我们讨论第二个主要论题——兴趣心理学。从前面的教育讨论中不难发现,我们特别需要获得某些启发,以重新思考兴趣与愿望和快乐、观念和努力之间的关系。

我先来描述一下兴趣。首先,兴趣是有活力的、投射的、有推进力的。我们需要兴趣。对任何事物感兴趣,就是积极地关注和投入其中。单纯地关注某个主题可能是静止和呆滞的,但兴趣是动态的。第二,兴趣是客观存在的。我们说一个人有很多的兴趣去关心和照料。我们讨论人的兴趣范围,他的职业兴趣、局部兴趣,等等。我们将兴趣和关心及其事务视为同一体。兴趣不会像空洞的情感一样自我了断,它总是包含着它所隶属的客体、目标或者目的。第三,兴趣是主观的。它意味内部的自我意识、情感和价值。兴趣有情绪性的、积极的和客观的一面。哪里有兴趣,哪里就有以情感的方式作出的反应。

这些就是在常识意义上对兴趣术语所界定的许多意义。兴趣的本质意义似乎就是:由于主体认可了某种活动的价值而参与、专注于或者完全从事于该活动。它的词根是 *inter-esse*,意思是两者之间,指向同一个方向。兴趣标志人与材料以及行动结果距离的消失,它是使它们产生有机联系的手段。①

现在,我们要更具体地讨论以上提及的三种特征。

(1)兴趣的推动特征

兴趣的动力或推动力,使我们重新去思考冲动和活动的自发渴望和倾向。世界上没有绝对弥散的和不偏不倚的冲动,它总是沿着某种特殊的渠道而分化的。冲动有其独特的释放轨道。一头驴夹在两堆干草之间,不知道吃哪边的草。这个古老的难题,大家都再熟悉不过了;但对其根本性的谬误,认识却很不一样。如果自我只是纯粹被动地或者无动于衷地等待外界刺激,那么此假设例子中阐述的自我将永远是无助的,早晚会被饿死的。因为它内心谋求在两个食物来源之间保持平衡,而错误恰恰就在于此。自我总是时刻准备着活动,专心致志于一些紧急的事情。这种进行着的活动总要倾向于某一个方面的。换句话说,驴总是已经朝着某捆草移动了脚步。无论身体上的内斜视眼多么严重,它也不会导致某种精神上的内斜视眼,以至于驴能够接受来自双方的同等的刺激。

在这种原始的自发推动力的活动条件下,我们有天赋兴趣的基础。兴趣和冲动一样,不是被动地等待来自外部的刺激。冲动具有选择性或优先性的特点,我们把它当作下面事实的基础,即在任何既定的时间里,如果我们在精神上很清醒,我们将总是对某一方面感兴趣。完全缺乏兴趣,或者完全不偏不倚地分散的兴趣,在学术伦理上,就像驴的故事一样是虚幻的。

同样大的谬误,是假设在冲动和自我之间存在着某种割裂。冲动似乎被说成了一种力量,它把自我从一个方向震荡到另一个方向;而自我似乎又被描述成一个无动于衷的、被动的东西,等待冲动的力量来推动。在现实中,冲动仅仅是自我在某个方向上的动力或者出口。现在提到这一点,是因为冲动和兴趣之间的联系如此紧密,以至于任何假设冲动外在于自我都是妄推。在这一点上,它稍后肯定会在另一个假设中进行自我证明,该假设是:兴趣具有外在刺激物的特征,它不是自我活动全身心地投入到允许这些活动发挥作用的客体中。

---

① 确实,兴趣这个词也有贬义。谈到兴趣,我们将它与原则对立,就像我们谈到自我兴趣时,将它与只关心个人利益的行为动机对立一样;但这些既不是唯一的,也不是主导的意思。也许应该公正地问问,是否这绝没有窄化或者贬低了该词的合法意思。即使这样,对我而言,许多关于兴趣的道德上的争论的兴起,是因为一部分人在一个公认的价值或者引人入胜的活动的广义的、客观的意义上使用它,而另一部分人在把它等同于自私的动机意义上使用它。

（2）兴趣的客观特征

每一种兴趣正如所说的，其本身附着于一个客体。艺术家对他的画笔、颜料、技术感兴趣，商人对供求感兴趣、对市场运作感兴趣，等等。无论我们选择哪种兴趣进行研究，我们都将发现，如果我们删去兴趣所围绕着的客体，兴趣就消失了，沦落为单纯主观的感觉。

错误产生于假设客体已经存在，然后要求行动。例如，画布、画笔和颜料之所以使艺术家感兴趣，仅仅是因为它们帮助艺术家发现了他已有的艺术天赋。一个车轮和一根线绝对不能产生活动，除非它们激发了已经处于积极状态的本能或冲动，并且提供它以实施活动的手段。当数字 12 是明显的外在事实时，它没有任何趣味；当它成为使某种萌发的能量或愿望发挥作用的工具时——制作箱子、测量身高等，12 就变得令人感兴趣了（陀螺、手推车和火车玩具也是如此）。虽然科学和历史知识的专业术语在程度上与此有所不同，但是准确来说，它们的原则是一样的——任何促进个体心智发展的是必要和内在的兴趣。

（3）兴趣的情绪特征

下面讨论兴趣的情绪特征。兴趣的价值不仅是客观的，也是主观的。也就是说，事物不仅被设计成有价值的，而且也有情感的价值。当然，我们无法定义情感。我们可以说，这纯粹是个人对价值的认识，并且认识到哪里有兴趣，哪里就有内在实现的价值。

由此，兴趣心理学的主旨也许可以作如下陈述：兴趣主要是一种自我表达活动的形式——也就是说，是一种通过使初生的倾向产生作用而获得发展的形式。如果我们从表达内容、从行动方面来考察活动的话，我们可以得到其客观的特征、想法、目标等，它们是兴趣所围绕着和附着的载体。如果我们认为兴趣是自我表达、自我发现、自我反馈，那么在这种含义上，我们就获得了兴趣的情绪或情感特征。因此，对真正兴趣的任何解释，都必须把握住以下两点：兴趣是在掌握智力内容时所进行的外在活动，兴趣是在感觉到的价值中自我反思。

间接 *vs.* 直接兴趣——工作 *vs.* 苦差事

有很多例子说明，自我表达是直接的和即时的，它不会考虑其他的东西。当前的活动是意识中的终极目标。它在于彻底的自我满足。目标就是当前的活动，因此，就时间和空间而言，在手段和目的之间没有间隔。所有的游戏都具有这种直接的特征。所有纯粹的审美欣赏大概就是这种类型。现有的经验掌控着我们以彰显自身的利益，我们并不要求它把我们带入其边界之外的事情中。直接活动吸引了儿童和他的皮球，吸引了交响乐的业余爱好者和专业的耳朵。它的价值就在那里，就表现在直接的呈现中。

如果我们选择，我们也许会说，兴趣是在客体中呈现给感觉器官的，但我们必须留意如何去理解这种说法。在这个时候，除非客体是在活动中，否则它不是有意识的存在。对孩子来说，皮球是一种游戏，他的游戏就是他的皮球。音乐除非是在全神贯注的倾听中才存在——只要兴趣是直接的和审美的。兴趣经常被说成是一种吸引注意力的客体，被说成是一种通过其内在特征唤起兴趣的客体。但是，这从心理学角度来说是不可能的。使孩子感兴趣的明亮的颜色和甜美的声音，是孩子自身器官的活动特征。说孩子专注于颜色，并不是指他投身于一个外部的客体，而是指他继续这种导致颜色高调存在的活动。他自身的活动是如此令他全神贯注，以至于他努力去维持它。

另一方面，我们也有许多例子说明非直接的、转换的，或者从技术上说，间接的兴趣。也就是说，无关紧要的或甚至令人厌恶的事情常常能变成有兴趣的事，因为有人假定它们之间存在着我们之前所忽视的某种关系和关联。许多具有所谓实践气质的学生，一度排斥数学理论；但是，当他学习某种形式的机械，而某个数学理论又是一个必要的工具时，他的实践气质会再次被巨大的吸引力所激发。当乐谱和指法技巧只是作为自身目的和被孤立呈现的时候，不能吸引小孩；但是，当他意识到乐谱和指法有助于帮助他更好地唱出他喜欢的歌曲时，就变得充满趣味了。当这个小孩只是考虑眼前的事物时，是否产生吸引力都在于这种关系。当他日渐长大，他能够扩展他的视野，不再仅就事物本身审视某个行动、某件事或者某个事实，而是将其看作更大整体中的一个部分去审视它的价值。如果他把握了整体，如果整体是他自己活动的方式，那么个别事物也就获得了兴趣。

在此，而且仅就此而言，我们获得了"使事物有趣"的真实概念。某些兴趣反对者的理论是：首先选择教学内容，然后教师再使它们有趣。从字面上而言，我不知道是否还有比这更令人沮丧的学说。它在本质上把两个十足的错误结合在一起，一方面，它使教学内容的选择独立于兴趣——由此，独立于儿童自己的天生渴望和需要；另一方面，它把教学方法贬低为某种外在的和人为的工具，以此装饰无关内容和保持儿童的注意力。在现实中，"使事物有趣"的原则，意味着科目的选择应该和儿童现有的经验、能力和需要相关；意味着（万一他不理解和不懂得这种相关性）教师以一种使儿童能够懂得意义、关系和必要性的方法呈现新的材料。无论是赞同还是反对"使事物有趣"的同行，他们经常误解的恰恰就是"使儿童意识到新的材料"。

换句话说，内在联系可以激发注意力，问题在于把握好它的尺度。那种告诉学生如果不把地理课的内容背诵好①就要留堂的老师，用的是间接兴趣心理学。过去学生学拉丁文时如果犯了一定的错误，教师就要严厉地敲打学生的关节，英国人的这种方法也是激发学生对繁琐的拉丁文产生兴趣的方法之一。贿赂小孩，或者承诺获得老师的喜欢，晋升到高年级，或者获得挣钱的能力，取得社会地位等诸如此类，都属于间接兴趣，是转换兴趣的实例。判断它们的标准仅仅在于：在什么程度上或范围内，某种兴趣外在地附着或者取代了另一种兴趣？这些新吸引力和动机在多大程度上用以解释、阐明并与材料建立联系，否则就不会产生兴趣？这又是一个相互存在和相互作用的问题。它可以理解为手段和目的的关系之一。当人们把无关紧要和令人厌恶的事情当作达到与自我建立关系的目的的手段时，或者当作使掌握了的手段促发进一步的行为和表现的目的时，它们就变得有趣了。但是，就兴趣的正常发展而言，对某个事物的兴趣不会简单地与对另一个事物的兴趣外在地绑在一起。前者包容、浸润着后者，并由此转换它。前者解释或再评价后者——赋予后者意识上的新意义。一个有妻子和家庭的男人从而对日常生活有了新的动力——他在枯燥的生活中发现了新的意义，给枯燥的生活注入了以前缺乏的执着和热情。但是，如果他把日常工作看作是内在不和谐的事务，看作仅仅是为了挣钱糊口的苦差事，情况就完全相反了。手段和目的隔离了，它们彼此不再相互包容。他和过去一样对工作没有真正的兴趣，工作本身是需要逃避的苦难。因此，他不可能全心关注它，不能毫无保留地投入其中。但是，对另外一个男人而言，工作的每一步都可能差不多意味着他的妻子和孩子。在外部的身体上，它们是隔离的；在精神意识上，它们是一体的，拥有同样的价值。而在苦差事中，目的和手段在意识上保持隔离，就像在时间和空间中一样。这一切就和教师通过诉诸外在动力努力"创造兴趣"（create interest）一样。

接下来，从相反的方面举一个艺术建筑的例子。雕刻家有他所期待的目的和

---

① 我曾经听到人们非常严肃地讨论过这个问题——被留堂学习的孩子，常常会对数学或者语法产生前所未有的兴趣，似乎这证明了与兴趣相对的"纪律"的功效。当然，事实是：更多的闲暇，个人解释机会的被提供，都使学习内容与儿童思维发生相应的关系——就此而言，他"感兴趣"了。

理想。为了实现他的目的，他必须经过一系列就表面上而言与目的并不相等的步骤。他必须模仿、铸造和砍凿，所有的结果也许与他心目中的美好雕像相去甚远，所有的努力都代表着他个人付出的能量。但是，因为这些对于他而言都是达到目标、实现理想的必要手段，最终的形式完全是由这些努力转化而来的。黏土的每次铸造和砍凿的每一刀，对于他而言，都是实现过程中的全部目的。附着于目的的每一种兴趣或者价值都附着于每一步的努力中，它们对他具有同样的吸引力。不完全地认同以上所言，就意味着一个缺乏艺术性的创造，意味着他不是真正对他的理想感兴趣。对理想的真正兴趣，必然象征着对表达理想的所有条件产生同等的兴趣。

与欲望和努力有关的兴趣

我们正在讨论兴趣与欲望和努力之间的关系。欲望和努力在合法的意义上都是间接兴趣的特征。它们是相关而不是对立的。只有当目的稍有些遥不可及的时候，努力和欲望才都存在。当能量的付出纯粹出于自身的目的时，就不存在努力的问题，同样也不存在欲望的问题。努力和欲望都包含着紧张的状态。在所期待的理想与实际的状态之间，肯定存在着某种对立。为了使实际状态符合于理想，当我们考虑决定转换它的必要性时——当我们从理想的角度考虑转换的过程，当我们的兴趣在于如何使理想实现时，我们称其为努力。为了保证这种转换，或者为了把观念变成现实，当我们考虑推动自我向前的现有能量时——当我们从已有手段的角度考虑转换过程的时候，我们称其为欲望。但是，在任何一种情况中，都暗含着阻止我们的障碍和对抗障碍的持续不断的活动。当对抗纯粹模糊的愿望时，欲望的唯一确定的证据是努力。只有要求不断努力的时候，欲望才能够被唤起。

在讨论间接兴趣的条件时，我们既可以强调欲望中的目的和观念，也可以从一开始就考虑现有的手段以及迫切表达的能动方面。前者是智力的方面，后者是情感的方面。通过引发间接兴趣和克服阻碍的过程，自我实现的目的倾向是努力。坚持为一个未来的目的而全力表现有能力的倾向是欲望。

冲动与情绪

我们常常将欲望看作是盲目和非法的。我们认为它坚持于自我满足，脱离实际情况，强调自我利益。这意味着欲望只能被感觉，而不可被认知。不能从意义和关系的立场考虑欲望，不能把欲望转移成欲望的结果之条件。因此，不能使欲望有智力的意义。它不能被理性化。因此，能量被浪费了。在强烈的欲望之中有巨大的力量，身体和心灵都躁动不安，但是在行动主体期望的目的与这种力量不相对应的地方,它就失去了方向。能量随遇而安地或根据一些偶然性的刺激自我释放。有机体疲惫不堪,却没有完成任何积极或有目的的活动。烦扰或焦躁与任何要达到的目的都不成比例。这种巨大的兴奋能量表现出来的,只是在刺激和释放中感到暂时满足。

然而,即使是盲目的欲望,在低级动物和人类之间还是存在着类型上的明显差别。在动物界,当欲望没有意识到它自己的目的时,它依旧通过某种在动物界中早已存在的和谐追逐着目的。恐惧是动物战斗和寻求躲藏点的刺激。愤怒是动物攻击和防卫的意图。情感打败了动物并且迫使它们无益地浪费自己能量的情况,是非同寻常的。但是,据说人类大部分盲目的情感在持续地发挥作用之前,就被要求作出调整。毫无疑问,与动物一样,恐惧或愤怒对人类也是有用的。在前一种情况中,人类需要受到一定的训练;而在后一种情况中,他们天然地就拥有了这种本事。愤怒的根本功能毫无疑问是搬掉阻碍实现过程的绊脚石,但对于儿童而言,愤怒的表现几乎肯定是把客体障碍物束之高阁,敬而远之,并使他们精疲力竭。盲目的情感需要理智化。主体必须意识到目的或目标,控制有意提及目的而激发的能量。

换言之,为了使自我表现的过程有效和自动,手段和目的都必须意识到:无论什么时候,只要出现了影响调整目的和手段的困难,行动主体就陷入了情绪的状态中。无论什么时候,只要我们一方面产生了与某个目的相应的观念,另一方面产生了躁动不安的冲动和习惯,以及这种躁动不安的倾向立刻集中于相应的观念上,我们就会产生烦扰或焦躁,也就是众所周知的心理方面的情绪。人们常说,随着与特定目的有关系的习惯的确定和成形,情感因素就消失了。但是,如果让习惯已经适应的寻常目的被放弃,并且对过去的习惯突然提出一个要求,使它成为一个新目的的手段的话,情绪的压力就可能变得很迫切了。积极的一面,是所有的一切都被唤起了;但是,既没有在无目的的情况下立刻懈怠自我,也没有把自我导向任何习惯性的目的。结果是在习惯和目标之间、冲动和观念之间、手段与目的之间产生了张力。这种张力是情绪的本质特征。

情绪的功能

以上的描述明确表明,情绪在行为者生活的关键阶段保证了激发足够的能量。当目的是新的或者不寻常的,并且行为者感到应对有困难的时候,自然倾向将使它处于来去自由的状态。但是,正是目的的新颖性,经常表现出所提要求的重要性。对行为者来说,忽略目的是严重的问题,即使不是致命的话。正是进行有效调整的困难不断发出刺激波,要求更多的冲动和习惯发挥作用来强化能力和行为者可以调配的资源。由此,情绪的功能是支持或者强化行为者处理意外和直接情境中的新颖因素。

在兴奋和理想之间的平衡中,可以找到正常的道德结果。如果兴奋过于微弱或者弥散,行为者将缺乏动力。如果它相对太强,行为者无法控制被激发的能量,他将失去理智而被自己的兴奋所左右。换句话说,他会堕入盲目的情感。

欲望的功能

不能把欲望和单纯的冲动或盲目的情感看作同一个东西。与动物的欲望相比,人类的欲望总是意识到,至少是模糊地意识到自己的目的。当行为者处于欲望之中的时候,他意识到他前方的目的,而且这种对目的的意识可以强化他的积极倾向。简而言之,它可用以激发达到目的的必要手段。当欲望不是处于纯粹冲动的状态时,当然它也不处于纯粹智力的状态。目的可能出现在意识中,但是它只是被简单地看作目的。如果它不被看作是活动的刺激,它就是纯粹审美或者理论的东西了。至多,它将只能激发一种虔诚的愿望或者模糊的情感渴求,而不是积极的欲望。

欲望的真正道德功能与情绪的功能是一样的,准确地说,是其中的一个特殊阶段。它在道德生活上的作用是激发能量,刺激实现目的的必要手段,否则,就是纯粹理论或者审美的作用了。在特定方向上的欲望,只是度量某种目的或者观念对我们的控制。它们展示了性格的力量和该方向的迫切要求。它们考验性格的诚实。一个唤醒不了欲望的畸形生长的目的完全是虚假的,它显示性格不断分裂,是具有威胁性的伪善。

在道德上处理欲望,就像处理情绪一样,必须确保一种平衡。欲望倾向于不断地超越自己。欲望昭示着把躁动不安的能量作为实现目的的手段,但是能量一旦被挑起,它就倾向于摆脱目的而我行我素。欲望是贪婪的,除非欲望被监管。否则的话,它还使行为者过于轻率。它将他消耗殆尽。意识到了目的可以激发冲动和习惯,但是这还不够,行为者必须坚持把被冲动和习惯激发出的能量引导到正确的方向。

快乐和欲望的关系

我们从而获得了判断欲望与快乐之间关系的正常状态的标准。毫无疑问,欲望总是有些令人愉快的。意识到自我表达的目的,是令我们高兴的。因为目的决定满足,因此,凡是目的能够激发任何概念和唤醒的任何映像,它本身就是愉快的。这种快乐使行为者听从于目的,把理想的状态转化为现实。正常的快乐有着严格的工具性作用。一方面是因为对目的的意识,另一方面对目的的实践有效性作出贡献。在自我沉溺中,目的只是被用于刺激有意识的快乐状态,目的一旦完成,快乐此后就被排斥了。我们应该使快乐成为它自己的目的,而不是用来将心智固着于目的的手段。

欲望与兴趣的关系

有人可能会问,欲望与兴趣的关系是什么呢?准确地说,对欲望的分析就意味着对间接兴趣问题的考虑。正常的欲望,只是恰当的间接兴趣的一个例子而已。在冲动的一端和理想或目标的另一端之间保持平衡,恰恰就是对目标保持足够兴趣的问题。它可以防止能量浪费——引导被激发的能量朝着有助于实现目的的方向努力。在此,对目的的兴趣被转换为手段。换句话说,兴趣表明被激发的情绪力量发挥了作用。这是我们对兴趣的定义:它是一种与自我表现观念有关的冲动。

对目的的兴趣表明,欲望既是平静的,也是稳定的。过于贪婪的欲望,就像过于焦虑的反感,自己打败了自己。年轻的猎手急于杀死他的猎物,一想到就要达到目的了,他激动得无法控制自己,瞄准不了猎物,目标最终落空了。成功的猎手不是那种对目的、对杀死猎物不感兴趣的人,而是那种能够把他的兴趣完全转化到实现目的的必要手段上来的人。占满他心灵的不是杀死猎物,而是他必须完成的每一个步骤。手段再一次与目的同一,欲望变成了间接的兴趣。作为纯粹理想的理想消失了,它"落户"于工具性的能力之中。

目的的分析

到目前为止,我们一直在从手段的角度讨论间接自我表现的过程。现在我们得考虑同样的过程,把重点放在对目的的智力分析上。因为前面讨论的内容较多,我们在此可能简单地分别论述目的或者理想的缘起和作用。

首先论述目的的缘起。一般而言,理想是活动能力(active powers)的投射。目的既不是在真空中生成的,也不是通过外部冲动和极力寻求表达的习惯而进入到头脑中的。目的就是这些活动的能力,它们被激发出来,审视着自己,想把自己看个透彻,弄明白自己对整个事件的影响。这种影响是持久的和在决定性意义上的,而不是暂时性的和相对割裂的。换句话说,理想是对冲动的自我意识,是自我诠释。理想的价值在于可能的实现。

接着论述目的的作用。如果理想有着独立于活动能力的起源,那么就不可能明白理想如何能够发挥作用。理想需要一种心灵机制,通过这种心灵机制,它不再仅仅是理想,而是成为一种现实。但是,正因为理想一般而言是活动能力投射到智力活动中,理想才必然地拥有了活动的品质。这种动力因素一直保持着。作为动机的表现在种类上与作为理想的表现没有区别。动机就是活动价值的实现,这种价值起初就附着于动机中。

理想的冲突

换言之,当理想具有了动机(唤起活动的能力)功能的时候,从目的的角度而言,我们就把欲望转换为间接的兴趣了,就像我们刚才提到的从手段的角度而言一样。只要理想不变成动机,这就表明理想本身尚未明确地形成。这个世界存在着理想的冲突。行为者眼前有两个可能的目的方向,一个与活动能力相对应,另一个与冲动和习惯相对应。由此,思想、反思在任何单独的方向上都无法聚焦。自我遭遇了迷失,它不知道自己究竟需要什么。它处在尝试性的自我表现过程中,先尝试着一个自我,然后尝试着另一个自我,想看看它们是如何适应的。实现某个意图或者确定某个最终理想,表明自我已经找到了一致性的表现。正是在这一点上,理想开始抑制自我,开始在公开的活动中表现自我。理想变成了动机。对目的的兴趣现在转换为冲动和习惯,变成了当前的目的。动机是对理想的兴趣,而这种理想转化为冲动和习惯。

正常努力的意义

正常的努力恰恰是理想的自我实现的倾向——转换为动机的努力。行为者活动的能量不会引发,或从中生长出空洞的和形式上的理想。缺乏任何强有力的品质,理想得不到伸张;它没有成为一个原动力,一个动机。但是,每当理想确实是自我表现的投射或者转换时,它一定奋力地表现自己。它一定坚韧地克服障碍,把障碍转换为自我实现的手段。它在哪种程度上表明了它的坚韧,它就在相同的程度上表明自己是现实中的真正理想,而不是名义上的或者妄想的自我表现形式。

良好的意图或者"怀有好意"提供了对这个原则的清晰解释。当一个从表面上看来失职的人,提供了良好的意图为自己的行为证明或者辩解的时候,究竟是什么决定了是否可以接受它们?难道不正是他在意图、理想和自我实现上表现出来的努力吗?不正是看他能否克服阻止理想公开实现的障碍吗?如果他不能够展示某些外来的、无法抵挡的干涉的话,我们有理由认定,行为者或者企图欺骗我们或者他在自我欺骗——他所谓良好的意图,实际上只是一种模糊的情绪愿望或者是间接地参照某种无法真正影响他的一些传统理想。我们一直用目的的持久性对抗考验它的生命力和真实性的障碍。

作为压力的努力

另一个方面,因为缺乏兴趣而在压力意义上的努力,是努力非正常的运用表现。这个意义上的努力的必要性表明，名义上坚持的目的没有作为自我表现的形式得到承认——它外在于自我，没有产生兴趣。有意识激发的努力仅仅是一种非真正的压力，这种压力必然表现在实现目的的任何企图中，但它不是自我过程的重要部分。压力总是人为的，它要求某种外在的刺激来保持，而且总是使人疲倦。压力意义上的努力，不但在道德训练中不起作用，而且起着明显的非道德的作用。目的的外在性见证了它无法激发积极的冲动，无法坚持实现目的。这种外在性，使任何实现目的的压力只会产生相对非道德的动机。在这种情况下，自私的恐惧，对外在压力的恐惧或纯粹机械的习惯，或者对外在奖赏的希望和对某种贿赂形式上的敏感，都可以成为真正的动机。

小结

我们清楚了作为动机的快乐理论和作为动机的人为的努力是如何在实际上产生相同结果的。压力的理论总是涉及或者与愉悦或者与痛苦的某种关系，这两种情感都是具有真正控制作用的动机。快乐理论，由于缺乏影响和指引能力的内在的目的，得不停地依赖某些外在的刺激去激发不断消退的能力。在道德上没有人比习惯性的快乐寻求者付出的努力更多，取得的效果却更差，这是老生常谈。

心理学的分析结果与实际上教育方面的分析所达到的结果是一样的。在此，我们发现，诉诸使事物有趣的努力，激发对非有趣的事物的快乐感，在常识上引起了过度刺激的更迭和枯燥的冷漠。在此，我们发现，将快乐的期望作为目的，一方面，必然激起无用的能量；另一方面，导致能量的毫无方向和大肆挥霍。

在教育方面，我们发现，诉诸所谓"意志"的绝对力量，除了对目的的兴趣以外，意味着形成分散注意的习惯——一方面，以一种纯粹外在的方式机械地从事某项工作；另一方面，却是想入非非和无法控制的发挥意象的作用。在心理学方面，我们发现，对目的的兴趣仅仅意味着自我在某个方向找寻自己的行为路径和情感表达。因此，为了能量的释放，存在实现理想目的的努力动机。

在教育方面，引导我们认为正常的兴趣和努力与自我表现过程是同一的。现在，通过间接的自我表现过程，我们为教育实践的先决条件获得了相当充分的心理学依据。

（杨小微　罗德红等　译）

学校与儿童生活[*]

上周我向大家展示了学校和共同体的更大生活之间的关系，以及为更好地适应当前的社会需要而变革学校工作的方法和内容的必要性。

今天我想从另一方面来考察这一问题，并思考学校与学校里的儿童们的发展和生活之间的关系。由于难以把普遍原则与像小孩子这样具体的事物联系起来，我不得不从芝加哥大学初等学校的工作中抽取大量事例。在一定程度上，诸位也许赞同这个方法，从中提出这些观念本身是从真实的实践中产生出来的。

几年以前，我在城市里四处游走，逛遍了教育用品商店，想要找到完全符合要求的桌椅——符合艺术的、卫生的和教育的要求，适应儿童们的需要。我们费了老大力气也找不到所需要的样式，最后，一个比他的同行们聪明的商人发表了这样的评论："恐怕我们没有你们要找的东西。你们要找的是孩子们可以在上面工作的东西，而我们有的这些全是供听讲用的。"这揭示了传统教育的问题。就像生物学家能用一两块骨骼重现整个动物那样，如果我们想象一下常见的教室，里面是以几何顺序排列的一排排难看的书桌，书桌都堆挤在一起，活动的空间无比狭小；而书桌几乎是同样大小，只勉强放得下书本、铅笔，此外放上一个讲台、几把椅子，光秃秃的墙壁上面可能贴着几张画，我们由此可以重现在这一场所上演的唯一的教育活动。这全是为了能"听讲"——因为单纯学习书本中的课程只是另一种听讲，这造成了一个心灵对另一个心灵的依赖。相对而言，听讲的态度意味着消极和吸收。有一些由学校主管、委员会和教师们准备好的材料放在那儿，儿童们只要用最少的

---

* 此文选自《杜威全集·中期著作》第 1 卷。首次发表于 1899 年，为《学校与社会》一书第 2 章。

时间学会它们就够了。

在传统的教室里,几乎没有给儿童们留出工作的地方。多数情况下,儿童们可用以进行建造、创新和积极探索的工场、实验室、材料、工具甚至最基本的空间都非常缺乏。这些过程中所需要的事物,在教育中甚至没有一个明确认可的位置,它们只是在日报上写社论的教育界权威们一般称之为"一时的风尚"或"不必要的装饰"的东西。昨天一位女士告诉我,她正在到处寻访,想找到一所儿童们的活动优先于教师传授知识的学校,或儿童们有某种要求获得信息的动机的学校。她说,她在访问了 24 所不同的学校之后,才找到一所这样的学校。我要加上一句,这所学校不在我们这座城市。

这些有固定书桌的教室所揭示的是:每一件东西都是为了管理最大数量的孩子,为了从总体上对付儿童而设置的,把儿童视为一个个体的集合;这又意味着,儿童被消极地对待。儿童一旦活动起来,他们就使自己变成了个人;他们不再是一个群体,而成为我们在学校外面、在家庭中、在操场上、在邻居家所看到的那种有个人特点的人。

方法和课程的一致性,可以在同样的基础上加以解释。如果每件事都基于"听讲",你就会得到统一的教材和方法。听讲以及考虑听讲的书本,构成了对所有人都适用的媒介。几乎没有机会去适应儿童的不同能力和不同要求。有一定数量——一个固定数量的已经备好的结果和成就,在既定的时间等待着所有的儿童。正是为了适应这一要求,才发展出了从小学到大学的课程。世界上刚好有那么多想获得的知识,并且刚好有那么多需要的专门技术。接下来就是用 6 年、12 年或16 年来分割学校生活的数学问题。现在按比例,每年给儿童们全部的一个部分,等他们学成之后,他们刚好掌握了全部。通过在一小时或一天或一周或一年的时间里掌握这么多的知识,最后每一件事都整整齐齐地完成了——如果儿童们没有忘记前面学过的知识的话。马修·阿诺德(Matthew Arnold)的报告告诉我们,这一切的结果就是一位法国教育权威骄傲地向他陈述的:上万名儿童在既定的时间,比如 11 点,同时学习地理中的某一课;在我们国家西部的某一城市,常常是学校的主管向接踵而至的访问者重复这一骄傲的夸耀。

为了阐明旧式教育的典型特征,我可能有些夸大:它的消极态度,它对儿童的机械聚集,以及课程和方法的一致性,一言以蔽之,关注的重心在儿童之外。重心可能是在教师,在教科书,在你喜欢的任何地方,但唯独不在儿童当下的本能和活动中。在这一基础之上，关于儿童的生活也就没什么好说的了。关于儿童的学习可以长篇大论，但学校不是儿童生活的地方。现在我们教育中发生的变化是重心的转变。这是一个改变、一次革命，与哥白尼引入日心说不无共同之处。在这里，儿童变成了太阳，教育要素围绕儿童旋转；儿童是组织教育要素的核心。

如果我们以理想家庭为例。在理想的家庭中，父母足够聪明，知道什么对儿童有益，并能满足儿童所需要的东西。我们会发现，儿童通过社会性交谈和家庭的组织而学习。在进行谈话时，有些要点是对儿童有兴趣、有价值的东西：进行陈述，探究问题，讨论主题，儿童在此过程中不断地学习。他表述了自己的经验，其错误观念得到了纠正。儿童通过对家庭活动的参与，养成了勤奋、守秩序、尊重他人权利和观念的习惯，及其个人的活动服从家庭共同利益的习惯。参与这些家庭工作，也是学习知识的机会。理想的家庭应该设有一处工场，供儿童满足建造的本能；应该具有一所微型的实验室，以指导儿童的探究。儿童的生活应该从户外走向公园、周围的田野和森林。他应该有自己的远足、散步和谈话，只有这样，外面更广阔的世界才能向他展开。

现在，如果我们将这一切加以组织和概括，将得到一个理想的学校。这不是神话，也不是教育理论的惊人发现。这只是系统地和以大规模、明智、有效的方式去完成在大多数家庭中有各种理由能够做到而只是偶然做了又做得很少的事。首先，理想的家庭必须扩大，必须让儿童与更多的成年人和更多的儿童接触，以创造一个最自由、最丰富的社会生活。而且，家庭中的活动和人际关系不是特意为儿童的成长而选择的；其主要目的不在这里，儿童从中得到的东西是偶然的。因此，需要一所学校。在学校中，儿童的生活成为全部可控的目标，促进儿童成长的全部必要媒介都集中在这里。学习？——肯定要学习，但首要的是生活，学习是通过生活并与之联系起来进行的。在以这样的方式集中和组织起来的儿童生活中，儿童首先不是一个静静听讲的人，而是恰恰相反。

经常听到这样的说法：教育就是"引出"（drawing out）。这样的说法很精彩，如果我们把它和注入式的过程相比较的话。但是，毕竟很难把"引出"的观念和 3 岁、4 岁、7 岁或 8 岁儿童的日常行为联系在一起。儿童已经尝试过各种类型的活动。他不纯粹是一个潜伏的生物，成年人必须以高度的戒备和高超的技巧去接近他，以慢慢地牵引出某种隐蔽的活动胚芽。儿童本来就十分活跃，教育的问题就是抓住他的活动并给予活动以指导的问题。通过指导，通过有组织的运用，活动可以造成有价值的结果,而不是散乱无序或成为单纯冲动的表现。

如果我们这样看问题,许多人视为畏途的定义新教育的问题与其说解决了,不如说消解了,它消失了。一个经常问到的问题是:如果你从儿童的观念、冲动和兴趣出发,从这些极其粗糙、任意和分散的、未经提炼或精神化的东西出发,他将如何获得必要的训练、文化和信息呢?如果除了刺激和纵容儿童的这些冲动,我们无计可施,那么,这个问题就问到了点子上。我们或是不得不忽视和压制这些活动,或是迁就它们。但是,如果我们有系统的设备和材料,那么,我们就有另外的途径。我们可以指导孩子们的活动,让他们按一定的规则练习,这样便可以渐渐将其引导到这条道路逻辑上最终要达到的目标上去。

"如果愿望都能实现,乞丐早就发财。"由于愿望不是现实,由于真正满足一个冲动或兴趣意味着实现它,而实现它意味着要克服障碍,熟悉材料,发挥才智、耐心、韧性和警觉,它必然需要训练和知识。以想制造盒子的儿童为例,如果他缺乏想象力或愿望,他当然不会得到训练。但是,如果他想实现自己的冲动,就要明确观念、安排计划、选择工具、测量所需的部件、确定比例等等诸如此类。这其中有材料准备、拉锯子、订计划、砂纸打磨、榫卯配套。工具和工序的知识是必需的。如果这个儿童实现了自己的本能,做出了盒子,那么,他就有充分的机会获得训练和磨砺,施展能力去克服障碍,同时获得大量的信息。

因此,毫无疑问,以为自己喜爱烹饪的儿童对烹饪是什么、烹饪的价值何在或烹饪需要什么所知甚少。它只是一种"乱搞一气"的欲望,或许是模仿大人的活动的欲望。我们当然也可以降低到这一水平,仅仅迁就他的那种兴趣。但是,在这里,如果想把冲动变为现实,它将与冷酷的现实世界发生冲撞,结果是它不得不接受现实;这里再次出现了训练和知识的要素。最近,有个儿童对不得不通过漫长的试验学习技能感到不耐烦,他说:"我们为什么要跟自己过不去呢?我们还是按着菜谱说的来做吧。"教师便问儿童:菜谱从何而来?教师的话的意思是:如果他们只是按着菜谱说的来做,就无法理解他们这么做所为何事。于是,儿童又高高兴兴地继续他们的试验工作。事实上,按照这一思路就能阐明问题的要点。那一天,他们的工作是煮鸡蛋,这是从烧菜到烧肉的过渡。为了得到一个比较的基础,他们首先概述了蔬菜中食物的构成成分,然后与肉中的成分进行对比。他们由此发现,蔬菜中的木质纤维或纤维素相当于肉中的结缔组织,是形状和结构的因素。他们还发现,淀粉和淀粉制品具有蔬菜的特征,蔬菜和肉类都含有无机盐和脂肪——在蔬菜中,脂肪含量低;而在肉类中,脂肪含量高。接下来,他们准备对作为动物食品特征的蛋白进行一番研究,并准备考察正确处理蛋白的必要条件——鸡蛋被选作试验的原料。

他们首先用各种温度的水做实验,看它什么时候变烫,什么时候徐徐沸腾,什么时候完全烧开,然后看不同温度下蛋白的变化。这样做的目的不只是煮鸡蛋,而且可以了解在煮鸡蛋过程中所涉及的原理。我不想忽视特殊的偶然事件的普遍性。如果孩子有煮一个鸡蛋的念头,他把鸡蛋放到水里煮了3分钟,等告诉他以后,他再把鸡蛋取出来,这没什么教育意义。但是,如果这个孩子通过认识相关的事实、材料和条件来实现自己的冲动,然后通过这一认识掌管自己的冲动,这是有教育意义的。这就是我所坚持的刺激或放纵兴趣与通过指导实现兴趣的区别。

儿童的另一个本能是使用铅笔和纸。所有的儿童都喜欢通过形式和颜色的媒介表达自己。如果你只是放纵儿童的这一兴趣,让他们无节制地进行下去,那他们只会有偶然的长进。但是,如果让儿童首先表达自己的冲动,然后通过批评、提问和建议,使他意识到他所做的和所需要做的是什么,结果会截然不同。这里以一个7岁儿童的作品为例。它可不是平平之作,而是低年级儿童最佳的作品,但是这件作品例证了我刚才所说的原则。儿童们一直在谈论当人们生活在洞穴时社会生活的原始条件。他们的观念是这样表达的:洞穴以一种不可思议的方式整齐地建在山坡上。我们看到儿童笔下最常见到的树木——一条垂直的线段,每边填上一些水平的枝杈。如果允许儿童日复一日地重复这类东西,他将放纵自己的本能而不是运用它。但是,现在要求儿童仔细观察树木,比较实际的树和他们画中的树,更直接更有意识地深入到他的工作条件中。这时,他会根据观察来画树。

最后,他结合观察、记忆和想象来作画。他再次绘出了一幅无拘无束的图画,表达他自己想象的内容,但仍受到对真实树木的仔细研究的限制。画面是一小片森林;在我看来,就这幅画而言,它具有和成人作品一样的诗情画意;而且,就其比例而言,画中的树木是符合实际的,而不只是一些符号。

如果我们把学校中的冲动进行粗略的分类,可以将其归纳为四种,其中有在谈话、个人交往和交流中表现出来的儿童的社会本能。我们都知道,四五岁的儿童是以自我为中心的。如果要提出什么新的主题,如果他要说什么东西,那必定是"我见过它"或者"我爸爸(或妈妈)这么告诉我的"。他的视野并不广阔,一点经验必须马上为他所领会,如果他有充分的兴趣把这一经验和其他经验相联系并依次探讨它们的话。儿童的自我中心和有限的兴趣以这种方式无限膨胀。语言的本能是儿

儿童画:洞穴与树木

儿童画:树林

童最简单形式的社会表达。因此,语言是一个巨大的,或者说是最大的教育资源。

接下来是制作的本能——建造的冲动。儿童的制作冲动首先在游戏、运动、手势和假扮中得到表达,逐渐变得越来越明确,并通过把原材料制作成可触的形式和固定的样本而找到发泄的渠道。儿童对抽象的探讨兴趣不大。探究的本能看来是由建造冲动和谈话冲动结合而生的。对小孩子来说,在实验科学和木匠铺所做的工作之间没有什么区别。他们在物理学或化学中所做的工作,不是为了得出技术性的概括或获得抽象的真理。儿童只是喜欢做一些事,并密切关注所发生的事。但是,可以利用这一点,引导他走上产生价值结果的道路,也可以任其随意进行。

儿童的表达性冲动,即艺术的本能,同样产生于交流和建造的本能——前者是后者的精髓和充分体现。给建造足够的空间,让它完满、自由而灵活;给它一个社会动机,让它表达一些事物,这样你就有了一件艺术品。试以纺织工作——缝纫和织布——为例来说明这个问题。儿童在工作室中制造出一架原始的织布机;这里,建造的本能发挥了作用。接着,他们想用这架织布机做点事情,制造一些东西。这是一架印第安人的织布机,可以把印第安人编织的毛毯展示给儿童们看。每个儿童都画出了一个理念上和纳瓦霍人(Navajo)[1]毛毯类似的设计,从中选出一幅似乎最适宜眼前工作的图案。尽管技术资源很有限,但儿童们还是完成了着色和式样的工作。完成这些工作需要耐心、细致和坚韧,这不仅包含历史方面和技术设计原理方面的训练和知识,而且包含充分表达观念的某种艺术精神。

还可以举出与艺术方面和建造方面相联系的另一个例子。孩子们一直在研究原始的纺纱和梳毛技术,其中一个12岁的儿童画出了一幅正在纺纱的一个年纪较大孩子的画像。这又是一件很不寻常的作品,它比一般的作品要好。上图画的是一双手正在拉羊毛线以备编织,是一个11岁儿童的作品。但是,总体来说,尤其对更年幼的孩子,艺术冲动主要与社会本能相关——想要表达、描述的欲望。

现在,牢记这四种兴趣——对谈话或交流的兴趣、对探究或发现的兴趣、对制作或建造的兴趣,以及对艺术表达的兴趣——我们可能会说,它们是自然资源,是未投入的资本,儿童的积极成长依赖于这些兴趣的运用。我想给出一个或两个例证,第一个来自7岁孩子的作品。它在某种程度上说明了儿童占主导地位的欲望是谈话,特别是谈论人或与人有关的事情。如果你观察一个小孩,你会发现,他们

---

① 纳瓦霍人,是居住在美国亚利桑那、新墨西哥和犹他州等保留地的一支印第安主要部落。——译者

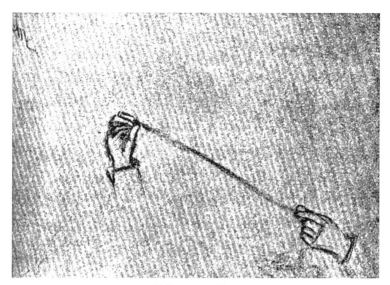

儿童画:手工纺织

儿童画:正在纺织的女孩

主要对与人有关的事物感兴趣。这些事物是人类关注的背景和中介。许多人类学家告诉我们,儿童的兴趣和原始人类的兴趣具有一定的同一性。儿童的心理会自然重现原始人类的典型活动;男孩子喜欢在院子里建小房子,操持弓箭、长矛等东西做狩猎游戏就可以证明。问题再次出现了:我们如何对待这些兴趣——弃之不顾,还是激发并把它引发出来呢? 或者是抓住它,引导它有所前进,有所提高? 我们为 7 岁儿童设计的工作采取了后面的做法——利用这一兴趣,把它变成观察人类进步的手段。儿童在直接接触自然界以前,先是想象那些远离他们目前的情况。这就相当于把他们带回到了狩猎人群,带回到了穴居或树居人群,通过打猎和捕鱼获得勉强的生存。他们尽量想象与那种生活相应的各种自然环境,比如,位于山脉附近陡峭的树木茂密的山坡、渔产丰富的河流。他们继续想象经过狩猎时代而进入半农业时代,经过游牧时代进入定居的农业时代。我想要指出的一点是:这样可以为实际的研究提供大量的机会,通过探究可以获得许多信息。这样,虽然本能首先表现在社会方面,儿童对人和人的作为的兴趣就被带入了更广阔的现实世界。比如,儿童对原始武器、石制箭镞等东西有所了解。当他们试验哪种石头最适合作武器时,这些知识就使检验材料的易碎性、形状、质地等矿物学课程派上了用场。讨论铁器时代的时候,提出了需要建造一个大型的黏土熔炉的要求。由于儿童一开始未能正确地画出草图,炉膛入口的尺寸和位置与出口不匹配,这就需要有关于燃烧原理、制图和燃料性质方面的教学。但是,这些教学不是预先准备好的。首先是需要它们,然后才能通过试验获得它们。接下来,他们取来一些铜之类的原料,经过一系列试验,把铜熔化掉,制成一些物件;他们还用铅和其他金属做了同样的试验。这一工作同样是地理课程的继续,因为他们必须想象出不同形式的社会生活所必需的各种自然条件。适合于畜牧生活的自然条件是什么? 适合于农业的自然条件是什么? 适合于渔业的自然条件呢? 这些人群之间交换的自然方式是什么? 在交谈中提出这些问题以后,他们在地图和沙盘上把它们描绘出来。这样,他们就得到了地球构造不同地形的知识,并从它们与人类活动的关系角度来考察它们,这样一来,它们就不再只是一些外在的事实,而是与人类的生活和进步等社会观念密切相关的事实。在我看来,这个结果完全证实了这一信念:儿童经过一年的训练而获得的科学、地理和人类学的知识,远远超过以获得信息为目的而从固定的课堂上学到的知识。至于训练方面,他们所获得的注意力、解释能力、推理能力以及敏锐观察和不断思考能力的训练,远远超过仅仅为了训练而让他们去随便解决一个问题所得到的训练。

这里我要提一下口述课（recitation）。我们都知道它已经成为什么样子——一个儿童向教师和其他儿童展示他成功地从教科书中所吸取的知识数量的场所。从另一种观点来看，口述课已经出色地成为一种社交聚会的场所；口述之于学校犹如自发交谈之于家庭，区别只在于口述更有组织性，遵循明确的规定。口述成为社交的情报交换所，经验和观念在这里得以交流并接受批评，错误的观念在这里得到纠正，新的思维方式和探究形式在这里得以确立。

口述从检验已获得的知识向自由发挥儿童的交流本能转变，影响并修正了学校的全部语言工作。在旧的体制之下，让孩子充分、自由地运用语言，无疑是一件极为严重的问题。理由是不言而喻的，语言的自然动机很少被提及。在教育学教科书中，语言被定义为表达思想的媒介。对受过教育的成人来说，语言可能确是如此。但是，勿庸赘言，语言首先是一种社会事物、一种我们借以向别人传达经验并从别人那里取得经验的工具。如果让语言偏离它的自然目标，教授语言就会变成一个复杂而困难的问题，这不足为奇。想一想，为语言而进行语言教学是一件多么荒谬的事情。如果孩子上学之前有什么要做的事，那就是谈论他感兴趣的事物。但是，如果学校里没有什么真正令人感兴趣的事物，如果使用语言只是为了复述课程，教授母语渐渐成为学校工作的一个主要困难，这就没什么好奇怪的了。由于被教授的语言不是自然的，不是来自想要交流生动的印象和信念的欲望，儿童运用语言的自由就会逐渐消失，直到最后，高中教师不得不想出各种办法来帮助学生自发和充分地运用语言。此外，当以一种社交方式唤起语言本能的时候，这会与现实有持久的接触。其结果是，儿童头脑中总是有要谈论的东西，他有话要说，他有思想要表达，而思想如果不是某人自己的思想，就不能成其为思想。根据传统的方法，儿童只能讲他所学到的东西。在这个世界，有话要说和不得不说点什么之间有根本的区别。当儿童有各种材料和事实并想对它们加以谈论时，他的语言就变得更精炼、更充分，因为它是受现实制约并源于现实的。阅读和写作与口语使用一样，可以在此基础上教授。它可以用叙述（related）的方式进行，因为语言作为儿童叙述其经验并获得别人经验的社交欲望的成果，总是通过对所交流的真理起决定作用的事实和与有影响力人物的接触中获得指导。

我没有时间谈及年龄较大儿童的工作，他们天生而粗略的建造和交流本能已经发展为某种类似科学指导探究的事物了。但是，我想给出一个从这一实验工作得来的使用语言的例证。这一工作建立在最常见的一个简单实验基础之上,慢慢地把学生引导到地质学和地理学研究中。在我看来,我接下来要引用的句子既富有诗意又充满"科学性"。"很久以前,当地球刚刚诞生的时候,它还只是一团熔岩。那时地球上没有水,到处是水蒸气,同时也有很多其他气体。二氧化碳就在其中。蒸气变成了云,因为地球开始冷却了,不久以后开始下雨,雨水降落下来溶解了空气中的二氧化碳。"地球演化的实际过程,比这里叙述的更为复杂。它代表着儿童三个多月的工作。儿童坚持做日记和周记,但这只是一季度工作总结的一部分。我把这称为诗意的语言,因为儿童对想象的现实有一幅清晰的图像和一种个人情感。我从另外两篇记录中抽出几段话,以进一步证明在有生动的经验支持时对语言的生动运用。"当地球冷却到足以凝结的时候,在二氧化碳的帮助下,水把岩石中的钙吸出来(pulled)带到更大的水体中,这样,水体中的小动物就可以利用钙了。"另一段话是:"当地球冷却下来,钙沉积在岩石中,这是二氧化碳和水携手形成的一种溶液。随着这种溶液的流动,它分离了钙并把钙带到海里,而海里的小动物又从水和二氧化碳的溶液中吸收了钙。"联系化学化合过程,使用"吸"、"分离"等字眼,证明了一种亲身的实感,这种实感迫使恰如其分的措词被表达出来。

要不是我在举例说明方面已经用了这么多篇幅,我一定要表明儿童怎样从很简单的实物开始被引导到更大范围的研究,以及与这种研究相伴随的理智训练。我只简单提及工作开始时候的实验。该实验是制作用来擦亮金属的白垩。儿童使用简单的工具——平底大玻璃杯、石灰水和一个玻璃管,从水中沉淀出碳酸钙;接着,研究火成岩、沉积岩等各类岩石在地球表面的形成过程和分布的地域;然后,研究美国、夏威夷和波多黎各的地理情况;进而研究这些岩石在各类地表对人类活动的影响;这样,这一地质记录最后以进入现代人的生活而结束。通过实验,儿童理解和感知到了很久很久以前发生的地质过程和影响今天工业活动的自然条件之间的关联。

在与"学校与儿童生活"这一主题有关的所有问题中,我只选出了其中一个问题,因为我发现,这个问题给人们带来的困难比其他问题多,给人们增添了一块绊脚石。人们可能乐于承认,最向往的事莫过于让学校变成儿童真正生活的地方,让儿童从学校中获得令他感到振奋而且其本身就有意义的生活经验。但是,这时我们听到下面的追问:儿童如何在这一基础上获得所需要的知识,他如何经受所需要的训练?是的,这一问题浮现了出来。对于很多人,即使不是大多数人来说,正常的生活过程似乎是与知识和训练的获得不相容的。因此，我试图以一种高度概括和粗略的方式（因为只有学校自身在其日常运行中才能够提供具体而有价值的描述）来说明问题如何得到自我解决——如何抓住人性的基本本能，如何通过提供适当的媒介来控制它们的表现，不仅促进和丰富儿童个体的成长，也能够提供同样的甚至更多的曾经是过去教育理想的专门知识和训练的成果。

但是，我虽然选择了这一特殊的处理方式（作为对普遍提及的问题的让步），还是不愿意让这一问题停留在多少有些消极和解释性的状态之中。生活毕竟是件大事；儿童的生活在自己的时段和尺度上和成人的生活一样重要。实际上，如果以为理智而认真地重视儿童在丰富的、有价值的和扩展的生活中现在的需要和力所能及的事，与以后成人生活的需要和可能性相冲突，那才是真正奇怪的事。"让我们和我们的孩子们一起生活"，当然首先说的是我们的孩子应该生活——而不是强迫他们在各种不同条件下压制和阻碍他们生长的生活，对这种条件的最长远的考虑是与儿童目前的生活联系起来的。如果我们寻求教育的天国，其他的一切问题都会迎刃而解——这可以解释为：如果我们了解和肯定儿童时代真正的本能和需要，并且探求它最充分的要求和生长，成人生活的训练、知识和文化素养在适当的时候就会全部到来。

谈到文化修养，我想到，在某种意义上，我只谈及儿童活动的外围——只谈及儿童向外表达说话、制作、发现和创造的冲动。不用说，现实的儿童都生活在想象的价值和观念的世界中，外部世界只是这些价值和观念不完善的体现。如今，我们常常听到培养儿童"想象力"的说法。于是，我们取消了不少我们自己的谈话和工作，坚信想象力是儿童某一特殊的部分，需要以某一特殊方式来满足它——一般而言，需要以不真实的、假扮的方式或以神话和虚构的方式来满足它。我们为什么如此铁石心肠，如此迟缓地信服想象力是儿童生活的媒介呢？对儿童来说，每一地方以及吸引他注意的每一事物都富有价值和意义。学校和儿童的生活之间的关系问题，说到底不过是这个问题：我们是不顾这一本来具有的背景和倾向，完全不与真实活泼的儿童打交道而热心于我们自己树立起来的僵死形象，还是让这种天生的倾向自由地发挥并获得满足？我们一旦相信生活，相信儿童的生活，我们所谈到的一切作业和价值，以及历史和科学，都会变成他的想象力所诉诸的工具和文化材料，并由此可以使他的生活变得丰富和有秩序。凡是我们现在只看到外在的作为和外部产品的地方，在全部可见的结果的背后，都有精神态度的重新调整、拓展了的富有同情的视野、对生长着的力量感受，以及使见识和能力与对世界的和人的利益一致起来的意志力。如果文化修养不是表面的抛光剂，不是镶嵌在普通木料上的桃心木，它肯定是这样——在灵活性、视野和同情心方面的想象力的成长，直到个体生命充分意识到自然和社会的生活。如果自然和社会可以进入课堂，如果学习的方式和工具从属于经验的本质，那么，实现儿童生活与自然和社会生活的"融为一体"就获得了机会，而文化修养也将成为民主的通行证。

（刘时工　译）

作为自然生长的教育*

"我们对儿童一无所知,因此带着错误的儿童观去从事教育,结果是偏离正道,越走越远。那些最聪慧的人致力于研究成年人应该知道什么,却从不考虑按其能力可以学到些什么。"这些话是卢梭的《爱弥儿》一书中典型的语句。卢梭坚信,现行的教育很糟糕,因为家长和教师的脑子里始终想的是成年人积累的知识。同时他认为,一切改革都应围绕着儿童的禀赋和弱点来进行,都应该立足于此。卢梭说过不少蠢话,也做过不少蠢事。但是,他坚决主张教育必须立足于受教育者与生俱来的能力,立足于学童的需求,以发现学童具有哪些禀赋。这个主张唱响了现代为促进教育进步而做的一切努力之基调。这就意味着,教育不是依靠外力把什么东西强加给儿童和青年,而是让人类与生俱来的各种能力得到生长[1]。卢梭的这个思想,激发了自他以来教育改革者们最为强调的各种思想。

首先应该关注职业教育工作者一向忘却的一个事实:在学校学到的东西充其量不过是教育的一小部分,而且是相对粗浅的那一部分;然而,在学校学到的东西却在社会上造成人为的差异,使人们相互隔离。结果,在比较学校所学与日常生

---

* 此文选自《杜威全集·中期著作》第 8 卷。首次发表于 1915 年,为《明天的学校》一书第 1 章。
[1] growth 在杜威的理论中一般译为"生长"。现引吴式颖 1999 年编写的《外国教育史教程》作为注解:"教育即生活、教育即生长、教育即经验的改造这三个命题……是杜威教育理论的总纲领。"(人民教育出版社,1999 年,第 513 页)"生长是一个生物学概念,但杜威对之做了改造,赋予其丰富的社会内涵,从文法上讲,'教育即生长'是不通的,生长是一个过程、一种结果或者理想,若言教育是为了促进生长,为了促进发展则无此语病。"(同上书,第 510 页)因此,本书在翻译中严格按杜威的原意,将"growth"以及他行文中有时为避免重复 growth 而用的替代词"development"译为"生长"。
　　——译者

活所学时，我们夸大了前者。不过，为了纠正这种夸大，我们的办法不是贬低学校的学习，而是研究日常事件进程所提供的广泛而更加有效的训练，从中获得启示，从而帮助我们找到学校最佳的教学方法。在从出生到入学之前的数年中，幼儿的学习进展迅速，且很稳定，因为此时的学习与由儿童自身能力所提供的动机紧密关联，与儿童所处的环境所决定的需求紧密关联。学习就是需求，最早看到这一点的正是卢梭。学习是自我保护和生长过程的一部分。因此，如果想知道怎样教育才算最成功，就让我们去研究儿童的学习经历，因为在儿童的学习经历中，学习是一种需求；我们不必去了解学校的实践，因为在学校里，学习多半是一种装饰，是一种可有可无的东西，甚至是一种强加的负担，儿童并不欢迎。

然而，学校总是背离这个原则去办教育。学校并不了解儿童在成长过程中有些什么需求，因此，把成年人积累的知识强加给儿童，但成年人的这些东西与儿童生长的迫切需求毫不相干。

> 一个成年人确实应该知道许多似乎对孩子毫无用处的东西。但是，成年人应该知道的一切事物，孩子就必须学习吗？他能够学会吗？如果你尽量教孩子学习在他那个年龄看来是有用的东西，你就会发现，他的时间是被充分利用了的。你为什么硬要让他去学习他的理性还不能理解的东西，同时却忽视适合于他目前学习的东西呢？但是，如果你要问，等到他需要用的时候，哪里还来得及学呢？我无法回答。不过，要提早教孩子学习是不可能的，因为我们真正的老师是经验和情感。成年人只有在他所处的情境中，才能清楚地了解哪些东西是适合于他的。一个小孩子知道自己肯定会长大成人；他对成人的状况可能具有的所有概念，对他来说就是教育的理由，但是，他所不能理解的地方，就决不应该让他知道。我这本书一直都在证明这个教育基本原则。

也许我们大家最严重和最常见的错误，便是忘了学习是应付种种现实情况的必要之举。我们甚至臆断大脑天生就反对学习，这就相当于假设消化器官反对食物，因此让其接受食物就只有两种办法：要么哄骗，要么强迫。有一种观点相信大脑是反对学习的，换句话说，大脑反对使用自己。现行的教学方法提供了大量支持这种观点的证据。我们没有看到，这种逆反实际上是对我们教学方法的谴责。它表明，我们所教授的内容是处于目前这个生长阶段的大脑并不需要的，或者说教学的方式掩盖了真正的需求。说明白一点，只有成年人才能够真正学会成年阶段所需要的东西。过早吸取成年人的营养会扑灭求知的欲望。相反，如果这种求知欲一直保持不衰，那么，一个成年人学会适合自身知识的可能性无疑会大得多。对此，我们既缺乏信念，又不乐意相信。我们对于成年人知道的东西始终感到担忧，又害怕儿童根本不学，所以等不到儿童出现知识的渴求或者实际的需要，就通过讲授的方式把这些东西强行灌输给他们。如果我们真正相信，关注当下的生长需求，就可以让儿童和教师都忙起来，就可以为未来所需要的知识提供力所能及的保障，那么，教育观念的转变可能很快就能实现，而且我们希望看到的其他变化也会实现。

难怪卢梭不断地宣传心甘情愿浪费时间的必要性：

> 最伟大、最重要、最有用的教育法则就是：不仅不要节省时间，而且还要浪费时间。如果婴儿从哺乳状态一下子就能成长到有理性的年龄，那么，当下的教育方式可能对他们是十分合适的；但是，儿童自然生长规律却要求我们采用截然相反的训练方式。

他又说：

> 我们目前的整个教育方法很残酷，为了遥远且不确定的未来而牺牲现在。我老远就听见这些假聪明者发出的叫嚣；他们不断让我们朝前走，他们从不考虑当下，总是不停地追求那愈追愈是不可即的未来；他们硬要我们离开当下，走向我们永远也达不到的地方。

简而言之，倘若教育就是让习性和能力得到适宜的生长，那么，只有关注日复一日以特定方式生长的过程，才是确保成年人生活取得成就的唯一途径。成熟是各种能力缓慢生长的结果。成熟需要时间，拔苗助长不可能不造成伤害。童年的根本含意就在于它是一个生长的阶段、发育的阶段。因此，打着成人生活成就的旗号来鄙视童年的能力和需求是一种自杀。所以

> 要尊重童年，不要急于对他们做事的好坏妄加评判。让大自然先教导很

长的时期之后,你才去接替它的工作,以免你阻碍了大自然发挥作用。你说你了解时间的价值,所以不愿意浪费时间。可是你没有看到,由于误用时间而带来的损失,比在那段时间中毫无作为所带来的损失还要大,一个受了不良教育的孩子,远远不如没有受过任何教育的孩子聪明。你看见孩子无所事事地度过了童年岁月,就会感到惊奇!唉!难道说让他整天快快乐乐、整天跑跑跳跳是无所事事吗?孩子一生中再也不会这么忙碌了……要是一个人为了把一生的时间都拿来利用而不去睡觉,你会怎么看待他?

尊重童年等于尊重生长的需求和机会。我们的悲剧性错误就在于过于担心成长的结果,以至于忽视了成长的过程。

> 大自然希望儿童在成人以前就要像儿童的样子。如果我们打乱了这个次序,就会造成一些早熟的果实。这种果实长得既不丰满也不甜美,而且很快就会腐烂……儿童有他特有的思维方式、认识方式和感情方式。

生理的成长并不等同于心理的成长,但两者在时间上同步发生,在正常情况下,没有生理的成长就不可能有心理的成长。要尊重童年,第一条具体的法则,就是要确保身体健康发育。恰当的心理发育具有内在的价值,是有效行动和快乐的源泉,除此之外,恰当的心理发育直接依赖于肌肉和感官的恰当运用。如果要与知识的材料建立关系,就必须调动功能器官和接收器官。儿童的首要任务就是自我保护,但这并不是指仅仅让自己活着,而是指把自己作为一个生长发育中的生命保护起来。因此,儿童的活动并不像成年人想的那样漫无目的,它是儿童认识世界的方式,也是儿童了解自身能力的用途及其限度的方式。对成年人而言,儿童一刻不停的活动似乎毫无意义,这是因为成年人对周遭的世界已经习以为常,并不觉得需要不断尝试。可是,成年人因儿童不停的运动而感到烦躁,便竭力让孩子安静下来,这既阻碍了儿童的快乐和健康,又切断了儿童获取真正知识的主要途径。许多调查者发现,健康的生理状态如何变成了心理正常发育的消极条件;不过,卢梭对我们现在的心理学早已作了预言,他甚至预见到感觉和运动器官的作用对智力发展产生积极影响的程度。

（1）大自然希望儿童在成人以前就要像儿童的样子
（2）教会儿童什么是对他有用的（纽约市师范学院）

如果你遵循与传统做法相反的规则，如果你不让你的学生舍近求远，不使他游荡在遥远的地方、陌生的国度、幽远的世纪、世界的尽头、九霄之外，而是使他保持本真，使他注意同他有直接关系的事，那么，他是能够进行感觉、记忆，甚至推理的，这是成长的自然次序。一旦有感知能力的婴儿长成一个活跃的个体，他就可以获得与他的体力同步增长的辨别能力。只有在自我保存所需要的体力以外还有多余的体力时，才适于把这种可以做其他用途的体力用来发展它的思辨能力。所以，如果你想培养你学生的智力，就应当先培养他的**智力所支配的体力**。只有不断地锻炼他的身体，使他健壮起来，才能使他变得优秀、变得聪慧。让他干活，让他做事，让他跑，让他喊，让他不停地活动……有些人想象身体的锻炼有害于思想的运用，仿佛这两种活动不应该齐头并进，仿佛两者不能**互为指导**，这是一个可悲的错误。

各种身体活动有利于脑力的健康及脑力的增长，而且这些活动相互增强。在下面的段落里，卢梭更加具体地阐述了这种增强脑力的方式。

通过锻炼身体，我们学会了使用我们的体力，知道了我们的身体与周遭物体之间的关系，学会了怎样运用那些适合于我们器官的自然工具……18岁时，我们才知道杠杆的用途；可是每个12岁的农村男孩用起杠杆来却比科学院最聪明的机械师还熟练。小学生在校园里相互学到的知识要比在课堂上学到的强百倍。我们来看一看一只猫第一次进入屋子时的情形：它从一个地方走到另一个地方，这里嗅嗅，那里看看，一刻也停不下来。一个初学走路的孩子，第一次进入他周围的世界的屋子的时候也是这个样子。虽然两者都同样用视觉探查，但孩子还使用了他的手，而猫则用它的嗅觉。

由于人最初的自然冲动是去观察周围的环境，是去发现他所看到的每一个物体中有哪些可以同他有关系的性质，所以，他最初的学习就是一种用来保持其生存的实验物理学。可是，他还没有弄清楚自己在这个世界中的位置，你就不要他研究这种实验物理学而去研究理论了。当他娇嫩而灵活的四肢和灵敏的感官还能够自行适应它们所接触的物体时，正好现在[①]趁此机会锻炼感

---

① 原文遗漏，经核查《爱弥儿》英文版，补遗 now。——译者

官和四肢的适当职能——趁此机会了解它们与事物之间的关系。我们最早的自然科学①老师就是我们的眼、手、脚。用书本来取代它们，那就不是在教我们进行推理；而是在教我们运用别人的推理，而不是运用自己的推理；在教我们轻信，而不是自己去学习。

欲攻一艺，必先有工具；欲善用工具，须把工具做得牢实耐用。欲学思考，必先锻炼四肢、感官、身体器官，因为它们是我们心智的工具。欲善用心智这些工具，则必须让提供这些工具的身体保持强壮和健康。因此，人类真正的理性不仅不是独立于身体而形成的，而是有了良好的体格才能使人的思想敏锐和正确。

这段引文说明，卢梭距离那种把身体发育作为身体存在之全部目的的观点有多远。这段引文还表明，卢梭关于感官与知识之关系的思想，使他大大超越了他那个时代的心理学。当时的观点（甚至在我们这个时代也十分盛行）认为，感官相当于某种门径和通道，印象即通过它们来建构关于世界的知识图像。但是，卢梭认为，感官是功能装置的一部分，为了适应环境，我们通过这个装置来调整自己，感官并不是被动的容器，相反，感官与运动性活动直接关联——与手和腿的运用直接关联。在这方面，卢梭比他的有些后继者更具先见之明，他强调感官与物体接触的重要性；可他的继承者们却仅仅把感官看成是对象信息的提供者，而不是人用来调整自己以适应周围世界的工具。

因此，尽管卢梭对感官作了大量的研究，并推荐了许多锻炼感官的游戏，但是他绝对没有把单纯的感官锻炼当作目标本身。他说道：

要锻炼感官，不要仅仅使用感官。我们必须通过感官来学习正确的判断——因为我们只有经过学习，才会懂得该怎样去摸、怎样去看和怎样去听。有一些感官的运用纯粹是机械的，可以用来强健体质，但却不能提高判断力。例如，游泳、跑步、跳跃、抽陀螺、扔石子都非常好。除了手臂和腿之外，我们还有眼睛和耳朵，这些器官对于学习运用其他感官是必不可少的。所以不能只

① 原文为 natural philosophy，过去的用法，指自然科学，特别是物理学。此处遵照过去的含义，译为自然科学，而没有望文生义地译为自然哲学。——译者

锻炼体力,锻炼指导体力的所有感官。要使每一种感官都各尽其用,要用其他的感官去检验某一感官的效果。要学会测量、计数、称重、比较。只有在估算过以后才使用我们的力气;在任何时候都要先估计一下效果,然后才决定采用什么方法。要教育孩子在使用体力时,不要过分,也不要不足。如果你使他养成习惯,预想一下自己做事的后果,并且根据他自己的经验纠正错误,那么,他活动越多,就变得越聪明。

引导儿童自然生长的教学法与把成人的成就强加给儿童的教学法之间,还有一个截然不同之处,应该引起我们的注意。后者十分注重用符号形式来积累信息,因而强调的是知识的数量,而不是知识的质量;要求展现的是结果,而不是个人的态度和方法。但是,自然生长强调个人必须亲身认识为数不多的典型情境,以便掌握解决实际问题的方法,而不强调积累信息。正如卢梭指出,捷径是我们取之不尽的幻象之源,正是利用这个捷径,儿童变成了我们的错误方法的受害者。我们明白——或者以为自己明白——自己说的话是什么意思,所以当孩子使用了恰当形式的词语,我们便认为他的理解跟我们是一样的。"从表面看,孩子们学习时很容易,那他们就给毁了。我们没有看到,这种容易本身就证明了他们什么也没有学到。他们的光滑的小脑袋像一面镜子似的把我们展现给他们看的东西都反射出来。"卢梭用一句话描述了教授事物——而非引导学生自己认识事物本身关系——的缺陷:"你以为你教给他的是世界的面貌,其实,他只是在学看地图。"把教地理的这个例子推演到整个知识王国,你就抓住了我们从小学到大学大部分教学的本质。

卢梭说下面这句话时,他脑子里想的却是截然相反的方法:"在通向科学的众多捷径之中,我们迫切需要一种教给我们有一定难度的学习艺术。"当然,他的想法不是为了难度而增加难度,而是为了避免由于运用重复刻板的学习方式出现的假学习,为了用缓慢却可靠的个人发现的过程来替代假学习。教科书和教师授课,教给我们的是他人发现的结果,因此似乎给我们提供了一条通向知识的捷径;但这个结果只是对符号毫无意义的反射,对事实本身却没有理解。这种方法进一步的后果就是造成思想混乱,因为学生失去了思想上原本脚踏实地的感觉,他的真实感遭到了破坏。"由于小学生所学的第一个无意义的词语,第一件事情,都是照别人的话去理解,而自己根本就不明白其中的意义,所以才丧失了他的判断力。"他又说:"既然所有的思考你都替他做了,你还让他思考什么呢?"(千万别忘了我们的教科

做游戏，要有运用肌肉的技巧和读、写、算的能力（密苏里州哥伦比亚大学附中）

书和一成不变的课程里井井有条的内容代表了别人的思考。)"你让他把理性用于那些看似对他最没有用处的事物,结果使他不再信任自己(所拥有的理性)。"

　　假定在卢梭的时代,作为学习目标的信息和知识果真"深不可测而又浩如烟海",那么,我们算一算卢梭之后科学知识量的增加,便可以十分肯定地说,教育只等同于积累知识这个观点是很可笑的。我们经常听到这样的批评,说现在的教育仅仅用蜻蜓点水、浮光掠影的方式把浩瀚而庞杂的学科教给学生。这种批评言之有理。不过,理想的补救办法不是退回过去,不是仅仅机械地教学生"三要素"那点可怜的内容,而是要放弃将整个知识领域化整为零、分入各科的那种狂热的想法,转而"就一个题目充分论述"。我们必须用更好的理想去取代这种有害无益的教育目标。这个理想就是采用一种可以使学生掌握学习工具的方法,一种能给学生提供情境并能激发学生的求知欲的方法,对为数不多但事例典型的经验进行周到细致的讨论。按传统的教学方法,学生学到的是地图而不是世界,即学到的是符号,而不是事实。学生真正需要的不是关于地貌的准确信息,而是自己去寻找信息的方法。"在这里已经看得出你的学生的知识与我的学生的无知之间的差别了! 你的学生学的是地图,而我的学生则能画地图。"在学校学习知识的真正目的不是知识本身,而是发现如何获取所需知识的方法。

(何克勇　译　欧阳谦　校)

教育作为成长^{*①}

1. 成长的诸条件

在指导青少年活动的过程中，社会通过对青少年未来的决定，也决定了自己的未来。既然某一时期的青少年以后将组成那个时期的社会，那么在很大的程度上，社会的本质依赖于对青少年活动的早期指导。所谓"成长"（growth），就是这种指向未来结果的行动的积累运转。

成长的根本条件是"不成熟"（immaturity）。乍看起来，这个说法不过是老生常谈，即一个人只有在其尚欠发展的地方才能有所发展。但是，"不成熟"这个词的前缀"不"，非但有"没有"或"缺少"的含义，也有肯定的含义。值得我们留意的是，"能力"（capacity）和"潜能"（potentiality）这些术语具有两层含义：一方面是否定性的含义，另一方面是肯定性的含义。"能力"可能只表示接受力，比如一夸脱的容纳力。我们可能用"潜能"表示一种纯粹是隐匿的或静止的状态，即在外在的作用下才能成为别的东西的能力。但是，我们也可以用"能力"表示一种才能（ability）、强力（power）；而用"潜能"表示效力、力量。当我们说"不成熟"意味着生长的可能性时，我们不是指那些目前尚不具备、但将来会有的强力，而是以肯定性的方式表达当下的一种力量——发展的才能。

_* 此文选自《杜威全集·中期著作》第 9 卷。首次发表于 1916 年，为《民主与教育》一书第 4 章。
① 关于 growth 的译法，与前一篇译为"生长"不同，本篇译为"成长"。不同的译法是译者不同学术观点的体现，故维持差异，不作统一。下同。——编者

人们趋向于把"不成熟"只视为匮乏,而把"成长"视为弥合不成熟者和成熟者之间鸿沟的东西,这种趋向基于他们以比较的眼光,而非从本质上看待孩童时期。人们单纯地把孩童时期看作一种缺乏,因为他们是以成年时期作为确定的标准而去权衡它的,这样他们就专门注意那些孩子所不具备的,直到成为成人时才具备的东西了。这种比较的眼光对某些目的来说是完全正当的,但如果将这种眼光当作最终的、决定性的,那么就产生一个问题,即我们是否傲慢武断。如果儿童能清楚而真诚地表达自己,他们所说的话会是另一版本;来自成人方面的理由可以让人确定,出于某些道德的和理智的目的,成人们必须变得像幼儿一样。

对于"不成熟"的各种可能性的否定性质的设想,我们在反思中发现它设立了一个静态的目的作为自己的理想和标准,其严重性是一目了然的。成长过程的实现,被认为是已实现了的成长。也就是说,停止成长(ungrowth),即不再继续成长。从下面的事实可以看出,这种设想是徒劳无益的:每一个成人都讨厌自己被指责为没有继续生长的可能性了,只要发现自己失去了这种可能性,他就会感慨,以为这恰恰证明了自己的失败,而不会转而诉诸足以彰显其强力的既得成就。对儿童和成人来说,为什么会有不同的衡量标准呢?

绝对而不是相对地看,"不成熟"指向一种肯定性的力量或能力——成长的强力。我们不必从儿童身上激发或唤起各种积极的活动,不过,有些教育学说却主张这么做。只要有生活的地方,就会有热情洋溢的活动。成长不是对他们做什么,而是他们正在做的事。可能性所具有的肯定性和建设性的方面,为人们理解不成熟性的两大基本特点——依赖性和可塑性,提供了关键的切入点。(1)如果说依赖性是某种肯定性的东西,听上去可要贻笑大方了;如果说它是强力,那就更荒谬了。然而,假如依赖性全然是无助无力的状态,那便不可能出现任何发展。一个完全无用的人,不得不永远寄生于他人。伴随依赖性的,通常是能力上的成长,而不是日益深陷的寄生状态。这一事实说明,依赖性已成了某种建设性的东西。完全受人庇护不能推动成长,因为(2)别人的庇护只能在"无能"的周围搭建起一道围墙。就自然世界而言,孩子是无助的。他在出生时以及出生以后很长一段时间内都缺乏身体上自立的能力,缺乏自己维持生命的能力。如果他不得不依靠自己而生存下去,可能连一个小时也熬不下来。从这个方面看,他简直完全是无助的,牲畜的幼崽都远胜于他。他的身体是柔弱的,无法使用自己拥有的力量来应对自然环境。

(1)然而,这种无助无力的特性蕴含着某种补偿性的强力。动物幼崽从早期起就具有使自己相当快地适应自然条件的能力。这启示我们,它们的生活并不是与周围动物的生活息息相关的。可以说,它们之所以被迫地被赋予自然天赋,是因为它们社会天赋的匮乏。另一方面,尽管人类婴儿身体上无力,但也能生存下去,正是社会才能使然。人们有时候说起或想起婴儿时,好像他们在身体上只是碰巧处于一个社会环境中,好像社会势力只存在于照管婴儿的成人们身上,而婴儿只是被动的接受者。如果说,儿童自己拥有引起他人合作意向的不可思议的强力的话,那也只是间接地说明他人极为留心儿童的需求。然而,观察资料显示,儿童在社会交往上具有一流的天赋,他们往往对周围人的态度和行事方式产生富有同情心的激情,而成人们很少能够把这种灵活而敏锐的能力完整地保留下来。与对自然事物的疏忽(这种疏忽由于没有能力控制自然事物而产生)相伴随的,是对人们行事活动的兴趣和关注的增强。儿童身体的天生结构和各种冲动,都趋于灵敏地作出社会性的回应。有人声称,青春期之前的孩子是自我本位、自我中心的,即使这个说法没错,它与上面的陈述也毫不抵触。这个说法只是表示这些孩子把对社会的回应用到自己的兴趣上来,但并不表示他们缺乏社会回应性。其实,这个说法本身就是不正确的,那些被用来证明儿童的所谓纯粹自我本位主义的种种引证表明,儿童在达成自己的目标时激烈而率直。如果构成这一目标的结果在成人看来是自私狭隘的,那只是因为他们(当年也具有类似独享的行为)已了解这些结果,因此也就失去了对它们的兴趣。余下的大部分天生的自我本位主义,是与成人完全相反的一种自我本位主义。由于成人过度投入于自己的事务,无暇关心儿童的事务,因此在他眼里,儿童似乎是不可理喻地全神贯注于他们自己的事务。

从社会的角度看,依赖性显示出的是强力而非弱点,它包含相互依赖的意思。显然,增强个体的独立性将会削弱其社会才能,这样一种危险总是存在着的。在使一个人变得自食其力的过程中,他会更多地满足于自给自足,从而导致离群索居、冷淡漠然。这使个体在与别人的关系方面变得麻木不仁,从而产生可以独自地立足和行动的幻觉。这是精神错乱的一种未命名的形式,它应该为世界上大量本来可以补救的苦痛负责。

(2)一个未成熟者为了成长而具备的特有的适应性,构成其可塑性(*plasticity*)。这种可塑性与油灰或蜡的可塑性迥然相异,它不是基于外部压力而在形式上有所变化的才能。它接近于某种柔韧的弹性,通过这种弹性,一些人在带有周围事物色彩的同时,也保持着自己的爱好倾向。可是,它比弹性更为深刻,它在本质上是人们学习经验、保存有用的经验以应对将来可能出现的困境的一种强力。这表明，它是基于之前经历的结果而修正行动的强力，是发展各种倾向的强力。没有它，就不可能养成各种习惯。

众所周知，较为高级的动物的幼崽，尤其是人类的幼儿，不得不学习运用自己的本能反应。与其他动物比较起来，人类天生具有更多的本能趋向。然而，较低级动物在出生后初期，其各种本能会为了得当的行动而自我完善；而人类幼儿的多数本能，已不如以前那么重要了。有一种原始的专门化的调节力，保证了立竿见影的效能，但像一张火车票，它只对一条线路有效。一个人为了使用自己的眼睛、耳朵、双手和双腿，不得不尝试组成各种反应之间的结合，以便达到一种灵活多变的控制。比如，一只小鸡在被孵化出来几小时后，就能精确地啄食。这表明，小鸡眼睛的观看和其身体、头部的精确协调，是在一些尝试中被完善起来的。婴儿大约需要6个月的时间，才能大致准确地估量出与视觉活动相对应的伸手取东西的活动。也就是说，他能判断伸出去的手能否取得眼睛看到的那个对象，以及如何伸手去取它。结果是，小鸡原始天赋的相对完善反而约束了它的发展。婴儿的优势在于拥有许多本能的试验性反应和随之而来的种种经验，不过，它们之间的相互干扰会使他暂时处于劣势。假如一个人不把行动作为现成给定的东西而是学习它，他必定要学习如何按照环境的变化，改变行动的各个因素，以形成各因素之间不同的结合。这一事实打开了人们持续进步的可能性，即在学习一个行动时，他们会开发出适用于其他情况的各种方法。更为关键的是，人类获得了学习的习惯，懂得了学习。

延长幼儿期意义的学说已概括了依赖性和可变的控制这两个事实对人类生活的重要性。[①] 无论从群体中成人的立场还是青少年的立场来看，这一延长都意味深长。有依赖性的、正在学习中的小生命的出现，激发人们教养和关爱他们。孩子需要受到成人持续不断的照料，而这可能是把暂时的共处生活转化为永久联盟的主要桥梁。在对孩子形成充满真情而又富于同情的敏锐的注意习惯的过程中，这种需要所具有的重要影响是毋庸置疑的；这种敏锐的注意对他人的福利有建设性的兴趣，而这种兴趣对联合生活来说乃是根本性的。从理智上看，这种道德的发展

---

① 在许多作者的作品中，可以找到关于其意义的种种暗示，而约翰·菲斯克（John Fiske）在《一个进化论者的远足》（*Excursions of an Evolutionist*）一书中首次对此进行了系统的论述。

意味着许多新的关注对象被引入，它激起了人们对未来的深谋远虑和精心筹划，其中也蕴含着交互性的影响。社会生活的日益复杂，要求有一个更长的幼儿期，以便使儿童获得各种所需要的强力；这种依赖的延长，意味着可塑性的延伸，也意味着取得了变异的、新颖的控制模式的力量，因而更为深远地推动了社会的发展。

2. 习惯作为成长的表达

我们已经注意到，可塑性是把更改后续活动的各种前有的经验因素留存和延续下去的能力，是养成各种习惯或发展各种确定的性情倾向的能力。我们现在不得不考虑习惯的显著特征。第一，习惯是一种执行的技能的形式，是行事活动中的效能形式。习惯意味着将各种自然条件作为实现目的的手段来使用的能力，它凭借控制行动的各个官能而对环境实行积极的控制。我们可能倾向于以削弱对环境的控制为代价，而侧重对身体的控制。我们想想走路、谈话、弹钢琴，以及蚀刻师、外科医生、桥梁建筑师等特有的专业技能，从有机体角度看，他们的技能纯粹具有便捷、精巧和准确的特性。当然，实际情形也是如此；但是，衡量这些特性的价值的标准，在于它们对环境的经济而卓有成效的控制。我们能够走路，就是有能支配自然界的某些特性，所有其他习惯也是这样。

把教育定义为养成各种习惯，以对个体及其环境进行调节（adjustment），这并不罕见。这个定义展示出成长的一个基本阶段。但是，人们必须从积极的意义上去理解调节，即把它理解为为了实现目的而控制手段。如果人们把习惯的养成视为单纯在有机体内形成的变化，忽略了这一变化蕴含着在环境中引起后续变化的能力，那么将会导致下面这种简单的观念，即把"调节"设想为对环境的一种迎合，就像在蜡上留下印记一样。人们通常把环境理解为某种确定的东西，它使得有机体发生变化的目标和标准具有确定性，而调节只不过是使人们自己去顺应种种外部条件的确定性。[①] 习惯，作为一种熟习，确实是某种相对被动的东西；人们习惯于周围事物——衣着、鞋子和手套；习惯于相当稳定的气候；习惯于日常伙伴，等等。和环境保持一致，不考虑更改周围事物的能力，而在有机体内形成变化，正是熟习的一个显著特征。人们没有权力使这类调节（可以称之为迁就调和，以便与积

---

① 当然，这个概念涉及与不同观念在逻辑上的相互关联，如在最后一章中论及的刺激和回应的外部关系、在本章中注意到的不成熟性和可塑性这样的否定性观念等等。

极的调节划清界限)的特征,扩展到积极地利用周围环境的习惯中去。除此之外,熟习还有两大值得关注的特点。人们起初利用事物,后来则习惯于这些事物。

设想一下人们逐步习惯一座陌生城市的过程。起初,会有过量的刺激,也会有过量的、不合适的回应。渐渐地,某些特定的刺激因为有关联而被挑选出来,其他的刺激则不再受到重视。人们既可以说不再对它们进行回应,也可以更确切地说成是已对它们产生了持久稳定的回应,即一种适应上的均衡态。其次,持久稳定的适应,已向人们提供在出现某种场合之际作出各种特殊适应的背景。人们从来没有兴趣去改变整个环境,对很多东西,他们接受它们原来的样子,并视之为理所当然。在这样的背景下,在力求引入所需要做出的改变的过程中,人们的活动会集中在某些方面上。因此,熟习就是人们调节自己去适应他们眼下尚且无意改变的环境,而这种环境对人们的习惯还具有积极的影响。

总之,所谓适应(adaptation),不仅有人们的活动对环境的适应,也有环境对他们自身活动的适应。一个原始部落殚精竭力地在沙漠平原上谋求生存,他们要靠自己去适应。但是,他们的适应涉及对事物最大限度的接纳、忍耐和容许,最大限度的被动服从,以及最小限度的积极控制和征服利用。后来,文明的民族诞生了,他们也要靠自己去适应。他们引进了灌溉技术,在世界上到处搜寻能在那样的条件下兴旺繁衍的动物和植物;并通过精挑细选,对那些生长在那里的动物和植物品种进行改善。结果是,荒野变得像玫瑰花丛一般欣欣向荣。原始人只是一味熟习,顺应环境;而文明人却有改变环境的习惯,这些习惯改变了环境。

然而,习惯的重要意义不仅在于习惯的执行和动作方面,而且在于行动更为轻松、经济和有效,以及理智和情感倾向的形成。任何习惯都标志着一种倾向性,即对关乎其实际运作的条件的主观上的偏爱和精选。习惯并不像米考伯①那样,等待一个刺激出现才开始工作,而是努力寻求时机,投入运转。如果习惯的表达遭遇到障碍,倾向性就会呈现出局促不安、欲罢不能的状态。习惯也标志着一种理智倾向,只要有习惯存在的地方,就有对所用的物资材料和设备的熟悉了解。人们对习惯的运作情形,有明确的理解方式。作为技能形式和欲望形式,思想模式、观察和反映模式成了习惯的一部分,从而能够使一个人成为工程师、建筑师、内科医生或

---

① 米考伯(Micawberlike),英国作家狄更斯的小说《大卫·科波菲尔》中的人物,没有远虑,只想碰运气以求发达。——译者

商人。在一些无需技能的劳动形式中，智力因素最少，这恰恰是因为其中涉及的习惯并不是高级的。但是，我们还有判断和推理的习惯，这和摆弄一个工具、画一幅图或者进行一场实验一样。

然而，这样的陈述总是有所保留的。在眼、手活动的习惯中，它们所涉及的心智习惯赋予它们以重要性。当然，最重要的是，习惯中的理智要素确定了习惯和各种灵活应用之间的关系，从而也确定了习惯和继续成长之间的关系。我们说固定的习惯，这个词语意味着，人们所有的种种能力成为固定的资源，需要的时候可以随时使用。然而，这个词语也被用来表示缺少生气、缺少开明思想和原创力的陈规陋习，以及老规矩。习惯的固定性或许意味着有一些事物掌控着我们，而不是我们自由地掌控着这些事物。它显示出人们的观念中通常关于习惯的两个要点：一是把习惯等同于机械的、外在的各种行动模式，从而忽略了各种精神和道德态度；二是倾向于给习惯以坏的意义，视它们为"坏习惯"。假如一个人把自己职业中的心理倾向称为习惯，许多人会感到惊奇，他们自然而然地认为，抽烟、饮酒或说世俗语言才是典型的习惯的含义。在这样的人看来，习惯是某种掌控着他的东西，是即使与他的判断相悖也不易被他摆脱的东西。

习惯把自身归约为常规的行为方式，或退化为一种行为方式，人们的智性与这种行为方式越是分离，他们就越是受制于这种行为方式。常规的习惯是不带考虑的习惯："坏的"习惯总是与理性分离，以致完全对立于经过深思熟虑和决定而得出来的结论。如前所述，习惯的获得奠基于人们本性中原始的可塑性：人们有能力改变自己的回应，直到他们找到适当而有效的行为方式。正是常规的习惯和那些掌控人们而非为他们所掌的习惯，终结了可塑性。它们标志着变更性力量的终结。勿庸置疑，有机体的可塑性、动作的生理学基础显示出逐年减弱的趋向。孩童时期本能是易变的，热切渴望变更行动，热爱新的刺激和发展，但这些很容易被"安定下来"。这表明人们厌恶改变，满足于过往的成就。环境唯有确保人们在形成习惯的过程中能够充分运用智力，才能抵消这一趋向。当然，同样僵化的机体条件也会影响到与思维相关的生理结构，但这只是表明，必须努力使智力的功能最大限度地被调动和运用起来。前面提到的这种目光短浅的方式退而诉诸机械性的程序和重复，由此获得的只是习惯的外在效能，即没有思想伴随的机械技能的外在效能，那就是蓄意地束缚成长的环境。

3. "发展"观念的教育意义

在本章中，至今还没有说到教育。我们致力于探讨成长的各种条件和含义。然而，假如我们得出的结论被证明是正当的，那么，它们就会蕴含确切的教育影响。当人们说教育即发展时，一切都取决于他们是如何设想"发展"这个观念的。我们在探讨中得出的最终结论是：生活就是发展，而发展、成长的过程就是生活。转换到教育上来说，这意味着(1)教育过程本身就是它的目的，在其自身之外没有任何其他目的；以及(2)教育过程是持续不断地重组、重构和转换的过程。

(1) 当人们以比较的方式理解"发展"，即考虑到孩子和成人各自的生活特点，"发展"意味着把力量导向特定的道路，以形成那些关系到执行技能、明确的兴趣以及观察和思考的具体对象的习惯，但是，这个比较的观点并不是决定性的观点。儿童有特殊的能力，忽略这一点，就是妨碍或扭曲他成长所依赖的官能的发育。成人用各种力量去转变自己的环境，由此引发新的刺激，这些新刺激又指引他的各种力量并维持它们蓬勃发展。忽略这一事实，意味着发展遭到约束，意味着消极的迁就调和。换句话说，普通儿童和普通成人一样，他们都处于成长的过程中。他们之间不是成长与未成长之间的差别，而是适宜不同条件的成长模式之间的差别。就发展那些致力于处理具体科学和经济问题的力量来说，也许可以说，儿童应该按成人的方式成长。就富于共鸣的好奇心、没有偏见的回应和思想的开明来说，也许可以说，成人应该像孩子那样成长。这两个陈述都是真实的。

我们前面已加以批判的三种观点，即认为，发展不过是未成熟性的否定性的本性，发展是对确定的环境的静态调节，以及发展是习惯的僵化，都与一个关于成长或发展的错误观念相关，也就是都主张成长或发展是指向某个确定目的的运动，成长被视为拥有一个目的，而不是作为一个目的。在教育上，这些错误观念也对应于三个虚妄的观点：第一，未把青少年本能的或天生的力量纳入考虑的范围之内；第二，没有把青少年应对各种新奇情形的创造性发挥出来；第三，过分强调反复练习，以个人知觉为代价以求获得自动技能的策略。这三种情况都是把成人的环境作为儿童成长的标准，必须依照这个标准培养儿童。

自然本能要么被人们漠视，要么被人们视为让人厌恶的特点而遭到压制，或者被导向对各种外在标准的顺应。既然旨在顺应，青少年身上具有明显个体特征的东西就被漠视了，或者被视为是他们淘气恶作剧或不守纪律的根源。人们将顺应视为整齐一致,结果导致青少年对新奇的东西缺乏兴趣,对进步产生厌恶,对不确定和未知的东西心生恐惧。因为成长的目标外在并超越于成长的过程,人们就不得不诉诸外部媒介来促成成长朝向这个目标。不论何时,只要一种教育方法被指责为是机械性的,大概就可以确定:它试图施以外在的强力来实现外在的目标。

(2) 既然成长除了实际上牵涉到更多的成长外,不关涉任何其他东西,那么,教育除了牵涉到更多的教育外,也不关涉到任何其他东西。人们常说,一个人从学校毕业了,但受教育的过程并没有结束,这几乎已成了老生常谈。这个老生常谈的要点在于,学校教育的目的是把那些促进成长的力量组织起来,从而确保教育的持续性。学校教育的最佳效果是:让所有的人热衷于从生活本身进行学习,并在生活过程中创造学习的各种条件。

一旦人们放弃通过与成人成就的确定比较来定义"不成熟"的尝试,也就不得不丢弃这样的观念,即认为不成熟乃是人们所期望的各种特征的缺失。摒弃上述观念,也就不得不抛弃下面的习惯,即把指导视为把知识灌进等待填补的精神和道德的空洞,以填补这种缺失的习惯。由于生活意味着成长,所以生存着的人生活得真实而积极,在其每个发展阶段上,生活都有同样的内在充实性和绝对诉求。由此可见,不论人们处于什么年龄段,教育乃是提供确保其成长或合理生活的各种条件的一项事业。人们起初恼火地看待"不成熟",认为它是必须尽快被克服的东西。然而,以这种教育方式塑造出来的成人,始终带着对孩童时期和青少年时期无法抹去的缺憾。他们在回顾过去时,会把孩童时期视为失去各种机会和浪费各种力量的阶段。这种具有讽刺意义的情形会一直持续下去,直到人们发现,生活过程有其内在的品质,而教育事业就与这种品质相关。

意识到"生活即成长",也可以使人们规避下面的倾向,即把孩童时期理想化,实际上,这里除了懒散放任,再无其他东西。决不能把生活与表面上的行为和兴趣等同起来。人们虽然不容易识别那些看上去浅显的东西是不是某种初期的而未经训练的能力的迹象,但必须记住,表象并不等同于它们自身的目的,它们不过是一些可能的成长的迹象罢了。它们可能成为发展的手段和提高能力的手段,却不是为了其自身而被放任或被培养。对表面现象的过度关注(无论是以鼓励或斥责的方式),必定会导致其僵化不变,从而阻碍发展。对家长和教师来说,关键在于孩子的各种冲动向何处演变,而不是它们已成为什么。爱默生(George Barrall Emerson)以最好的方式表达出对"不成熟"这一正确原则的尊重:"尊重孩子,切莫过分地以家长自居,切莫侵犯他的单独状态。然而,回应我上述提议的,却是粗暴的反对意见:你确实要将对公共的和私人的规训的支配拱手相让吗?你确实要放任年幼的孩子投入其激情以及奇思怪想的疯狂生涯,还把这种混乱无序视为对孩子本性的尊重吗?对此,我要回答:尊重孩子,始终如一地尊重他,但也尊重你自己……对一个孩子的训练有两个要点:除了保持他的天性,还要促使他改掉其他东西,防止他出现骚乱、干蠢事和作恶作剧,并在其本性所指的方向上努力以知识来装备他的本性。"爱默生还表示,尊重孩童和青少年,并没有给指导者们提供一条轻松而逍遥的路径,而是"涉及对时间、思想和教师生涯的大量要求。它既要求时间、应用和洞察力,也需要上帝提供的所有伟大的教诲和协助,而光就使用来说,已蕴含着对指导者的品格和造诣的要求"。

概要

成长的力量取决于对他人的需求和自身的可塑性,而这两个条件在孩童时期和青少年时期都抵达了顶峰。可塑性或从经验中学习的力量,意味着习惯的养成。习惯对环境加以控制,且提供利用环境的力量以实现人类各个目标。习惯采取熟习的形式,换言之,既让有机体活动与周围事物保持普遍而长久的平衡形式,也采取用积极的才能来重新调整活动以适合新环境的形式。前者构成了成长的背景,后者塑造了成长的过程。积极的习惯涉及在实现新目标的过程中被使用的种种才能的思想性、创造性和开创性,它们都对立于标志着有害于发展的常规。既然成长是生活的特性,那么,教育也与成长过程一致,它并不拥有超出自身的目标。衡量学校教育价值的标准,就是它在何种程度上制造了继续成长的欲望,又在何种程度上为在实际生活中满足这种欲望提供了行之有效的手段。

（俞吾金 孔 慧 译）

进步教育

作为自然生长教育的实验[*]

卢梭关于教育即自然生长过程的学说影响了他之后的大多数教育理论,但对学校教育的实际内容却影响不大。不过,偶尔会有一些实验者按照卢梭的原则来制订计划。这些实验中,有一个是由亚拉巴马州费尔霍普的约翰逊(Johnson)夫人做的。过去几年来,专家和学习者纷纷去这个地方取经,约翰逊夫人的模式影响之大,乃至于美国各地都开办了类似的学校。约翰逊夫人在康涅狄格州的格林威治开设暑期教师培训课程,按照她的理念提供颇具操作性的实例训练。在格林威治就有一所儿童学校是这种实验的典范。

约翰逊夫人的基本原则主要出自卢梭的根本理念,比如儿童只有在童年体验了对于他作为儿童有意义的东西,才可能为今后成年人的生活做好最佳的准备。又如,儿童有权享受自己的童年。儿童是一个处于成长过程的动物,应该得到最为充分的发育,以便成功地生活在成人的世界;不能用任何方式来阻碍他的生长,应该尽一切可能去促进儿童身心充分和自由的发展。这两种发展同时进行,而且是不可分割的两个过程,因此,我们必须时刻记住这两者是同等重要的。

约翰逊夫人批评了现在的传统学校。她说,传统学校教育的一切安排都是为了方便教师易于行事,而教师期望的是迅速获得看得见、摸得着的结果;这样的教育,并不顾及学生是否会得到充分的发展。传统学校按照温室的灾难性计划来安排教学,不是去培养全面的生长,而是强迫学生变成中看不中用的东西。传统学校未能培养一种能够经受磨难和开展创造性活动的个性,不尊重儿童当下的需求,也

---

* 此文选自《杜威全集·中期著作》第 8 卷。首次发表于 1915 年,为《明天的学校》一书第 2 章。

教育学 进步教育 **207**

不尊重这样一个事实,即儿童时时刻刻都在完整地体验着生活,并非要等到年长者为他划定的某个时期才开始生活,等到那个时候,学校又变成了过去的事情。因为这样的错误,儿童自然而然地就对上学感到索然无趣。大自然并没有要这个幼小的动物去适应狭窄的课桌、排得满满的课程,去默默地吸收复杂的事实。儿童的生命和生长取决于运动,但学校却强迫他一连数小时呆在一个狭窄的空间,好让教师确信他在听讲或者读书。虽然允许孩子短暂活动身体,但那也是为了诱使他在余下的时间里保持安静,而且这种休息并不能补偿他必须付出的努力。儿童渴望活动身心。一如生理的成长必须与心理的成长同时发生,儿童的不同行为也应该相互兼顾。儿童的身体的运动与心理的觉醒相互依赖,相辅相成。

约翰逊夫人说,只讲原则而不到实践中去求证,这是不够的。营养良好、身体活跃的儿童是最急于做事和求知的。学校每个小时都安排身体锻炼,才能满足活动的需求。必须允许儿童在学习和玩耍的时候都可以活动身体,允许他模仿,允许他自己去发现。儿童周围的东西,即便对于 6 岁的孩子,都是未曾探究过的世界。随着他的活动把他的探究越来越引向深入,对于他小小的视野而言,这个世界不断扩大;而且,无论对于他还是成年人,这都绝非是一个平平常常的世界。因此,应该让儿童在肌肉不强健、心理较脆弱的阶段,自己去观察这个充满自然和非自然事物的世界,这个世界就是他的知识来源。

普通学校并没有为生长和发现提供机会,而是把儿童强压进一个狭小的区域里,让儿童有一种不情愿的安静,有一种强加的身心态度,直到他的好奇心被磨灭,以至于一旦碰到陌生的事情,便只剩下惊讶的表情。不久,他的身体就会对学习任务感到疲倦,他于是开始寻找种种办法来躲避老师,逃离他的小牢房。这意味着他变得烦躁,缺乏耐心。用学校的话来说,儿童对派给他的小小任务失去了兴趣,因此对一刻之前还如此诱人的新世界也失去了兴趣。还没有等他真正开始踏上通往知识的道路,这种漠然的恶疾便已侵入了他敏感的心灵。

办学校的理由是让孩子们聚集在一起学习,其目的就在于必须让他们学会与别人一块工作。约翰逊夫人承认这一点,并努力寻找到一个让个体的发展得到最大自由的途径。幼儿由于肌肉无力,官能也不成熟,不适宜接受艰苦的任务,比如坐下来做一些特别精细的工作。因此,他的学校生活不应以读写作为开端,也不应以学习摆弄细小的玩具或者工具作为开端。他必须继续其在家中就已开始的自然课程,比如从一个有趣的物体跑到另一个有趣的物体,探究这些物体的意义,最重要的是探究不同物体之间的关系。所有这些必须大范围地展开，以便他掌握明显事实的名字和意义，而这些事实将按照自己的顺序出现。这样，费解的和难度大的事实一个一个地显露出来，而不是由教师强迫儿童去注意它们。一个发现引向又一个发现，追求的兴趣引导儿童主动地去进行探究，这样的探究常常等同于严格的知识训练。

循着这条自然生长的道路，依靠求知欲的引导，孩子进入了读、写、算、地理等。约翰逊夫人说，由于认识到儿童的需求，我们必须等待儿童自身燃起求知的欲望，然后及时提供满足这种求知欲的手段。因此，儿童学习阅读的年龄应该往后推延，等儿童体验了事物之间较为广泛的关系并牢固掌握有关知识之后再学习阅读。约翰逊夫人甚至不让儿童在太早的年龄学习阅读。她认为，到八九岁时，儿童便渴望探究书本，恰如在此之前，他们渴望探究事物一般。这个时候，他们会认识到自己需要书本上的知识，并渴望运用知识；因为他们发现，这种知识只能从书本上获取，别处无法找寻。所以，真正学习阅读不是一个问题，儿童自己会自学。他们受到兴趣的刺激，渴望找到某个特定科目的知识，由此可以做到轻松而又快速地阅读。阅读对于他们而言，并不是一种孤立的练习，而是一种到达渴求目标的手段。这就跟爬上货架一样，如果心思放到了满足心理胃口的欲望之上，也就看不见困难与危险了。

教给儿童的每一个课程，都应当满足他们对事物关系知识的强烈需求；而且，这样的知识，他不能从对物体的研究中直接获取。数字所代表的算术和抽象概念，对于一个 6 岁的儿童是毫无意义的，可是作为他游戏或者日常使用的一部分数目却充满了意义；而且，他很快就会发现，数字的意义很大，不了解数字便无法玩游戏。

约翰逊夫人在与公立学校条件相当的地方进行实验，她相信自己的方法对任何公立学校系统都是可行的。她基本上不收学费，任何儿童都可以进来。由于她遵循了儿童自然生长的规律，所以把自己的教育方法称为"有机的"。学校的目标是为儿童提供每一个发展阶段所必须的活动。因此，她坚持，决定学生分班的因素应该是综合发展，而不是获取知识的数量。学生的分组是依照儿童的年龄组合来进行的。所分的班组叫做"生活班"而不叫做年级。生活 1 班在八九岁之间结束，生活 2 班在十一二岁之间。由于青春期青少年的兴趣口味会出现更加显著的变化，还单独开设了中学班。各组的功课安排，旨在给学生提供他那个年龄阶段的身体、大脑和精神所需要的体验。

在费尔霍普学校的课程里面，基本上没有强迫的事情、布置的功课和通常的考试。所以，孩子们不厌恶学习，没有对教师或者课本表示出不信任；然而，不幸的是，这些在普通学校的学生中间却普遍存在。学生出于自己的学习本能，丝毫没有那种因为被迫把心思放在考试和升级之上而产生的自我意识。

聪慧的儿童常常对教室以及教室里的一切感到厌恶。这种厌恶是他们永远也摆脱不掉的，以后会阻碍他们的成长，甚至妨碍他们去认真对待大学的学习，使他们怀疑一切不是根据自己的课外体验而推导出来的东西。也许他们变得太驯服，以至于默许一切权威的言论，从而放弃自己的真实感受。我们告诉儿童，书本是世界的仓库，里面放的都是过去的遗产；如果没有这些遗产，我们就会变成野蛮人，所以我们必须教授给他们。可是，教出来的结果却让他们憎恶书本知识，怀疑老师的话。无能是一种普遍现象，其原因并不是因为人们小时候学得不够，而是因为他们不能也不会运用所学的东西。这是由于儿童小时候对学校以及与学校有关联的知识不信任的缘故，这种影响之大，怎么强调都不过分。

费尔霍普学校的学生永远不用与这种阻碍作斗争。他们都很快乐，而且总是欢天喜地地表示"热爱"学校。对于整个小组而言，学习是有趣的，而且没有任何一个孩子被迫去完成自己不喜欢的事情。每个学生只要不影响别人，可以做自己喜欢的事情。但是，孩子们并不是没有纪律的约束。只要上学，他们就必须参加活动，而且要学会不打扰同伴，还要在同伴需要的时候提供帮助。儿童不能以任性或者懒惰为借口而不遵守健康有用的学校制度。

约翰逊夫人感到，儿童在早期并不知道什么是道德的和不道德的。他们完全缺乏道德的观念，他们的是非感尚未萌发出来因此应该给他们足够多的自由。禁令和命令往往是没有用的，因为无论禁令和命令是针对自己还是同伴，儿童并不理解其后果，结果只能让孩子变得偷偷摸摸，学会撒谎。为儿童提供大量健康的活动吧！该处罚的时候，不要借助于他不明白的观念；如果必要，可以通过让他感觉有一点儿疼痛的方式来向他表明，他对玩伴的淘气行为对他意味着什么。如果他想与家人和朋友分享好玩的和有益的东西，就必须通过行为让他们愿意与他玩。幼儿能够理解这种动机，因为他知道朋友何时对他好、何时对他不好。与基于道德的训练相比，这种训练计划不大可能强迫儿童逃避责任或者隐瞒错误，不大可能强迫儿童撒谎或者过分在意自己的行为，但在儿童看来，基于道德的训练只不过是一种强迫他做事的借口,其原因很简单:某个成年人希望如此。

快乐学习的积极收获,就是需要自我意识。约翰逊夫人的训练计划为让学生热爱学校、热爱学习作出了贡献;而热爱学校,热爱学习,正是全部教学致力于培养的品质。如果学习有趣,就没有必要用毫无意义的限制和琐碎的禁令来妨碍儿童做事。出于自愿,儿童会把学习和天性使然的事情联系起来。这无疑具有积极的道德价值,有助于培养一种自信乐观的工作态度,培养一种面对任务而不感到厌恶或者反感的能力,所以在性格塑造方面,比干苦活、难活或者强迫听讲和强迫服从等方式更具有实际的价值。

分成年龄组或者"生活班"的做法避免了过分强调学生的失败和缺点,但在以学生知识水平为分级依据的学校里面,这种过分强调学生的失败和缺点的做法是很明显的。不能让智力迟缓的儿童有耻辱感。不要把注意力引向他,不要刺激和责备他,或者让他"不及格"。由于没有意识到自己的弱点,他不断得到道德鼓励来支撑他的自信,他的手工作业和体育成绩常常为他带来名声,使他成为同学中的名人。约翰逊夫人坚信,普通学校里的死记硬背和考试,不过是把教师的工作变得更加容易的手段;对儿童而言,由于评分等级而意识到自己"知道"什么或者不"知道"什么,这是有害的,正如强调儿童的失败是有害的一样。

费尔霍普学校的课堂练习与死记硬背之间的反差尤其明显。在死记硬背的学校里,儿童一动不动地坐着,合上课本,经受老师提问的煎熬。教师提问是为了了解应该由学生单独"温习"的课程记住了多少。用卢梭的话来说:

> 他(教师)会特意证明他没有浪费时间;他把一套易于表现的本领教给他的学生,随时都可以拿出来夸耀于人……如果考核孩子时,老师就叫他把那些货物展示出来,炫耀一番,满足那些看货的人,然后他把他的东西收拾起来一走了之。问题问得太多了,我们大多数人都要感到厌烦的,尤其是小孩子更感到厌烦。几分钟之后,他们的注意力就分散了,他们不再愿意听你那些无休无止的提问,转而胡乱地回答一通。

孩子们在费尔霍普学校学习,教师的作用是帮助他们认知,而不是要他们交还已经记住的东西。考试常常是开卷的,因为考试的目的不是为了向老师展示儿童能记住多少,而是为了发现他在使用书本的能力方面有何进步。没有给学生布置

（1）每天在"体育馆"运动 1 小时
（2）沟壑是大家喜爱的教材（亚拉巴马州费尔霍普）

功课,但每个学生的手里都拿着打开的书本;他们与老师一起讨论课文,尽可能从中获取欢乐和知识。这刺激了学生对书本真正的热爱,结果根本不用给学生布置功课,课后他们会自愿地学习课文。他们不会受到诱惑去作弊,因为他们用不着炫耀自己。

这种训练和学习的体系超越了满足于"三要素"的学习,从对心智与道德的自我意识中解放出来,培养了儿童把与生俱来的进取心和热情投入学习的能力,锻炼了他满足自己天生的求知欲的能力,因此使他保持了生活的乐趣与自信,释放了所有的学习能量。结果他喜欢上学,而且忘记自己正在"学习"。因为学习只是作为体验的一种副产品形式而悄然出现,而他认为这些体验本身才有价值。

费尔霍普学校设计了下列活动以取代通常的课程:锻炼身体、观察自然、音乐、手工、野外地理、讲故事、感觉培养(sense culture)、数的基本概念、戏剧表演、游戏。2 班增加地图制作、描述性地理学,要求阅读,数字课改为数字知识。每门课都安排为具体的体验,有明确的目标,要让儿童喜欢,能满足其欲望。由于强调遵循儿童的生长规律,所以不出所料,每天学习的重要部分都是锻炼身体。每天上学的时间都有锻炼身体的科目,通常安排在上午的一二节课,因为这个时间儿童精力充沛。在 1 小时的时间内,课安排在室外上,即在孩子们称之为"体操馆"的草地里上。横杠、竖杆、跳马等分散在四处,有老师帮助他们进行身体锻炼,并确保活动的安全;但是,这里并不存在按照公认的词义去理解的正规体操训练。约翰逊夫人认为,学生的反感足以成为拿掉正规体操训练的理由;而且,由于生长发育中的儿童不断按照自己的意愿去寻找伸展四肢和锻炼肌肉的机会,学校只需提供这样的机会,并注意不让学生玩得过头而伤害自己。孩子们自然分组,有些要荡秋千、玩吊环,有些要爬高、跳跃,或者跑动、扔东西等。跑步一般以比赛的方式进行。一棵树被当作扔石头竞赛的靶子。孩子们自己也发明在器械上用的项目。"体操馆"里所度过的这一个小时,是一天中最繁忙的时间。由于这堂课的目的不是要让某块肌肉过分疲劳,也不是让学生按照别人的命令枯燥地重复毫无意义的动作,所以使学生受到刺激,急于去做脑力作业。除了这个常规锻炼的时间以外,孩子们还可以在户外学习,许多课就是安排在露天上的。室内上的课有游戏、手工、戏剧表演,这些对儿童的身体健康都有好处。教室里面没有限制活动的课桌,学生只要愿意,在哪里坐、怎样坐都行,甚至还可以在不打搅同学的情况下,从一个地方挪动到另一个地方。上课是在一间教室里进行的,共有两组,每一组有 15 或者 15 个以上的儿童,学生保持必要的安静和秩序。

观察自然课和野外地理课几乎都在户外进行。孩子们到野外去,到树林里去,看树木花草,提相关问题,观察树皮之间、树叶之间、花朵之间的差异,然后相互说一说自己的观点,用书本来回答树木和植物留给他们的问题。他们通过采集花朵来学习辨别雌蕊、雄蕊和花瓣等词的意思,或者观察蜜蜂在植物之间搬运花粉。老师鼓励学生向全班讲述自己在家里所学的东西,鼓励学生从自家的花园里摘下花朵带到学校,或者讲述自己见过的事物。全班学生还参观学校隔壁的商品蔬菜农场,尽量辨认各种蔬菜,了解新品种的名称和特性。回到教室后,会写的同学把能够记住的所有蔬菜名称列出一个清单,这样把自然课和写作课结合起来了。学校有一个园子,学生在里面学习犁地、耙土、栽种,观察种子的发芽、生长、开花。在属于他们自己的一小块地里,他们可以观察植物生命周期的所有阶段。此外,由于他们做的一项工作需要持续几个月,需要他们动脑子、付出关爱,所以他们从中也受到了道德训练,而且获益匪浅。这一类活动占据了年龄最小的儿童的大部分课程,因为这类活动似乎特别属于儿童的世界,属于明显的具体物体的世界;这些物体就在他们的周围,每天都能看见,可以摆弄,可以用来游戏,而且还能唤起他们的好奇心。

野外地理课的方式大致相同。即便是年龄最小的儿童,通过直接观察,也非常熟悉岩石形成的不同类别,熟悉风雨和河流的作用。如果有教科书,也要等他们直接观察之后再使用,目的是解释或者补充说明学生以前见过的事物。学校周围的土壤是泥土,雨后形成的小溪流为解释河流、侵蚀、流域、洪水或者变化中的水流等提供了最生动的事例。为了讲解潮汐或者湾流,去一趟海湾非常重要。学校校舍附近的沟壑不仅是玩耍的绝佳去处,而且可以当作教科书,用来了解山脉、峡谷、土壤和岩石的形成。所有这些都为以后开设描述性地理科目打下了良好的基础,并且提供了充分的实例。更高一级的地理科目主要是经济地理,学生们掌握上述科学背景之后,就更容易理解气候与农作物、工业、进出口、社会条件之间关系的真正意义。

费尔霍普学校特别强调手工课的价值,如同重视身体的生长一样。幼儿身体的发育如果要达到健康与效率的最高标准,必须学习用越来越多的技巧来协调肌肉的运动;而要做到这一点,做什么也比不过双手在制作物件时做出的那种有控制的、相当细微的动作。儿童制作物件这个过程,本身就为他提供了保持工作状态所需要的刺激,提供了不断付出脑力、手工、目力所需的刺激,也让他具有活动过程中的真实控制感。从效用方面看,手工的益处同样是巨大的。儿童学习如何使用生活中的普通工具,如剪刀、小刀、针、刨、锯等,也欣赏了艺术家的工具——颜料、黏土,这样的欣赏会伴他终身。如果他是一个具有创造精神和发明天赋的儿童,他会为自己的能量找到自然而愉快的宣泄途径。如果他喜欢梦想或者是不能脚踏实地做事的那种人,那么,他学会了尊重体力劳动并有所收获,从而朝着多重人格方面发展。男孩与女孩一样,要学做烹饪和木工活。这项工作的目的不是要训练他们为某个职业做准备,而是要把他们培养成为社会中能干快乐的一员。只要目的明确,或者与能够保持学生兴趣的其他活动有足够的联系,绘画或者泥塑活与木工或者缝纫活对于儿童产生的作用同样是很大的。儿童对审美还没有意识,因此,如果要使审美成为他们生活中一种真正的力量,必须让他们触摸日常的物体,从而培养对美的感觉。因此,"艺术"是作为手工、讲故事、戏剧表演或者观察自然的一部分来教授的。在泥塑、绘画、编纸垫、制作纸玩具或者木玩具等过程中,即便是班上最小的儿童,也要求他尽可能表现自己想制作什么东西。随着技巧的掌握,物件的制作难度越来越大,9—10 岁的儿童可以用酒椰编织篮子、制作小船和玩具娃娃的家具。

讲故事和戏剧表演之间有着密切的关系,而且(到 10 岁左右时)取代了传统的啃书本的做法。老师给学生讲故事或者朗读故事,故事要有文学价值,题材要适合学生年龄,然后让学生把在校外听到的故事讲给大家听。9—10 岁之后,儿童已学会阅读,让他们默读或者给大家朗读书上的故事,然后全班展开讨论。希腊神话《伊利亚特》(*Iliad*)和《奥德赛》[①]是这个年龄的最爱,因此经常看到这样的情形:无须老师的指导,全班就能够表演一个完整的故事,比如《特洛伊城的陷落》(*Fall of Troy*)或任何特别能够唤起他们戏剧想象力的故事。学校认为,要让儿童热爱文学,学会欣赏文学,而不是仅仅学习书本中的生词和修辞法,这才是他们接近文学的真正途径。学生到 8 至 9 岁才允许使用书本,因为只有到这个时候,他们才迫切地认识到自己的需要,因此会希望获得学习上的帮助。学校废除了 6 岁儿童必须做的那种冗长、讨厌的机械练习。每个孩子都急于想读某一本书,因此没有或者很

---

① 《奥德赛》(*Odyssey*),古希腊诗史,相传为荷马所作,描写奥德修斯于特洛伊城攻陷后回家途中 10 年流浪的种种经历;又译《奥德修斯记》。——译者

少有必要用机械练习来拴住他的注意力，或者坚持无休无止的重复练习。约翰逊夫人还相信，如果尽可能地推迟学习写作和算术，则更加有利于儿童身心的自然发展。等学生意识到自己真正需要写和算，意识到写和算会给自己的日常生活带来帮助的时候再去学习。他们通过手工课所学到的关于事物的知识背景及其技巧，把学习的实际过程变得相对简单。约翰逊夫人确信，在她的学校里，10岁以后才学习读写的儿童，到14岁学习写作拼写时与开设传统课程学校里的14岁学生的水平是一样的。

数的基本概念是口头教授的。年龄最小的儿童开始时相互数数或者数周围的东西，然后让他们在黑板上把一条线一分为二、一分为三、一分为四，接下来让他们用物体或者黑板上的线条开始加减，拿掉四分之三，甚至使用除法。这类活动的口头练习连续不断，等孩子们对算术的基本过程完全熟悉之后，开始写个位数，或者了解加法和乘法符号的意义。大约9岁时，开始写数，并用常规的符号来重复练习，而不用线条或者物体。学校发现，通过这种方法，学生不再出现常见的那种痛苦挣扎，尤其是在学习分数及其运算时的痛苦挣扎。比较长的除法及其复杂的运算过程，要等到学生书写容易之后才教授；对算术公式的分析，也要等到重复练习使学生熟悉并熟练掌握运算过程之后才可进行。老师发明各种游戏和竞赛，以便把练习变得更加有趣。

感觉培养是指对儿童的身体和肌肉进行具体的训练，以便使他们对欲望作出准确的反应，从而完成明确的肌肉或者其他感觉动作，或者用术语来说，就是运动的协调感。除了手工和体育锻炼所提供的一般训练之外，老师还安排特殊的游戏来锻炼不同的官能；这种官能锻炼操，年龄最小的班相对做得最多。全班坐下来，身体一动不动，保持绝对安静。一个学生踮着脚尖，从座位上走到教室的任何地方；与此同时，让其他同学都闭上眼睛，说出他在哪儿；或者一个学生说什么，让别的同学通过声音来猜说话的是谁。为了训练触觉，让一个孩子用布把眼睛蒙起来，然后给他一些平常的物件，要求他通过触摸一一辨认。学校还发明了所有学生都十分喜欢的游戏，其中有一个游戏专门训练肌肉的准确性，让不同年龄的儿童分成若干小组，朝院中的一棵大树扔石子。这个游戏的竞争最激烈，它主要教会眼手的合作，又锻炼了全身。费尔霍普学校的学生身体控制能力异乎寻常，这在木工车间得到了最好的体现。在那里，即便年龄最小的孩子，也能正确地使用工具干活，能够使用锤子、锯子、刨子，但又不会把自己弄伤。木工车间有一架脚控线锯，有一个

7 岁的儿童,看样子个头太小,踩不到踏板;可他手里把住一块木头,在线锯上翻转成形,没有伤了自己。看到这个场面,真是一种教益。

与普通公立学校的学生相比,费尔霍普学校的学生更加优秀。不论因为何种原因发生变化,他们总能与相同年龄的儿童一块活动,而且无需额外作出努力。他们的身体更健壮,动手能力强得多,对书本和学习怀有一种真正的热爱;同时,单纯就活动的修养而言,他们同样也很强。系统的课程内容已经完全设计出来,而且在最小的孩子身上运用了很长时间,但约翰逊夫人确信,她的教育原理同样可以很好地适应于中学的学生,并已着手对中学生进行实验。在她的指导下,学校取得了明显的成功。如果有更多的时间,无疑将会改正任何学校在实验阶段必然会出现的各种问题。学校为各小组学生健康自然的生长提供了条件,对于一个教师(作为组长,而不是作为讲授者)来说,小组分得够小以便了解每一个孩子的缺点,并按照个体的需求来调整活动。业已证明,儿童在学校完全可以像放学后在自己喜欢的家里一样,过一种自然的生活;可以在学校获得身体、心智和道德的进步,而不用借助人为的压力、奖赏、考试、升留级。同时,他们学会了对传统的学习工具和书本学习——读、写、算——的必要控制,能够独立地加以运用。

(何克勇 译 欧阳谦 校)

进步教育与教育科学^{*①}

　　什么是进步教育？教育实验与实验学校的含义是什么？这里所呈现的这种实验学校能为其他学校（在这里有更多的不计其数的学生接受指导和训练）做些什么？我们可以期望这些进步学校的工作为智性和稳定的教育实践，特别是教育理论，作出怎样的贡献？在这里所呈现的各种做法中，存在着共同的思想与道德元素吗？还是各校各行其是，并以当任领导的愿望与偏爱为基准呢？实验是一个将任何事物都至少尝试过一次，并将脑中出现的任何"好想法"立马付诸实施的过程，还是必须基于某些原则，且这些原则至少要具有可行性的假设？我们是否经常观察实际结果，并以此来检查基础性的假设，从而使这些假设得到智性地发展？如果各个进步学校的建议能够辐射至其他学校，并赋予后者的工作以生机，我们便满足了吗？还是我们应该要求通过各校的合作，逐渐得出一些一致的教育原则，并以此作为对于教育理论的特别贡献？

　　在这样一个集会的场合，我的脑中想到了这些问题。以上的这些询问远远没有涵盖所有的问题。它们是单方面的，并且是我有意为之的。它们越过了下面可能被问及的重要问题：这些实验学校的孩子实际在做什么？这些学校是如何尽到对孩子以及孩子的家庭和朋友的主要责任的？正如我所说的，上面这种单方面的强调是有意为之的。这样的提问是为了将大家的注意力直接引到我们期望进步学

＊　此文选自《杜威全集·晚期著作》第 3 卷，第 196—204 页。
①　杜威于 1928 年 3 月 8 日在进步教育协会（Progressive Education Association）第八届年会上的演讲，由该协会以小册子的形式首次发表。

校所作出的思想贡献上。单方面提问的理由就在于此。自然,在你们自己的经验与观点的交流中,被模糊带过的问题应该是最突出的。我并不怀疑,进步学校的学生本身也在进步,并且建立更多进步学校的运动也在进步。我想,那个曾经令人头疼的老问题,即这些学生进入大学或者走向生活时会怎么样,已经不再是一个公开的问题。经验已经证明,这些学生做得很好。因此,在我看来,现在是提出下面这个思想和理论问题的恰当时候了:进步运动同教育艺术和教育哲学之间的关系是什么?

各校之间是否存在着共同要素,从某种程度上来说,对于这一问题有一个简单的回答。与传统学校相比,所有的进步学校都强调了对于个体性与增加自由度的尊重,都是基于孩子们的天性与经验来进行教学,而不是将外在的科目与标准强加给他们,这一点在我看来是理所当然的。这些学校都有一种非正式的氛围,因为经验已经证明,正式的氛围同真正的精神活动、真诚的情感表达与生长是敌对的。这些学校的一个共同要素是强调与被动相对的主动性。我认为,这些学校对于人性要素、平常的社会关系、与校门之外大千世界的交流互动都投注了不同寻常的注意力。这些学校都相信,孩子与孩子、孩子与教师之间的平常接触具有无上的教育重要性;并且,它们都不相信那些人造的个体关系,认为后者是将学校从生活中孤立出来的主要原因。我们认为,在进步学校中至少存在以上这些共同精神和共同目的。仅就这些而言,进步学校就已经对教育理论作出了特殊的贡献:尊重个人的能力、兴趣与经验;提供足够的外部自由,或者至少是非正式的氛围,使教师能够熟悉孩子们的真实状态;尊重自发和独立的学习;尊重作为学习动力与学习核心的积极性;最为重要的是,相信基于正常人性(作为包罗一切的介质)之上的社会接触、交流与合作。

这些观念的贡献绝对不小,这是对教育理论的贡献,也是对受进步学校影响的人的幸福与完整性的贡献。然而这些贡献的元素是一般性的,并且就像所有一般性一样,它们可以有不同和模糊的解释。它们指出了进步学校可以从哪里开始对科学理论或教育理论有所贡献,但它们指出的仅仅是出发点。让我们将刚才的问题削减为一个:进步教育与教育科学的特殊关系是什么? 这里的科学是指能够为学校的实际运动提供思想指导的、已被证实的事实和已经测试的原则。

除非我们从一开始就假定大家已经知道教育是什么,以及它的目的与方法是什么,否则下面这一声称并没有错,也不夸张,即不同的教育科学在当下不仅是可能的，也是必须的。当然，这一陈述是与下面这一观念对立的，即科学在本质上是一个单一而普遍的真理体系。但是，我们不必被这一观念吓倒。即便是在先进的科学中，比如数学和物理，发展也是通过思考不同的观点与假设、实践不同的理论得来的。科学并不是固定而封闭的正统观念。

当然，在教育这样的事业中，我们必须谨慎而谦虚地使用"科学"这个词。宣称教育是严格的科学，要比宣称其他学科是严格的科学更容易变成一种虚假的借口；并且试图在教育中设立一种为所有人所接受的僵化而正统的标准信念，要比在其他学科这样做来得更危险。没有一样事物可以被确凿无疑地认为就是教育，并且除非社会和学校的实践与目的达到了一种僵死的单调一致，教育中并不会存在相似性，因此，单一的教育科学并不存在。因为学校的实际运作各不相同，这些运作背后的思想理论也一定不同。进步教育的实践不同于传统学校的实践，因此，认为适合于一种类型的思想方案与组织也会适合于另一种类型的想法是荒谬的。来源于旧的传统学校的教育科学要想成为真正的科学，就必须改造它的基础，并努力将它的主题和方法精简为某些能够消除浪费、保护资源，并让现存的实践类型变得更有效率的原则。进步学校所强调的与旧标准完全不同，它们强调自由、个体性、积极性以及合作性的社会介质，因此，它们所贡献的事实与原则也必定不同。进步学校至多会偶尔借鉴一下从不同的实践类型演进而来的"科学"，它们甚至可以借鉴那些只适合于自己的特殊目的和特殊过程的东西。发现教育与科学在多大程度上相关是一个真正的问题，但这与下面这一观点是完全不同的，即那些在传统学术条件下获得的方法和结果形成了进步学校一定要遵循的科学标准。

比如，传统学校中的实践理论应该高度重视测验与衡量，这是自然而恰当的。这一理论所反映的学校管理的模式认为，分数、评级、分级和提高是重要的。衡量智商与成绩是让这些运作更为有效的方法。不难发现，分级的需要是智商测验重要性背后的基础。后者的目的在于建立一个标准，省去统计学上的细化，这一标准在本质上就是从足够多的人当中找到的一个平均数。这一平均数一旦找到，就可以被用来评估任何孩子：通过一个可指定的量，我们可以说一个孩子达到标准、不及标准或者超过标准。通过这种方法得到的结果，可能比难免有所疏漏的旧方法更能做到精确的分级。然而，所有这些同将个体性作为主要考虑对象的学校（在这些学校中，所谓的"班级"变成了一种社会目的的组合，受到珍视的是能力与经验的多样性，而不是一致性）有什么关系呢？

在平均化和分级化的模式下,某些特殊的技能,比如音乐、戏剧、绘画、机械技能或其他技能,只能同许多其他因素放在一起,或者也许根本不会出现在测验的清单上。总之,这种模式是通过将大量其他因素磨平和剔除,才能得到最后的结果。在进步学校中,每一种能力都会被运用到群体的合作经验当中,下面这种做法是完全违背进步学校的目的与精神的,即通过与其他性质的平均化,将某种能力降格为决定一个孩子在成绩曲线上位置的数值。

但是,进步教育者们也没有必要过分害怕科学是由量化结果组成的这一观念。人们常说,只要存在就能被衡量,因为所有学科都是经过一个质化阶段才达到一个量化阶段的,如果时机合适的话,我们就能在这里展示,即便是在数学科学中,较之于接近质的序列观念,量还是次要的。无论如何,对教师来说,活动和结果的质要比任何量的元素更为重要。如果这一事实阻碍了某种科学的发展,那是很遗憾的。但一个教育者不能坐等将质还原为量的方法出现,他必须在此时此地就开始操作。如果他能将质性的过程与结果组织成互相关联的思想形式,那么比起忽视实际上最重要的东西,并将自己的精力放在马上可以衡量的不重要的副产品上,他可以说真正发展了科学方法。

并且,即便我们能衡量任何存在的东西(只要我们知道怎样去衡量),也无法衡量那些不存在的东西。说教师对不存在的东西有着深刻的考量,并不矛盾。因为进步学校主要考量的是生长,是运动和变化的过程,是对既有能力与经验的改造;基于天赋和过去成就的、已经存在的东西必须从属于将要变成的东西。可能性比已经存在的更重要,对于后者的认识只有基于可能性之上才有意义。作为一种教育理论的成绩衡量,它在一个静止的教育体系中的位置与在一个将生长过程视为至关重要的动态体系中的位置大为不同。

同样的原则也适用于通过大量收集和精确衡量数据来决定学习主题和选择学习科目的做法。如果我们大体上满意现存社会的目的与进程,那么这一方法是合适的。如果想要学校永久维持当下的秩序,或者至少再加上消除浪费从而让学校比现在做得更好,那么就需要一种思想方法或"科学"。但是,如果有人期望一个在性质和方向上与当下不同的社会秩序,并且认为学校应该在教育中关注社会变化,并致力于培养不满足于现状,且具备改变现状的愿望和能力的个体,那么,教育科学就需要另外一种极为不同的方法与内容了。

刚才所说也许有一种倾向,想要缓解进步学校的教育者们对于下面这种批判的过分担忧,这种批判认为他们是不科学的,但这一批判只适合于那些目的和过程与进步学校极为不同的学校。但是,我说这些话,并不是要免除进步学校的教育者们为一种有组织、成体系、理性的教育作出贡献的责任。我的意图恰恰相反。所有新的改革运动都会经历一个明显的负面阶段,一个抗议、背离与革新的阶段。如果进步教育运动并不是这样的,那就让人吃惊了。比如,传统学校的正式与固定的特点是压制性和约束性的,因此在一所理念与方法与之不同的学校里,自由首先非常自然地被把握为去除人为和僵化的约束。然而去除和废止都是负面的,人们最终会发现,这样的自由本身并不是目的,它并不能让人满足且坚持下去,它至多标志着能够有机会做一些正面的和建设性的事情。

现在,我在想,这一早期的和更为负面的进步教育阶段是不是还没有完全结束,进步学校发挥更为建设性的组织功能的时机是不是还没有到来。有一件事是肯定的:随着它们开始进行有组织的建设性工作,它们一定会对教育理论或教育思想的建设作出明确的贡献。我并不关心这些贡献是否可以被叫做教育科学或教育哲学,但是,如果进步学校不在思想上组织自己的工作,虽然它们可以让孩子的生活更愉快、更有生命力,但它们对于教育科学所作的贡献却只能算是偶然的碎屑。

人们自由地使用"组织"这个词,正是这个词指出了问题的本质。在传统模式下,组织和管理这两个词是联系在一起的,因此组织表达的是某些外在的和固定的东西。然而,对于这种组织的反动只会造成对另一种组织的需求。任何真正的思想组织都是灵活而运动的,但它们并不缺乏有序和连续的内在原则。实验学校常常会受到随意改变科目的诱惑,它一定会利用意外事件来转向预期之外的问题与兴趣。可是,如果它允许这种随意改变来主宰它的进程,其结果只能是一种机动的、不连续的运动,这种运动对于教育不可能有任何重要的贡献。偶然事件是暂时的,但对于它们的运用不可能是暂时或短暂的。我们要将它们带入一个内容与目的的发展整体当中,后者之所以成为一个整体,是因为它的部分之间是连续而连贯的。并不存在一个所有学校都必须接受的科目,但每个学校都应该有一些正处在生长和成型过程中的重要的科目。

下面这个例子能够将上面的意思表达得更清楚。进步学校重视个体性,而有时候人们会认为有序组织的科目同发展学生个性的需要是背道而驰的。但是,个体性是某种处于发展中的东西,它需要持续不断地获得而非一步到位。个体性只有在生命的历史中、在生命的不断生长中才能够被发现,也可以说,它是一个历程,而不是在生活的某个横截面中发现的一个事实。教师很有可能对个别的孩子小题大作，担心他们的特殊性、他们的喜好与厌恶，以及他们的弱点和失败；这样做，使他们觉察不到真正的个体性，并采用那些不相信个体性力量的方法。我们不能通过观察一个孩子在特定的时候做什么或有意识地喜欢什么来发现他的个体性，孩子的个体性只表现在他的行为过程当中。对于欲望和目的的意识，只有在某些较长的行为过程的最后阶段才能真正获得。因此，通过一系列连贯性行为（这些行为在逐渐生长的工作或项目的统一体中整合起来）所获得的科目组织，才是对应于真正个体性的唯一手段。关于组织与个体性原则的对立，我们就讨论到这里。

因此，教师有时会花费许多精力去思考如何让个别孩子更好地发现一些有价值的活动，并创造条件去开展这些活动。对于参与到这种连贯和累积性的工作中的孩子来说，只要这一工作包含有价值的主题，他的个体性就能够作为结果，或者说，作为自然的副产物，得到实现或被建立起来。孩子在做的过程中找到并发展自己，这种做并不是孤立的，而是与包含和携带主题的条件进行互动。并且，通过在连贯的行为中观察孩子，教师能够发现孩子的真正需要、期望、兴趣、能力和弱点，这要比通过直接刺激或取样观察所获得的多得多。在一系列不连续的行为中观察孩子，其结果必然是抽样性的。

这种一系列的不连续行为，当然没有机会建立起一个有组织的科目或者为后者提供内容，也不能让自我得到一致而完整的发展。不管多么主动，单纯的做是不够的。当然，活动或项目必须处于学生的经验范围之内，并同他们的需要联系起来，而学生的需要则完全不能被等同于他们有意识地表达出来的喜好或欲望。在满足了这一负面条件之后，检测一个项目的好坏就要看它是否足够完整和复杂，是否能从不同的孩子那里得到各种反馈，而且允许每个孩子都参与其中并作出自己的特殊贡献。从教育的角度来看，对于一个项目好坏的进一步检测，要看它是否能够维持一段足够长的时间；这样，包含在其中的一系列努力与探索就能在每一步都开辟新领域、提出新问题，激发对进一步认识的需要，并根据已完成的工作和已获得的知识提出下一步要做什么。满足上面这两个条件的教学活动并不是单纯地聚集已知的主题，而是将这些主题组织起来。如果不将相关的事实与原则有序地收集起来并加以体系化，教学活动就不能继续下去。组织知识的原则同进步教育的原则并不对立，而如果不对知识进行组织，进步教育就不能发挥它的作用。

下面这个夸张的、近乎讽刺画的例子也许能够将上面这一点讲得更清楚。假设在一个学校中,学生们被大量的各种物品、仪器和工具所包围;假设教师只是简单地问他们要做什么,然后告诉他们"去做吧",接下来教师就不做事也不劳心了,那么,这些学生要做什么呢? 有什么能够保证他们所做的不只是一时的冲动与兴趣所引发的表达和发泄呢? 你也许会说,这个假设并不符合任何事实。然而,与这一假设相对的原则究竟是怎么样的? 当我们远离包含在这个例子中的原则时,又该在何处止步呢? 我们的原则必然是:教学的起点、第一步或者说行动的原动力必须从学生出发,这一点无论在传统学校或进步学校都是正确的。你可以将一匹马带到水边,但你不能强迫它饮水。那么,学生是从哪里得到做什么的想法的呢? 这一想法一定来自他的所见所闻,或者来自对其他孩子所做的观察;它来自学生的身外,来自环境。学生并不是想法和目的的始发者,而是一个承载物,承载着来自过去环境和当下环境的建议。这种建议极有可能只是碰巧的想法,马上就会耗尽。我想,我们可以通过观察来发现一个孩子是否进入了一个真正富有成果和连续发展的活动当中,因此他之前已经参与了一些复杂且逐步展开的活动,这些活动留下了某些他想进一步证明的问题,或者是某些和他想最终实现的完全相反的东西。如果不是这样的话,这个学生就只能听从机会的摆布,而碰巧的建议不太可能会引向任何有意义或有成果的结果。

从外在的形式来看,说这些话是要表明,教师群体拥有更成熟和更完整的经验,也具有更强的洞察力,能够在任何项目中发现持续发展的可能性,因此,教师不但有权利还有义务给出活动的建议;我还想通过这些话表明,只要教师了解孩子,也了解教学主题,就不必害怕会将成人的想法强加给学生,这一事实并不会削减教学活动的意义。这些话的根本目的在于指出:进步学校之所以是进步的,并不是不顾及上面这一事实,而是因为进步学校也处于这样一个必然性之下,即要找到那些包含了有序发展的、与科目相互关联的项目,否则就不可能有足够复杂的长期的教育事业。这一机遇和需要产生了一种责任。进步学校的教师可以也能够制定出明确而有组织的知识条块,并提供给其他教师进行试验和批评;同时,他们还可以给出一张信息来源的清单,以便别人获取同类型的附加信息。有人如果要问这种知识条块与传统学校的标准教材之间的区别,答案很简单:第一,知识条块的材料都来自学生自己的课内活动与课外活动,并与后者联系在一起;第二,这些材料并不是提供给其他教师和学生照搬的,它们只是指出这一活动或那一活动在思想上的可能性。而这些关于可能性的声明则是基于下面这些基础之上的:仔细观察和引导经验中产生的问题,找出那些对于回答这些问题有用的信息,并找出这些知识可以从哪里得到。虽然第二次经验不会精确地复制第一次经验,但是,来自进步学校的材料可以使教师摆脱限制,指导他们处理在相同的一般性项目时所产生的紧急情况和需要。随着教学的发展,更多的材料会被加入,这样,大量的、却是自由的相关科目板块就能逐步建立起来。

因为我就一系列的主题作了表面上的匆匆探讨,在结尾对它们作一个总结是有好处的。在实质上,前面的讨论试图引出进步学校对于符合进步学校程序的教育科学所作的至少有两个贡献:一个是刚才提到的对于有组织的科目的发展,另一个则是对有利于学习的条件的研究。正如我所指出的,进步学校的有些特征本身并不是目的,而是可以利用的机会。这些特征是学习的机会,而我认为,学习的三个主要方面是:获得知识、掌握一定的技能或技术模式,以及养成为社会所需要的态度与习惯。现在,传统学校对于这个一般性主题所作的贡献主要在于教授方法,即便超出了这一范围,也最多涉及学生所采用的学习方法。但如果从进步教育的角度来看,方法问题就带上了一种新的、大部分还未被触及的形式。方法问题不再是一个教师怎样教或学生怎样学的问题,而是要去发现,为了让研究和学习自然且必然地发生,为了让学生在作出反应的同时必然地达到学习的目的,应该满足和具备什么样的条件。学生的心灵不再只停留于研究或学习,而在于根据情境的需要而做的事情上,而学习又是做事的结果。另一方面,教师的方法则变成了寻找能够唤起自我教育行为或学习行为的条件,并通过与学生的活动进行合作,让学习成为这些活动的结果。

经验已经告诉我们,在实际情况下,哪些条件是有利于学习的,哪些条件是不利于学习的;如果对于这些条件的详细报告不断增加,便能引发整个方法问题的革命。方法问题是复杂而困难的。刚才提到,学习包括三个要素:知识、技能与个性,每一个都必须研究。从一个情况的总体状况中选出什么造成学习条件的元素,分清哪些元素是有影响的,哪些元素是次要的或无关的,这都需要判断与技艺。为此,我们需要坦率而真诚地记录失败与成功、估计已获成功的程度,我们还需要训练有素的敏锐观察力,去注意学习中进步的迹象,甚至探查它们的动因——这比仅仅注意那些机械测试的结果,需要更高程度的观察技巧。教育科学的进步,依赖对于这类观察所得材料的系统化积累。如何去发现学习的动因,对于这一问题的回答是一个无止境的过程。但是,要进步必须先起步,而起步的责任正好落在了那些更为自由、更具实验性的进步学校身上。

我不需要提醒你们：我明确地将讨论的范围集中在一点上，也就是进步教育同发展一种教育科学的关系。我的发言以提问开始，也想以提问结束。我的问题是：进步教育运动已经充分地开展起来了，现在是不是到了可以考虑进步教育对于教育这门人类艺术中最困难、最重要的艺术所作的思想贡献的时候了？

（孙　宁　译）

传统教育与进步教育的对立[*]

人类喜欢从极端对立的方面思考问题。人们倾向于用"非此即彼"(*Either-Ors*)的方式来表达他们的信仰,认为两个极端之间没有调解的可能性。当不得不承认极端的主张行不通时,他们仍然倾向于认为自己的理论是完全正确的,而只是实际环境让他们不得不作出妥协。教育哲学也不例外。教育理论的历史表明内发论和外铄论两种观念的对立:内发论认为,教育以自然禀赋为基础;而外铄论则认为,教育是克服自然倾向,通过外部强制而形成习惯的过程。

就现在学校的实际情况而言,内发论和外铄论的对立趋向于采取传统教育与进步教育对立的形式。如果不是对传统教育的思想作精确的阐述,那么可以概略地将其表为:教材的内容由过去已经成型的知识和技能组成,因此学校的首要任务就是把这些知识和技能传给新的一代。在过去,已经建立了各种行为标准和规则;所以,道德训练就是培养学生形成符合这些规则与标准的行为习惯。最后,学校组织的一般模式(我是指学生与学生之间,以及学生与老师的关系)构成了学校与其他社会机构大相径庭的一种惯例。只要回想一下普通的教室、课程表、班级的划分、考试、升级制度,以及维持各种秩序的规则,我想,你就会理解所谓的"组织模式"到底意味着什么了。例如,你将学校的场景与家庭的场景作一个对比,就能认识到学校与其他社会组织形式之间的明确区别究竟意味着什么了。

刚才提到的三个特点,规定了教导和规训(instruction and discipline)的种种目的和方法。其主要目的是为了让青少年获得教材中已经组织好的知识体系和已经

---

* 此文选自《杜威全集·晚期著作》第 13 卷。首次发表于 1938 年,为《经验与教育》一书第 1 章。

准备好的理解教材的各种技能，以便为未来所要担负的责任和为取得成功做好准备。因为教材如同适当行为的标准一样，都是从过去延续下来的，所以总的来说，学生必须温顺、接受和服从。书本，尤其是教科书，是过去知识和智慧的主要代表，而教师是使学生和教材有效地联系起来的器官(organs)。教师通过传送知识和技能，以及强迫执行行为规则，成为教材和学生之间的媒介。

我作这样简要的概括，目的不是为了批评这种基本的哲学。所谓新教育和进步学校的兴盛，就其本身而言，是不满意传统教育的结果。事实上，它是对传统教育的一种批判。如果明确地将这种含蓄的批判表达出来，那么大致如下：传统教育的方案本质上是一种自上而下和来自外部的强加(imposition)。它将成人的种种标准、种种教材和种种方法强加到那些只能缓慢地成长到成熟期的青少年身上。这个分歧如此之大，以至于指定的教材、学习方法和行为方式与青少年所具有的能力不相吻合。这些指定的教材、学习方法和行为方式超出了青少年学习者已有的经验范围，是他们力所不及的。结果，必须强迫他们接受；尽管好的教师会用巧妙的方法来掩饰这种强迫，以消除其明显的野蛮特征。

但是，成人作品与青少年的经验和能力之间的鸿沟是如此之深，以至于这种特殊情形使小学生们无法积极地参与所教内容的发展进程。于是，小学生们的任务就是按照所教授的内容去做和学习，就像 600 名战士的任务就是打仗直至战死一样。在这里，学习是指获取已经被录入书中和长辈头脑中的知识。而且，所教授的内容基本上是静止的思想。它是被作为一个已经完成的作品而教授的，在教授过程中并没有考虑这一作品最初是如何被建立起来的，以及未来会发生哪些变化。在很大程度上，这种教育假设未来社会的文化产品与过去的差不多，然而在一个由变化所支配而绝无例外的社会里，还依然用它作为教育的资料。

如果想要确切地阐明蕴含在新教育实践中的教育哲学，那么，我想，我们可以在现时存在的各种进步学校中发现：某些共同的原则，即与自上而下的强加相对的，是个性的表达和培养；与由外部强加的纪律相对的，是自由活动；与向文本和教师学习相对的，是向经验学习；与通过训练获得孤立的技能和技巧相对的，是将技能和技巧当作实现直接而切身之需要这一目的的手段；与为未来做准备相对的，是充分利用目前的生活所有的机会；与给学生静止的目标和材料相对的，是使学生了解不断变化的世界。

行了，所有的原则本身都是抽象的。它们只有在应用它们而呈现的结果中，才能变得具体。正因为这些原则和规定是如此根本和深远，所以，一切都取决于它们在学校和家庭中被付诸实践时被给予的解释。在这一点上，前面所说的"非此即彼"的哲学显得特别切题。新教育的普遍哲学也许是正确的，但抽象原则的差异不能决定德育和智育的实施方式。当一种新的运动拒绝它所取代的运动的目的和方法时一定会有危险，它可能消极而非积极地、建设性地发展自己的原则。因此，在实践中，它从被它所拒绝的东西那里寻找线索，而不是从自己哲学建设性的发展中寻求解决问题的答案。

实际经验过程和教育过程之间有着密切和必然的联系，我认为，可以在这里发现新哲学根本的统一性。如果真是如此的话，那么，新哲学要积极和建设性地发展自己的基本理念，就依赖于有一个正确的关于经验的观念。教材的组织问题便是一个例子，稍后将对此作详细的讨论。对于进步教育而言，这个问题是：在经验中，教材的地位和意义是什么？组织的地位和意义是什么？教材如何发挥作用？在经验中，有没有固有的东西，有助于把教材的内容循序渐进地组织起来？如果不能把经验材料循序渐进地组织起来，那么会有什么后果？如果一种哲学建立在拒绝和全然敌对的基础上，就会忽视这些问题。它往往会假设，因为旧教育基于现成的组织，所以只要完全拒绝这种组织原则就万事大吉了，而无须努力寻找在经验基础上组织原则的意义究竟是什么，以及组织原则如何在经验的基础上形成的。我们可能会通过比较新旧教育的所有差异，得到与之类似的结论。拒绝外部权威，问题就演变成要寻找经验内部的权威因素。拒绝外部权威，并不意味着拒绝所有的权威，而意味着需要寻找更有效的权威之源。旧教育是将成人的知识、方法和规则强加在青少年身上，但这并不是说成人的知识和技能对未成年人的经验没有指导价值，只有基于极端的"非此即彼"哲学才会如此认为。相反，如果将教育立足于个人经验，那么，成人和未成年人之间的接触就会比传统学校中曾有过的接触更为频繁，也更为密切。因此，未成年人受到的指导也会更多。这样一来，问题就在于：如何才能在不违反"通过个人经验学习"这一学习原则的基础上建立这些接触？解决这个问题，需要一种哲学，这种哲学应该对形成个人经验所具有深刻影响的各种社会因素加以思考。

上述说法表示新教育的一般原则就其本身而言，并不能解决进步学校在行为实施和管理上的任何实际问题。然而，这些原则却提出了一个需要在新经验哲学的基础上加以解决的新问题。如果以为反对旧教育的思想和实践已经足矣，便走向另一个极端，那么，这些问题根本没有被认识，更不能说得到解决了。如果我们认为，很多较新的学校对教材的组织几乎不予重视；在教学进程中，似乎成年人任何形式的指导都是对个人自由的侵犯，并且认为教育应该关心现在和未来，而这个观念意味着"过去"在教育中的作用很小或者几乎没有作用，那么我相信，你们会充分认识到这意味着什么。这些缺陷并没有被夸大，它们至少说明：假如一个教育理论和实践仅仅是消极地反对曾在教育中流行的东西，而不是根据一种经验理论和以教育潜力为基础，积极和建设性地发展目的、方法和教材，这将意味着什么。

毫不过分地说，正如它曾经反对过的传统教育一样，一种基于自由思想的教育哲学也可能会成为一种教条。任何理论和实践，如果不以批判自身的基本原则为基础，都会变成教条。我们说新教育强调学习者的自由，这非常好。但是，接下来问题就出现了：自由意味着什么，在什么情况下才能实现自由？我们说，传统学校常见的是外在的强迫限制，而不是促进青少年智力和道德的发展。这也非常好。但是，承认这个严重的缺陷却又衍生出这样一个问题：在促进未成年者的教育发展中，教师和书本究竟扮演着什么角色？我们承认，传统教育应该用过去的事实和观念作为研究的材料，但对解决现在和未来的问题并没有帮助。这非常好。现在我们的问题就是：要在经验中找出过去的成就和现在各种困境之间实际的联系，即如何把过去的知识转化为应付未来的有效工具。我们可能反对把过去的知识作为教育的目的，而只强调它作为一种手段的重要性。当我们这样做的时候，就会遇到教育史中的一个新问题：青少年如何才能了解过去，如何才能使这种了解成为鉴定和评价现在生活的有效媒介？

（戴　曦　译）

心理学

心理学的范畴和方法

新心理学[*][①]

　　培根有关心灵在解释时以牺牲材料为代价而倾向于统一和简洁的说法，可以在心理学中找到最为引人注目的例证。近百年来，虽然科学没有获得多大发展，但心理学已呈现出最为完备的成就景象。最简单精神生命的无限细节和复杂性，它同物理有机体的交织，同社会有机体中其他生命的交织，并没有产生特别的难题。在詹姆斯·密尔(James Mill)的《人类心灵现象分析》中，我们发现，每个精神现象不仅得到了解释，而且根据原理得到了解释。丰富多彩的经验——在两个民族、两个个体、同一个生命的两个环节之间都是不同的。他们的思想、愿望、忧虑和希望，为各个时代日新月异的文献提供了素材；为荷马和乔叟、索福克勒斯和莎士比亚，为没有记载下来的日常生活悲喜剧提供了素材——受到了巧妙而细心的剖析。它的各个部分被标上了标签，占有了一席之地，受到了归类处理，最终的全体打上了既成事实(*un fait accompli*)的印记。系统组合是至上的，最后的是最好的。

　　我们现在有了更多的了解。我们知道，人的一生演变发展给心理学提供了素材，人的生命是人能够研讨的最困难也最复杂的课题。我们多少知道人的生命的分叉和联系。我们知道，人不仅仅是一架巧妙契合的心理机器，不是躺在分门别类地得到解剖的分析台上的孤立个体。我们知道，人的生命同社会生活相联系，同具有伦理规范和典章制度的民族生活相联系；我们知道，人同所有以往的教育、传统和遗产具有密切的联系；我们知道，人实际上是一个微观宇宙，浓缩了既有空间又

＊　此文选自《杜威全集·早期著作》第 1 卷，第 40—49 页。
①　本文最初发表于《安多弗评论》，第 2 卷(1884 年 9 月)，第 278—289 页。作者后来一直没有重印。

有时间、既是物理世界又是心理世界的丰富性。我们还知道个体生命的复杂性。我们知道,我们的精神生活不是诡辩的三段论法,而是省略的三段论法,它的大多数因素是被压制的。大量的领域从来没有进入意识,即使进入意识的部分也是模糊的、转瞬即逝的,其意义难以把握。这些领域极其复杂,蕴含着个体的整个生命史踪迹,或者是转瞬即逝的,只当它们出现时才有意义。精神生命是一个连续体,不会分解为"不同实在的不同观念"。分析只是一个抽象过程,给我们留下了缺乏"精神联系"的各部分;我们的区分虽然必要,但不真实,多半是随意的。心灵既不是相互隔开的盒子,也不是各自独立的权力部门。简言之,我们知道心灵的实际活动和过程。我们知道,旧心理学描述了许多不实的东西,它至多只是描述而不是解释了它们。

我这样说并没有想贬低早期心理学家工作的意思,没有必要攻击那些入了这一行并做出了出色工作的人。同威廉·汉密尔顿和约翰·斯图亚特·密尔一起,这个学派大势已去。实际上,许多心理学家仍然使用着他们的语言,追随着他们各自的风格。毫无疑问,我们仍然到处都能感觉得到他们的影响。但是,已经发生变化的条件影响着我们,使我们即使不往前走向革命,也不至于往后倒退。同生理学或物理学相比,心理学更不应当固步自封。但是,与我们没有必要责怪牛顿没有预见到今日的物理学知识,哈维没有预见到今天的生理学知识相比,我们更没有必要责骂休谟或者里德没有创建一门完备的心理学。

早期心理学家的工作既同当时的科学条件具有确定而必然的关系,也同完成这些工作的时代具有确定而必然的关系。假如他们认识到了主体的复杂性,然后再试着去探讨它,那么这门科学将绝不会启动。它的实际条件恰恰是忽视了大部分的素材,而抓住了几个框架性观念和原理的范围,以及它们的普遍解释用法。他们把心灵划分为官能,把心理现象分类为常规的、等级的、泾渭分明的感觉、表象、概念等等,这对我们来说似乎是非常机械而抽象的;但是,只要实际考察一下他自己的心灵过程,精神生活的实际过程就可以得到揭示。他将会认识到,除非完全忽略了它的大部分,否则,对其实际活动的描述和解释将是不可能的,几个笼统的框架性标题难以把这个飘浮不定的混沌简化为某个伪装的秩序。

此外,所有科学历史都证明:科学的许多进步都是由对问题的揭示组成。缺乏问题意识甚至比缺乏解决问题的能力,更不具有科学的心灵的特点。即使问题无法得到解决,但是它仍能够为人们所看到并得到陈述。早期心理学家的工作多半是这类工作。此外,他们表现了他们所处时代的时代精神,18世纪和启蒙运动的时代精神。他们发现一切都不在话下,他们仇恨神秘和复杂性,他们全心全意地相信越简单越好、越抽象越好的原则,并且他们热情奔放。那时的心理学家和其他思想家为这种精神所征服,他们也是在这种精神的影响下思考和写作的。

因此,他们的工作受到了心理学自身的性质的限制,也受到了他们所生活的时代的限制。他们做的这项工作,给我们留下了一份问题、术语和原则遗产,有待于我们尽自己所能去解决、反驳或利用。我们能做的最好的事情,是对他们表示感谢,然后做我们自己的工作;我们能做的最糟糕的事情,是把他们按照学派进行划分,按照他们的旗帜把他们纳入敌对的阵营。我们不会大张旗鼓地替他们作辩护,因为他们的工作是在过去做的;我们也不会向他们兴师问罪,因为我们的工作是面向未来的。

简要说明一下某些运动和趋势是有用的,它们造成了态度的变化,产生了所谓的"新心理学"。

当然,这些运动最薄弱的一面,是它并没有反映当时的世纪:从18世纪纵使清晰的抽象原则到令人困惑的具体细节,都是如此。毕竟,除了全盘承认宇宙不能够简单且轻易地得到处理的物质这一事实之外,18世纪在总体上一无所获;无论哲学是否依次被应用于国家、社会、宗教或科学,世上的许多事物,更不用说天堂中的事物,并不是凭借清楚明白并且抽象的哲学就能梦想出来的。世人既满足于体系,又追求着事实。时代变得务实。毫无疑问,那个运动至少伴随着某些方面的问题:一些观念枯萎了,一些高远的目标被人遗忘了,热情衰退,平庸得势,世人安于现状,对现世或未来抱着犬儒主义的悲观厌世态度。然而,同样毫无疑问的是,这个运动必然导致充满人性的安泰巨人回到经验大地母亲上来,从而获得力量和生命,使自己不至于陷入无实体的空洞之中。在后者那里,它的观念和愿望就像天上飘散的云彩一样,变得稀薄而飘浮不定。

这个运动最好的一面,是对自然的秘密展开有组织的、系统的、不懈的研究。那种研究不把任何一个事物当作陈腐低级或庸俗不堪的事物,认为隐藏在自然背后的秘密并不枯燥乏味,或者说,没有一个自然的秘密是枯燥乏味的。那个运动的结果给18世纪以重大的启示。心理学就在其中占有一席之地。在心理学的成长中,我发现了伴随新心理学发展的第一个时机,即使不是最伟大的时机。

众所周知,随着有关神经系统结构和功能知识的增长,产生了以生理心理学为人所知的一门科学分支,它已经对心理问题作出了详细的阐述。但是,除非我完全误解有关这件事情的流行见解,否则,就生理学和心理学的关系而言,这个见解将存在大量的混乱和错误。假如我适当地表述它,那么这个见解是:生理心理学是这样一门科学,它从事或至少声称从事通过神经系统的自然性质来解释所有精神现象。证明:有关科学研究结果的许多专业人士和外行一样,似乎认为,当我们拥有有关视网膜解剖学、视网膜同大脑的联系以及大脑在发挥视觉功能方面所起的核心作用的完整知识之后,便拥有了有关视觉的整个心理学知识;或者,假如我们能够发现某些脑细胞储存印象,某些纤维起着联结这些细胞的作用,后者产生了观念的联结,而前者提供了复制的机会,那么我们便知道了有关记忆的所有知识。简言之,生理心理学最常见的观点似乎是:它是这样一门学科,它证明我们的精神生活的某些或所有事件在生理上取决于某些神经结构,因此它解释了这些事件。事实并非如此。就我所知,所有一流的研究者都清楚地认识到,为了进行解释,精神事件的解释必须本身是心理的而非生理的。无论我们刚才谈论的知识对于生理学来说有多么重要,它本身对心理学来说毫无价值。它只是说出了什么生理因素以及生理因素如何起着生理活动基础的作用。至于后者是什么,它们将如何得到解释,它什么也没有告诉我们。生理学不能给我们比国家物理地理学能让我们去建构或解释在这个国家之内得到处理的民族历史知识更多的有关精神生活的知识。无论多么重要,无论多么必不可少,土地是那部历史的基础,那部历史本身只有通过历史记录和历史条件才能得到确定和解释。因此,精神事件只能通过精神手段才能得到考察,只有通过精神条件和事实才能得到理解和解释。

那么,这是否意味着这种生理心理学的兴起已经引发了一场心理学革命呢?即,它是否已经给出了一个新工具,引入了一个新方法——实验的方法,补充和纠正了旧的内省法?精神事实将仍然是精神的,将通过精神条件得到解释;但是,我们断定这些事实是什么以及它们被限定的方式的手段已经被无限地扩大了。实验方法的两个主要环节,是在实验者意愿控制之下的条件变量以及定量测试的使用。这两个环节都无法通过内省过程得到应用。两者都可以通过生理心理学得到应用。这可以从以下明确的事实开始,以感觉著称的精神事件通过身体刺激而产生,以意志著称的精神事件产生了身体运动;在这些事实中,它发现了应用实验方法的可能性。身体刺激和运动能够直接受到控制和测量,因此,它们引起或表现的精神状态能够间接地得到控制和测量。

现在没有必要详细叙述一门科学从实验应用中得到的好处。我们很清楚,它通过无限地增加分析力量以及施行精确测量,以便有助于观察。通过筛选不可缺少之物,我们能够提取被研讨事例中的不变因子。在内省法是观察的唯一直接手段的科学中,没有必要关注实验在其中的特殊重要性。我们已经充分注意到了内省法的不足。我们知道,作为一种观察手段,它是受限制的、有缺陷的,往往是引入歧途的,是我们无法直接解释的。解释起着中介作用;就是把给定的事实与一条看不见的原则联系起来,使该现象同先行条件挂起钩来,而内省法只能处理当下,处理现在给予的东西。这里不是详细阐明通过如此把实验应用于心理学领域而导致特殊结果的地方;但是,也许可以做出两点证明:一个来自感觉领域,表明它是如何使我们能够分析意识状态,那些意识状态用其他途径分析是不能分解的;另一个来自知觉领域,表明它揭示了这样一些过程,那些过程通过内省法是无法掌握的。

现在,我们非常清楚的是:感觉在其存在于意识中时并不是简单的或终极的。例如,每一个色觉至少由三个基本感觉的可感受特质组成,它们也许是红色、绿色和紫色。尽管有理由假定,每一个这样绝不简单的性质是由大量同类的单位所组成的。因此,最简单的乐感从实验上得到了证明,其实它并不简单,而是双重混合的。首先,一组性质上协调的东西组成了有旋律的音调,旋律取决于相互之间的时间联系;其次,存在着这些旋律经过组合而产生特殊音色的某种联系;虽然在后续旋律中,产生优美和谐音乐的那些联系被进一步复杂化。需要记住的是,所有复杂性的产生都是在意识状态中进行的,相对于内省法来说,那个状态是同质的和终极的。在这些方面,生理学之于心理学就像显微镜之于生物学,分析之于化学。但是,实验方法不仅仅揭示了一些隐藏的方面,分析了比较简单的因素。与此同时,通过揭示心理事实的条件过程,它更是对解释和观察提供了帮助。再也没有比在视觉领域能更好地证明这一点的领域了。例如,以下知识几乎是一种常识,从心理学上说,展示在我们眼前的一幅最复杂的风景不是一个简单的终极事实,也不是外部影响给我们的印象,而是通过色觉和肌觉,通过也许是没有得到定位的广延感(空间感),借助于趣味、注意和领悟的心理法则建构起来的。简言之,它是一个包含着情感、意志和智力因素的复杂判断。我们要诉诸生理心理学,诉诸新的研究手段,来获得有关这些因素的性质的知识以及决定着它们同复杂视觉景观融合的法则。这个发现的重要性,是怎么样评估都不为过的。实际上,我们的知觉不是当下的事实,而是被调和的心理过程。这一学说被赫姆霍尔兹称作自古以来最重要的心理学研究成果。

然而,除了在实验方法上得感谢生理学之外,我们还得感谢生理学为我们提供了间接的研究手段。这种情形也许导致了人们对现在的两门学科关系的误解。因为,虽然就精神活动的性质或它们的原因可以从神经结构或功能特性中引导出来而言,没有得出直接的结论;但是,从前者向后者进行间接推论,做出类比,寻求确认,是可能的。那就是说,如果某些神经组织可以被如此这般的设置,将总是存在着一个强假定,即存在着与之符合的心理过程。假如两个生理神经过程之间的关联能够证明是自然的关联,那么人们便可以猜测与之符合的心理活动之间的关系是多少类似的。按照这个思路,通过纯粹的生理学发现,可能导致心灵去怀疑迄今被忽略的某个精神活动的存在,注意力将转向生理作用,将留意迄今模糊的那些方面。因此,毫无疑问,那时在神经冲动传输方面的发现,引导德国生理学家对当时的各种心理活动展开划时代的研究。当前有关心灵的智力和意志力的关系的生理学理论,无疑受到了贝尔发现的感觉神经同运动神经差异的启发。有关记忆不是储存各种观念、踪迹或遗迹的场所的当前理论也无疑受到正在发展的以下生理学信念的启发,形成记忆的物理基础的脑细胞无论如何都不储存以往的印象或印象的踪迹,通过这些印象,它们有它们的结构,那些结构随着某个活动功能模式而得到修正。因此,在类比生理学发现时,许多重要的概括是值得一提的。

生物学对生理学一般而言,一直具有重大的影响。每一次重大科学发展都对大众意识有所贡献,因此对哲学有所贡献,服务于时代的一些新观念成为最有价值的分类和解释范畴。生物学提出的是有机体观念。有机体观念的踪迹,早在生物学获得重大发展之前就已经被人发现。尤其是,康德已经对它进行了全面而细致的探讨;但是,"有机"观念在后来发挥的重大作用无疑在最大程度上得归功于生物学的发展。在心理学领域,这个观念导致承认精神生命是一个按照所有生命法则发展的有机统一过程,而不是展示独立自主的官能的剧场;不是各种孤立的、原子般的感觉和观念可以聚集到一起的娱乐场所,那些感觉和想法表面上各有千秋,但永远是零碎的。伴随于承认精神生命连带性之后的,是对社会中其他有组织生命连带关系的承认。环境观念同有机体观念具有一种必然联系。环境观念导致了把精神生命看作在真空中展开的个别而孤立的事物的不可能性。

个体同他融入其中的有机社会生活具有一种有机的关系,他从那里获得他的心理的和精神的支持,他在其中要么发挥适当的作用,要么成为精神和道德的败坏者。这个观念造成了向另一个伟大影响力的过渡,我发现它已经对发展新心理学产生了影响。我指的是那些重大的但仍不明确的研究课题的发展,它们可能被模糊地设计为社会科学和历史科学,即有关人的活动的各个领域的起源和发展的科学。随着这些科学的发展,产生了一种笼统的感觉,心理学的范畴已经被挤压和缩小,丧失了所有的真正活力。现在有人承认以下事实:所有这些科学都拥有它们的心理学方面,呈现心理学的材料,要求依照心理学来对待和解释。因此,为后者提供的材料及其范围都已经被无限扩大了。就以语言为例,它提出了大量的材料和问题。语言是如何起源的?语言是与思维同时发生,还是跟随其后?思维和语言是否相互作用和相互影响?语言发展和差异的心理学法则是什么?语言结构和句法发展的心理学法则是什么?语词意义的心理学法则是什么?所有语言修辞手段的心理学法则是什么?熟悉现代语言争论的每一个人都将一下子认识到,有关这些问题的心理学在场和讨论几乎足以导致对处理心理学旧方法的一场革命。此外,在这些语言本身中,我们已经掌握了大量资源,那些资源是智力发展的记录,其重要性足以与向从事动植物研究的大学生提供的古生物学记录相媲美。

但这仅仅是整个领域的一个方面,且不是举足轻重的方面。民间文学和原始文化,人种学和人类学,所有这些学科都作出了它们的贡献,迫使我们必须对其作出解释。神话的起源和发展,神话同民族、语言、种族观念、社会习俗、政府和国家的关系,它本身就是一个心理学领域,比上世纪已知的心理学领域要广阔得多。与之密切联系的是种族观念的成长,包括种族观念与它们发源而来的民族意识和民族活动的关系,以及与实践道德和实践艺术的关系。因此,我可以纵览人类活动的各个领域,指出它们如何全面地渗透着心理学问题和材料。但是,以下说法是难以成立的:在其最广泛意义上,历史本身是一个心理学问题,为心理学提供了最丰富的资源。

与之密切联系且影响新心理学发展的一个运动,是它可以描述为不论正常还是异常的所有日常生活形式中最常见之思想。发源地和庇护所正在变成 19 世纪后半个世纪的心理学家的实验室。儿童心理研究,始于婴儿时期的儿童实际思想和情感的发现,儿童心理生活发展的次序和性质,控制儿童心理生活的规律,所有这一切都具有重大的价值。当世人承认精神错乱既不是超自然的中断,也不是终极意义上难以解释的"天罚"的时候,日益明显的一点是:它们只是大脑某些正常运作的夸大,或者是这些正常运作缺乏适当的和谐与协调。然而,经过心理实验自身完成的这些研究的另一部分向我们表明,这项工作已经产生了有价值的结果。即使囚徒和罪人,也有他们的贡献。

如有必要作些概括的话,我认为,新心理学的发展,一方面得归功于生理学的成长,生理学为我们提供了实验方法;另一方面得归功于一般的人文科学,人文科学为我们提供了客观观察的方法。这两者都大大补充和纠正了旧的主观内省方法。

我们关于新心理学的特殊原因和方法就说这么多。那么,它的结果要求什么呢?概而言之,如上所述,它的结果无法像数学理论的结论那样写得黑白分明。它是一个运动,而不是一个体系。只是,作为一个运动,它有一些一般的特点。

新心理学区分于旧心理学的主要特征,无疑在于它反对把形式逻辑作为模型和检验。旧心理学家几乎无一例外地主张唯名论逻辑。要不是因为它用鲜活而具体的经验事实去迎合死气而抽象的假想思想规则,并依后者形式化的观念来解释前者的必然倾向和企图,这本来也算不了什么。这个倾向在断言"经验"是一切知识唯一源泉的人的身上表现得最为强烈。他们阉割经验,直到他们的逻辑观念能够处理经验;他们剪切经验,直到经验适合他们的逻辑盒子;他们剪修经验,直到经验对他们的法则百依百顺;他们掠夺经验的鲜活生命,直到经验老死于他们的抽象棺材之中。没有一个所谓的"学派",曾经幸免于这个倾向。休谟留下的两个基本原则是:每一个明确的观念都是孤立的存在,每一个观念必定明确地在量和质上都得到确定。他用第一个原则摧毁了除偶然关系之外的所有关系,用第二原则否定了所有的普遍性。但是,这些原则是根据纯粹逻辑模型制定的。它们是有关差别和同一的抽象逻辑原则,是有关"A 是 A,A 不是 B"的抽象逻辑原则,是在心理学措辞外观下提出的。具体经验的逻辑和成长与发育的逻辑,否认这些抽象原则。生活的逻辑超越了唯名论思想的逻辑。对休谟的反动则又倒退到了某种终极、不能分解而必然的首要真理,人们诉诸某种神秘而单纯的心灵官能就能一下子认识那个真理。在这里,逻辑模型再一次证明了自己。这样的直观不是心理学的,它们是从逻辑学领域注入的涉及身体的观念。它们的起源、测试和特性都是逻辑学的。然而,新心理学未必拥有有关原则的必然真理,它触及的是心灵生命现实。它反对被称为动力学的形式主义的直观论。它相信,那个真理,那个现实,不是有关现实的必然信念,而是在心灵发育的鲜活经验中给予的。

经验是实实在在的,而不是抽象的。心理生活是这种经验最充实、最深刻、最丰富的证明。新心理学乐意从这种经验中获得它的逻辑,但不会通过迫使经验迎合某些事先已知的抽象观念而违反逻辑的纯洁性和一致性。它需要事实的逻辑、过程的逻辑和生命的逻辑。这是知识范围之内的事,而不是心理静力学的事,因为在别的地方是找不到精神生命的。因此,它放弃了有关逻辑学、数学之类比和规则的所有合法想象;它愿意把自己丢给经验,相信把它生出来的这位母亲不会出卖它。但是,它并不企图指令这种经验,告诉经验,为了符合某个学究式的逻辑,经验必须是什么东西。因此,新心理学打上了与生活休戚相关的实在主义标签。

它的大多数特点都由这个一般特征产生而来。我们已经注意到,它坚持与抽象理论相反对的心理生活的统一性和连带性,那种理论会把它分解为一些原子元素或者独立力量。它重视意志。它不是没有动机的抽象力量,也不是服从知性命令、服从心理政府立法部门的执行力量,而是联结和约束所有心理活动的鲜活纽带。它强调目的因素,不是在机械的或外在的意义上,而是把生命视为一个有机体;在其中,内在观念或愿望通过经验的发展实现了自身。因此,现代心理学在其倾向上是高度民族性的。因为它拒绝把抽象观念具体化为自力更生的个体,因为它坚信人的生命中自我主张的因素,它第一次使有关人的宗教本质和经验的适当心理学成为可能。因为它深入探讨了人的本质,探讨了人的根基、人的生命的血脉,探讨了构成所有民族斗争之永恒基础的忠诚、牺牲、信仰和唯心论的固有倾向。搭在那个基础上面的是通往神的祭台的楼梯。它没有在信仰和理性的关系中发现无法解决的问题,因为它在研究中发现,不存在不以信仰为基础的理性,不存在其起源和倾向是不合理的信仰。然而,要想详细地探讨新心理学的这些特征,还得重温最近有关伦理学和神学的诸多讨论。我们只能说,按照生命的逻辑,新心理学试图去领会生活。

（张国清　译）

作为哲学方法的心理学[*][①]

在《心理学立场》一文中（《杜威早期著作》第 1 卷第 122—143 页），我尽我所能地说明了英国特有的哲学的进展情况。自洛克以来的心理学运动，既不是"炒冷饭"，也不是完全消极意义的运动，只有明白这个进展是如何必然导致了发生在德国的运动——所谓的"先验论"运动——我们才能意识到它的重要意义。它的积极意义在于，它坚称，意识是所有实在的唯一内容、说明和标准；心理学，作为一门研究意识的科学，在界定组成意识整体各要素和成分的价值与效用的同时，还精确地从整体性上界定了实在的性质。它完全是一门关于实在的科学，因为它从整体性上确定什么是经验；它通过说明意识各要素在其整体中的发展阶段与地位来确定各要素的价值与意义。简言之，这是一种哲学方法。但那篇论文在很大程度上是消极的，因为必须指出的是：事实上，那个运动没有认真对待其自身的根基与理念，所以，它没有向读者成功地展现作为一种哲学方法的心理学。它没有通过意识本身来界定其整体和组成要素，相反，它费力地利用意识以外的、与意识没有必然关系的东西来界定意识。它没有按照心理学立场的要求通过对意识内容性质的批判检验来获得它的本体论。相反，它从一个武断的、预设的本体论出发来定义心理学。它假设存在着一个自在之物，这个东西的实在与意识相对立，就像洛克所谓的不可知"物质"，贝克莱所谓的"先验神"，休谟和密尔所谓的"感觉"或"印象"，斯宾塞所谓的"理想现实"；并且它把这个自在之物当作意识检验的来源和检验标准。

---

[*] 此文选自《杜威全集·早期著作》第 1 卷，第 113—130 页。
[①] 本文最初发表于《心灵》，第 11 卷（1886 年 4 月），第 153—173 页。作者后来一直没有重印。

这就导致了它的自相矛盾,因为如果作为哲学方法的心理学意味着什么的话,那它就意味着除了意识经验本身之外,不能预设任何其他东西;必须从意识经验出发,在意识经验内部来确立所有东西的性质。

本文的目的在于指出作为哲学方法的心理学的积极意义——抛弃自相矛盾的学理假设的重要意义。上文指出,从纯粹意义而言,这个方法将证明那些学理假设与"先验论"运动有着实质的一致性。对心理学的主要攻击来自这场运动的典型代表,他们认为,把心理学作为哲学方法的观点完全是虚张声势,心理学在他们眼里仅仅是一门特殊科学而已。本文的任务是,借助我们称作德国哲学的东西来论述心理学,正如其他人借助英国哲学来论述它那样。就从这个角度指出实际的英国心理学没有转向哲学的批判而言,不存在意见差异。至于这些批判引出的唯一建议似乎是(再重复一遍,仅仅"似乎"而已),它反对每一种可能的心理学的理由似乎与我是一样的;虽然对笔者而言,心理学似乎是唯一可能的方法。

后康德主义运动的代表们秉持或者似乎秉持的观点是:也许可以从两个方面来看待人。一方面,人与其他客体一样都是经验的客体:人是所有有限事物的一种;在有限事物中,人处于行动与反应的关系之中。但人具备一些附加特征:他是一个认知的、感觉的、有意志的现象。如此一来,他就构建了一门特殊科学即心理学的内容。如同其他特殊科学一样,心理学把它的研究材料当作纯粹客体,从主体与客体的创造性综合体中抽象出成为认识一切事物的途径的自我意识。因此,正如所有特殊科学一样,它在界定所有哲学都必须面对的那个整体的性质与意义时,显得十分片面。不仅如此,它在确定其经常假设的那些原理、范畴与方法的意义、效用与局限时,还要依赖哲学。如果把心理学据此看作是哲学方法,那么它所犯的错误,与把物理学最高原理看作界定哲学问题的充分条件的观点,绝对不相上下。从作为自我意识整体的一个有条件组成部分的实在出发来界定自我意识这个无条件整体,也未尝不可。

[凯尔德(Caird)教授指出]形而上学必须研究可知事物的条件,因而必须研究自我意识,或者所有已知存在所包含的那个统一体。心理学必须探索人——那个人的自我意识随着他生活于其中并作为其一分子的时空的世界意识的发展而发展——的自我意识是如何实现或发展成为那些与人自身直接相关联的部分的。思考前一个问题,我们就是在思考那个涵盖了所有知识以及

知识的所有客体的领域。思考后一个问题，我们就是在思考这个领域中的某个或某类特定客体……就像一门绝对客观的自然科学是可能的一样，一种绝对客观的人类学或心理学也是可能的——它把人的那个关联抽象成能够认知人自身的精神。①

另一方面，人作为自我意识已经证明自身是所有存在与感知的统一。它是没有限制的，比如一个客体或事件，借助于他的自我意识，所有客体与事件的现实结合与统一是无限的。哲学要研究的正是这种无穷的、普遍的自我意识，正是作为经验客体的人。

在陈述后康德主义运动的现状时，我采用了"似乎"这个词，我建议性地使用这个词，因为实际上我并没有对这个观点持有任何异议。在我看来，对于真正的心理科学而言，恐怕永远无法论证这个流派的这些特定假设。其原因也许是，这些作者已经认识到，这个误用导致了一种错误的心理学，因此那种真正的心理科学没有得到清晰陈述，因而这不仅削弱了说服没有认识到这些学理假设的必要性与合理性的人接受这些假设的力量，而且容易使这些推理陷于不必要的模糊性甚至矛盾之中。正是关于真正心理学性质的这些假设构成了后康德主义学派所有研究工作的基础，正是这些假设构成了它的学理条件与它自身的价值，这篇论文所探讨的正是它的价值所在。

因此，讨论的起点始于人的本质的两个方面的区别。一方面，人既是经验的主体又是心理学的客体；另一方面，作为自我意识，人是所有经验的普遍条件和统一体，因而人不是经验的客体。既然我已引用过亚当森教授对这个区分的论证，那我不妨再引用他后期的一篇文章，他在其中似乎否认这个区分有任何合理性。在《心灵》杂志最近一期的一篇文章中（第 ix 卷，第 434 页），在指出心理学的主题不能是纯粹的客体，而必定总是个别主体的普遍内容之后，他写下了以下精彩的文字：

只有在个体的有意识的生命之内并且通过那个生命，才能实现那些组成

---

① 参阅"形而上学"，《大不列颠百科全书·人文科学》，第 xvi 页，第 89 页。亚当森教授：《康德哲学》，第 22 页及以后；《费希特》，第 109 页及以后；《哲学批判文集》，第 44 页及以后；安德鲁·塞斯教授："哲学"，《大不列颠百科全书·人文科学》。

为其他用途而准备的材料的所有思考与行动。假如我们把内容孤立起来,并把它们从根本上看作类似于存在的东西,那么我们的态度就是客观的或自然科学的。假如我们费心地去解释那个整体的意义,去界定使内容互相结合在一起的那些链接关系的意义,那么我们的态度就是哲学的。当我们思考单个主体生命中知识与行为得以实现的条件时,我们就是一个心理学探索者。

因此,当哲学被定义为通过个体并在个体内部实现普遍的科学时,所有如下误解就消失了:心理学只不过是研究普遍的某部分的特定科学之一,其主题必然是普遍的某一部分,而那个普遍同个别没有关系。随着这个误解的消除,我们就面临着假设人的本质有双重性的问题。如果说人的本质在于实现普遍,那么人就绝不会仅仅是宇宙中的一个客体或事件。那个区分现在已经转变为用两种不同方法去看待同一个事物,而不再是关于两个不同的东西。然而,这个区分还有效吗?我们还有理由区分以下两种方式:(1)普遍在个别之中得以实现的方式,(2)作为整体的普遍的意义得以实现的方式吗?乍一看来,这个区分似乎是有根据的,但让我们一起来思考以下问题:那个整体(普遍)除了它自身之外还有其他意义吗?当我们思考在个体中得以实现的作为绝对整体的经验时,那个"整体的意义"能用那些证明它是一个整体之外的其他标准来界定吗?那些"使内容互相结合在一起的链接关系",除了把内容互相结合在一起的"意义"之外还有别的意义吗?由于心理科学向我们展现了这个整体以及这些链接关系,这不是彻底的哲学方法又是什么呢?从材料方面说,它是自然哲学;从形式方面说,它是实在的逻辑学,除此之外还有其他观点吗?除了把这个整体抽象化之外,哲学还有什么任务呢?作为一门认识在普遍中的个别的科学,心理学通过赋予整体以意义,通过证明部分在整体中的地位并揭示部分的意义以及它们之间的关系,来回答整体的意义问题。

在这里作出的任何区分对心理学和哲学的存在是至关重要的。要是普遍没有在个别中得到实现,那么个别就不可能产生普遍的观点,因而就不可能哲学化。认为普遍没有完全在人身上得到实现,就是反对把心理学用作界定这个普遍性质的决定项,也就是反对对哲学的任何处理。假如个体没有在其自觉经验中认识到普遍,那么他就无法对普遍进行哲学探讨。除了在个别中得到实现之外,普遍是不实在的。它在人的身上得到了部分的实现,因此人拥有一门部分的科学;它在绝对中得到了完全的实现,因此神拥有一门完备的科学;自我意识只是个别化了的普遍。

假如这个普遍没有在人的身上得到实现,假如人没有自我意识,那么任何哲学都是不可能的。假如它已经得到了实现,那么,这个实现过程在心理经验中并且通过心理经验而发生。心理学是对这个实现过程,对这个个别化了的普遍,对这个自我意识的科学解释。那么,除此之外,我们还能给出其他的探讨吗?本文的目的就在于证明,不存在任何其他的解释。不仅对人的本质的任何区分或二元论都绝对是站不住脚的,而且在研究人的本质中作出的任何区分,哪怕是区分为不同方面也是绝不可取的。心理学探讨的正是构成人的经验的那个意识,所有对经验的进一步界定都只是心理学界定的有限延伸而已。那些界定都源自心理学界定,因此都是抽象的。更确切地说,心理学,而非逻辑学,是哲学的方法。请允我逐一解释这两个问题。

I

把人的本质区分为以下两个方面是不成立的:一方面,他是"局部世界的一个部分",由此,他成为心理学这门纯粹自然科学的主体;另一方面,他是一切事物为之存在的有意识的主体,亦即哲学的主体。这是我们的首要主张。让我们再次回到凯尔德教授对哲学学说提出的最清晰易懂的陈述中来,我已经对其精华作了摘录。在"包含所有知识和知识客体的领域"与"在这个领域内的某个特殊客体"之间存在着区别。于是,产生了以下问题:这个区分是如何产生的?假设这个区别是有效的,那么,人如何才能正确地理解在其本质中的这个区分?可能的答案只有一个:这个区分只源于意识经验,并且内在于意识经验自身。在人认识普遍的过程中,这个区分是必要的。因此,这个区分虽然落在心理学领域之内,但不能用来确定心理学的地位。如果把心理学看作只能从经验本身生成的、其整体构成心理学研究素材的经验的一个方面,那就更不可取了。我们马上明白,这个区分不是绝对的:绝不可能把人仅仅看作经验的对象之一;但至于说这个区分具有相对有效性,那也只是一种纯粹心理学的有效性。这个有效性源于在不同发展阶段的经验中,人会发现他有必要从两个角度来看待自身,一方面,他是一个特定的受时空条件限制的存在(不能说成物体或事件)或行为;另一方面,他是所有因素的无条件永恒综合体。这个区分最多只是同一经验不同发展阶段的一个阶段而已。作为经验的两个不同发展阶段——实际上,第一阶段为局部经验,第二阶段为完全经验——都属于经验科学范畴,亦即心理学。

如果我们换个角度来论述,就会看到这个问题的另一方面。人的自我意识是否落在心理科学之内? 如果将其排除出局,理由何在? 如果能够否认知觉是心理科学必须研究的课题,那理由就最彻底不过了;然而,那些承认存在着知觉这回事的人,将发现很难为把记忆、想象、概念、判断、推理排除出心理学找到理由。推理已经到这一步,我们由此开始的原始潜在个别已经被分解成无数的确定关系,我们为什么应当把能够融合这些关系使之重新统一为个别统一体的自我意识排除在外? 不存任何妥协的可能:要么我们必须否认心理学研究知觉的可能性,那么我们的"纯粹客观的心理科学"就仅仅是一门生理学而已;要么我们承认这个可能性,那就必须承认随之而来的自我意识。自我意识实际上是一个经验事实(*a fact*)(我并不怕使用这个词),因而它必须在心理学中占有一席之地。

但这样的论述还不够充分。自我意识不仅表现为心理学经验的诸阶段之一,而且对最简单心理事实的解释,比如对知觉、触觉或刺激的解释,都必然涉及自我意识。自我意识介入每一个简单的过程中,只有这种介入才能科学地描述或理解这些过程。实际上,这些理解或解释有利于揭示自我意识的含义。对作为终极统一体和综合体的自我意识的拥护者而言,他们绝不会否认经验的绝对意义。自我意识的有机性质是它们的论题,必定会在每一个成员身上,在每一个发展阶段中得到展现,或者宁可说,那些性质构成了每一个成员和每一个发展阶段。在终极意义上,任何观念或感觉的实在都与自我意识有关联,除了探讨它在系统中的有机地位之外,我们还能探讨什么呢? 如果存在诸如知觉这样的行为,那么我们只要把它看作一项经验事实而非逻辑状态来进行直接而谨慎的考察,我们就能揭示它的本质;这个揭示就等于公开宣告了它与那个有机系统——其整体就是自我意识——的关联。我们可以抽象这个关系,这个关系建构了它的存在,把它当作*知觉*对象加以考虑,概括起来说,产生一种自然哲学;或者,把它看作受思想约束的东西,我们因此而衍生出一种逻辑学。但是,以上两个做法都脱离了它的实际存在,不能产生真正的哲学方法。简言之,事物的实在既不仅仅是它们的*知觉*,也不仅仅是它们的*智能*,而是它们的经验。逻辑学也许是关于智能的科学,自然哲学是关于知觉的科学,但只有心理学才是用来系统探讨经验的科学。经验从整体上而言,就是自我意识。

假如自我意识不是一个被经验到的事实,即,假如它不是个别实现普遍过程中的一个实际阶段,那个过程构成了心理学的领域,那会给哲学造成怎样的影响? 这样一问,我们也许就会明白问题的根子在哪里,我们就能够通过探讨这个问题看到它会给哲学造成的影响。其结果将是,不管存在着有关其性质的什么理论,都不可能有哲学存在。世人再三申明,哲学只探讨以永恒形式存在的事物或者以普遍秩序形式存在的事物。实际上,假如人不能在自我内部认识永恒事物与普遍事物的本质,并把它看作他自身存在的本质;如果他不能有意识地把它当作他的经验的一个阶段,进而潜在地在所有的阶段中,不能抓住普遍或永恒的本质,那么说他无法探讨普遍和永恒的事物仅仅是一些托辞而已。因此,否认自我意识是心理学经验的事情,就是否认任何一种哲学的可能性。

我们所面对的这个否认已经历史性地在康德身上得到证实。康德承认,感觉与观念是经验的内容,但他否认自我意识。值得注意的是,他反对自我意识的理由绝对不是心理学的,而是逻辑学的。并非由于自我意识不是一个事实而反对它,而是根据他的逻辑假设自我意识不可能成为一个事实。这个否认导致的后果同样值得注意,因为我们也许会被误导到以下倾向:首先,他一开始就把一个不可知的自在之物当作经验的终极根基与条件,因此随着自我意识实在性的被否认,解决哲学问题就变得不可能了;其次,这就不可能使感觉与观念同经验建立起有机组织关联,也就是说,无法从时间、空间及思维的角度,把它们真正理解并解释成为与现实没有任何可实证关联的现象。这表现在通过时空形式的感觉和通过范畴的思维的局限性上,没有认识到自我意识是心理经验的一个阶段,这不仅使我们无法获得经验的替代性综合体,也致使它无法解释心理经验的简单形式。康德的这个不足也给了我们另一个教训,正如前面说过的那样,由于他抛弃了正确的心理学方法,因而他在自我认识中把理性看作一个自成一体的有机系统,并采用逻辑学标准(后者为不矛盾律和同一律)来界定经验整体。黑格尔的工作本质上证伪了康德的逻辑学标准,因此自然而然地,唯一的标准就是作为系统统一体的组织概念,或者概念,因而既解释了组织自身,也解释了整个过程与原理。笔者十分确信,黑格尔已经成功而彻底地完成了这项工作;但同样清晰的是,我们还需要对康德的工作加以完满的补充,使他的方法更加接近于哲学方法。哲学方法不仅在于坚持从组织形式来界定知觉,从组织运动原理来界定思维,还坚持自我意识是个经验事实。进一步说,似乎只有做了以上补充之后,隐藏于黑格尔工作背后的那些使其产生说服力与有效性的学理假设才能被首次显示出来。

还值得注意的是:已故的格林教授(一提到他,笔者对他的敬意油然而生)从逻辑学立场来检验康德的工作时，几乎同样得出了康德那些消极的结论（康德的逻辑学方法指的是探索经验的必要条件；他的心理学方法指的是探索经验的本质）。在他完全证明意识就是终极状况、一切事物的综合和统一都是可知的之后，他被迫说道："关于意识的整体或完备形式是什么这个问题，我们只能做出消极的陈述。这个世界的实在意味着世上存在着这么一种意识；但到目前为止，我们只能通过它在我们身上用来激活我们的活动来认识什么是意识的整体，无论是如何的局部且时断时续，我们能获得关于世界的或关于智力经验的知识。"（格林，《伦理学绪论》，第54 页）假如他能先从后者开始论述，并向我们证明这个普遍意识事实上已经在我们身上得到实现了，尽管它是局部的、时断时续的，他也完全可以作出十分肯定的回答，并为逻辑学方法搭建一个基础，而现在只能说，他的逻辑学方法统一一切且仅仅是一个统一体，并不是什么特殊之物。当人们反思所有的哲学以及哲学探索不仅依赖于这个统一体的实在，而且依赖于它通过我们并在我们内部进行的活动，我们不禁担心，哲学的负荷越重，哲学的基础越不牢固。

因此，在成功地证明所有道德经验的可能性依赖于这个精神统一体的存在之后，他不得不用他那特有的坦率说道："我们只能从否定意义来言说或思考完全发育的生命，从否定意义来言说和思考已经达到了目的的活动。只有这样，我们才能论述或思考根据我们的理论推出的终极的道德善应当是什么。"（格林，第 180 页）再一次地，假如他能从以下事实开始，作为实际实现的问题，这个绝对的善在我们的生命中被重新生产出来，其目的得到了实现（那个善无疑是质的问题而非量的问题，那个目的是一种力量而非一个数目），那么他将不会面临这个困境。然而通过一种纯粹的逻辑方法，他只能以推断或应然的存在告终；实然的存在已经消亡了，因为它已经被抽空了。心理学方法以实然存在为起点，并据此为应然存在提供基础和理念。

该是我们回到本文主题的时候了。简言之，把心理学看作一门关于"这个局部世界的部分"的人的科学的这种区分，是难以成立的。其理由如下：有人已经指出，人的本质的这个区分无疑具备的相对有效性，在于它自身是心理经验的产物和表现；作为人，作为拥有意识经验的人的科学，就是心理学。人是有自我意识的，因此，自我意识是主体和客体的统一体，而不是"纯粹客观的"；是整体，而不是"部分"。这样的自我意识必定属于心理科学研究的对象；进一步说，对自我意识的这个看法是解释和理解意识经验的任何局部事实必须具备的。最后，有人指出，否认自我意识是经验的基本问题，否认它是心理学的基本问题，也就是否认哲学本身的可能性；历史事例已经验证了这一点。在进入第二个论题之前，我简短地回顾一下凯尔德教授的观点，从而让我的观点得到这位权威人士的佐证。在前面提及的那篇文章中，他继续说道：人类的客观自然科学毕竟"忽略了人的存在特性"；我们也许可以用纯自然客观的方法与理论来对待无机自然界甚或生命自然界，因为"它们并非是为其自身而在的整体，而是为我们而在的"；但这种处理法不能运用到人类身上，因为人是为他自身而存在的，即人不是纯客体，而是有自我意识的。于是，他继续说道（凯尔德，《形而上学》，第 89 页）：

> 对人而言，由于他是有自我意识的——正是自我意识使他成为人——因而他是所有存在及已知物的表现途径……因此，把他看作简单的自然实在比忘记或否认他与自然界的所有关联更加错误、更加误人子弟。真正的心理学必须避免这两个错误：把人设想成一开始就是精神与自然的结合；认为自由与必然是和谐的。它必须直面有关自我意识的绝对原则的观念中包含的种种困难，正如人只有通过漫长的演变过程，才能把自身从纯动物式实在的无意识发展成"他自己"，并在这个过程中证明自身。

他接着说道：关于人的自然科学，"由于无法从它所研究的客体内容的根本要素来看问题，必定是抽象而有缺陷的"（凯尔德，《形而上学》，第 92 页），讨论是否存在这样一种科学是毫无必要的。但从引文我们可以引出第二个问题——哲学与必定要研究自我意识的心理学之间的关系问题。因为心理学的这个问题，被表述为关于"在诸如人这样的实在的生命内部来展现自我意识的绝对原理"的问题。这个问题也可以转述为：心理学研究的不是关于它自身的绝对原理，而是研究人的生命内部展现或实现这个原理的各种方式。心理学不再是一门客观科学，它假设它自身是一门关于绝对实在的科学；但在我们看来，它是一种现象学。我接下来要探讨的正是这个问题。心理学是一门仅仅用来展现绝对的科学，还是它本身就是研究绝对的科学？

II

我认为，心理学同哲学的关系可以表述如下：存在着一个绝对的自我意识。研究绝对自我意识的科学是哲学。这个绝对自我意识展现在个体的认识过程和行为过程之中。研究这个展现过程的科学，一门现象学，是心理学。那个区分不再与人的存在本身有任何关系；它仅仅是研究方法的区分，是对同一事物不同审视方式的区分。在思考其积极意义之前，以下问题也许能带来我们想要的那个结论："精神"和"自然"、"自由"和"必然"的区分是如何产生的？对于"自我意识绝对原理"与"人只有通过漫长的演变过程才能把自身从一个纯动物式实在的无意识发展成他自己"这两者间的区分概念，是如何进入我们的知识范畴的？这个区分是不是产生于心理学主题之外，是不是可以用来界定心理学的主题？或者，这个区分产生于心理经验内部，由此心理经验的本质必须由心理学来界定，而不是说由它来界定心理学的特性？进一步说，绝对自我意识与它在人类的生命身上的展现之间的这个区分到底是什么？绝对自我意识本身是完整的吗？它蕴含在人这样的实在的体验与展现过程之中吗？假如它本身是完整的，那种把自身限定为"自我意识的这个绝对原理"的哲学应该如何面对并解决蕴含在自我意识的自我超越过程中遇到的难题？其意义不只限于此。绝对的自我意识必定蕴含自身，作为其存在和活动的有机成员，它必定蕴含着这个实现过程和展示过程。假定这个认识过程和展现过程不是时间上的活动，而是在绝对的本质中得到了一劳永逸的完成，这个过程通过时间（而非在时间中）在诸如人这样的实在中"局部地"、"断断续续地"发生着——于是，无论在何种关于这个过程的理论中，只要它在人身上部分地、断断续续地展现了自身，哲学就可能研究这个绝对的自我意识。对人而言，作为哲学的研究对象，绝对只有在人的意识经验内部展现了自身，它才是实在的。回到我们的问题：假如哲学研究的材料是绝对的自我意识，绝对的自我意识是它自身的认识和展现过程，作为哲学的内容，只有当它在人的意识经验中认识自身和展现自身时，它才是实在的。假如心理学是有关在人身上的这个认识过程的科学，那么，除了说哲学完全就是心理学、而心理学就是哲学之外，我们还能说什么呢？

提出这些问题，旨在说明我们致力于求达的目的。我不想直接地回答这些问题，只想先思考心理学与科学的关系，进而转到思考心理学与哲学的关系，然后思考心理学与逻辑的关系。

1. **心理学与科学的关系**。心理学是完备的哲学方法，因为在心理学中，科学与哲学、事实与推理是统一的。哲学似乎与科学有着双重的关系。首先，它是一门科学,是所有科学的最高级科学。我们针对某个现实领域提一些与之相关的问题,其答案给予我们某一门科学;我们在这个过程中发现,这个领域可以被如此人为地分割开来。我们拓宽和加深了我们的问题,直到在科学与科学之间的有机联系的指导下,才能探索整个现实的本质,把它当作一个相互联系的体系。回答这个问题,使哲学成为诸多科学中的一门科学。然而,假如继续沿着这样的思路来看问题,我们将掌握不了那个逼迫我们进入哲学的过程的意义。同时,哲学被看作各门科学的大全、各门科学的根基。哲学不再是一门科学,而是科学。也就是说,使我们认为科学应当去研究现实整体性观念的思维与现实运动,使我们认识到:严格地说,在我们以前的科学中,没有一种是真正意义上的科学。以前的每种科学都脱离广大的现实,所以都只是假设而已。它的真实性取决于它与现实整体联系的真实性,但作为一门专门科学,如果它不能放弃它自身的独立存在,那么它不可能探究到那个整体联系。只有在这个整体联系中,才能探索到绝对真相;只有探索到了绝对真相,才能建立专门科学的基础。因此,哲学作为研究这个整体的科学,不再是一门科学,而成为关于有机系统整体性的最高科学——这不仅意味所有所谓的专门科学都是它的分支,而且每门学科是整体性的有机部分。哲学的实在,就是这些科学的有机生命整体和联系;各门科学的实在,则通过它们在这个生命综合体中的地位而获得。

现在的问题是,心理学在这个有机体中处于何种地位?一方面,心理学当然是一门实证科学。它从某些事实和事件中汲取素材。就系统观察、实验、结论和论证而言,它同其他科学没有什么实质差异。它以事实为基础,它研究事实,像任何一门专门科学那样,它对事实进行有序的理解与解释。然而,本文的全部意图在于论证,心理学在某方面的确区分于其他科学。那么,我们从何处找到这个差异呢?简言之,心理学与其他科学的关系,正好是我们已经证实的哲学与其他科学的关系:哲学不仅是一门科学,更是作为有机系统的科学本身,在其中每一门科学都拥有了自己的生命。只有当它抽象于这个系统时,它才能成为一个独立的实在。我们可以从任何一门专门科学开始。它不仅是现实世界的一个部分或一个领域,还是意识经验的一个部分。细数各种科学,我们只有在心理学中才能找到意识经验的某种解释;只有通过心理学行为才能对此作出说明,其他如数学、物理、生物学等都不行。从这个角度看,我们只有唯一一门特殊科学,它是所有科学中最高级、最具体的一种。必须认识到的一点是:这门新科学证明以前所有科学都必须从那里提取出来才能存在。每门科学只研究意识经验的某个片段,因此它们不可能去研究赋予它们实在的那个整体,亦即意识。然而,通过心理学,我们展现和解释了这个意识。它赋予某物(比如经验的本质)以整体性,而其他科学只能给出局部。因此,心理学与它们的关系是整体与部分的关系。所以,它不再表现为科学中的最高级科学:它就是科学本身,亦即,它是对意识经验本质的系统说明与理解。数学、物理、生物等的存在是由于意识经验揭示自己具有这个性质,即它可以从整体中进行虚拟的抽象。只要这个研究方法(心理学)是绝对科学的,也即,只要它与那个本真整体保持精确一致;而且,绝对不用担心这门遭人喜欢的科学变成"形而上学",亦即不会变成对那个整体的说明,而那些无批判力的所谓"科学的哲学"通常会变成这副样子。进一步说,对某个领域的抽象,是心理学经验一项充满活力的功能。它不只是伴随心理学经验之后的东西:它就是它所做的事。正是它对它自己的活动的分析方面——它借助于那个方面深化和产生了明确的认识——认识到了它的本质;就像它们的互相关联是自我认识活动中的综合方面一样。它依靠它返回到了自身:完整的心理学就是整个自我发展活动,它证明自身是综合与分析运动的有机统一体,因此,是它们的可能性的条件,也是它们的有效性的基础。分析活动构成特殊科学;综合活动构成自然哲学;自我发展活动本身,即心理学,构成哲学。

一旦我们认识到,把心理学看作纯客观科学的观点是荒谬的、不可能的,那么,心理学除此之外还有其他什么立场呢?据说,它是一门关于内在于个别并通过个别使普遍得以实现的样式的科学。但是,普遍除非在个别那里得到绝对的实现,比如作为自我意识,否则,它就是不存在的,而这正是哲学的结果。因此,无法反驳对普遍的如下看法:事实上,这个命题的意思只是说,心理学从普遍的真实状态来思考它。这个断言换一种说法便是:哲学把这个个别化了的普遍当作其永远如此存在的普遍,而心理学只能把它当作片面地、断断续续地生成着的普遍。这种论调忽视了两个极其重要的事实。首先,只有在诸如人这样的存在中已经生成了绝对自我意识之后,哲学才能研究这个意识,否则它根本不是哲学研究的素材;其次,它把在人身上的这个实现错当成受时间限制的产物,实际并非如此。时间并不是外在于意识经验过程的某物,它是内在于意识经验过程的一个形式,它的功能之一在于有机构成了意识经验的存在。实际上,相对处理这个问题的其他方法而言,作为哲学方法的心理学具有巨大的优势。任何试图研究绝对自我意识的哲学都无法回答以下难题:为何"是"(存在)总是表现为"生成",为何永恒之物总要通过暂时之物来呈现？心理学解决这个难题的方法是避免作出造成这个难题的假设。在研究个别化了的普遍时，它的认识功能之一是时间，它对与时间无关的任何意识一无所知。因此，假如哲学研究被假定为永恒存在的、与时间无关的绝对意识，那么构成人类经验的真实内容的那个绝对意识，最终是神秘而不可知的；它不仅是一个神秘物，而且是与绝对意识的真正本质相矛盾的神秘物。如果哲学确实要研究那个有待于认识的永恒绝对意识，由于时间是它的有机功能之一，那么，任何人都无法对作为哲学的心理学提出异议，因为这正是心理学的工作。

于是，这个问题就变成了：如果仅仅从推理出发，我们将永远抵达不了事实；如果从事实出发，我们将发现它揭示了自身的推理性质。反对把事实或经验作为哲学来考虑是有失偏颇的，尽管它在历史上有着充足的理由。一方面，之所以产生这个反对，是因为对经验的局部解释，甚或对局部经验的解释，被当作整体经验来发表；也因为那个被误认为整体的经验，甚至已经丢失了它作为局部所具备的相对有效性。经验论就是这样做的。另一方面，我们碰到过某些事情，它们被宣称为确定的真理，是直接的、必然的、直观的真理，但是，没人知道它的来龙去脉，无人知晓其意义。反对直觉主义者给予我们的直接性，反对"非演绎性"事实，当然有着充分的依据。但这些反驳没有一个触及研究经验事实的心理学。人终有一死，而且任何对经验的实际考虑都无法避免必死性的缺陷，必定是片面的；遗憾的是，没有人是全知全能的。但作为方法的心理学的本质在于，它从绝对整体角度来研究经验，而不是像进化论者所做的那样利用经验的某个方面来说明经验的全体；它也不是像所谓的经验主义心理学家所做的那样，试着利用经验之外的事物来界定它的本质。这两个做法的缺陷实际上是相同的——从赋予其要素以意义的有机体中提取某个要素，然后把它当作绝对。毫无疑问，那个有机体总要对此作出报复，就是宣称这个提取出来的要素是"不可知的"。唯一奇怪的是，在产生自己的抽象能力之前，人仍然要对这个能力保持尊敬，并把它当作一切实在与知识的来源和基础。确实存在一种为人所不齿的拟人论，正是拟人论造成了思维中最薄弱的一环。拟人论是一种被束缚了的思想，它没有唤醒它自身的整体意识，也没有获得精神自由。

心理学对事实的解释与称作直观的"终极的、不解释的、必然的"精神事实没有任何共通点。心理学事实揭示其自身恰恰是理性——可以用来说明自身，且在说明自身过程中说明其所有成员。心理学事实不是孤立的"真理"，而是自我意识的有机系统。这个事实的确是"当下的"，但它只有在过程中并且通过过程才是当下的。因此，它是有中介的事实。它的确是不证自明的，但它证明的东西是简单的，是对部分的证明，是关系到且依赖于整体的部分的证明。它也是对整体的证明，是自我设定条件的和自我相关的。人们也许会说，那个整体的确是神秘的、不可解释的。"的确，我们无法解释这样一个精神原理，借助于与其自身不同的某物，它隐含在所有经验之中。"①"由于我们体验到的一切都包容在这同一个世界之内，我们所有的推论和解释都只与它的细节相关联，所以不管它作为整体，还是作为构成它的意识，都无法在这个单词的普通意义上来给予探讨。它们无法通过它们包含的东西而受到考察。由于所有一切都被包含在内，因此就没有余下任何其他事物需要说明。"②总之，任何一个哲学体系最终都要退回到事物本真存在的事实中。这个事实性的意义③是所有哲学的应有之义，作为哲学方法的心理学的确将明确地呈现这个必然意义。只有它才是从这个完整事实出发的，因此也只有它才是完整的哲学。

上述讨论看似多次忽略了"心理学同科学的关系"的主题，但我认为，我们其实一直都在探讨那个主题。科学是对事实的系统说明，或者说是事实的理性；心理学是对终极事实全面而系统的解释，那个事实揭示自身就是理性，因此是对自身的解释。它给予所有的科学以"理由"。另一个问题，即心理学和逻辑学的关系，已经蕴含地得到了处理，再也难不倒我们了。

2. 心理学与逻辑学的关系。按照我的理解，哲学思维的整个过程一再地表明，哲学真理的形式和内容、内容和方法的区别对抵达真理是至关重要的。自我意识是终极真理。在自我意识中，作为有机体系的形式和内容正好互相对等。正是作为形式的过程，产生了作为内容的自身。作为对这个自我意识的探讨，心理学必定符合真正方法的所有条件。逻辑学，由于它必定抽象于终极事实，不能在内容上获得它在形式上获得知识。假如它是一门真正的哲学，由于它的内容必定是自我意识或精神的整个内容，因此，它的形式只是这个内容中的一个过程，是它的思想状态，即理念。当那个内容是普遍的永恒本质时，它的形式就适合用来"思考神思

---

① E·凯尔德教授：《心灵》，第 8 卷，第 560 页。
② 格林：《伦理学绪论》，第 52 页。
③ 哲学家洛采(Lotze)的伟大著作似乎坚持了这一点。

考的内容,并存在于世界产生之前",即,在其非现实性中的普遍,在其抽象中的普遍。正是内容与形式之间存在的逻辑矛盾,使逻辑学不能成为一种哲学方法,而仅仅是哲学方法的一个环节。只要逻辑学在这个体系中找到了适当的位置,就不会产生矛盾。只有在既把逻辑学说成是"抽象的",又把逻辑学方法说成是哲学方法时,才会产生那个矛盾。

举例来说,黑格尔哲学的确存在着这样的矛盾。已经有人指出了这些矛盾,我只需对其略作概述即可。[①] 不存在在逻辑上从逻辑学推导出自然哲学的任何途径。唯一的办法是借助于事实;"我们从经验得知",我们既拥有理念,又拥有自然。实际上,我们根本不从逻辑学来推导出自然。这是一个颠倒的运动。"在现实中,所有此类推导都是纯粹虚假的,因为观念本身只存在于自然与精神之中……它们是从具体中抽象出来的抽象物……因此,当我们把它们带回到产生观念的那个现实时不必带有丝毫的愧意"。总之,正是事实的必然性,经验意识的必然性,把我们从观念领域带回到自然领域,从思想状态领域带回到实在关系领域。"同样,我们对精神哲学的探讨也是如此。人的普遍形式是可以推论的,但带有个体思想、感觉与行为的活着的人类精神是不可推论的"。这就是"哲学的不可知、不可解释之处"。因此,我们无疑会认为逻辑学是一种哲学方法。但这个"不可解释性"是逻辑学方法遭人唾弃而非得到赞赏的地方,是其不令人满意的事实。假如我们不满足于探究从逻辑学到自然哲学,或从逻辑学到精神哲学的这个过渡是如何发生的,而是更深入地探究任何可能的过渡是如何发生的,我们就会发现相同的难点。它只有通过对假定事实的推论才能存在。"我们在严格意义上不能说这个结果已经独立地得到了证明,因为它是由这种方法通过这样的方式获得的。毕竟它只是在方法上的假定而已"。在一个特定事例中,比如,从质的范畴到量的范畴的过渡是如何发生的。它不是自在地通过质的范畴发生的,而是通过以下事实发生的:整个理念潜在地蕴含在质的原则中,必定展现自身,它通过质来展现自身,把它展示为对其自身性质的不适当的表现,表现为量,量更充分地表现了质的存在。这个过程一直延续下去,直到那个理念把自身展现为整个有机的体系为止,这个有机体系精确地表达了理念的整个自在存在。但是,正如已知的那样,这个运动自身依赖于精神,依赖于精神在自然界的展现。因此,任何逻辑过渡实际上都由于事实而发生,

---

① A·赛斯教授:《黑格尔:解释与批判》,载于《心灵》,第6卷。

即从整体看来,它更像是事实性过渡而非逻辑性推导。作为哲学方法的心理学的起点,就是这个放之四海而皆准的假设性事实。这样,它就首次赋予逻辑学以基础和有效性。

有人因此肯定会说:毕竟在精神哲学中,精神的地位是首要的,是全体的条件。黑格尔本人无疑是这样看的。这只是更加清晰地展现了那个矛盾。因为逻辑被认为是抽象的,还有待于去界定具体实在的性质。逻辑学,虽然被断定仅仅是精神的一个环节,同时用来决定全体的性质。因此,在逻辑学作为哲学的方法被使用时,形式和内容的矛盾得到了揭示。精神经由逻辑的过程得以实现,但逻辑的结果是:作为事实,它根本是不可实现的;作为具体实在,它是任何抽象过程都抵达不了的。人们必须在二者之间作出选择:要么借助于那个假定的但限定的事实,承认那个过程在更深层次的更高的决定中继续着;要么认识不到这一点,承认精神只是逻辑运动的一个要素或环节,亦即放弃作为主体的自我意识观念,投入斯宾诺莎泛神论的怀抱。从自身考量逻辑学运动,它总是摇摆于二元论和泛神论之间。作为绝对的方法,它要么认识到了这个事实,但没能理解它,不得不把这个事实看作与它本身相排斥的东西,理解成柏拉图和亚里士多德的物质、康德的自在之物、费希特的推动者;①要么费力地把事实吸纳为它自身的逻辑存在的一个环节,从而堕入了泛神论。

这就是黑格尔如此轻易地使自己误入泛神论歧途的原因,尽管他的体系的真正中心是自我设定条件的精神。不管它做出了多大的努力,逻辑学都无法抵达实在的个体。即使坚持把普遍概括为一个自我意识个别性是必然的,但它不能把它作为现实展现出来。正因为逻辑学矛盾于自身,并且回顾这个现实存在的常态假设,它才能证明它主张的东西。纯粹的逻辑学立场必定导致泛神论,认为只有理念才是实在的;包括精神与自然在内的所有要素和环节,只有在理念的不同阶段或不同时期中才是实在的,并且当我们抵达理念时,它们作为看待事物的不完备方法,作为错觉而消失。因此,作为一个有机的系统,作为一个包容差异的统一体,理念本身会消逝。理念变成了一个死的同一性,与斯宾诺莎所谓的实体没有任何区别。作为绝对的方法,逻辑学通过它的自我毁灭揭示了它的自相矛盾性。在纯粹逻辑

---

① 布拉德雷先生的《逻辑学原理》一书的结尾几章清楚地说明了:当逻辑学不是被简单地看成现实的运动时,它无法从理由的"因为"推出事实的"原因",从逻辑推导出实现。

学方法中,那些区分,这个过程,必定终结于终极的统一体,即结果。只有活的实在事实能够保存在它的统一体之中,差异的有机系统通过它才存活、运动并拥有其存在。正是借助于这个事实,对其全体的意识经验,作为方法的心理学才得以开始。因此,它清晰地揭示了潜在于每一种哲学中的假设,并由此赋予自然哲学和逻辑学以基础、理念和确定性。假如我们已经用使内容等于形式的方式界定了现实的本质,那么我们就能证明这个现实中每一时刻的意义、价值和局限。

这个问题的最终结论是:具有自我意识的"人的存在"是个体化了的普遍,因此他的本质是哲学研究的适当材料,他的全体是哲学的唯一材料。心理学是一门关于这个本质的科学,其中的二元论或对待它的二元论方式难以成立。无论二元论是什么,它都是相对的,它只在心理经验的内部而非外部发生。心理学,作为对人全面而系统的探讨,同时证明了各专门科学、自然哲学与逻辑哲学的价值、意义和条件。简言之,假如精神现实是所有现实的假定、前提、目标、条件和目的,那么精神科学必定在和所有科学的关系中占有相应的位置。的确,正如这个杂志编辑所言,"心理学研究方法并不是无哲学价值的",我们有"理由相信,为了实现用其他研究方法也能获得的伟大成果,我们必须运用心理学方法进行更系统的深入研究,用这种方法所得出的成果更可能被广泛接受"[1],——因为我们可以再加上一句:它只是用一种科学方式表明了那些用其他方式已经彻底被证实的东西。

（王大林　张国清　译）

---

① 乔治·克罗姆·罗伯逊:《心理学和哲学》,载于《心灵》,第 8 卷,第 20 页。

心理学科学和方法[*]

I. 心理学的研究对象

心理学的定义:心理学是研究自我的活动或现象的学科

一开始,并不能对这门学科的研究对象给出完整清晰的界定,因为理清自我活动的意义是心理学在自身发展过程中应解决的任务。然而,我们可以利用一些专业术语来表述。自我(ego)用于表述自我拥有认识到自己是一个独立的存在或具有独立人格的能力。心理(mind)也是一个专业术语,特指自我是有智力的。心灵(soul)指自我能认识到与身体的联系和区别。精神的(psychical)是一个用于指出与物理现象(或称自然现象)相对立的自我活动的形容词。主体(subject)常常用于表述支配着自我的活动,并掌管着一切情感、目的和观念,与客体(object)相对应。精神(spirit)是特指与自我的高级活动相关的内容,与物质和行为的机械模式相区别。

自我的基本特征

自我就是指意识活动;自我不仅存在,而且知道自己存在。心理现象是一种活动,并专指意识活动。棍子和石头都是存在的,而且不断发生变化;我们可以说,它们是有经验的。但是它们意识不到自己的存在,更意识不到自身的变化。总之,它们并不因为自己而存在,仅为某种意识而存在。因此,石头没有自我。但是心灵不仅发生变化,而且还知道它自身的变化,了解自身的经验;它因为自身而存在。也

---

[*] 选自《杜威全集·早期著作》第 2 卷,第 6—14 页。首次发表于 1887 年,为《心理学》一书第 1 章。

就是说,心灵即是自我。所以,要区分心理学与其他学科,只需看它们研究的是不是意识活动。

意识

意识既不好定义又难以描述。我们要定义或者描述任何事物,都必须通过意识。它对所有定义而言是预先假定好的,因此任何对它定义的尝试都是徒劳的。它也不能通过与无意识的区分来定义,因为无意识要么是完全不知道,要么就是仅仅由意识而得知的。即便对于定义无意识本身,意识也是必须的。因此,心理学只能研究不同情况下的各种不同的意识形式。

作为个体的自我

我们已经知道,自我活动的特点就是它们是有意识的,或者说是为自己而存在的。进一步来说,自我都是个人化的(individual),而且所有的自我活动都是个人化的。这正是自我的独特之处。比如,物理现象或化学现象不为自己存在,而是为那些想观察它们的人而存在。它们能被一个人直观地意识到,对另一个人也是如此。总之,它们是普遍的。但是,我们所研究的心理现象却并不能被所有人公开地观察到。心理只能被经验着的自我直观地意识到,它是而且只是我的或者你的一种意识活动。

个体状态的交流

我们都能够与他人交流,但交流的第一步是把精神活动转化成物理活动。这必须通过无意识的媒介来表达——比如面部表情或者声音的使用。这些媒介完全是外显的,不再是个人化的活动。接下来,其他人把这些表情或声音"翻译"成自己的意识,在知道它们表达什么之前先把它们变成自己的东西。一个人永远不可能直接地知道别人心里在想什么;他只有通过自我再造(reproduce)的过程才可能知道。因此,自我或意识的活动是一种独特的个人化活动。心理学研究个体、自我,而其他所有的学科——例如数学、化学、生物学等等——都是研究普遍的现象,这些都不是自我的活动,而是呈现给懂得它们的自我或心理。

心理学与其他学科的关系

因此,心理学和其他学科之间存在双重的联系。一方面,它与其他学科地位平等,仅仅是研究对象更高级。有的学生也许一开始对远离自身的天体感兴趣,去研究天文学;然后他也许对他所生存的地球感兴趣,去研究地理学、地质学等;再后来他也许还对生物感兴趣,又去研究植物学、动物学等等;最后他可能转向自身,研究人体生理学;而最终他可能会放下生理学,转而研究自我。这样的研究就是心理学。这样看来,心理学显然仅是众多学科门类中的一员。

心理学——一门核心科学

但是,把心理学当作众多学科门类中的一员,又容易忽略事情的某一方面。所有的其他学科都只研究已知(known)的现象,而认识活动却涉及其他学科所没有研究的那些方面。认识活动把研究的现象看作是存在的(existent)现象,尽管它们也是已知的现象。不过,认识活动必定与自我或心理有关。认识是一个包含心理规律的理智过程,它是自我的一种经验活动。因此,某种个人化的活动已经被预先假定存在于自然科学的所有普遍现象之中。这些普遍现象是被特定的心理所认识到的现象,因此在某种程度上也可以归于心理学的范畴。因此,和其他学科相比,心理学不再是一门单一的科学,而是一门核心科学。因为作为心理学的主要研究内容,认识过程包含了其他所有学科。

心理学的普遍因素

现在我们看到,心理学本身既具有普遍性,又具有前面所说的独特性。它的研究对象(或者说研究内容)涉及所有的学科门类。进而言之,它对所有智力正常的人都是开放的。这可以从认识和意志两方面来阐述。例如,我知道我前面有一张桌子。这是我的一种认识活动和意识现象,因此它是个人化的。但是它对其他人而言可能也是一个已知的事实。对认识活动而言,已知的物体和正在被认识的物体都是同样必要的;但是,已知的物体对所有认识者而言,却都是必需的。从这个角度上讲,心理学具有内在的普遍性。因此,尽管认识对于正在认识的人来说是个人化的,但对于已知的事物来说却是普遍的。认识可以被定义为普遍元素形成的过程,它以个人化的形式实现,并存在于意识中。这里,普遍元素是指能够与所有正常人发生共同联系的存在。认识不是一种个人所有物。如果某种意识在形式和内容上都是个人化的,或者说对某些个人而言是独特的,那么这种意识就不是认识。要获得认识,个体必须排除对自身有特殊意义的特征,并且遵循普通正常人的条件。然而,这个过程一定是通过个体实现的。

行为的例证

意志或行动,常常都有普遍性和独特性这两个方面。我能执行的每个行为的内容都是已经存在的,也就是说普遍的。但是这些行为并不是为意识而存在的,所以不属于心理学的范畴。直到我,或者某个自我,执行了某个动作,才使它成为个体的活动。这与该动作是写个句子还是吐露真相无关。在书写时,钢笔、墨水、纸、手上的肌肉,以及控制书写动作的物理法则都已经存在。我所能做的就是,在我的意识里通过我的行为把这些分离的普遍活动变成一种个人化的活动。而吐露真相时,真相已经存在,自我能做的就是把它变成自己的,通过意识或自我的再造活动来赋予真相以个人化的形式。

对心理学的进一步定义

现在,我们对心理学的原始定义可以得到拓展。心理学是关于认识和行为的科学;心理是把普遍的现象(内容)用个人化的意识形式表现出来的再造过程。这种个人化的意识本身与内容无关,通常以情感的形式存在;所以可以说,这种心理的再造过程通常以情感为媒介发生。因此,我们对自我的研究可以分为认识、意志和情感三大主题,它们各自的性质以及相互之间的关系将在下一章讲到。

II. 心理学的方法

方法的必要性

心理学的研究对象是自我活动,或称作意识现象。然而,如果没有系统地将这些现象搜集并整理成理论,心理学就不能被称为科学。因此,有必要理解它们之间的相互关系,使现象得到更好的解释。通过恰当的搜集、分类并对现象加以解释的研究途径,我们才能正确地掌握心理学的研究方法。

内省法

首先,很明显,既然心理学的研究对象是意识,那么意识本身就是知识的主要来源。就像自然科学从呈现给感官的现象,诸如:落体、闪电、岩石、酸、树木等开始研究一样,心理科学必须从意识现象开始研究。我们把观察意识现象以确定它们性质的研究方法称为内省法(introspection)。内省并不是一种特殊的心理能力,而是心理所拥有的一种一般的认识能力,它能够反思性地和意向性地指向某些特定的活动。相对于外部观察而言,它也被称为内部观察法。外部观察是一种对感官活动或事件的观察,而内省则是对观念的性质以及它发生发展的过程的一种观察。由内省法观察得出的意识现象,最终一定是心理学研究材料的唯一来源。

内省法的难点

有些心理学家甚至走得更远,他们声称,内部观察比外部观察有效得多。心理在观察客体时往往会出错,而在内省自身时却总是对的,这是因为观察者和被观察者是一体的。例如,有人可能把黄铜误认为是黄金,但当他愤怒时他不会把这种情感误以为是爱。要回答这个问题,我们首先要声明的是,事实远非如此。因为愤怒中一定还包含着许多混杂的微妙的情绪状态,例如一半恐惧一半希望的状态也很难鉴定,就像我们很难鉴定一只品种稀有的鸟一样。即便对于愤怒,人们也不知道自己越愤怒反而越期望达到完全的平静。

经验是一回事,使经验变成可观测的研究对象却完全是另一回事。心理学的内省就是这样。让一个很少探究自我经验的人准确描述自己心理状态可能会有困难,就像一个门外汉难以对呈现给他的新化学物质做出精确的描述一样。

科学的内省过程

换句话说,要正确感知一种现象,必须通过分析的过程。感到愤怒是一回事,而对这种情感作出批判性的分析却完全是另一回事。这两者很难达到同一,甚至还是相矛盾的。当内省分析开始,愤怒就随即停止。外部观察并不是一个被动的过程,这很容易理解。它需要积极的注意和批判的思考,而且其正确性在很大程度上还依赖于观念与客体的接近程度。每天都有大量的客体被错误地感知,这是因为观察者受到了错误理论的误导。想要不带任何心理观念地观察客体是不可能的,这对心理学观察来说也毫不例外。尽管很多心理现象都被经历过上百万次,但它们的多样性也仅仅是在最近才被观察到。但是,现在已经形成了关于这些具体的心理现象的理论,而且对现象来说这些理论是相当轻率的。要真正地观察到心理现象,需要一个正确的假设以及与此相关的材料,并对材料进行分析和分类。

我们后面将看到,没有所谓的"纯粹的观察活动"。已有的心理观念或多或少会对观察物产生同化或解释的影响。无论是心理现象还是自然现象,都不可能存在纯粹的观察。

实验法

首先,要克服前面所说的困难,我们可以求助于实验法(experimental method)。我们不能直接对意识现象进行实验,因为实验法要求可任意改变变量并分析其结果。实验法可消除额外因素的影响,或者引入其他变量以测试其影响,能够分析变量之间的因果关系,而这些对意识现象来说是不可能实现的。但是我们可以利用心灵和身体的联系,间接地进行实验操作。与心灵相连的感官和肌肉系统是在我们的控制之下的,我们能对它们进行操作,从而间接地改变意识。实验法有两种:第一种是心理物理法(psycho-physics),研究心理状态和生理刺激之间的定量关系;第二种是生理心理学(physiological psychology),利用生理指标来研究心理状态。

生理心理学的对象

正如冯特(Wundt)所说,生理心理学的研究对象是心理事件的起因、组成成分以及时间顺序。尽管该方法使用时期不长,但是在该领域它已经收获了许多成果,特别是在感觉的组成和联系、注意的性质和心理过程的时间方面。值得注意的是,神经和大脑的生理学研究本身对心理学并没有直接帮助,它们只是给心理分析提供更敏锐的指标,由此来弥补内省法的缺陷。

比较的方法

然而,上述方法所得出的结论,也都是不全面的。首先,该方法的应用范围仅限于与生理过程相连的心理事件,这些心理事件会随生理过程的改变而改变。其次,该方法不能超越个体的心理。每个个体的意识或多或少都有其独特之处,而心理学更应该研究正常的心理状态,研究具有普遍性质的意识活动。再次,上述方法未能向我们揭示心理发展的规律,帮助我们认识心理从不完善到完善的发展规律。这一心理学分支被称作发生(genetic)心理学,它是心理学的重要组成部分,并且不能用内省法和实验法来研究。不过,这两种方法的缺陷可以通过比较法来弥补。

比较法的各种形式

一般成年人的心理可以和这些事物的意识相比较:1)动物,2)不同年龄的儿童,3)有心理功能缺陷或精神错乱的人,4)不同种族和不同国家等不同条件下的人。动物心理学的研究对于我们认识智力的机械活动和自发活动的特征是特别有用的,因为在人的意识中,这些活动很容易因随意状态而变得视而不见。心理的本能方面常常通过动物的生活来研究。婴儿心理学对于研究心理活动的起源来说特别重要。而心理功能缺陷研究则表明,人的心理元素的产生是依赖于特定的感觉器官的。实际上,精神错乱或变态的心理常常被认为是大自然所做的"心理学实验"。对上述方面的研究让我们更好地了解正常行为的必要条件以及当条件改变或多种元素的平衡被打破时对行为产生的影响。这种对多种族、多民族和国家的比较研究则拓展了心理的概念,使其不仅仅局限于我们自身的心理及其表现形式。

客观的方法

要更正、拓展并解释内省法得出的结论,进而得出它们的规律,最常用也是最基本的方法就是研究心理的各种客观的表现形式。心理并不是外部世界的被动观察者,它正在并且已经对外部世界产生影响。这些影响的结果是客观的,而且也是永久性的,我们可以对所有这些客观的历史现象进行研究。它们是最可靠和最普遍的研究心理运作的途径。这些心理的客观表现形式,在智力领域表现为语言和科学,在意志领域表现为政治和社会制度,在情感领域表现为艺术,在统一自我方面则表现为宗教。哲学、科学逻辑学、历史、社会学等学科都在研究这些不同的客观领域,并竭力揭示它们的现象之间的关系。但是,这些学科却都没有重视这样一个事实:科学、宗教和艺术等所有的这些都是心理或自我的产物,是根据心理的规律而发展起来的。因此,在研究这些学科时,我们仅仅是在研究有意识的自我的基本性质。正是在这些门类众多的知识、活动和创造中,我们才能充分地了解自我。正是通过对知识、活动和创造的研究,我们才能清楚地发现自我活动的规律。

自我意识的解释

无论用什么方法去研究心理现象,我们最终的目的都是要对自我意识进行解释。一旦不能解释观察到的现象,那它们就没有任何意义。尽管客观现象并不是心理学的材料,但它们仍是普遍的,而且必须作为个体去加以解释。例如,某种语言对于不懂该语言的人来说有意义吗?它只不过是一连串陌生的声音罢了,不能提供给他任何东西。对一个不懂得发怒和祈祷的人来说,发怒者的表情和祈祷者弯曲的膝盖也是没有意义的。如果我们不能在想象中把自己置身于婴儿或精神病人的精神世界里,他们的心理现象也不能为我们揭示什么,因为这些心理现象对我们来说没有意义。

因此,只有将生理心理学得出的现象解释成意识活动之后,这些现象对心理科学来说才有其存在价值。否则,生理现象也只是客观的生理过程,对心理学毫无用处。相应的,上述心理学的多种方法,与其说是对自我意识进行分离的方法,还不如说是一种对自我意识加以拓展从而使之更宽泛、更普遍的方法。总之,多种方法的应用,能够帮助我们认识到自我意识中什么是偶然的和次要的、什么是永恒的和本质的,从而揭示出心理学的研究对象究竟是什么。只有真正属于自我的本质的东西,才是心理学应该要研究的。心理学正是要探究它们的现象和相互关系,并对之进行解释。

（熊哲宏　蒋　柯　译）

心灵和意识

心理及其活动模式[*]

引言

心理学研究意识活动,目的在于对它的现象进行系统的调查、分类以及解释。研究之初,我们必须把意识划分为认知、情感和意志三个部分,尽管这种划分只有在整体考虑时才有意义。当言及认知时,我们所指的是获得知识或信息,无论是认识还是领悟,也无论所认识的是内在状态还是外在事物。当言及情感时,我们所指的则是主体的某种状态表现为愉悦或痛苦。从本质上说,情感过程不会让我们获得知识,而只是一种情绪状态。而意志则是指为达到一定的目的而努力的心理过程。

认知

心理的每一种活动和观念都能告诉我们一些东西。在观念形成前,心理并不是空无一物的,而是已经储存了一些信息。例如,观察一棵树、定义政府的概念、推出引力定律、听到朋友去世的消息,以及计划要建的房屋的构想等等,都涉及真正存在的物体、法则或事物之间的关联。当然,它们也可能与个体最深的情感或者个体的活动有关。但无论如何,这些活动告诉我们一件事物现在怎样、已经发生了什么或者将要发生什么。总之,这就是认知过程,它是指意识到某事的状态;只要某种意识状态使我们知道了某事物,这就构成了认知。

情感

但是,意识不仅限于使我们获得关于事物的信息,它也能昭示出该信息对自我的意义。每一种意识状态都不仅和认识的对象有关,同时也和正在认识的心理状态

---

* 选自《杜威全集·早期著作》第 2 卷,第 15—21 页。首次发表于 1929 年,为《心理学》一书第 2 章。

有关。这样一来，意识又可以说是一种情感，一种自我感受。既然每种意识状态都是自我的状态，那它必定包含有情绪的因素。换句话说，我们的意识并不是毫无偏见不带任何色彩的，它也有轻重判断、价值评价和兴趣取向之分。这种特别的兴趣取向构成了意识的情感因素，这意味着，拥有兴趣偏好的意识实际上和自我存在着独特的联系。因此，意识不仅仅是认识的一种伴随产物，同时也是自我体验的一种方式。这种兴趣的偏好和自我的联结，可以表现出高兴或者痛苦的情绪。尽管像观察一棵树、听到朋友去世的噩耗和计划建造房屋这样的事件，对于自我而言意味着完全不同的意义；但没有一种意识状态是与自我彻底无关的，或对于自我是毫无意义的。

意志

一种意识状态，也就是一种活动的表达。后面我们将看到，每一种意识都需要联合的（特别是专注的）心理活动来实现。即使在观察一棵树、听到朋友去世的消息或计划建造房屋的过程中，心理也参与了活动。这样看来，每一种意识状态都涉及意志，而活动从来都不是被动的。很明显，在观察树时，心理主要给我们提供关于物的信息；听到朋友去世的消息时，我们关心的不是消息本身，也不是心理活动，而是心理和自我的感受方式；而在计划建造房屋并履行该计划时，心理活动关注的是特定的目的和可能达到的结果。我们通常把第一个事件中的心理活动称之为认知，第二个是情感，而第三个则被归于意志或意愿。所有的意识活动首先一定包含了认识，因为我们能认识到对象；它也体现出某种情感，因为它和我们有特定的联系；它还表现为一种意志，因为它总是要依赖于我们的活动。以上三种过程，都是依据各自支配的方面而从不同角度来命名的。

三者之间的相互关系

情感、认知和意志过程不能被认为是三种不同类型的意识，也不能看作是同一意识的三个独立的部分。它们只是从三种不同的角度对意识进行分析，或提供信息，或影响自我的高兴或痛苦的感受，抑或是表现为自我的活动。它们还存在另一种联系。就像有机体的消化过程一样，如果离开了循环系统，它就不能继续下去；同时它还要依赖于呼吸和神经系统。这对有机的心理系统来说也是一样的。认知过程不能脱离情感和意志过程而存在，三者缺一不可。

认知的影响因素

以观察树或学习几何命题作为例子。乍看之下，观察树好像是一种完全自发的活动，我们只需要睁开眼睛去观察就是了。但我们必须清楚，这种功能对我们来说是已经掌握了的。其实，只要注意一下婴儿就会发现，它们学习观察树和我们学习几何定理一样难。那么，如何对这些活动进行解释呢？首先，情感是必须的。除非心理受到客体或真理的影响，除非心理对它们产生某种兴趣，否则心理活动绝不会指向或注意它们，它们也就不可能进入人的认识领域。

客体或真理确实是存在的，但对心灵来说是不存在的，除非它们有什么能使大脑兴奋的地方。认知依赖于情感。进一步说，情感对认知的引导还体现在它唤起了心理的注意，并将心理引导向需要认识的事物或现象，而这种注意的指向是一种意志行动。很明显，在开始学习几何命题时，指向、控制和有意注意等意志活动是必需的。而对树的观察则不同，此时的注意是自动、自发产生的，相应的原理将在后面讲到。

意志活动的影响因素

每一种意志活动都涉及认识过程。即使像写字这样相对简单的动作，或者主持一项庞大的商业交易这种复杂活动，都需要确定所要达到的目标，选择恰当的实现方法和途径。要执行意志活动，必须具有对目标以及过程的认识。同时，意志活动也依赖情感。只有为了满足某种需要才会产生意志活动，而只有一件事物和自我相关时才会产生需要。那种毫无趣味的事物是激不起任何情绪反应的，也就不可能产生意志活动。不言而喻，一个人是不会对他认为无关紧要的事情采取行动的。无论其价值是多么微小，这个事件的重要性或价值都是由它与自我的关联决定的，由情感决定的。

情感的影响因素

另一方面，情感要以意志活动为前提。没有对大脑的兴奋和刺激，没有行动，也就没有情感。当仔细研究情感时，我们会发现积极的情感总是和健康的或习惯性的行为相连，而消极的情感则刚好相反。许多观察足以表明，情感和自我的所有意识内容都是相联系的，而自我表现为活动或反应。如果没有活动或反应，就不会有情感。只要研究一下获得财富带来的快乐，或者失去朋友引起的悲痛，我们就能发现，快乐的情绪促进和增强了与自我相一致的行为模式，而悲痛的情绪则阻碍和破坏了自我的行为模式。总之，前者促进了自我的发展，而后者则阻碍了自我的发展。自我的活动水平是提高还是降低，都是通过情感来表达的。

情感所有的具体的确定形式也都依赖于理智活动。我们的情感总是投射在对象或事件上，而情感又和认识的形式有关。正是因为两者的关系密切，所以它们才不再含糊不清。即使是最低级的情绪形式——比如进食的快乐和伤口的疼痛——我们都能发现它们是和对象相关联的。情绪并不是凭空而起的，而是与引发它的对象相关，并且在有机体身上的某些部分表达出来。情感越高级，它与认识过程的联系也就更加完全和确定。例如，想要理解由艺术、道德、科学研究或宗教引起的情感，如果不与引发它的对象相联系，是不可能的。

三者之间的必然联系

我们已经看到，意志、认知和情感过程不是三种类型的意识，而是同一种意识的三个方面。对这些方面的区分都是人为分析的结果。在实际的例子中，三者都互为前提，缺一不可。回顾前面对心理学的定义，我们也能看到这种相互联系的必要性：心理学是以个体意识的形式来再造普遍的客观内容的科学。换句话说，每一种意识，都是个体性与普遍性的统一体，不能被单独地理解。很明显，普遍性的意识表现为认知过程，个体化的意识表现为情感过程，而这两者之间的关系及其具体内容则表现为意志过程。我们还可以知道，认知和情感都只是自我的部分方面，或多或少有些抽象，而意志联系着两者，因而它更为全面，并且能够理解前两者。下面我们将简要谈谈这些观点。

认知的普遍性

我们已经知道认知的对象是普遍的，这就是说，该对象对所有正常人来说都是平等的。如果一个人认识到了，那么其他人也能认识到。认知本身对每个人来说没有分别。假设每个人的认知都只是个体性的，那么就不会有人意识到个体之间的差别。如果所有已知的都是相同的，那么认知的过程也就没有区别。但是，情感在人与人之间设置了一道不可跨越的鸿沟。

两个人可能都对相同的刺激产生情绪反应，并且两个刺激在强度和量值上都完全相同，但是它们激发的情绪反应也不会相同。也许是完全相反的两种反应，这是因为它们都只和自我有关。也正是这个原因，当我们把认知和自我联系在一起时，认知就是个人化的了。在任何情况下，认知过程都带有情绪色彩，因此形成了属于个人的认知。当我们观察一棵树或发现数学定理时，情绪色彩总是不可避免地存在，而意识可以从个体的自我中分离出来，显示出它普遍性的一面。可以说，意识的个体性表现为情感，而普遍性则表现为认知。

意志是一种完全的活动

因此，明确的意识活动就是意志，同时它也包括个体性和普遍性的因素。意志过程通常有两种：把普遍性方面与自我相联使之变成个体化的形式；或者把个体性方面赋予实在意义使所有正常人都能够识别。对树的认识和发现几何定理就属于第一种形式，此时为所有人所知的普遍意识变成了为个体独特的不可分享的意识。意志活动起始于自我的兴趣，通过对客体的注意，把它转化为你我的个体意识的中介——即自我或情感。如果我们从这种活动表现出的普遍性来看，它就是一种认知过程；如果我们从它对自我发展是否促进来看，它就是一种情感过程；如果我们从它包含着普遍内容与个体化形式的角度看，它就是一种意志过程。意志始于个体化的形式，也终于个体化的形式。这里我们可以称之为向内（in-coming）的意志，因为它的原则是把普遍性成分带入个体化的意识，或者说带入情感的领域。

向外的意志

意志的另一种形式是把个体化的意识转变成普遍性事实。该过程的第一步是愿望、计划或目标；这些都仅存在于我们个体化的意识领域，是一种情感。但自我的活动控制着这些内容，并使它们投射于外物，变成世界万物的一部分。比如想吃东西完全是一种个人行为，但是吃东西的行为却为所有正常人所熟知，因为它只是发生在这世上的事件之一。同样，想变得富有完全是一种个人的意识，但获得财富的活动却具有普遍特征，因为这是每个人都要面对的问题。再比如你要计划建造房屋，计划是个体性的，而计划的执行即房屋的建造是普遍性的。这种把个体性因素转变成普遍性因素的意志活动可以称为向外（out-going）的意志。但它的本质和向内的意志一样，都使得情感和认识两个过程联系起来。

主观和客观

情感是意识的主观方面，认识是意识的客观方面，而意志则联系着这两者。每一种具体的意识都是主观的个体性与客观的普遍性的统一体。假想一下由手指上伤口带来的意识反应，这种疼痛是纯粹主观的，只属于疼痛者本身而不可能与其他人共享。但是伤口是一种客观事实，它能被所有人感知并且被他们的心智所理解。这只是世界万物中的一种情况。我们再来看看朋友去世带来的意识反应：一方面，它是完全个体化的体验，对个人来说肯定具有某种意义，并且不必如实地反映引起这种体验的实际事件。但是作为一种主观情绪，它同时也是客观世界中的一个事件，所有事件都以相同的方式向世人呈现。这样来看，它又是客观存在的信息。意志通常联结着主观和客观两方面，同时也联结着个性与共性两方面。

刚开始时，学生应该避免把意识看作是完全主观或者是完全个体的，这会使我们脱离意识来研究外部世界的对象。从心理学的立场来讲，意识既是主观又是客观的；既是个体化的，又是普遍的。我们通过人为的分析，可以称其某一方面为情感，另一方面为认识，但这仅仅是对意识的一种分析方式。这种方法并没有把意识和非意识分开。对心理学来说，不可能存在这样的分离。

处理方法

我们在处理心理学的研究材料时，为了表述方便，有必要把情感和认识、意志过程区分开来。这种区分越彻底、越严格，就越有利于我们把它们当作分离的实在物进行研究。每一部分都可以分离开来研究，看上去就像它们都是独立的、自足（self-sufficient）的心理成分。从逻辑上讲，我们首先应该研究情感过程，因为它处于意识的最里层。然而实际上这是不可能的，因为它的具体形式和认识过程的形式关系十分密切。而且，认识过程也同样依赖于情感过程，因此这两种过程只能结合在一起考虑。因为意志以认识和情绪为前提，所以放在最后讨论。

材料与过程

研究意识的各个部分时，同样为了表述方便，我们还要把每个部分分成三步来研究：1)材料，2)过程，3)结果。心理科学的研究目的是为了对心理的各种表现形式进行分析，并结合相互之间的关系进行解释。我们可以把心理状态看作是心理过程对一定的原材料进行加工而得出的结果。所以，我们可以这样来进行研究，首先考察原材料，其次是加工和修饰原材料，再次是得出加工的结果，即意识的具体形式——包括真实的认识、情感和意志过程。前两步与划分的方式无关，仅仅和科学分析的结果有关。在这些研究过程中，只有第三步（即结果）是实际存在的。因此，开始研究认识过程时，我们把感觉作为原材料，加工过程则是指通过统觉把原材料加工成一个连续的知觉、记忆、想象、思维和直觉的过程，最后的结果是意识到这些具体的智力活动总是一种直觉。

（熊哲宏　蒋　柯　译）

情感导论*

情感的性质

需要记住的是，与记忆或知觉不同，情感并不是指一种具体的心理活动，而是所有心理现象的一个方面。情感并不是时不时地发生在我们心理活动中的一组特殊的心理体验；它是和心理活动共同发展的，是心理活动的内在一面。所有的认识都是以情感为媒介而发生的，这是因为在认识活动过程中，我们使得宇宙中的存在物变为内部的，或者使之属于我们的意识。在认识中，我们的确没有注意这一内在因素，而是注意那些我们获得的关于客观事物的信息。然而，我们把这种知识当作是我们的知识，我们把它归属于作为主体的我们自己。这些事实恰恰表明，它也是情感。没有哪一种意识是以完全客观化的形式而存在的，没有哪一种意识和个体没有任何联系。这也就是说，没有哪一种意识不是情感。

情感与个体自身

每一种意识都被感觉为我的意识。这就是情感。正是情感构成了我和你之间的本质差别。由于每一个自我（ego）都是如此，所以我们不能将"自我"定义为既是主体同时又是客体。自我（ego）赋予我们以自我性（selfhood）的普遍形式，但是却没有为我自己和你自己之间的差异提供任何依据。知识也未能为这一差异提供依据，这是因为，知识是关于客体的，也是普遍的。尽管知识总被认为是我的知识或者是你的知识，不过这都是由于自我存在的缘故。知识不能构成自我。然而，情感是唯一的，是独享的。情感表达了这样的事实：所有的事物都不仅仅是客观的和普

---

* 选自《杜威全集·早期著作》第2卷，第170—172页。首次发表于1887年，为《心理学》一书第10章。

遍的，它们也以主观的和个体的形式而存在。想要详细说明情感到底是什么，这是不可能的。正是由于情感是个体的和特殊的，所以它才能被感觉到。不过情感的特征又可以被描述为：它是所有意识活动的兴趣层面；而意识又是我或你所独有的个人活动。

情感与自我的活动

因此，情感——或者说兴趣之事实——的范围与自我（self）的整个范围一样广泛，而自我的范围则是和经验的整个范围一样广泛的。为了确定情感的形式和条件，我们必须首先理解自我。正如我们经常看到的那样，自我也就是活动。自我不是指行为，而是活动。因此，所有的情感都是活动的伴随物。心灵通过自我的活动而得以存在；情感也渐渐意识到它自身的存在。心灵因情感本身而存在；情感本质上就是兴趣，而它自身则是由活动构成的。在一般意义上，关于情感我们也只能说这么多了。但是活动可以在两个方向上进行，因此可能存在两种兴趣。活动可以促进或发展自我，也可以阻碍自我。兴趣可能是某种愉悦，也可能是某种痛苦。所有的情感都在这两极之间移动。

性质化情感的来源

愉悦的情感对于心灵是非常明显的，其活动方向倾向于增加个体的幸福或自我实现；而痛苦的情感则相反。前面我们已经看到，自我不仅是一种形式化的存在——即自我与它所处理的材料和产生的结果没有必然的联系——而且还是一种现实的活动，也就是说它是有内容的。各种领域的不同经验仅仅只是自我的现实本质的差别或发展而已。通过持续的活动，自我不断地以某些确定的外显形式来组织它本身。并且，只有当自我以这种方式组织它本身时，它才不仅仅是纯粹的能力。因此，不存在一般意义上所谓的痛苦和愉悦之类的东西，正如没有一般意义上所谓的颜色之类的东西。除了愉悦和痛苦这一起码的事实之外，每一种情感都拥有确切的内容，并且它们的内容是各不相同的。这就好比红色和蓝色存在质的差别，尽管它们都是颜色。换句话说，自我的每一种活动都拥有与其他活动所不同的明确内涵或性质。所以，作为自我活动的伴随物，或者说作为自我活动在意识中的直接呈现，情感肯定也是有差别的。

对情感的论述模式

所有的情感都是自我活动的个体层面。自我的活动使它自身在无限方向上发展，并获得无限的内容。我们下面的讨论都必须基于上述这些事实。不过，所有的活动仍然可以被缩减到少数几个一般的主题上，也就是下面论述的基础。情感的性质或内容显然是由自我发展或实现的程度来决定的，而且我们可以把情感分为许多种类，就像对心灵中的自我实现活动进行区分一样。在最低意义上，自我就是一个配备有神经系统的有机体。它通过和心灵的联结，能够以感觉的形式对物理刺激作出反应。1)第一种情感就是伴随着自我的有机活动的那些情感，也叫做感觉情感。心理看起来似乎也是联想活动，或者是把个体经验的各种成分机械地结合起来，而且其中还包括注意活动——注意活动使各种经验元素变得观念化，并赋予它们以特殊的意义。按理说，下面的两种情感是符合上述两种类型的，但更便利的方法是采用交叉分类。在联想活动和注意活动中，情感可以根据活动之间相互承受的关系来进行划分。而更特别的是，情感也可以根据它们所包含的内容来进行划分。这样就产生了 2)形式化情感和 3)性质化情感。对于后者，我们将考察：1)美感，2)理智感，3)个人情感和道德感。

（熊哲宏　张　勇　译）

意志-感觉冲动 *

意志的性质

意志（will）一词有狭义和广义之分。从广义上说，意志与心理活动是同义词。所有的心理活动都不仅仅拥有生理刺激，还拥有心理刺激，而且心理活动总是实现各种有意向的或没有意向的结果。但是，从狭义上说，意志行动是以一个观念为开端、以实现该观念为终点的；也就是说，意志仅限于那些将某种观念变为现实的行动。从狭义上说，意志需要情感和知识在同一个行为中结合起来。意志总是将我和某种实在联系在一起，它要么把我的某种元素转换为客观实在，要么把那种客观实在纳入我的直接的情感范围。所以，意志总是把知识的内容和情感的形式联系在一起。又或者说，没有哪种知识活动不需要注意的参与，而注意只不过是把普遍的内容与单个的主体连接起来的意志活动。另外，也没有哪一种活动不曾伴随着情感。因此，知识和情感都在意志中找到了它们的基础。

意志与感觉冲动

意志不仅仅是纯形式化的，它还拥有实际的内容。意志的内容主要是由感觉冲动所提供的。然而，感觉冲动本身并不构成意志，感觉仅仅构成了知识。这是因为知识就是将各种感觉结合起来、使之系统化，并且能够理解这些感觉，对它们进行解释；而意志则存在于各种感觉冲动的相互调和当中，意志使得这些感觉冲动变得互相协调，并从属于一个共同的目的。比如说，我们拥有某些诱导我们移动的冲动，但是这些冲动本身并不构成意志，除非它们与另一种冲动相结合，并且被整合

---

* 选自《杜威全集·早期著作》第 2 卷，第 237—244 页。首次发表于 1887 年，为《心理学》一书第17 章。

为一种明确的行为模式。换句话说,感觉冲动构成了原材料,它们是意志的基础;但是,感觉冲动必须通过一个过程才能精心制作成实际的意志形式。所以在这一章中,我们将首先讨论原材料,然后是这些原材料的发展过程,最后考察由感觉冲动的作用过程所引起的种种结果和具体的表现。

感觉冲动的定义

感觉冲动(sensuous impulse)可以被定义为一种感觉到压力的意识状态,它因某种身体条件而出现,并且通过产生某种生理变化而把它自己表达出来。所以,感觉冲动总是会影响生理有机体的某种感受(affection),促使他产生一种意识状态;而且这种意识状态并不是纯粹静止的,它自身似乎包含着以某种方式对外界刺激进行反抗的剩余能量。例如,眼睛的神经机制受到了空气振动的影响,传到大脑的分子运动在那里产生了我们称之为光感觉的意识状态。但是也存在一种自我的感受,存在一种使眼睛朝向或者避开光线的倾向。这种朝向或者避开一种物理刺激的倾向或压力的能量,就是感觉冲动。刺激当然也可以产生于内部,比如饥饿就是有机体的一种内部状态。对于饥饿感觉,只要它提供了关于我们身体状态的信息,那它就是知识的基础;只要它是自我的一种愉悦或痛苦的感受,那它就是情感;而只要它趋向于对这种情感作出反应,并且通过产生某种客观变化来满足它,那它就是冲动。

反射活动

所以,感觉冲动包括内部和外部两个方面。作为必要的前提条件,感觉冲动拥有某种情感状态,即一种愉悦或痛苦的感受。而作为必要的结果,感觉冲动拥有一种生理表达的倾向,即一种身体上的实际变化。因此,必须有某种机制将这两个方面联系起来,并为内部情感赋予其外在的表达方式。这种机制就是所谓的反射活动。身体的脑脊髓神经系统要么是感受器,要么就是运动器;也就是说,脑脊髓神经系统要么把来自感觉器官的刺激传入内部,要么把来自中枢器官的刺激传到一组肌肉神经上。这些感觉神经和运动神经在脊髓附近的神经中枢连接在了一起。当一个刺激从感觉神经传到运动神经而又没有意识的介入时,就产生了反射活动。

也就是说,反射活动就是刺激的直接偏转过程(deflection),这个过程使得感觉来源变成了运动反应。如果有东西忽然靠近眼睛,那么神经刺激被传到脊髓,但并不是继续传到大脑并产生一种感觉,而是传到了运动神经,这样眼睛立即就闭上了。咳嗽、咀嚼、吞咽等都是反射活动的例子。同样地,尽管反射活动只是一种生理过程,但是它非常重要,因为它构成了感觉冲动的生理基础。反射活动本身不涉及任何意识过程,而感觉冲动却是有意识的;但是,感觉神经与运动神经的联结不管发生在脊髓还是大脑,都提供了这样一种机制——通过这种机制,任何情感都可以产生身体上的变化而被发泄出来,从而释放了压力。

冲动的种类

严格来说,感觉冲动仅限于那些伴随着直接情感的冲动。这些冲动来自于我们一般的和特殊的感觉,但是由于它们在性质上拥有很大相似性,所以我们将把它们连起来讨论。这些冲动是知觉冲动、模仿冲动、观念冲动和本能冲动,并且我们将特别对本能冲动的表达进行讨论。

(1)一般的感觉冲动

作为一种明确的事实,每一种感觉都是一种冲动。在知识部分讨论感觉时,我们似乎把感觉当作一种纯粹的心理状态。其实这只是感觉活动的一个方面。感觉也是对刺激的一种反应;它释放出能量,打乱了有机体的平衡状态,而且能量必须通过产生某种身体变化而让它自己发泄出来。这一点在机体感觉中可以被清楚地看到,在那里,感觉表现为欲望,或者是有规律地出现的对有机体外部物质的占有(appropriation)倾向。感觉器官的这些需要可能是连续的,比如说空气;也可能是周期性的,比如食物和水;也可能是不规则的,比如说性活动。但是在所有的情况下,感觉都不会自生自灭,而是作为一种冲动释放在某种外在物质上。换句话说,感觉通过表达心理需要,使得感觉之外的事物成为它自身的一部分;并且在特定的情况下,成为它身体自我的一部分。

(2)特殊的感觉冲动

特殊的感觉也是这样的。存在一种渴望触摸身体的感觉、一种渴望听到声音的感觉和一种渴望看到光线和色彩的感觉。手对身体的接触表现为一种探索身体、"感受"身体的冲动。每一个声音都是一个刺激,心智可以观察到它,注意到它的性质、关系等等。如果声音是非常欢愉的,那么心智将有一种使它继续下去的冲动;而如果声音是令人厌烦的,那么心智将切断声音来源,或者让身体远离声源。所以,倘若感觉仅仅只是纯粹的感觉,而不是行为的冲动,那么知识将不会发生;因为这样的话,将没有什么东西能促使心智通过注意的加强来盯着感觉,也没有什么东西能促使心智朝向感觉的性质和关系。于是自然地,意志也将不会发生,因为根本没有什么能促使心智产生各种活动,更没有什么促使心智能够在这个方向而不是那个方向上表现这些活动。

（3）知觉冲动

刚才谈到的感觉冲动都直接伴随着情感状态，而不涉及对物体的识别。但是，有些冲动却直接来源于对物体的知觉，而不涉及对行动结果的意识。我们称之为知觉冲动。知觉冲动全都可以归入一般的冲动，它们总想抓住什么东西。在识别一个物体和倾向于伸手抓住它之间似乎存在某种联系。我们可以观察到，这一倾向在婴儿身上就已经完全发展起来了。婴儿不久就伸手去抓任何一个出现在他视线范围内的东西；这种冲动很轻易就发展为游戏冲动。婴儿抓住物体，并握住它来回移动；婴儿挥舞着他的胳膊，除了表达他自己的活动之外，不存在任何其他目的。游戏冲动是肌肉冲动和物体识别的共同发展，它对于活动的刺激和不断产生新的活动模式非常重要。

（4）模仿冲动

从知觉冲动中产生、并构成了游戏的大部分素材的冲动，就是模仿或者复制任何可以看到的运动的冲动。这一点在婴儿身上同样是特别明显的。这种冲动不仅可在婴儿的运动中观察到，还可以在他们与家长的关系中看到。其实，模仿是婴儿教育中最重要的因素之一。通过纯粹的模仿力量，儿童掌握了大量关于他所处环境的审美特征和道德特征。同样地，在催眠者身上也可以清楚地观察到模仿冲动的力量。模仿倾向通常是在存在着其他观念和目的的意识状态下被检验的，而一般情况下，这些观念和目的与单纯地复制外部觉察到的行为这种冲动是不相容的。但是，当这些观念和目的被排除在意识范围之外时——比如说当一个人处于梦游状态时（不管是自然的还是诱发的）——模仿倾向就获得了完全的自由，这表现为梦游者通常会精确地复制出他人向他们做出的每一个动作。

（5）观念冲动

除了情感和知觉以外，观念也是一种冲动行为。在日常生活中，观念都是相互和谐的，并且因某种行为目的而产生，所以它们算不上所谓真正的冲动。但是在异常情况下，观念似乎是独立于它们的调和与从属过程的，并且以他们自己的理由而自由运作。例如在催眠者身上，对他们暗示的任何观念都会被立即执行，比如说游泳、随着气球上升、发表演说等等。

那些在心理疾病患者身上表现出来的观念被称为"强迫观念"（Zwangsvorstellungen）。有强迫观念的人常常不得不执行他想到的每一个念头或者是某一类念头,这可能使得他寻求一种极端的解脱方式——杀人或自杀。在这种情况中,他一直被某个特定的念头深深困扰着,除了执行相应的行为之外,根本找不到其他的发泄途径,尽管他可能会痛苦地认为自己处于非理性的错觉状态,不知道自己的行为到底是为什么。

（6）本能冲动

从广义上讲,上面谈到的所有冲动都是本能冲动。本能行为是指个体觉得他自己不得不执行的行为,个体不知道行为所要达到的目的,但是能够选择实现目的的合适手段。从更具体的意义上看,本能冲动和上面讨论的感觉冲动是有区别的。区别的理由在于这样的事实:感觉冲动只是反应性的和再生性的,而本能冲动则可以产生新的行为模式,其结果可能远远超出了直接的情境。比如说,鸟儿搭建鸟巢就是一种本能行为。然而,这不仅是对直接刺激的一种反应,而且指向一系列更加长远的行为,比如哺育幼儿等等。

人的本能

倘若对本能的起源、性质和功能进行详细的讨论,那我们所讨论的就是比较心理学。但是,我们必须认识到,每个人所表现的许多行为都是为了直接地达到某一种目的,尽管他可能并不知道目的是什么,也不知道他为什么会采取这样的行为方式。确实,当智力活动、审美活动和道德活动直接指向的目的是我们不能完全意识到的,而且不需要太多的试验就可以成功地达到这些目的时,我们就可以说,本能其实存在于人类所有的心理生活当中。

表达的本能

婴儿的取食、习得运动等行为都可以归入一般的本能。由于本能的典型特征及其重要的心理学意义,在这里我们将简要介绍那些表达情感和观念的冲动。有一种生理活动主要用于表达内部状态,而且在表达时也不存在意向性的意识,比如说因疼痛而哭、因快乐而笑、因生气或恐惧而发抖、因害羞而脸红、因惊奇而凝视等等。这些表达本能有着双重功能:第一,它们提供了一种本能基础,使得个体之间倾向于集合起来;第二,它们为发展更高和有意向的交流形式提供了基础。第一个功能可以用婴儿的啼哭来证明。当婴儿啼哭时,哭声能够立即激起婴儿母亲的反应。表达不仅为情绪的发泄提供了一条出路,而且引起了其他人的某些行为。

表达冲动的原则

每一个冲动都是通过表情（gesture）来表达的,这里的表情当然是广义上的。

有人尝试减少表情数量以便于分类，并且试图用某些原则来解释这些表情。当然，所有常用的表情是要除外的。达尔文先生曾提出三条原则：第一，有用的连接习惯原则；第二，对立原则；第三，神经中枢的直接行动原则。第三条原则是指，当大脑非常兴奋时，会产生过度的神经冲动，并沿着某些确切的方向传播开去。这样的例子有很多，比如极度悲伤导致的一夜白头，因剧烈疼痛引起的出汗，愤怒所导致的脸色涨红（因心率受到扰乱）等等。对立原则以其他原则的先前活动为前提条件，并且对立原则认为，当某种情绪通过某种方式来表达时，将会出现一种强烈的不自主倾向，即与之相反的情绪通过一种相反的方式来表达自身。所以，如果恐惧、沮丧等情感是通过肌肉的放松和颤抖来表达的，那么活力、欢快等情感则是通过肌肉的收缩和全身的舒展来表达的。

有用的连接习惯

达尔文先生所依据的主要原则是有用的连接习惯原则（serviceable associated habits）。这一原则与遗传定律有关，它可以表述如下：如果某些与情感相联系的行为现在或曾经对于有机体是有用的，那么现在这些行为就已经和那些情感连接起来了。因此，当一种情感出现时，相联系的行为也再次出现了，而不管这样的行为在这种特定的情况下是否有用。事实上，即使当这样的行为变得完全无用时，它还是会随着相应的情感而出现。例如，当表达极度愤怒时，会出现上嘴唇向上运动、龇牙咧嘴、手指的痉挛抖动等等现象。这些表情是进化遗留的产物，在导致愤怒的情况下，它们对于咬抓等行为是有用的。因此，表达轻蔑和仇恨等情感的行为，是与曾经进攻敌人的实际行动相联系的，或者用来使别人害怕或屈服。

冯特的原则

冯特提出了两条原则来对上述原则进行补充：1）相似情感原则，2）感觉——观念的运动关系原则。第二条原则是指，当我们谈到那些出现的人或事物时，我们会指向他们；而当他们不在眼前时，我们会指向他们的方向，并且总是无意识地通过手的运动来模仿他们的形状、比划他们的大小等等。相似情感的连接原则表达了这样的定律，即情绪基调相似的情感很轻易地就连在了一起。通过这种连接，一种情感的表达方式就迁移到了另一种情感中。例如，尝到甜的东西会出现一种表达，而尝到苦的东西则会出现另一种表达。所以，对于所有的经验而言，不管它们的性质是如何的观念化，只要它们是令人愉悦的，那么它们就拥有与尝到甜的东西时相似的情绪基调。因此，它们在自然地表达这些情感时，采用相同的外部信号。这些原则得到了大部分权威人士的肯定,但还没有被看作一种科学的理论而固定下来。

表达的冲动与语言

那些表达情绪的生理变化,可以把我们自己的心理状态作为一种信号传递给他人,这样就形成了交流的基础。但是,除此之外,我们还通过语言来表达我们的思想。这也包括这样的观念,即语言表达的目的是有意识地和他人分享我们的经验。但是,由于这些信号只是一般意义上的表情,所以在这里只是简要地讨论一下。最初,这些信号全都可以归入冯特的第二原则。他把这些信号分为两类:指向物体的指示性信号和模仿一些显著特征的形体(plastic)信号。通过一种反射活动,这些表情总是伴随着一些声音,这些声音有助于唤醒所表达的情绪;而且,通过相似情感的联系原则,这些声音能对无声表情进行反应,并强化这些表情。于是,声音及时地成为了物体的信号。简而言之,声音与物体所唤起的情感在情绪基调上有某种相似性,而且这种相似性使得声音可以在心理上作为物体的象征。这种相似性构成了言语感觉的基础。但是,我们必须认识到,要想成为真正的语言,声音必须被有意向地用作一个信号;而这一信号能够被他人识别,并且能够被整个群体所采用。另外,并不是所有的权威人士都赞同冯特对声音表情(或者言语)的起源的解释。对这个问题的讨论,将打开语言心理学的整个领域,这里我们就不再讨论了。

(熊哲宏　张　勇　译)

"意识"与经验*①
（心理学和哲学方法）

任何科学的立足点和最终目标，都是由其自身以外的条件所控制的——这些条件是由当时的实际生活所赋予的。在这一点上，其他任何学科都没有像心理学这样明显。抛开细枝末节的分析，没有人可以否认心理学所特别关注的对象就是个体的人。心理学想要发现的是特别由个体派生出的事物，以及这些事物和个体相联系的方式。然而，对个体的认识，对其赋予的价值，以及让人感兴趣的个体的组成，并不是心理学诞生时才有的。科学视角借助一种反思和转借的方式看待这些事物。而这些事物是在现实生活中被揭示出来的。独裁社会、贵族社会和民主社会对个体性的价值和地位的看法差别很大，它们给个体赋予了如此不同种类的经验；它们旨在激起如此不同的欲求，并按照不同的目的把这些欲求组织起来。因此，每一种社会的心理必然表现出一种不同的品质。

从这个角度来说，心理学是一门政治科学。虽然所谓的心理学家在其有意识的研究步骤中，可以轻易地把他的研究对象从这些实际的联系和参照物中剥离开来，但其研究的起点和目标却是由社会决定的。基于这种认识，我在此贸然地向可能对心理学专业不感兴趣的听众介绍一个专业技术性的问题，希望能够将其中的人文含义体现出来。

---

* 此文选自《杜威全集·中期著作》第 1 卷，第 81—93 页。

① 首次发表于《(加利福尼亚)大学编年史》(*University Chronicle*)，第 2 期(1899 年)，第 159—179 页。标题是"心理学与哲学方法"，由伯克利分校重印，1899 年，第 23 页；重印时对文字略有改动，改动的大部分是删节［亨利·霍尔特出版公司 1910 年出版的《达尔文对于哲学的影响》(*The Influence of Darwin on Philosophy*)收录了此文，第 242—270 页，标题是"'意识'与经验"］。

目前,有一种很强烈且日益增强的趋势,就是把心理学看成是对个体意识的描述,而个体是独立于外界的。这种假设认为,可以在意识自身的范围内,对意识加以分析、描述和解释。有一种经常出现的说法是:心理学是对意识的描述,即意识本身。这种说法旨在将心理学限定在某个固定的事实范畴中,不去理会范畴之外有什么内容。如果这种想法是正确的,那么,在心理学和普通哲学之间就没有什么紧密和重要的联系。那么,无所不包、无所不及的哲学就应当受一门因材料多少决定其认识程度的学科的阻挡,进而被排除在学术讨论的范畴之外。

但是,也有另一种可能。如果个体作为心理学研究的对象,实际上是社会的个体,那么,任何把意识作为一个绝对独立的范畴进行划分,哪怕是为了科学研究的目的,前提已经是错误的了。所有这些界定以及伴随而生的所有研究、描述和解释,都只是准备性的工作。"意识"仅仅是一个符号、一种组织方式,其生命力来自于自然和社会的运作之中。要了解这个符号,其意识的含义是重要的。但是,存在的必要性不在于其本身,而在于需要一种能够解读事物含义的语言。如果这一假设是正确的,我们就不能如此肯定,认为心理学没有更大的哲学意义。个体既融入社会生活,又推动着社会生活,不论个体在社会生活中的意义是什么,这都具有可供哲学探讨的心理学意义。

这个问题就其重要程度和范围来说,无法通过一次晚间讲座来解决。但是,我仍要探讨其中一部分,并希望所讲的这些内容会对进入更宽广的领域提供有用的线索。我们提出这个问题:如果把心理学的材料当成是独立的,能够毋需涉及更为广泛的领域就可以加以研究,那么会对心理学产生什么影响? 在进行探讨时,我们把这门学科的典型特征定义为:心理学研究的是处于各种状态和过程中的意识"本身"。它旨在将每一部分独立出来,以便于进行准确描述;旨在说出它在一个序列中的位置,从而让我们能够指出事物的因果关系法则,或者是其起源、成熟、消亡的自然发展过程。它既是分析的,又是综合的——说它是分析的,因为它把每种状态分割为若干组成部分;说它是综合的,因为它能够发现这部分组合为复杂整体和序列的过程。它不去理会并避开了这些问题:有效性、这些变化的客观重要性,以及它们在表达真理、带来益处和构成美好事物方面的价值。因为这些关于价值和有效性的问题,正是哲学要处理的问题。

目前,绝大多数的心理学家都持有上述观点。如此普遍的接受程度,是各种不同原因作用的结果。持有这样的观点似乎可以使人跻身于科学研究者之列,而不是归属于形而上学者，何况有些人对形而上学者持有怀疑态度。另外一些人想要细致地一个一个对待问题，避免探究终极问题，卷入宏观的、无穷无尽的新问题和可能性，这似乎是哲学家的使命。持温和态度的人，除了对这种观点表示认同之外，也别无他用。比如，詹姆斯先生说，把自由意志的问题划归到形而上学家的领域之后——"形而上学仅仅意味着特别固执的、力图清晰和有序思维的尝试"，而清晰性和有序性要有一个限度。凭着心理学家这种新发现的谦逊，形而上学家可以插话说，某一领域成其为科学，正是因为其单独的领域不必保持相互之间和学科之间的一致性。这种为了让形而上学的良心好受一点的说法，和洛克、休谟以及密尔的风格全然不同，几乎没有信念的尊严。依我说，形而上学家赞扬心理学家坚守阵地的时候，我们也会想起背后的另一个动机。心理学的这种半自觉的自我克制具有讽刺意味。科学把自己变成灰姑娘，这并不是第一次。赫胥黎先生善意地提醒过她，她虽然谦逊，但这不代表她全然不知自己将来有可能阻止她高傲的姐姐，不知道会有某种加冕仪式，让她找回自己。

虽然这些只是可能的解释，但是事实却不容否定。几乎所有现任的心理学家都承认——更确切地说——领导着这种对研究领域的限定。我没有自以为是到要站在这个阵营的反面。我本人也把自己归到那些认为心理学（在某种程度上）和"意识本身"相关的一类人之列。但是，我不认为这种限定是终结性的。相反，如果给"意识"或"意识状态"赋予可理解的含义，我相信，这个概念会成为通往哲学领域的大门，因为这个词本来就具有歧义。对于宣称心理学终于意识到自己的领域和界线，并约定不会跨越界线的形而上学家来说，这个词是一个含义。但是，在心理学家自己的领域里，无论他是如何阐释的，很可能代表着另一个意思。可能心理学家把意识状态看成是有意义的、可分析的和可描述的形式，并凭借这种形式来简化所研究的事物。它们并非存在本身，而是存在的表征、线索、用科学方法加以处理的形态。古生物学家的工作也是如此。他所投入研究的那些奇特的形状和印记不是生命，也不是研究的目标。借助这些标记和记录，他可以建构出一个生命体。同样，水彩画家大可以说他只关心彩色颜料。然而，通过颜色的记录和指示，他可以向我们展示阳光下的草地、成荫的森林和晚霞。这些是"物自身"，而调色板上的水彩是其表象。

因此，心理学家对各种意识状态的专注，可能代表着这些状态是一种媒介、具体的条件；借助它们，有意识地简化材料；用这种方法，通过它们所触及和理解的，恰恰是意识状态。然而，对于坚持认为心理学有其确定和最终局限的人来说，意识状态不是出于研究的需要给事实所赋予的一种形态，而完全是事实本身。这个词不是一个介入性的术语，而是给视野划定了界线。在这里，问题自己作了定义。我认为，意识状态（我希望你们能够从广义上理解这个词，让它能够包括心理学上所有具体的数据）在心理学家开始研究以前并不存在，是心理学家创造了它。我们真正追求的是经验的过程、经验出现和表现的方式。我们想要理解它的过程、历史和规律，我们想要了解它的各种典型的形式，每一种形式是如何发生的，和其他形式有什么联系，以及它在保持一种包容的、扩充的、相互联系的过程中所起的作用。作为心理学家，我们要关注的是它的运作方式和方法。

古生物学家的例子在这里也可以派上用场。在某个给定的区域内，他发现了大量的各种足迹。从这些足迹出发，他开始着手建构留下这些足迹的动物的身体结构和生活习惯。足迹是存在的，毫无疑问，就在那里。但是，他在研究时并不把这些足迹当成是最终的存在，而是当作指示物，即现象。当一个批评家告诉这个古生物学家，他超越了自己的研究领域，他所关注的应该是足迹本身，目标是描述每个足迹，将其分析为最简单的形式；对比每个足迹，找出共同之处，最后发现它们在空间中的分配规律。想象一下，听到的人会有什么反应！

然而，直接的数据是且只是脚印。古生物学家的确在某种程度上是按照我们想象中的这个批评家的要求来做的。区别不在于他着眼于其他的资料，不在于他杜撰了不存在的实体及其能力，而在于他的立足点。他的兴趣在动物身上，处理数据时，是以其能否满足这一兴趣需要而决定的。对心理学家也是如此，他不得不时刻关注意识状态的细节和实证研究。但是，这些意识状态既不能定义，也不能穷尽他要研究的科学问题。它们就好比是足迹，是他进行生命过程研究中的线索，尤其是这些足迹不是现成的，而是根据研究需要发展出来的。①

认为意识状态本身就是存在的，并且这种存在给心理学家提供了现成的材料，这种假设是"心理学谬误"的一个典型例子：把经验本身和心理学家思考分析后对

---

① 这一事实和内省的性质及价值有一定的关系。反对意见认为，内省"改变"了现实，因此是不可靠的。大多数作者认为，它其实没有必要对现实进行多大的改变，没有改变到不可修复的程度，而且记忆可以帮助修复造成的损害。如果认可了这个事实，问题就简单多了：内省的目的正是为了带来适当的改变。如果内省依然带给我们最初的经验，我们就好比直接重新体验了一番；作为心理学家，我们还没有前进一步。对这一提议的思考，也许能够引出其他值得思考的问题。

经验的理解混为一谈。

心理学家是以某种运作方式、行为和功能作为数据开始研究的。如果这些方面在讨论过程中被忽略了，那仅仅是因为它们在整个探讨过程中依然起着控制作用，并且是回到初始点的媒介，而这一切都已被视作理所当然。像知觉、记忆、目的、爱慕这些行为，都可以作为起点。它们本身就是具体的经验。要理解这些经验，看它们在何种条件下产生、会带来何种影响，这时对意识状态的分析就产生了。这些设想中的意识形态仍然处于未经整理和不重要的状态，除非能够把它们转换为行为。

记忆是一种行为，和钉马掌、保存纪念品一样。求爱、观察、感动是用于价值、行为、运作方式的术语，与消化、出汗、动力方程和无法观察的"物体"一样，但还是有可以被描述的物体（肺、胃、腿部肌肉等等）。通过这些结构，我们发现了功能；好像摆在我们面前，细节表露无遗，并用一个词固化起来。专注于这个细节的解剖学家，如果他乐于（他很有可能乐于专注自己的研究）忽略其功能，去发现那里有什么，去分析，去测量，去描述，那么，他有足够多的事情可以做。然而，功能却是起点，从身体和思想上为以后的研究确定问题和范围。参照功能，就可以发现其中的细节，而不是混杂、不连贯的细枝末节。如果不需要转换为功能，一个人当然可以专注于对一小块沙漠土壤进行细致的描述。意识的状态是某种功能的变体。① 对分析、描述适用的，也同样适用于分类。理解、期望、感觉这些术语并非意识状态本身的名称，而是依照在经验中发现的行为和态度来命名的。②

即使是"经验型"的解释，也是无法完成的。如果我们囿于意识是独立存在的狭隘观点，那么，要判断"状态"及其分类同样是不可能的。感觉总是通过对条件的参照而进行定义、分类和解释的。而条件，根据相关理论，是感官和刺激之外的。

---

① 如果要对"结构心理学"和"功能心理学"进行区分，就会让我们失去对功能进行科学理解的可能性，因为这让我们失去了选择、观察和解释结构的所有标准参照物。

② 可以很容易预见到下面的回答：上面提到的运作方式是对的，但仅仅是因为选择了复杂的过程。"理解"这个术语，当然能够表示一种含有复杂参照系统的功能。但是，正是由于这个原因，我们回到了感觉，它才是真正的"意识状态"本身，纯正，完整，简约。脚注的篇幅不足以讨论这一点，但下面几点还是有指导意义的：(1)同一个心理学家会进而告诉我们，感觉在我们的经验过程中是参照网络——它们是可感知的，甚至或多或少是概念性的。由此出发，不论它们是或者不是什么其他事物，感觉这种所谓的自我封闭的存在，看上去就不是意识的状态了。而且，(2)别人告诉我们，为了表达复杂的形态，这些概念经过了科学的抽象。由此出发，看上去，它们便成了解释过程的产物，目的是用于未来的解释。认为更复杂的形式仅仅是聚集体（而不是像视觉、希望等之类的行为），这种错觉使人们不能认可所提出的论点——"意识状态"是一种研究手段和方法。

在这一基础上，整个心理层面所认定的方面远远超过常态。① 虽然还保留着试验，而且收获颇丰，但付出的代价却是失去了逻辑的连贯性。参照纯粹的意识状态所进行的试验，无法让人想象到自然状态的样子，更谈不上采取行动了。参照行为以及它们发生的条件而进行的试验，是一种自然和直接的方式。如果我们假定意识状态是独立存在的，那么，诸如联想这样简单的过程也是无法具体解释的。正如近期心理学所证明的那样，我们还是要诉诸条件，虽然在这个理论中，条件没有地位和基础——习惯的原则、中立的行为，或者事物的其他相关联系。②

我们只需要注意到在心理学上有两个相反的学派，就可以知道这个问题处于一种怎样悬而未决的状态。我们只需要考虑到这两种学派是由于对意识本身独立存在的假设而产生的，就可以找到在科学上这一尴尬实践的来源了。不论话题是什么，不论是记忆、联想、注意力或努力，都会出现两派，都有必要在两派之间作出选择。其中一派，在自己所发展出的区别中迷失了自己，否认功能的存在，因为它所发现的只是客观呈现的意识状态。因此，它抛开功能，认为功能只不过是状态的聚合，或者它们之间只是纯粹一些外部和人为的联系。另一派意识到这一方法非但没有解释经验的价值，而且使其变得更加模糊，试图这样进行补偿。这一派宣布：某些功能本身从意识那里获得了资料，是和"状态"同时存在的，只不过在价值方面是对状态的无限超越，并通过某种更高的工具进行理解。因此，与心理学分析学派的基本内涵和外部联系相反，也有认知学派的复杂机制，该学派认为，纯粹的自我意识是终极真理的源泉，拥有层级组织结构和现成的官能。当然，这些"精神官能"现在已经差不多简化为某种可理解的模式了——统觉、意志、注意力，或者其他任何可能的流行术语。但是，基本原理是一样的，即认为功能是业已存在的，可以独立鉴别，并对其他的存在产生影响——仿佛功能认知和有机组织结构是分开的，从外部以某种方式对组织结构产生影响，并带来一致与和谐。③ 按照这种方式对心理学的划分，就好比把植物学家划分为根系学家和花朵学家一样不合理。有

---

① 另一方面，如果我们试图认识的是经验的过程和步骤，那么，任何思考，只要有助于区别和理解该过程的，都是完全相关的。

② 为了避免误解，我现在这里对可能提出的问题作一个解释：我的观点绝不是说"意识状态"需要某种"综合的整体"，或者需要心灵的特别能力来对它们之间的联系产生影响。恰恰相反：这个理论同时也承认"意识状态"是独立存在的。我的主张是："意识状态"本身总是方法学的产物，是为了心理学分析的目的，在其过程中发展出来的。

③ "功能"本质上是指日常行为和思想：视觉、嗅觉、交谈、听觉、记忆、希望、爱恋、恐惧。

人会声称,根是基本和最重要的结构,而对于认为结籽是主要内容的人来说,花才是控制性的"综合"原则。感官派和认知派都假设心理学有某种"客观"领域,或者划定好的经验领域,数据就在里面,业已存在,现成摆在那里,就像河边的鹅卵石,游客可以将其捡起,进行分类。这两派都没有认识到,心理学首先要面对的问题是经验;动物学家、地理学家、化学家、数学家和历史学家也有着同样的经验。心理学家的专业性,并不在于他认为自己所独有的那些资料和经验。但是,这里提出了一个问题——构成经验的过程和行为的问题。

在这一点上,心理学对那些认为心理学没有重要的哲学意义的人来说,形成了有力的反驳。实际上,当前认识论也是被称为逻辑形而上学和伦理学讨论的问题,在很大程度上源于(也是让人绝望的组成)这个最初的"意识独立存在"的假设。换句话说,这些问题正是基于认为心理学没有认识论和形而上的本质含义而提出的。这种情况的讽刺之处就在这里。认识论理论家所要解决的问题,通常是用这个提问来表达的:主体可以在什么程度上超越自己,从而对客观世界形成有效的认识。表述这一问题的术语,揭示了心理学在这个问题上彻底的反诘。仅仅因为经验被简化为"意识状态",成了独立的存在,自我超越的问题才有意义。整个认识论学界的研究——如果我可以这样表达的话——是无休无止和徒劳无益的。加上必要的变更,逻辑学、伦理学和美学的形而上问题也相似。在每一种情况下,基本的问题是纯粹的意识状态如何成为真理系统、客观有效的善和超越良好感觉的美的一种载体的问题。我们可以为心理学家没有在逻辑学、伦理学和美学哲学这些专门领域从事研究进行开脱;但是,把心理学家的研究结果强行塑造成某种形状,使哲学问题变得难以确定,只能通过任意截取科学事实来解决,在这一点上,我们能为自己开脱吗?

毫无疑问,我们处于两难的境遇。在我们把发现经验——一系列的行为和情感——的方法这一任务赋予心理学的时候,难道我们不会打破这种对具体细节的限制吗?而这种具体细节,正是心理学的科学之处。难道心理学家不会首先否定把他和哲学问题混在一起的尝试吗?我们需要记住体验的经历和过程这些术语中的具体事实,以避免麻烦。心理学家首先要关注的问题,是非常确定和实证的事实——比如听觉的极限、音调的起源,以及音节的结构和条件等等。同理,地理学家首先得研究特殊的岩石结构,植物学家首先得研究特殊的植物。但是,通过对岩石的收集、描述、定位、分类,地理学家找到了世界形成的宏伟篇章。那些有限的、分散的工作,融汇到了流畅与动态的地球演变中。同样,对植物的研究势必会引向整个生命过程及其演化。

　　形式上，植物学家研究的仍然是植物的属、种，更确切地说，是植物的组成结构。实际上，他研究的是生命本身。结构是一种指示，是一种表征；通过它，植物学家使在变化的世界中生长的生命之谜明晰起来。毫无疑问，植物学家需要经历林奈①分类阶段——这一阶段着手于具体的细节和固定的归类，把每一部分拆开又拼好，把所有重心放在成熟结构的具体的数字、大小和外观上，把变化、成长、功能视为外部的，只不过是形式或多或少的附加。在这一时期的观察是有收获的；在当代的研究和讨论中，它的暗示几乎让人产生不愉快的回忆。心理学家应该从科学史的介入中得益。进化论与其说是一条额外的法则，不如说提供了特别的视角。固定的结构、分立的形式和孤立的元素充其量只不过是认识过程的阶梯。而上述元素如果不够充分，就会成为理解的终结，也就意味着认识问题的失败。

　　从自成一体的独立存在转变为对过程的包含，从组成结构向功能的控制统一，从一成不变的形式到生长活动，随着视角的转变，全部的价值体系都发生了彻底的转变。官能是发展的具体方向；元素是结果，又是新过程的起始点；具体的事实是产生变化的指示，是静态的条件调整完成后的形态。并不是说具体的、实证的现象丧失了它的价值，更不是说无法验证的"形而上"实体在毫无关联的情况下被引了进来。我们的目标是发现行为适应环境的过程。如果将这种进化逻辑观引入心理学中，我们会在哪里止步呢？对于某一感官刺激的局限性问题，如听觉，实质上是暂时停顿、调整的问题，意味着对整个有机体有利的平衡。这些问题总体上与感官的使用有关，具体层面上与生命过程中的听觉感官相关。同时，它与局部的以及可辨知的起源和使用有关；反过来，它又与时空认知的全部问题相联系；还与实物及体验品质等因素相关。当有人告诉我们，空间体验的起源问题和被体验空间的性质及意义没有任何关系时，这样的说法只不过表明说话者仍持有静态的观点；他相信，事物以及关联在脱离了生成经验的具体条件、脱离了生成这些特定条件的特别功能的情况下，仍是存在的和有意义的。

　　当然，我决不是说每个心理学家都必须经历同样的过程。每个人都可以根据自己的偏好，选择任何部分或更次一级的部分。毫无疑问，这样的分工对科学的进

---

① 卡尔·冯·林奈(Carl von Linné, 1707—1778)，瑞典自然学者，现代生物分类命名的奠基人。——译者

步是有利的。但是,心理学包含着全部的领域,包括找到每一种不同的经验行为,辨析那种需要唤起适宜的特别机制,以应对当时的情景,以及发现使行为进行下去的运行机理。

但是,有人会说,将心理学和哲学分开的那堵墙不能简单地看成是不存在的。心理学研究的是自然历史,尽管也可以说它是经验过程的自然历史;但哲学研究的是价值,是对某种有效性的批评和辩护。有人说,一个研究的是现象的生成,生成条件的起源和过渡都是短暂的;另一个对应的是分析,是永恒的构成。我要重复一遍:这种以僵化的生成和分析来看问题的方式,似乎是从演化之前和史前时代遗留下来的。它表示的与其说是哲学和心理学之间的樊篱,倒不如说使哲学疏远了其他所有的学科。数学家首先认识到了这一点;接下来,物理学家和化学家也在思考这个问题;最后,生物学家也终于领会的道理是:只有耐心研究起源和发展的条件,才可能进行有把握和精细的分析。数学中使用的分析方法是一种建构方法。实验方法是一种生成性方法,是按照生产的历史进行的。所谓"原因"这个术语(如果看成是一个存在的实体),绑在科学的脚后跟上,阻碍着科学的进步。如果解读为过程中出现的条件,就有了普遍的含义。并且,上面提到,演化的概念是为了发现生命的普遍规律,同时也是对所有科学方法的归纳。无论在哪里,如果无法就某一题目从其发生到积累进行后续阶段的分析,如果不能通过发现后续阶段发生的条件,从而控制检验结果,那么,这样的分析就是初级的。它也许会有助于进一步发明进行探寻所需要的工具,有助于定义问题,也可能有助于揭示有价值的假设。但是,作为一门科学,它所呼吸的空气却已经受到了污染。要把从研究议题中得出的结果与自己思考的假设和猜测区分开来,是不可能的。就算是真正的自然科学,在这一方面也不可以。在这里,分析成了经验的自我展开。它所作出的区别,不是只为了我们的方便;它们好比是书架,标记出在过程当中路线的分离。它的归类,不会在掌握基本因素以后就拒绝进一步分析;它们是对所走过的路的忠实记录。认为对本源问题的兴趣,就是对把高级形式的东西简化为粗鄙的形式感兴趣,没有比这个更不合时宜的了。对本源的兴趣,就在于寻找准确和客观的条件;在这些条件下,出现一个事实并有其相应的意义。如果以为在追求"自然历史"(这是一个带有贬义色彩的词汇,但其中却包含了世界变迁的深意)的过程中,我们仅仅了解了能够出现某些给定价值的短暂条件,但是其内在的永恒品质却和以前一样模糊,没有比这种想法更为幼稚的了。自然界不会对内在品质和外部环境加以区分。事物在需要的时候出现,并且按照所需要的方式出现。它们的品质恰恰是对呼唤它们的条件的反应，而它们整体运动的推动就是其内在意义。分析和本源问题的分离，而非作为一个现成的、从理性而持久的哲学构成中提炼出来的方法，用于检验心理学上实证的、暂时的事件，是二元哲学的标志：假定价值是从外部添加、在混杂的方式下静态设置的。

有些人承认"意识状态"只不过是流动的行为的一个切面，保留下来用于研究，排成一定的序列，以便我们重构其生命过程。但是，在我们体验的过程和方法的知识方面，他们会认为我们离哲学的领域还非常遥远。按照他们的说法，经验只是有限个体的历史成绩，它会讲述对真理宝藏的探寻；但是，只能取得部分成功，更大的是不能探寻真理宝藏的失败。但是，他们说现实不是通往现实的路径，并且对迂回曲折的所经之路的记录也不能对所追求的目标作出很好的描述。心理学，换句话说，可以揭示我们作为凡人把握充满事物和真理的世界，我们如何领会和吸收其内容，以及我们如何作出反应。它可以探寻这些方法和观念对个体命运所施加的影响，但却无法智慧地避开或理性地否认这一点：个体的奋斗和成就，与在这些有限活动之外建立并支持自身外部结构的"现实"之间，是有区别的。我们将现实变为零散的、没有定论的体验的过程，和现实本身相去甚远，并不能对现实有所揭示。"普遍法则"属于哲学范畴，"个体法则"属于心理学范畴。

我相信，像上面这些假设，在试图否认哲学和心理学的关系时还是有可能出现的。这里有两个观点是结合在一起的。其中一个观点是：心理学只是也只能是对意识状态的描述，因此对哲学所关注的问题是没有任何启发的。与此相应的看法是：个体的全部意识生活并不是世界的有机组成部分。这一看法的基础和范围不是这里要讨论的内容。但是，就算是一笔匆匆带过，也难免不会注意到这种看法几乎从来就没有一致性。如果对这种看法进行逻辑推演，就会直接引向思维和道德方面的怀疑，即理论通常喜欢以思维特质和品质的方式在暗处出现，而不愿对其自身作出坦率的陈述。即使是为人类的体验过程和宇宙现实仅仅有关联这样不彻底的观点，我们也不得不面对我们最初所提出的问题：关于个体的理论对某一时间内个体的社会性和时间性的依赖。对于个体体验的偶然性、无用性、暂时性的价值的认识和与外界现实的对比；认为个体充其量只是在实现已经完全确定好的自己，这种看法只是和某种思想和政治方案相吻合，并且必须随着这些方案的改变而改变自己。当到了需要重新安排的时候，我们对于自然和心理学重要性的估计就会反映出这些变化。

当人类用来控制行为的方法处于不稳定和混乱中的时候,当使用和运作世界上的事物和力量的工具既匮乏又笨拙的时候,个体把他的知觉和目的直接诉诸直接的现实之外,也就是不可避免的了。在这样的情况下,外部的权威必须占统治地位;那种认为人类经验本身是近似的(approximate)、不是内在的观念,就会不可避免地产生出来。在这样的情况下,提到个体和主体,只是用来解释错误、幻觉和不确定的手段而已。对经验从外部进行控制和支持的必要性,对自身以及源于自身经验的各个要素和方面评估不高。中世纪的心理学只能看成是该时期关于罪和拯救的神学的一部分,这和希腊人的心理学应该属于宇宙学的一章是一样的。

和上述所有的提法相反,下面这个主张提出,心理学向我们提供经验行为知识的同时,还是一个民主概念。既然经验在个体中实现了自己,既然它通过个体的工具性实现了自己,那么,对其这一成就的过程和方法的描述就是有意义和不可或缺的。

只有在智力状况发生改变后,民主才是可能的。它暗含着在我们前进的过程中向真理迈进的工具。拥有了这样的工具,把固定的、无所不包的原则交给所有普遍的、特定的和个体的事物进行评估和规范的做法,才是正当的。如果没有这样的工具,那么,只能用莽汉的勇气来进行民主确立的探索——根据当时确定的事实,根据情景的需要,以作出反应的方式来安排生活。现代生活包含着对现时、现地,对只发生一次,除了其自身以外无法评估其价值的那些具体的、特别的和独特的事物的尊崇。这样的尊崇,是一种过度的崇拜,除非有了神圣的内涵;除非宇宙存在、运动,并且存在的体验是个体化的。① 这种对个体化价值的信念,在心理学上找到

---

① 在这里应该借机提议,为什么在讨论中没有提到所谓的理性心理学。理性心理学假定存在一个单独的、实体化的自我、灵魂或者别的什么,它和特定的经验以及"意识状态"同时存在,相互影响。忽略了这一点并集中于"意识状态"和"自然历史"的讨论,也许会显得我将所讨论的问题不合时宜地缩小了,也减弱了我自己的观点,因为理性心理学好像可以提供一种特别的制高点,可以为心理学和哲学的密切关系进行辩护。随着时间的推移和事物的变迁,这种范围的缩小会消失。但是,我却不能认同另一点,独立存在的灵魂是对个体性的限制和贬低,把它从完整流动的事物中割裂开来,与所体验的事物分离,继而与之形成机械或不可思议的关系。刚刚所作的反驳降低了它的有效性:心理学有其单独的现实,而不是投入所有具体行为的体验中。从这一点来看,"意识状态"这个观点是一个更有希望和结果的观点。当然,它忽略了某些方面,并且当它从忽略转为否认的时候,给我们留下了奇特的象形文字。但是,总是有开启它的钥匙;这些符号是可读的,可能被翻译成体验过程。如果这样翻译,自我、个体既没有被抹去,也没有被建构为不可思议的外来实体。它可以被看成是完全体验所有事物时参照和功能的统一,是事物围绕的中心。

了进一步的表达。心理学展示了这些个体化过程是如何进行的，是以何种方式展现自己的。

当然，这种观点对哲学和心理学同样都有用，可能对哲学来说意味着更大程度上的改造。它需要让哲学不再声称是某些真理的唯一来源和某些价值的绝对守护者。它意味着哲学是一种方法，而不是担保公司和仗义的侠客。它意味着与科学接轨。哲学可能不会为了片面而肤浅的喧嚷牺牲自己，它们有时候夸夸其谈和自以为是地将自己表现为科学。但是，有一种看法是：哲学必须向科学学习，除了科学提供的数据以外，不能有自己的数据；并且，除了科学日常使用的探究和思考的方法以外，不可以接受其他的探究和思考方法。只要它还在声称占据着某一特别的事实领域，或者接近真理的某种特别方式，它就会一直处在一个模棱两可的位置。但是，在心理学找到自己的位置以前，它仍然会这样看。在经验和事物中有某种东西，而物理学家和生物学家还没有涉及。这种东西仅仅是更多的存在和更多的经验，但没有了它们的物质是没有体验的、尚未实现的。这样的科学只是处理什么有可能被体验到；给予体验的内容，假定体验的存在。正是心理学告诉我们：这种可能的体验失去了其微乎其微的假设品质，并且打上了无可置疑的体验经历，用一句话概括，它在某个个体化的生活中如何变成了现时和现地。在这里，就是科学向哲学的必要过渡；在这个旅程上，一个经过验证的、扎实的实体融入了广大而自由的实体当中。

［注释：本文没有做什么改动，虽然我现在觉得这篇文章不合适地容纳了远过于一篇文章所能容纳的内容。从 1899 年到 1909 年这十年间，我相信文章中的主要观点愈加清晰了：自然现实主义的复苏，否定"意识"的存在，功能和动态心理学的发展（还有对把功能解释为灵魂物质官能的厌恶）——所有这些趋势都和这篇文章的主旨相符。未加改动的另一个原因是：本册中提出的新功能和实用经验主义一直受到反对，理由是它对知识和验证的理解只会导致主观主义和唯我主义。这篇文章可以表明，把经验和纯粹的意识状态等同起来，是代表评论家的观点，而不是受到批评的经验主义。批评家而不是我应该担心这一观点的主观蕴含意义。本文也明确地提出了这个问题：今天很多心理学家将"意识"和自然及社会生活隔离开来的做法，应该为在哲学上存在的一些非常不现实的问题负责。］

（白玉国　译）

术语"有意识的"和"意识" *①

在《哲学、心理学与科学方法杂志》以前的一期中②,我已经简要地说明了在英语中"观念"一词的含义之历史发展。现在,我希望考虑"有意识的"和"意识"这两个词;但是,我主要不是讨论它们的历史发展,而是讨论它们所代表和传达的不同类型的含义。我认为,这些区分并不是与当前面临的问题和讨论完全无关的。我再一次从《默里牛津词典》里得到我需要的材料。

1. 早期的使用强调"联合的"(con-)因素:社会性的行为。意识表示联合的或者交互的意识。"成为一个朋友和成为有意识的在用语上是相同的。"(South,1664)③但这种用法是过时的,它只是在诗歌的象征手法中用来修饰事物,例如"有意识的空气"等等。它显然也影响到下一个意义。

2. 表示"对一个人的自我有意识",即见证了一个人的自我中的某些东西。这很自然地特别指一个人自身的清白、有罪、软弱等等,这与这个人的行为和特性相关。只有个人自身能够特有地、个别地察觉它们,别人则不能这样。"如此地意识到我的非常软弱的自我。"(Ussher,1620)这是对社会性的、联合的用法的一个特别个人化的改变。可以说,这里的行动者是双重的。一方面,他在做某些事情;另

---

* 此文选自《杜威全集·中期著作》第 3 卷,第 57—59 页。
① 首次发表于《哲学、心理学与科学方法杂志》,第 3 卷(1906 年),第 39—41 页。
② 同上书,第 1 卷,第 7 期,第 175 页(参见本卷第 68—72 页)。
③ 感谢《哲学、心理学与科学方法杂志》的编辑为我提供以下这个有趣的参考资料,即霍布斯《利维坦》的第七章中:"当两个或者更多的人知道同一个事实的时候,我们可以说他们彼此都意识到了这个事实;这等于是说,他们共同意识到了这个事实。"因此,霍布斯用这样的表述说明了意识具有更多的伦理意义。

一方面,他认识到正在发生的这一切。在 1 和 2 之间的联系环节可以在以下这种含义(就像 1 一样是过时的)中找到,即意识表示"私密地知道"(例如知情不报的共谋犯)通常是犯罪的信息。要知道是哪种行动者在起作用,那么我们需要考虑的是:在道德和哲学意义上的"自我意识"是否并不涉及这种在自我行动与自我关于其过去和未来(预期)行动的反思之间的区分和联系;以及简单地说,作为"主体—客体"联系的自我意识之困难是否不能归结于人们没能认识到:自我意识是在实践态度和认知态度之间建立联系,而不是在两种认知条件之间建立联系。

3. "有意识的"同样用来区分某种存在物或者行动者,它知道它在做什么,它有情感等等,例如一个作为人的存在者或者行动者,而不同于石头或者植物。因此,"意识"用来简称这种存在者。它指所有的知识、意图、情感等等,这些东西构成了这种存在者或者行动者特别的存在或者活动。在以下两种附属意义中,我们可以清楚地看到这种实践含义和经验含义:(a)"有意识的"表示意图的、有目的的,以及(b)它表示不合理地过分专注于某人的自我所关注的、令人不安的东西("自我意识"的不良含义)。因此,"意识"一般性地划分出个人和事物之间的区分,而且还特别地划分出人与人之间的显著区分,因为每个人都有他自己的情感、信息、意图等。这里不涉及任何专业的哲学含义。

4. "有意识的"表示知道(aware),"意识"表示知道的状态。这是一个宽泛的、无趣的用法。关于内容,关于知道的是什么,即是心理的还是物质的,是个人的还是非个人的等等,并没有什么区别或者含义。

5. 特殊的哲学用法(在词典中就是这样被定义)似乎是 2、3 和 4 的特定组合。用词典的用语来说,就是"有意识的状态或者能力,作为所有思想、感觉和意志的条件和伴随物"。我用楷体所标出的这些话,指出了思想(它表明了特定存在者或者行动者具有独特的性质)与作为所有思想的普遍基础和条件的某些东西之间的区分。现在,意识是一个伴随着心灵、灵魂或者主体的东西,这个东西作为起基础作用的条件并且被假定为实体。"心灵"和"意识"之间的这种同一性,导向了洛克的著名学说(1690):"意识是对一个人自己的心灵中所经历的东西的知觉。"知晓(awareness)是从含义 4 那里借来的,但是只限于"在心灵中"的东西。同时,含义 3 的"私人的见证"多少有意地影响到随之得来的意义。意识显然是"一个人自己的"心灵中的"他自己的"知觉。作为结果,我们得到了一种私有的存在(区别于私人的认识);只有这种存在能被一个人直接或间接地知晓(区别于 4 的一切东西),而且

3 的具体性和事物性被充分地保留，使得这种私有的存在成为一种特别的材质或者实体，尽管个人行动者的特殊的、实践性特征被消除，以及特定目标、情感等的"条件性"基础被取代。

6. 因此，我们拥有了对 3 的相对而言比较现代性的改造，这可以引用狄更斯（1837）的话语来说明："当他发热消退而意识回归，他发现"，等等。正式的定义是"被认为是健康、清醒之生活的正常条件的有意识之状态"（楷体自然是我所加的）。对应的"有意识的"一词，被定义为"在一个积极和清醒的状态中现实地拥有一个人的心理能力"（有趣的是，最早的引用在时间上不会早于 1841 年）。

我认为，如果有人已经意识到在哲学讨论中使用"意识"一词时所具有的模糊性，以及随之而来的可能对自我的误解和必然对其他人的误解，那么他就不会把前面那些讨论看作仅仅是作出了语言分析方面的贡献。我现在并不想讨论隐藏的哲学含义，而只是想指出含义 5 回避了很多形而上学问题，就好像它可能会一直拥有进行任何一种解释的特权；只基于 4 的考虑，不可能成为对于 3 的特别是在心灵方面的决定性反对意见，反之亦然；以及 6 似乎给出了一个作为对于这个词的心理学用法之基础的意义，并且给出了（或者通过它自身或者与 3 相联系）一个观点，心理学的含义可以据此摆脱"知晓"的逻辑意义这个一般问题，也可以摆脱 5 的形而上学。采用"通过它自身"这个术语，也许对"结构的"心理学来说更加适合；而把它与一个人或行动者（含义 3）相联系，对"功能的"心理学来说更适合。但是，在后一种情况下，我们应该了解"意识"并不是表示单独的材质或者实在，而是简指有意识的动物或行动者，即一些有意识的东西。

在提出这些意见时，我并不认为这些不同的含义没有共同的性质或者恰当的交叉含义。相反，我相信"知晓"的逻辑含义与在某种行动者的存在中经验地或者实践地涉及的事实（特别是当后者自身成为自然科学的主题）之间的联系，决定了当前哲学中真正的问题之一。但是，在讨论这些问题时，厘清我们所使用的这些词的根据初步印象的（*prima facie*）或直觉性的准确意义，只会给我们带来好处。

（徐　陶　译　赵敦华　校）

自然主义的感觉–知觉理论^{*①}

在其主要的和并不复杂的使用中,感觉–知觉指称通过眼睛、耳朵、手、鼻子等身体器官来观察和识别对象。作为一个术语,它就像用钢笔写字、用刷子绘画、用榔头拍打、用钢铁雕刻那样。关于感知的性质,它什么也没告诉我们,而只是传达了感知行为借以发生的手段的信息,就像其他的短语指明了行为借以发生的工具一样。但在每一种情况下,行为和它独特的后果都由于卷入其中的器官和手段的特点而得以修正。因此,问题就出现了:所采用的手段以什么方式影响了行为,因此也影响了它的后果? 在进行这样的探究时,研究者被引向了超出第一个问题的范围很远的地方。与借助使用工具实施的行为相关的,不仅有对它们的具体效果的认识,而且有摩擦原理、热功当量原理、能量的相互联系等原理得以确证。类似地,在感知行为中与使用眼睛、耳朵等相关的,不仅不同器官结构的特定功能得以认识,而且还认识到色盲、散光、肌肉的调适,以及玻璃体折射的效果这样的事物。简言之,我们认识了神经元如何与外在的物理变化相互作用,才引发了某些被感知到的属性。但所有这些,都与被感知的事物相关。它不影响感知行为。因此,当前的这些问题本身和任何自然主义的探究中偶然发现的问题有着同样的秩序。它们与知觉、意识或知识的性质无关。关于它们,没有任何特殊和独特之处。

形容词"感觉"和"感觉的"既作了属性,也作了感知行为的前缀。颜色、声音、气味、粗糙的和平滑的,都被称为"感觉的属性"。这里,"感觉"这个术语有一个修

---

* 此文选自《杜威全集·晚期著作》第 2 卷,第 34—42 页。

① 首次发表于《哲学杂志》(*Journal of Philosophy*),第 22 卷(1925 年 10 月 22 日),第 596—605 页。

辞前缀。属性本身不是感觉的；"感觉的"指示它们发生的一个重要的条件，而不是性质的组成部分。通过正好类似的语言用法，一座房子、一间工厂、一间谷仓都被称为一座建筑；意指建筑物应用的结果。这样的语词，不会误导任何人把建造行为的特性转移给房子或工厂。因此，一幅画被称为一幅油画，或油彩画或水彩画。在每个例子中，名称的给定是因为对产生的对象施加的手段的后果；然而，一旦产生它的特征、用途和生涯，就是独立于生产行为的。我们也可以称"感觉"属性为"感受"属性或大脑的属性，或者根据作为它们发生的条件的任何其他因素来称呼它。简言之，知觉不会影响或者感染被感知的属性的性质，虽然感觉-器官（*organs*）以及作为感知手段的它们的结构性联系确实会影响产生的事物的特性。但是，这一事实没有任何特殊或独特之处。当后果的特征和相互作用的前提的特征相互联系在一起时，在任何自然的序列中都会发生同样的事情。

这样简要地表明的这一观点的重要性，在它和认识论的感觉-知觉理论的对比中。和那种理论相对，这里提出的理论可以被称为自然主义的。根据认识论的理论，感觉-知觉意指一种独特的知觉，而且感觉属性意指如此独特的属性，以至于它可以被称为精神的或心理的。根据自然主义的理论，所有的知觉都是同样的，像"感觉的"这样作为前缀的形容词指称它的手段或器官；通过感官感知到的对象和通过某些其他的有机体结构回想起来的对象之间的区别，类似于任何两个具体事物之间的区别，例如一只猫和一条狗之间或一块土地和一片水域之间的区别。区别在于一个事实上的素材，"感官呈现"把一个在某种当前的空间-关系中的事物作为它的素材，而回忆呈现的素材则是处在一个特定的过去的时间关系中的事物。但根据另外一种理论，知觉因其"感觉"性质而成为独特的和异质的，因此，两种呈现方式的对象在种类上是如此不同，以至于问题就被提出来了。在呈现为"概念的"（反思地确定的）对象和与此不同的"感觉"对象的事物的对比的例子中，同样的事情也会发生。在一种理论中，比如颜色和电磁震动之间的区别，是同一个对象世界中具体事实的区别，又一次类似于作为知觉对象的陆地和水域之间的区别；在另一种理论中，它们之间在种类上有一条鸿沟，我们必须确定哪个才是"实在"，抑或我们必须找出某种方法去"调和"一种对象的实在和另一种对象的实在。

因此，认识论问题背后有一个事实问题。直到这一事实问题得到解决，认识论问题由于把不是事实的事物假定为一种事实而很可能是一个彻头彻尾的人为制造的问题。把"感觉"或"感觉的"作为"知觉"的前缀，是比喻性的吗？通过一个本质上无害和平常的比喻,把工具的特征和行为的效果转移给行为本身了吗? 它可以恰当地类比于作为图画名称的水彩画和油画、蚀刻和雕刻吗?[①] 或者它恰当地指示一种特定的和独特的呈现吗?"感觉的"始终影响和限定意识的内在性质,并因此确定着被我们认识到是一种独特的和特定的事物的东西吗?

正如已表明的那样,这一问题主要是一个事实问题。为接受第二个选项所归因的事实上的理由,与以感觉-器官为手段的知觉相关的各种"异常"有关。我们几乎可以列举出无数这样的事件,以至于仅仅有必要给出一些有代表性的例子。它们是:当对象仍然是一个时会有双重意象;当对象保持不变时——例如,当按压眼球时看到事物跳动——发生在一个意象中的变化;一根筷子在水中看起来是弯曲的;从不同的角度看,事物的视觉形式发生的改变;随速度增减的声音强度的改变;铁轨的汇聚等,更不用说纯粹的幻觉了。用一位当代的认识论作家的话说:"关键在于,所有这些案例都可以根据实际的和潜在的感觉(sensations)而轻易地被描述,但根据对象的描述会带来巨大的困难。"[②]用楷体表示的"感觉"和"对象"的对比,相当于一方面是根据具体的题材的陈述和另一方面是知觉的独特性之间的差别。这里所用的"感觉"意指一种被称为精神的独特的存在。

然而,关于事实的讨论,却与源自术语的含义以及源自从先前的哲学活动中承袭的各种理论的困难纠缠在一起。这篇文章旨在清除模糊了我们视野的一些杂草。

首先,传统的思想观念因为语言而有一种影响,在曾赋予它们重要性和相关性的信念消失后,这些语言仍然持续存在。从历史上看,"感觉属性"是幸存下来的可感属性。虽然"感觉"作为属性的前缀,除了因果指称以外,没有任何其他的意义,但鉴于曾经获得的形而上学的信条,"可感的"是对和其他属性,即"可理解的"属性不同的那些属性的真正刻画。根据宇宙法则,自然被划分为不同种类的对象,或者至少可以说具有两类特性的对象:一类是永恒的,另一类在性质上是运动变化的;

[①] 这个问题并不是暗示,参照生产模式是区别不同的具体属性的一种不正当的方式。如果我们知道生产它们的不同方式,那么,或许可以更准确和更肯定地确定一件雕刻作品和一件蚀刻作品、一件木雕和一件钢雕作品之间的差别的性质。但这是关于图画的附加的知识,它不会产生关于绘画表现(ueberhaupt)的性质问题。类似地,感觉的和其他有机体条件对我们感知的特定事物的影响,也不会产生关于如此这般的知觉的性质问题。

[②] 杜伦特·德雷克(Durant Drake)一篇题为"什么类型的实在论"的文章(载于《哲学杂志》,第9卷,第150页),斜体是我加的。

一类是关于实现了的事物的,而另一类是关于作为潜在的事物的。由于自然变化的特性在动物中,包括人在内,通过感觉器官得以实现,这些属性可以恰当地被称为可感的。"可以"清楚地暗示了潜在性,要求感觉把它们实现为感觉-形式或感觉本质。另一方面,可以理解的形式通过理智得以实现。因此,"可感属性"这一术语有一种典型的、基于前提的正当含义。当现代的物理科学声称物理世界中的所有事物的同质性,并且放弃了潜能性和现实性的范畴而支持物理的接触和运动的范畴("有效因果性")时,"可感属性"的术语仍然在使用。通过把它解释为意指因知觉而具有的属性而不同于属于事物本身的属性,它得到了"合理化"。①

其次,认为感觉器官在产生它时发挥一定作用的属性,具有与事物不同的秩序的认识论的主张,普遍带有模糊性。这种模糊性在于:一会儿把经验事物(树、石头、星星、烛火等,所有日常普通名词指称的事物)视为属性的原因,一会又把它视为属性的相互联系的类别。因此,我们被告知:一棵树影响了视神经——(或者经树木反射的光线),产生了关于光和颜色的"感觉";一根部分在空气中、部分浸入水中的筷子,通过与感觉器官和大脑的相互作用,产生了"感觉",它反过来又引起关于弯曲的筷子的知觉。现在非常清楚的是:所有斜体的词语,不管指有机体内部或外部的事物,都指示经验的对象,而不是指专属于物理科学的对象。可以说,它们都与颜色和轮廓同病相怜。当然,说按压眼球的手指引起双重意象的知觉时,等等,同样的情况也是真的。现在,片刻的反思表明,树、筷子、水、空气和手指,所有这些对象作为这些主张中的轮廓,作为真实的或物理的对象,都不能被视为与作为心理的感觉相对立。因为按照认识论者的逻辑,这些事物本身就是一类"感觉"或"感觉"的结合,或者一类和感觉相当的心理"意象"的结合。用洛克的话说,它们本身是复杂的模式,可以区别于感觉或感官属性,恰如复合物之于简单物的区别那样。它们有着同样的秩序,而非不同的秩序。而且,如果我们不用认识论的语言,而用常识的语言说,那么,我们正在处理事物和它们的属性。

---

① 例如,洛克没有用"感觉"或"感觉的"属性这样的表达,而是保留了先前的术语"可感属性",尽管彻底放弃了赋予它重要性的科学和形而上学。但同样应该指出的是:洛克不是用感觉来指一种存在,而是指心智的运转。它是当心智在感觉器官中的变化时刻感受到一种理念时所发生的心智的行为。这种变化本身,是由于影响感觉器官的对象发生了变化。因此,我们不是从感觉中得到感觉的理念,而是从"反思"中得到感觉的理念,正如在关于心智运转的所有思想的案例中那样。参见《人类理解论》,第2卷,第9章和第19章。

要和作为其原意的属性区分开来的事物,不是树、手指、水等,而是某种分子搅动,后者和手指以及直接的颜色属性等经验事物相对。举一个已是老生常谈的例子,一分钱的硬币有时看起来是一块圆形的、扁平的盘,有时看起来是有着不同弯曲度的椭圆,有时沿着边缘看又是一条曲线——或者从远处看,是一条直线。从这一事例中,可以看出以上事实和我们目前论题的相关性。除非有从一个类型、从一个论域到另一个论域的通道,事实必须以下面两种方式中的一种或另一种得以陈述。(1)某些分子搅动和另一组分子安排——经验上被识别为人类有机体——的相互作用,引起各种不同形状的现象出现。圆的、扁平的形状不比椭圆和直线更是"真实的"物理对象;后者不是它的现象,相反,和它同样是因物理的变化或物理的和物理-化学的变化而产生的"现象"。这里的"现象",除了指效果以外,没有其他的含义,正如在科学探究中到处使用的"效果"一词一样,这里的效果用于推断关于它们的原因。这个例子中包含的问题,类似任何科学探究中发现的问题;在那里,某些事实用作证据,由此推断出另外一些从外部看完全不同种类的事物。这样,某种岩石的形态告诉人们一种曾生活在某个过去年代的动物的出现和其特征。因此,它是那种动物的"现象",也就是说,它是那种只有把它置于与作为其标志或证据的另外某种事物的联系中,才能获得其全部意义的效果。(2)另一种表达方式仅仅关注经验上被感知的事物之间的经验的联系。它所处理的联系是那些整体和部分,或者一个事物和它的"所属物"之间的关系,而不是那种从被感知之物推断出某种假设的或推断的原因的推理关系。这样,当一个对象被放在相对于身体的某个位置时,看起来是圆形的;而当以其他方式放置时,它呈现出椭圆形或边缘弯曲的形状。或者假定我们从一条狭窄的弯曲带开始,我们发现,它能以一套其他形式的秩序被放置,某些是圆形的,而某些是椭圆的;而且我们能够发现,这整个序列的秩序有个单一的准则,就像某些数字先呈现为随机的或混乱的,最后以某种联系原则的序列被排列那样。在我们前面的例子中,毫无疑问,可以发现逻辑的而非认识论意义上的"原因"和"效果"、"实在"和"现象"。这里仅仅而且只有一个按照不同属性的不变的准则的相互联系的问题,构成了对象,例如一枚硬币整个相互联系的序列。"它",一枚硬币,有或者是一系列阶段,物理条件是这样的,以至于这些阶段不能同时出现,而只能一个接一个地出现——正如根据一个可以确定的准则,有气体、液体和固体这样一系列阶段一样。我们可以问哪种是最频繁出现的,如果我们乐意,为着实践的目的,可以把频繁出现的模式当作标准。但是把它们中的一种视为绝对真实的,而把其他视为它的现象,这样是毫无意义的。根据序列的原则,每一种可以设想的形式或阶段都依次被视为真实的,而其他的则依次被视为它的现象。然而,这种说法所指示的事实,仅仅是存在着一系列确定的类型。

这样就有两个讨论域。其一,我们处理的是因果联系的物理的和存在的关系,例如颜色、声音等,与一个物理介质的震动这样的条件之间的关系。其二,我们处理的是不同的知觉对象,融合成一个整体。问题不是关于因果关系的问题,而是两者是否都不是感知的对象和一个推断的对象的关系问题。例如,这类似通过把语词的含义整合起来理解句子的含义,或者反过来,通过考虑上下文的联系来确定一个不这么做就不可能获得理解的语词的含义。只有当我们混合并混淆了从两个不同的讨论域中借来的术语时,与物理科学的问题以及日常的经验解释问题不同的问题才会出现。

让"真实的对象"在讨论的某个时刻,指示某种性质上的直接效果的原因;而在讨论的另一时刻,指示这些效果相互联系成一个单一的整体,这样的混淆就会产生通常表达出来的那种关于知觉的认识论问题。"显现"这一语词的模糊性,加剧了这种混淆。有时,它指"作为……的效果",比如颜色是物理的光线的效果,或者化石似乎是曾经生活过的动物的"现象";有时,它指"显明的、明显的、直接向知觉敞开的",例如某种在我面前的事物相对于某种在相邻房间的事物,或一枚硬币的一边相对于整枚硬币,或者一个演员的某个角色相对于使其成为演员的一系列角色。接着,这两种意义混乱地掺合起来,就产生了"现象"相对于"实在"之物的观念,由此也产生了在形而上学意义上,作为现象的被感知的对象相对于未被感知但却是真实的对象之间的关系问题。

第三,有一种心理学学说从洛克那里接管来的持续存在的观念,即被感知的第一性质是简单的和独立的:"红"在感知到血或一件红礼服前被感觉到;蓝先于天空;甜先于糖;橘色和一种独特的气味先于一个橘子等被感觉到,等等。这纯属迷信。然而,如果放弃这一点,那么,当前关于作为"意识"或认识对象的方式的感觉和知觉之间的整个区分就消失了。所谓的"感觉",仅仅指对于一个有差别的属性的知觉,借助一个给定的器官所作的知觉区分的限度。红不是一种感觉;它是我们感知到的属性,仅仅在其相对简单和孤立这一点上区别于对日落的知觉,这一差别在任何意义上都不是原初的和原始的,而是有意作出的辨别分析的产物,就像化学上把氢气确定为简单的且不同于作为化合物的水一样。作为事实(尽管事实逐渐与这些事情的讨论无关），一个孩子在辨别出颜色很久以前就认出了他的礼服；他学着区分作为标记的颜色，也就是作为更加有效辨别不同的礼服或玩具或其他对象的手段。一旦承认并坚定地抓住知觉属性和对象的同质性，关于知觉的所谓认识论问题的一个重要的阶段就呈现出具有熟悉的、合乎逻辑的恰当形式——一个符号、标记和它所指示的东西的关系。

第四，借助感官感知的属性的空间位置问题，是物理学而非认识论的问题。关于幻觉对象存在的例子，通常被援引用来证明典型的感觉-知觉对象之精神特征的最后的关键证据。不在那里的幽灵在哪里呢？当按压眼球时移动的意象中的树木在哪里呢？当把笔直的筷子浸入水中时弯曲的筷子在哪里呢？甚至已经有人提出，心理的或精神的可以界定为物理的或公共的空间拒绝接受或分派给其位置的东西。[①] 这类问题让人感到不容置疑。

这种困难源于没能批判地分析"哪里"这个概念，也即位置概念。例如，爆炸在哪里？回声在哪里？引起敏感的磁针呈现出一种定向的位置的"磁力"在哪里？哪里有事件，那里就有一种相互作用；这一相互作用，蕴涵了一个"场"的概念。没有哪个"场"能够被精确地划定范围；它延伸至包含在相互作用中的能量发挥作用的任何地方，波及发生能量的任何重新分配的地方。场能够在实践上被划界，正如所有的重要程度可以被划界一样。它在存在上，不能以字面意义上的精确性来定位。这样，在一次地震中，最剧烈的震动可以被定位；加上足够的地震仪器的帮助，就可以在地图上画出它可能出现的边界。但这些边界是根据探测和记录变化的能力，在实践上被设定的。它们绝不是任何存在意义上的绝对。人们可以说，从存在的意义上讲，地震的场是整个宇宙因为能量的重新分配延伸至无边无际之处。这从理论上看是正确的，但在实践上毫无意义。

相似地，在部分在水中、部分在空气中的筷子的案例中，弯曲的光束实际上（很可能）是由电磁波动、生理结构和一种折射力所确定的相互作用场。它既不在有机体中，也不在环境中的某个高度分隔的点上。光束接触到在两种不同密度的介质中，有着不同的折射角度的折射物的地方，可能会在这个场中形成一个焦点；被折射的光束接触到形成光学装置的分子结构的点，可能是另外一个焦点。但这些，就像椭圆的焦距一样，确定一个更广阔的场。太阳——或者其他的光源——是弯曲

---

① 洛夫乔伊(Lovejoy)：《批判现实主义论文集》(*Essays In Critical Realism*)，第61页。

的光束所在之处的一部分，正如地球内部遥远的某个部分是地震所在之处的一部分那样。

具体的定位总是与一个进一步的事件的关联：它在特征上是附加的。我们把一次爆炸定位在一个给定的点上，是因为产生或阻止爆炸的行为，控制爆炸发生的行为，指向那里。如果我们了解得够多，如果我们有能力引起或阻止地震，毫无疑问，我们应该说，地震就在控制行为被应用的地方。一种疾病覆盖了整个有机体，并且（最终）包括某些有机体之外相互作用的事件，但它的"位置"是治疗措施最有效地发挥作用的地方。一个人可能在欧洲，因为在某些方面，他在那里最有分量；而他的住宅在佛罗里达，他定居在美国。[①] 要求认识当按压眼球时移动的树的意象在哪里，这是一个模棱两可的问题。从字面上看，它们至少是三个因素的相互作用发生的任何地方。从日常实践即常识的角度看，"哪里"指示行为应该被导向那里，以控制现象发生的那个点。

"哪里"在日常语言中包含对一个源自有机体主体的行为的指称，这个事实是常识。不幸的是，在讨论这类问题时，通常并不援引这种常识。在"常识"看来，事物是相对于那一运动或有机体的其他运动来定位的；为了实现或阻止某种结果，需要这样的运动。一个事物在前面这么远，在右边而且稍微靠上，指示为了获得某种后果，人的身体必须向前移动这么远，并且转向一边，抬起身体的某些部位。每一本心理学的书都充满了这种事实的案例，即具体的定位不是固有的或内在的，而是参照产生了事件进程的有机体实际的或潜在的行为。空气中的筷子的定位，与伸手以及举手的某种习惯有关。当光的折射发生在异常条件下时，适用于某种介质的习惯就不会恰当地发挥作用了。一个错误的、无效的、不适应的行为因此而发生了。当再次调整习惯后，具体的定位再次正确地出现。在人们经常援引用以表明知觉的某些对象在性质上是心理的一些案例中，看起来没有任何更加神秘之处了。学会使用望远镜甚至反射镜的任何人都知道，定位是一种实践上的事务，而不是字面上存在的事情，而且直到确立一种新的习惯，观察和伸手的行为相互协作的异常条件会在定位时引发困难。光的某些意象不能在空间被定位，这仅仅表示，在它们的案例中，伸手和把握的实践行为在没有经受痛苦和练习的情况下，不能很好地适应既已确立的习惯体系，而这种习惯体系通常确定一个事态的位置、居所或地点。

---

① 此句结合上下文的意思，指他发挥影响的地点和居住地或定居地可以是不同的。——译者

后者实际上是一种复杂的物理上的相互作用，覆盖了巨大的场。实际上，这个场是如此巨大和无边无际，以至于严格地说来，这种相互作用是"关于"自然的而非在自然之中，在我们恰当地运用术语——"在其中"和"关于"的实践意义上。被批评的理论还犯下了我们刚刚提及的第三种错误的理解。它暗中从被感知的事物日常感知的空间关系，转到了作为物理学对象的空间意义上的"物理的"空间。如果我们严格地遵循物理学的术语，就没有什么独特的问题，而只有确定一个场的普通的科学问题。如果我们遵循经验的知觉的术语，就只有在伸手、把握和操作等时作出正确的实践上的调适。

我没有假定刚刚考虑的四种错误观念穷尽了导致把自然主义观点转变成认识论观点的先前列举的混乱和错误。然而，它们是重要的促成因素。直到清除这些基本的模糊不清和转换，不用参照它们就可以继续下去的关于知觉问题的讨论，引领我们更加接近达成共识和解决问题，看起来希望渺茫。当它们被清除时，只要仍然有不仅仅是那类熟悉的科学问题的任何问题，剩下的就是比如因果关系的重要性和属性的性质与地位等形而上学的事务了。

（王巧贞　译）

发展心理学

婴儿语言的心理学[1]*

在其令人感兴趣且颇具价值的《儿童期语言》(*The Language of Childhood*)[2]一文中,屈塞(Tracy)先生基于至少 20 个不同的孩子所使用的 5400 个单词,着手决定各种词类的相对频率。在作些评述之前,为了供学者进一步使用,我希望首先略尽绵薄之力。A 代表男孩,B 代表一个小 20 个月的女孩。[3]

A 19 个月大			B 18 个月大[4]		
词类	个数	百分比	词类	个数	百分比
名词	68	60	名词	76	53
动词	24	21	动词	40	28
形容词	13	11	形容词	2	1
副词	4	3	副词	9	6
感叹词	<u>6</u>	<u>5</u>	感叹词	7	5
合计	115	100	代词	8	6
没有代词、介词和连词			连词	<u>2</u>	<u>1</u>
			合计	144	100
			没有介词		

---

① 本文首发于《心理学评论》,第一卷,第 63—63 页,1894 年 1 月。在作者有生之年未曾重刊。

* 此文选自《杜威全集·早期著作》第 4 卷,第 60—63 页。

②《美国心理学学刊》(*American Journal of Psychology*),第六卷,第 1 期,重刊于《儿童期心理学》(*The Psychology of Childhood*),D. C. 奚斯公司,1893 年。

③ 家庭中其他孩子在场这一点,我认为,与形成一个孩子的词汇量有关。至少,在这个问题上的老生常谈之一是说,其他孩子在场这一点加速和扩展词汇量。

④ A 的词汇量是持续不断地记录下来的;B 的词汇量是取自五六天的时间段中实际使用的词;包含在它四个月之前的词汇量中的一些词一点没有出现。

出于比较的目的,我把屈塞先生所获得的百分比取其均值附列如下:

名词	60
动词	20
形容词	9
副词	5
代词	2
介词	2
感叹词	1.7
连词	_0.3_
	100

我想就(1)动词的相对频率和(2)不同孩子中的不同分布率加以评述。

1. 屈塞先生作注说,既然动词在语言中的相对频率只有11%,相比较而言,那个孩子使用动词的容易程度是他使用名词的 1.81 倍;并且就行为的概念在孩子头脑中的普及,作了一些有见地的评论。我认为,他本可以使自己的立论更强一些。在我看来,屈塞先生是在根据成人的感觉来划分他的词汇,而且我在自己的简表中也遵循了这个原则。① 不过,在某种意义上,这就像屈塞先生在注释中说,我们把"刀子"(knife)放到字母 k 之下而不是放在 n 之下,是因为我们拼写它的时候带有 k 字母,②一样是纯属人为的。心理学的分类是按照一个词对于一个孩子意味着什么,而不是根据对于带有分化了的语法形式的成人意味着什么来给那个词分类的。

这样的一种分类很可能会大量增加动词的百分比。这样的方法固然要求更加仔细得多的观察,并且为各种解释性错误打开了方便之门;但是,上面所遵循的方法的更大的明确性只是表面上的——它并不表达那个孩子的词汇量,而是我们根据一个固定而高度习惯性的标准而作的解释。重新分布上述 A 和 B 的语言是不可能的;但是我增补一个孩子在 12 个月时候的词汇量,同期观察使我可以合理地肯定孩子的意思是什么:

看那里;再见;瓶;爸爸;妈妈;奶奶;弗莱迪;烧;掉;水;下;门;不,不;停;谢谢你;嘘(躲猫猫);哆(当他看到他想要的东西给他的时候用这个词)——统共 17 个。

————————————

① 像"都亮"、"都暗"、"都走"、"外面"(代表"出去")等等短语,我当作动词来对待。显然,它们有可能被当作感叹词或者形容词。我简表中相对大一些的动词比例可能归因于这种分类。
② 英文 knife(刀子)一词首字母是 k,但不发音,发音以字母 n 开始:[naif]。——译者

上述词汇中，只有四个专有名词从心理学上说是对象名称。"水"不仅是个名词，也作动词浇水解；"门"总是伴随着伸手姿势，以及试图来回晃动那扇门；"哆"显然是一种请求，期待有好东西吃的一种表达和一个事物的名称这些全都混在一道；"瓶"除了名词性的含意之外，还有形容词性和动词性含意。当前我应当把它当作一个"名词性的-形容词性的-动词性的"复合体，重点在名词，而在六周前却是，比方说，"动词性的-形容词性的-名词性的"。而"停""不，不"、"烧"、"看那里"等等，同等地是感叹词和动词。"谢谢你"有时是要求某物，而且在给别人东西的时候都几乎毫无例外地说出来。这样，我们拥有了一个分级而连续的系列。就意思而言，专有名词(23％)处于一端，感叹词性的形式"不，不"和"躲猫猫"处于另一端。不过，这些具有一种动词色彩。在这些种类之间的是一种名词性的-形容词性的-动词性的-感叹词性的复合体，动词性的-感叹词性的意义总体上占主导地位，而形容词的意义在所有情况下处于从属地位。① 只要铭记正式名词"球"真的在一定程度上具有一种主动的意思，那么把同一个词用到大量对象上面去的倾向("球"用到球、橘子、月亮和灯泡等等)，我认为是能够理解的。就像是一个圆物那样，"球"同样是"要投掷的"。我不认为那个孩子要么是把月亮与他的球混淆起来，要么从球抽象出了圆的特性；圆的特性让他想起某种他已经投掷过的东西，所以月亮是某种要投掷的东西——倘若他真能握到它的话。

那么，顺着对于把词汇分成词类进行研究的思路，我要提出的是这样的观测和记录：仔细地注意孩子的词汇对于他来说的原初意思，以及最初的(在我们看来的那样的)原形质的动词性的-名词性的-感叹性的形式的逐渐分化，直到那些词呈现出它们现在的固定的词性。

2. 考究所给出的统计数字的人，无不强烈感觉到不同孩子身上的巨大差异。在屈塞先生的简表中，F 有 15 个百分点的感叹词；而 K 的词汇量有 250 个词，但是却没有一个感叹词。F 有 11 个百分点的副词；K 却只有 2 个百分点；而在我自己

---

① 感叹词在失语症中通常那么晚才失去这一事实，从儿童生活高度直接和情绪性的特征来看，暗示着把感叹词的比例减少到 1.7 个百分点的分类方法有缺陷。语文学家反对把感叹词算作一种基本的词类的理由，无论听起来多么符合语法，在我看来是基于把一种有限的、技术性的意思附着到感叹词这个概念之上，而这从心理上说是缺乏根据的。在婴儿(无论是在种族意义上说还是在儿童意义上说)头脑中，被某个对象所激发的情绪状态和反应倾向，我应当说，必定是融合的，而且两者都先于对"对象"本身或对任何客观属性的清晰认识。

的简表中,A 有 4 个,B 有 9 个百分点。[①] 在我所选的两个孩子身上,A 有 11 个百分点的形容词;B 有 1 个百分点;而在屈塞先生所选的孩子身上,则从最高的 13 个百分点到最低的 3 个百分点不等。我相信,大凡心理研究的倾向目前都是试图得到一个统一的(*uniform*)数学表述,消除掉个体差异;而至少对于教学的和伦理的目的而言,最终最为重要的却正是这些差异。而且从严格的心理学的基础上来说,一方面副词和代词的不同比率,另一方面名词和形容词的不同比率,必定代表一种非常不同的心理态度——调配兴趣和注意力的不同方法。观察与这些语言差异有关的头脑特性,不仅会为个体心理学这个未明领域添砖加瓦,而且会对探明语言心理学大有裨益。比方说,当问及一个副词对应什么心理状态和需要的时候,目前我们的回答是何其模糊和刻板啊!

（王新生　译）

---

① 按照杜威本人在此文中所列的简表,此处数字使用有误。简表表明,A 有 4 个副词,占 3%;B 有 9 个副词,占 6%。——译者

心理发展的原则——以婴儿早期为例^{*①}

通过对后继者们施以思维形式及分类方式上的影响(后继者对此只能亦步亦趋),新科学运动的发起者们减轻了后继者们对他们的感情负债。任何运动的开始都牵涉到折衷,它能带来新的事实以及要考虑的事情,而如果不是为了改革,这些最终都一定要大量地修改现在的解释标准与方法。然而,只不过是旧瓶装新酒。新的材料被装在旧的文件夹里,然后根据材料被指定要处理的题目来分类。这个原则在目前的儿童心理学的条件下是显而易见的。它关注的是生长及功能的延续,其支配原则从根本上说是单一的。它肯定是那些构成过去的精神材料的主要部分,是任意的差异与孤立的最有效的处理手段之一。它一定是以用逐渐差异的观念来替代独立的心理官能的概念而结束,或者是以用有机的互相依赖与合作的概念来替换机械的并列与外在联系的观念来收尾。

但是,可能主要是受到那位伟大的先驱皮瑞尔(Preyer)的影响,儿童心理学仍然是在最专断的或者说误导性的标题下组织的。例如,皮瑞尔把某些事实归为感觉能力,尽管在每一种情况中所描述的材料都涉及动力作用,就像可以很容易地用眼睛看到和用耳朵听到那样明显,而大部分还涉及智力歧视与识别。他把感觉,毫无疑问,是与有机的感觉能力紧密联系的情绪,归在同样的主题内;但是,同样肯定的是,如果不是所有的,至少在很多情况下,有机的感觉能力是由动力作用支配的,

* 此文选自《杜威全集·中期著作》第 1 卷,第 124—135 页。
① 首次发表于《伊利诺伊儿童研究协会会报》(*Transactions of the Illinois Society for Child Study*),第 4 卷(1899 年),第 65—83 页。未重印。

甚至用他自己的话来说，动力作用越高，就越是依赖于观念。他将某些动力的现象孤立为意愿，尽管按照他自己的分类法，很多现象都只是对感官刺激的反应，而其余的则是观念的结果。要把眼睛的运动归为感觉能力，应该给出什么样的合理理由呢？而要把手的运动归为感觉能力，应该给出什么样的合理理由呢？在眼睛的例子中，在对光的刺激反应中，肌肉有一个协调过程；而手则是在对触摸的刺激反应中，肌肉有一个协调过程。当然，从理论与实践上来说，要点是所涉及过程的结合。要将一个事实归入感觉能力的范畴，而将另一个事实归入意愿的范畴，是将上帝最肯定地连接起来的东西分离得支离破碎。在将那些故意的行为全部归为意愿的过程中，也可以发现同样的任意孤立行为，因此，用简单的感觉运动的调和来掩饰其身份。如果需要用任何事物来结束这种混乱，那么，事实上，现在就没有什么东西可以在皮瑞尔的智力题目(除言语能力的发展外)的安排中留下来——就像言语能力本身不是一种明显的动力现象，在其整个的早期发展中，它是受到一般的需要、愿望和一般情绪反应的发展的密切支配的。

近来的研究者只是生硬地照搬了皮瑞尔的观察。最近一个关于幼年的最好的传记描述介绍了一种把所有的行为归为身体发展的变体——甚至包括那些目的在于实现观念并努力执行的行为。而感觉、情绪和智力则是属于心理发展的范畴，与身体的发展互相调和。我在这里提到这些事实，并不是为了挑剔皮瑞尔及其追随者。我们必须感谢他们所收集的大量的详细信息，以及他们工作的全面与精确。但是，仅仅因为他们积累了那么多的材料，或是未分类的或是在字面上符合遗传学的观点产生之前就被想出来的分类标准，在寻找更多的精神发展固有原则来参照对事实的整理和解释时，它就马上变得很必要、很有可能了。无论是出于实践或者自学目的，还是出于科学目的，都急需这一工作。实践中，很多聪明的父母，尤其是母亲，在从事儿童的观察工作中被淘汰了，因为似乎有一个位于同一层面却互不相关的事实丛林，没有任何的观察要点或者参考标准。此外，孩子的个性完全被隐藏在不受控制的一堆事实所带来的不连贯安排中。真正使人感兴趣和吸引人注意力的孩子，他们是教育与注意力的目标，是一个有生命的统一体。从具体的教育观点来看，大量的特定细节只有在其能够被看成是重新发现这一生命体发展的征兆与指标时，才是有价值的。其中一个原因，可能是主要原因，即到目前为止，儿童研究的结果在教育应用中显得非常贫乏，准确地说，因为只见树木不见森林，而且一系列诸如感觉、行为、观念、情绪等非真实的分类标题取代了具体的个体。如果你拿着四五个有关儿童个体的详细传记,能够成功地得出所说的某个特定儿童不止一种性情与性格的观念,那你就比我要幸运得多了。这种管中窥豹和略见一斑的做法,都只是偶然的奇闻轶事与偶尔出现的描述性形容词。

如果这在科学的准确性与完整性的整个过程中都是必要的,毋庸置疑,我们就应该忍受。但是,情况恰恰相反,把不相关的事实积累起来并把它们以这样无条理且大规模的方式编排在一起,与实际上对目前婴儿心理学的限制是一样的。研究植物或动物的生活史,把它们的每一个变化都任意隔离开来,再将它的材料划分为根、茎、叶、花,或者腿臂、躯干、尾巴,这样的植物学家和动物学家会被看作什么呢?总之,通过把观察到的结果强制分到旧的官能心理学的标题下,确切地说,我们错过了遗传学方法的特殊的科学价值。生长延续的事实,在细节上是完全看不清的,尽管一般来说会有很多相关的话题。生长只不过被看成是按时间顺序排列的次序——有些事情发生得较早一些,有些事情发生得较晚一些。没有什么关于延续功能的见识,也没有把早些时期的事实与晚些时期的事实联系成一个有生命的统一体的方式。在任何的生物学研究或使用遗传学方法的研究中,持久的、微小的细节研究绝对是必不可少的,结构与变化的确切连续的微小细节是非常重要的,因为它能够启发到生命过程本身的生长。生命的原理才是研究的真正目的。把观察到的事实挑出来分类装进文件格,而不考虑它们与生命历史的联系,就只能是用遗传学方法的名字而不是遗传学方法的事实。

但是,负面的批评已经够多了,或许是过多了。的确,沉迷于此只不过是为了定义问题:在所有生命的婴儿期所展示出来的现象中,一个典型人物的任何持续功能是否能在其不断增长的差异与分支中被发现并找出根源?作为一个有效的假设,我认为,感觉-动作行为与协调的原则只不过给我们提供了这样一种集中化的原则:一个可以同样被用于生理学与心理学方面的原则。用通俗的语言说,这个单位是一种行为,无论复杂与否。看和听与触及、抓住及移动一样,其实都是行为。"感觉能力"只是行为的一个组成部分。另一方面,抓住、说话及爬行和看与听一样,都只不过是肌肉的或动力现象,它们都涉及一个感觉因素。从遗传学的角度看,眼睛与耳朵是行为及对周围环境进行调节的器官,而触及与抓住则是固定住某些特性或经验的价值的感觉能力器官。它们的区别并不在于把一种划分为感觉能力、另一种划分为行为或智力,而在于每一种所设立的特定调节种类。

至于方法,作为一个有效的假设,这个立场有很多明显的优势。第一,正如我们说过，它使生理学的发展与心理学的发展彼此符合。第二，它使婴儿时期的心理学成为真正的遗传学，即使它与生物学的立场协调一致。从生物学角度看，婴儿并不是宇宙中被隔离了的一个实物或实体；在宇宙中，感觉、刺激及观念都只是奢侈品，或者仅仅是科学沉思的一个目标。他是生活在某个环境中并且需要在那个环境中做事情的人。生物学上说，生长中的主要事情，准确地说，就是构建并展示能够作出的必要调整。第三，能够在另一个中观察到的唯一东西就是运动，正如沃纳（Warner）先生曾经极力鼓吹的那样［《心智官能》(Mental Faculty)］。这个已经形成的观点把观察者的注意力放了他要观察的东西是什么上，也就是说，行动。但是，同时也指出，关于行动，重要的是，即行动是一种反应，其价值就在于完成某一行为圈的效率，或更专业地说，是某种协调或调整。观察者必须一直谨记的一个问题是：现在构建的是一种什么样的行为模式。他不用受到错综复杂的、固定的对于感觉能力、观念、目的性选择等划分差异的约束。他的问题被简单地定义为在引起行动时起作用的刺激发现与理解。

我们总的观点就说这么多。现在，我计划（由于时间的限制）用它来纲要性地组织婴儿心理学的多数观察者所提出的主要事实。我将从行为、调和或者"感觉-动力"调整的根本事实谈起，通过观察婴儿出生后第一年内的典型阶段或者整个婴儿时期的行为，试图去找到行为生长的根源。

为了方便起见，我将把第一年或几乎整个婴儿时期内的事实分为三大部分：当然不会有任何的突然结束或开始，而是对随后而来的信任表明它们是通过某一特定的协调种类而相互区分开来的。这一协调，在它的形成过程中，集聚了该时期的次要事实。约翰·费斯克(John Fiske)曾指出，延长了的婴儿期或个体的无助期是一个非常重要的社会事实。它使得社会分组中某些接近永恒的东西成为必要，也使得谨慎与远见的习惯成为必要。但是，正如我们经常指出的，它也是一个具有同样重要性的心理学事实。人类之前出现的动物，要么有已经起作用的调节物，要么会使用其身边的器械来相对快速地形成调节物。准确地说，延长了的婴儿期或无助期指的是：即使是最主要的调节物，都必须被开发出来并被掌握。动物身上明确的本能，就是人类年轻人身上不受控制的冲动倾向。孩子一生下来就有看、听、触摸、抓握、攻击、移动等倾向，但是却没有现成的能力去做这些事。这个实物的状态及它强加的必要性，可以给我们提供理解婴儿时期第一个阶段的线索，持续时间可能会因为不同的儿童而从 75 天到 100 天不等。这一时期的基本特征，就是相对独立的、以不同器官为中心的协调系统的相伴生长。

生理学研究表明,孩子来到这个世界的时候,只有他的脊椎骨和大脑的较低部分是活跃的。从所有实际目的来说,刚出生的婴儿就像是一个丧失了脑半球的动物。他实际上是一个反射作用的机器。的确,只有几个已明确建立的反射作用,而且即使是这些反射作用,它们也很容易就失去了。其中三个重要的反射作用是:拿食物或喂奶的行为、用手抓取任何塞到他嘴里的物体,以及对温度等条件影响呼吸作用的哭叫声。至于直接应用,实际上,这是儿童全部的惯用做法。另外,生理学的研究表明,当触摸、看与听的大脑中心的感觉运动在第 1 个月开始发展的时候,没有起作用的交流交叉路径。这就与对婴儿活动的实际观察结果精确的一致。当一个生下来就又聋又盲的孩子开始感觉到、听到的时候,这些活动中的每一种都独立于其他活动而发展,每一种都是孤立的。看与触,摸或听,可能有的经验是完全没有关系的。看的时候,孩子只是简单地学习用眼睛和头去追寻并注视光的刺激,由于缺少交叉参考,意义或智力内容与活动是没有关联的。

在以时间为顺序时,首先形成的是眼睛协调,也就是说,能够有效地使用眼睛作为运动器官的能力,从而控制光的刺激。这就牵涉到至少其自身五到六种的协调。在大多数情况下,两只眼睛甚至不会同时运作。作为一种规律,这经常发生在出生后的第一个月,至少是在醒来的时候。尽管不协调的动作在睡眠中还会持续将近三个月,这表明习惯并没有完全形成,以至于在没有光的刺激时无法发挥作用。然后,在第二个月初期,能够去注视或者凝视一个物体而不是没有表情地盯着空中。差不多与此同时的,是用两只眼睛去追寻移动的光的能力。这之后的一个月,差不多是眨眼。眨眼表面上看起来是不重要的,在精神上还是很重要的。它表明了能够控制眼睛的运动能力,可以注意到光和影的变化。第三个月里,更多明确的、与距离有关的适应性调节开始在对远处几英尺远的物体作出反应的能力中显示出来。

没有要详细地理解其他器官功能发展的打算,注意力可以被简单地放在手和臂的活动上。首先,这里的反应是相对独立发生的,也就是说,用于直接接触某个物体时产生刺激,刺激不存在于别的器官的活动中。这一协调的最初暗示就是紧握与抓住不放,它们的确是实际上的反射作用。其反射特点非常明显,不是在于其最初的外在和确定,而是在于大拇指没有被用到这一事实。可能会在第三个月初发生用大拇指的力量是如此重要,以至于差不多可以说它是从第一个时期向第二个时期转变的指标。这表明，手的活动不再是通过赤裸的接触而引起，反而与眼睛看到物体是有关联的。伸出去，抓住，拉回来，都标志着发展已经进入到第二个时期。

第二个时期与第一个时期有区别的思考的本质，可以用来解释心理发展的一般原则，也可以用来提供线索给那些明显没有什么关联的事实。先拿前面的考虑作为例子，正如我们已经说过的，第一个时期的特点是与眼睛、耳朵和手相对应的功能同步而相对独立的成熟——从生理和心理上的独立。但是，当这些功能中的每一个都达到类似恰当操作的地步，并且因此成为一种习惯的时候，它就不会再用这种孤立的方式了。活动的压力现在被转移到了对更大或更全面的协调的详尽说明上，两种或更多的既成习惯作为从属的或促成因素进入这一协调中。过去的目标是自身，与其他的方法一起，现在变成了一种实现更大目标的方法。一个功能一旦形成，它一定会立刻成为一种更久远使用与应用的习惯或工具。试图将其维持在孤立的顶点就意味着恶化，而非完善。

眼睛一开始有规律地并成功地"追光"，它就能通过选定目标、适应性调节及追寻头和双眼的活动来控制伸手触及与紧握的刺激。另一方面，只要能够自己伸手触及并紧握，它就给眼睛一些做的事情——它就停下来，让眼睛注意。手的功能是为了把东西拿到眼睛能看得到的地方，而手可以帮助眼睛看到它们正在做的事情。这里有一个很多观察者都注意到的事实解释，虽然我们不一定非常接受它的意义，即孩子看东西的表情在这个时候改变了，它不再是没有表情地盯着或机械地追寻，而似乎是在观看，在观察。它的态度是探究的、专心的，因此，看起来自然地就更加聪明了。在这一时期，孩子把所有的东西都往嘴里放的加强趋向也有类似的解释。在饥饿的刺激下，孩子已经能够将对眼睛活动进行的控制变成用手去触及并取出嘴巴里含着的东西的诱因——因此，至少表示三种协调模式的调整。组织学关于神经系统发展的研究表明，所谓的中枢连接纤维此时开始起作用。这一点是很重要的。

这一时期的其他现象特点还有：直立着头，定位声音的来源（可以通过转头得到证明），（坐下来的时候）找到身体平衡，移动的开始——爬行、推拉或者打滚。很明显，这些都是单独行为类型的共同刺激和加强。在第一个时期，可以在所谓"任意的"与"过多"活动中看到有机组织的活动——甩甩胳膊，踢踢腿，这些渐渐地变得越来越整齐有节奏。但是，这一协调也互相对立，不会受到手、眼睛或耳朵正在做的事情的影响。活动的压力就简简单单地从一个器官传给了另一个器官。但是，在第二个时期，这些更加巨大的活动也受到眼睛和手的刺激。看见什么东西或是摸到什么东西，孩子就会抬起他的头或者试图抬起整个身体。在这个时期，我们可以说，孩子伸出胳膊要别人抓住，或者别人的手只要一碰到它就会"挺起肚子"（护士所说）。很难证明我们认定"孩子有意识的愿望"是正确的，但是刺激肯定相互联系。我认为，没有人能密切地观看一个婴儿坐起来的连续企图，却看不到他很努力地伸手触及、抓住或者更好地看到、听到。

直立着头意味着他能够有效地通过看与听控制头部，而且这些力会产生进一步的用途。昂起头的能力与准确地朝声源方向转头的能力，差不多是在同一时间获得的，这可不是什么巧合。然而，就像在坐立中看到的一样，身体平衡能力的获得是需要考虑的原则的典型形式，因为它意味着触觉、视觉、手和耳朵之间互惠控制的能力。它是把各种各样的行为趋向相互联系起来的平衡。各种功能之间的相互影响，意味着整个有机体的形成。它的心理学对等物就是注意力的可能性。

因此，从智力角度来说，通过之前在孤立中形成的习惯的相互影响，普通的评述"这个宝宝现在开始'像人'了"，总结出来的事实标志着这一协调的开始。从它是一个有趣的观察对象这个意义上说，这个婴儿已经不再只是客观上聪明了，而是在他所付出的努力及他所产生的反应中主观上聪明了。智力的开始是很难描述的；但是，每一对父母都可以通过婴儿眼睛的变化及越来越少的机械化笑容而越来越多的人类特征的微笑，看到智力的开始。身体和感觉意义上的生命明显减少了。从社会性角度看，有了一个对假定的态度和其他人的言语所作出的讨人喜欢的反应——这就促使很多的观察者说，3—4个月大的婴儿已经认识他们的父母或养育者了。用前面说过的原理来解释这些事实，是很容易的。这里，我们使用身体的和感觉上的生命，真正指的是对刺激反应的直接性。当眼睛反应到作为光的光，耳朵适应了作为声音的声音，而手接触的只是接触物的时候，就不再涉及进一步的意义了。说到智力，就是这一点的延伸了。但是，当存在由一种活动的术语转译到另一种活动的术语时，当听到的东西指的是能被看到的东西时，当看见的东西指的是触摸并握着的东西时，就有意义了。一个经验指的是另一个经验的指示牌。这种交叉参考及刺激与方向的相互关系，构成了智力的要素。

婴儿大概6个月大的时候，智力发展到使用感觉区别作为运动反应的基础，而运动反应被用来作为控制感觉器官的方向的方法。这个婴儿已经准备好改变或沿着一条新的路线进步，这个标志可以是用眼睛判断伸手触及的距离的能力。在婴儿获得相当多的抓住和缩回的技巧与兴趣之后，他会高估或者低估各种距离，这一点可以在够不着和伸过头中得到证实。如果他不是真的要伸手触及月亮，他可以这样做，因为他可以用另一个经验来判断这个经验的能力。但是，当这个婴儿大概6个月大的时候，他不再试着去抓住无法触及的东西。这就表明，协调的作用如此之大，以至于他可以通过接触的价值观作为媒介来兑现眼睛开出的支票。这些交叉参考的智力已经构建得很好了，显然已经准备好下一个时期的到来。

正如可能预期的那样，下一个时期，粗略地说，从12个月大持续到14个月大，以利用现在习得的习惯来获得新的经验为主要成分。我们可以从下面找到证据：(1)在婴儿参加的连续实验中；(2)爬行中移动所付出的努力；(3)识别、期望和失望中的情绪与智力现象；(4)原始语言理解的开端。

通过实验调节，我们的意思是，婴儿使用已经获得的用来从其他感觉获得经验的运动控制。当然，不能把太多或太有意的目的归因于这些意图。但是，诸如为了听到更多的声音，婴儿把纸弄皱，听到噪声，然后继续使纸发出连续短促的尖利声，然后撕破，这样的经验解释了意义所在。首先，毫无疑问，这纯粹是偶然事件。但是，现在所发生的事情与前一阶段中发生的事情是有明显区别的。然后，发出的声音悄悄地传下去。现在它得到了足够的关注，因此可以用来帮助维持同样的活动。在这一时期的最初几个月里，这些实验当然是非常粗糙与匆忙的。它们包括：摇动嘎嘎作响的玩具来发出噪声，握住并挤压触摸到的所有东西来获得接触、抵制和肌肉力量；按照物体的轮廓，将手放在物体上，根据不同程度的投影和表面释放来获得物体的粗糙感和平滑感；或者在眼前移动双手，用一只手压着另一只手，等等；总的说来，不管在什么样的击打、旋转动作中，婴儿都会做到有意识地增加经验。

之后，会获得更多明确的动作协调与因而发生的经验，因此就发生了有着一定确定性的、有条理的特征的刻意调整。它们的本质，可以通过引用一些复杂度不断增加的观察来解释。第一个例子是一个9个月大的婴儿，由《儿童研究月报》(Child-Study Monthly)的霍尔夫人(Mrs Hau)纪录。"这个婴儿用他的勺子敲击杯子，很喜欢这个声音，就重复了好几次。然后，他敲打一个调料盘。因为它发出一种更清脆响亮的声音，他马上就注意到了差别。他的眼睛睁得更大了，并且他敲打第一个杯子，然后转向另一个杯子，多达20次。"这个经验中的前面部分——重复地敲击杯子来发出声音——是直接的或最初的类型。这样类似的经验，构成了婴儿这些月中清醒生活的重大部分。经常持续重复直到真的疲惫。但是,在这次经验的后半部分,很明显有应用一些动作来得到特定种类的经验。现在用皮瑞尔报道的发生在第 11 个月的例子。"这个婴儿用一个勺子敲击盘子几次。在他这么做的时候,他碰巧用闲着的那只手摸到了盘子。声音变钝了,并且,这个孩子注意到了差别。现在他把勺子换到另外一只手里,敲击盘子,声音又变钝了,等等。"这里,我们有意识或有目的的调整。很明显,动作作为获得一个激发孩子想象力的目标而使用。

接下来的这个例子,由霍尔夫人报道的、发生在 10 个月大的婴儿身上的事情,给出的是一个更复杂的调整。"这个婴儿被举起来从窗户往外看,这时候,他的注意力被下面的窗户饰带的上部分所吸引,这个孩子用右手的指尖几乎够不到窗户饰带。他还是成功地牢牢握住并且用力地把自己往上拉,直到用左手也能够到饰带。以这种方式,他抬高自己就是为了能够仔细观看饰带。过了一会儿,他忘了是自己的努力举起的,他松开了手又回到了先前的水平。他不断重复之前的努力,直到又找到他的位置,想抓住窗户饰带的时候,他又放松了手再一次掉回来。第三次,他抬高自己。这一次,他用一只手抓住饰带,另一只手拉着遮光物。当他累了,他就换了手,直到用另一只手牢牢地抓住饰带,他才放开抓着饰带的手。"这里,我们不但有用来获得结果的某些行为方式,而且有在过去失败的基础上对新方法的寻觅,还有为了避免劳累并延长经验而采用了有节律的变更。

在身体各个部分之间动作的相互关系的运用中,我们还能看到这一时期婴儿的兴趣所在,首先是爬行,然后是想站立的企图——当然,首先通过抓住物体。爬行的平均年龄大概是在 8 个月大的时候,这就意味着,"看"的动作暗示着处理与操作所看见的物体的行为。够不着的物体就不能自己直接完成。只要婴儿还不能准确地判断距离,他就没有动力去移动。在他能够用眼睛准确地判断出距离后,仍然没有让整个身体动起来的动机,除非看与处理的行为是如此持续地彼此协调,以至于一个行为暗示着另一个行为。要完成这一目标,婴儿开始朝看到东西的方向倾斜,拉动并扭弯他的整个身体。婴儿失去平衡而且跌倒很多次,但是,渐渐地,他能够更好地控制身体各个部分的动作,目的是为了走到看见的或想要的东西那里。在这里,我们还有实验调整——在目前的经验与得到更远的经验之间行为中介的拴住或爬行的出现。随着婴儿能够自由地爬行,当然,他很快就开始仅仅是为了做某事好玩而到处行动——为了获得各种各样的新经验。但是,首先改变身体位置的努力的主要动机,是为了拿到并处理某个吸引眼睛的东西。

从智力角度来说,识别、期待与比较是刚才讨论的事实的对应词。在这一时期的最初几个月,婴儿开始识别少数几个在他的生活中非常重要的、不断出现的人和东西:母亲、保姆、父亲、瓶子、准备食物的符号等等。现在,识别意味着通过某个器官获得的某种经验,不仅仅是刺激或开展一些其他的行为,而且是与其他行为的确定性相协调,从而被视为行为的标志。超出了现存的经验范畴的形象,开头是比较粗糙的。看到母亲、保姆或瓶子,就暗示着与之习惯上相关联的其他经验。因此,期待或期望起初总是与识别相联系的。婴儿根据习惯上与之相联系的一些经验的暗示来识别人或事物,并根据所识别的东西产生期待。识别与期望都涉及一个出现过的经验与一个想象的经验,它们在更大的经验中成为相关联的因素。

比较是随着对关系中更多有意识的识别产生的。婴儿把不同的方法与它们所取得的不同结果进行比较,反之亦然。例如,回想一下,首先敲击杯子、之后敲击茶托从而获得两种不同的声音的那个例子,或者是当手摸到盘子时或没有摸盘子时敲击盘子的例子。当然,从抽象意义上来说,没有什么比较——即从一个完全没有任何实际目的的智力操作角度来说。但是,“两种可选择的结果要从两种不同的行为中得到”这一意识就涉及比较。或者,我们可以在为了实现某一想要的目的而选择行为方法时看到比较。这在引用那个努力维持立脚点并且同时玩窗户饰带的例子中非常明显。

当意象形成的时候,无论多么模糊或粗糙,都会有识别与期待。情绪,就像直接的快乐与痛苦之间的区别一样明显,开始也有识别与期待。直到这一时刻在体验到令人愉快的洗澡等的时候,婴儿觉得舒服;而在相反的环境下,觉得不舒服。但是,在这两种情况下,高兴或痛苦这一特殊事件马上在孩子身上起作用了。当婴儿因为丢失正在玩的东西而表现出烦躁和生气,或者因为得不到想要的东西而表现出失望时,我们就会有一种由某个意象的干预而引起的感觉。例如,婴儿正在玩一个颜色鲜亮的环,这个环滚出去够不着或者被拿走了,他就开始哭。这种事情的第一次出现,标志着发展的不同时期。它表明,不再是直接事件时,经验还是会作为一种意象持续且以意象的形式存在;经验能够影响孩子的满意感。随着发生在六七个月大的婴儿身上的这种经验而来的就是明显的失望,就像婴儿在看到瓶子却得不到时会哭泣一样。这将是不可能的,除非某个满意的意象,不管有多么模糊,干预进来,继而被挫败。婴儿从机械式的微笑到似乎很聪明的微笑的特点转变,也是同样的道理。婴儿因为其他人的出现而表现出明显的高兴,并且经常会在9个月或10个月大被一个人放在家里时大哭——只不过是感到孤单了。因此,婴儿会在不熟悉的人在场时表现出明显的害怕;当他发现自己处在新的环境时,会表现出惊奇;当母亲或保姆离开几小时或在某些情况下几天甚至几周后回来时,他经常会表现出愉快。同样,在完成或成功地达到了某一目标时,他会表现出愉悦。这里,我们的依据是相当不可靠的,但是不可能误解婴儿在这一时期结束时,他第一次设法自己站起来或开始有个人情绪表现出来的那种欢欣鼓舞的感觉。在做某事时,婴儿在重复做这件事之前努力吸引其他人的注意力,然后根据获得注意力的多少而继续或者中止。

这一时期开始有了语感。在极少的情况下,婴儿会使用好几个单词来作物体的符号。但是,在大部分的情况下,婴儿不但有对不同音调的理解,而且有对某些特定声音的理解。当然,这就意味着,比那些已经规定的协调更间接的显著特点已经在形成。起初,声音可能不超过一个有关联的手势,就像婴儿在学习说"再见"时摆手。但是,当他听到"户外"这个词的时候,表现出期待或满足的征兆,这个意象当然与他马上经历的事情没有直接关系。当婴儿一看到他的帽子和斗篷就开始期待去户外的时候,就表明一种智力的增进。至少这些与外出是有某种实际联系的;他们真的是整个活动的部分内容。但是,"瓶子"这个词是没有这种联系的,它与即将发生的事情之间没有什么意义,只有通过有意识地干涉婴儿脑中的意象才会有意义。此时,婴儿正渐渐地形成间接的或遥远的协调能力,这种能力没有固定的限制。

对单词含义的理解,就像刚才讨论的其他同种类型的经验一样,几乎没有必要坚持这一点。它只不过是一种显著的情况——或许是最显著的——通过使用一组器官得到的经验来获得用另一组器官作为媒介时的经验。在儿童生命中的第一个时期,一个令人愉悦的声音可以使躁动不安的婴儿安静下来,进而停止各种动作。但是,他能做到这样,仅仅是因为把所有的精力都集中在一个给定的释放途径上了。在第二个时期,婴儿会发出某些可以被周围的人识别的声音,这些声音可能是因为饥饿、疼痛、不耐烦或者难受。至于其他的方面,这些声音是征兆,但它们不是有意识的。当孩子一听到某些声音(比如说"等一下"、"户外"等等)就更改他的行为,这不是直接的、有效的表现品质,而不过是为了唤起另一个经验的影像,然后这一意象会影响另一个行为。因此,语言的初具雏形以及对它的理解,标志着一种调整类型的完善；在这种调整中，经验被用来获得并控制另一种经验。然而，在变得间接或象征性的过程中，它标志着向另一个时期的进一步转变，将我们带到超出目前讨论的时期所限制的阶段。

我现在对前面讨论涉及的各种原则作一个概括性的结论：

1. 为了把科学的联系与秩序引入儿童心理学的各种事实，并给它们一些实际用处或教学用处，有必要发现一些单独的、持续的、正在发展的功能。

2. 作为一种感觉的刺激和运动反应的协调，行为原则带来集中原则。

3. 法则是每一个协调的出现，起初或多或少有些盲目，只是通过其对某个刺激的反应而生成的。

4. 这一发展过程的各个时期，随着各种使用或应用期而有规律地改变；在这些应用期，通过积极地与自己的一般顺序的协调合作，给定的协调成为更大的协调的一部分。

5. 发展并不是在各个方向上都是均衡或平等的，有些是摇摆不定的、起支配作用的协调中心。当一个协调增强的时候，所有其他的活动都是次要的。正在形成的协调确定兴趣中心的位置，并在某个特定时期决定努力的重点。

（白玉国　译）

心理发展*①

一般来说,在人的一生中,受教育的时期也就是前 20 年到 25 年左右。大约可以分为四个阶段:(1)幼儿早期,0 岁到 2 岁或 2.5 岁;(2)幼儿后期,6 岁或 7 岁;(3)儿童期,13 岁或 14 岁;(4)青年时期。根据系列演讲的主题,在此,我们忽略第一阶段,直接进入第二阶段——游戏时期。

第二阶段——游戏时期

在这一阶段,首先要注意婴儿在与他周围事物的活动中所扮演的角色。大约 8 或 9 个月时,婴儿周围会出现许多吸引其注意或引起其反应的事物,这些都与他直接的喜怒哀乐有关,包括与婴儿亲近的人,如父亲、母亲、照顾者;与准备食物或获取食物有关的事情,如去室外等。但是,到 1 岁半时,儿童有了一个自己的小世界,这个小世界里的一些事情与他单纯的喜怒哀乐毫不相关。他意识到,不仅仅他的无边小圆帽和小披风是出门的必要准备,而且对于某些人来说,帽子也是出门的标识之一;他能辨认出门、门把手、抽屉、刷子、手帕、藤条、汤匙,以及一些花;他能辨认一些玩具,如球、积木,也许还能辨认宠物玩偶。这些事物都暗示儿童在一般情况下应该如何使用它们:帽子是可以戴上、取下的,抽屉是可以拉进拉出的,门把手是可以旋转的,手帕是用来揩鼻子的,花是可以闻的等等。当这些目标对象出现的时候,儿童的行动也跟着重复。我们可以观察到,这样的动作即使重复出现 20

---

* 此文选自《杜威全集·中期著作》第 1 卷,第 136—155 页。
① 首次由芝加哥大学发表,1900 年,共 21 页,油印本。未重印。

到 30 次,儿童的热情仍然丝毫没有减退;而且,这些动作也没有受到任何外来人员的鼓励刺激。当然,有的时候,儿童也许会推开门,表示他想出去;同样,儿童也许会来回地推门,仅仅表示他喜欢这个动作而已。两种情况的出现,机会也许是相当的。对于儿童来说,有些事物会告诉他应该怎么做,比如帽子是用来戴的、抽屉是用来拉的等等。但是,另一方面,有时候他做这些动作,仅仅是因为他喜欢并沉溺于其中。

将这一协调与婴儿初期阶段那些实现了的协调进行比较,有助于总结所取得的进步。设想我们拿来一个擦亮了的门把手。首先,对于儿童来说,这仅仅是一个明亮的刺激物,而不是一个门把手。可以观察到,儿童的反应是眼球对光亮的追随和视线的集中;下一步的刺激就是儿童会伸手去抓,他会感觉到这个明亮的东西很硬、很光滑;据此,孩子开始产生意识。毕竟,对于儿童来说,看和摸的动作开始有了前后对比。它几乎不再是"客观"的。如果为了说明的目的,我们可以设想,儿童已经开始意识到:通过门把手,他可以离开现场,去自己想去的地方。对此,在第三阶段,我们会作解释。对于某些人来说,这件事到此为止,毕竟在客观上这只是个门把手。在我们讨论的一开始,儿童仅仅是想要抓住这个门把手,仅仅是想用它开门和关门,没有别的目的。在本质上,对于他或者对于任何一个成年人来说,门把手只是个客观事物而已。事实上,对于门把手而言,他已经给出了一个定义,尽管他还不能对此作出一个显示智力的简洁陈述,而只能作出一个事实定义。

上述我们讨论的这些现象,是游戏时期的正常过渡。但是,当儿童的反应不再是一种单纯的、感官上的刺激,而是一个完全的物体;当儿童通过触觉、听觉、通过耳朵对物体的反应不再停留在一种简单的独立质感,比如硬的感觉,而开始转向物体的功能时,直接刺激开始转向间接的刺激、暗示等,反应开始转向响应。对于处于这个阶段的儿童来说,物质世界充满了暗示,这些暗示必须遵循。这种从直接引证到间接的、暗示引证的变化意味着一种进步,不仅意味着行动的合理性,也意味着自由的合理性。儿童不再受自己感觉或个人喜好的驱使,而是把这种感觉当作是行动的提示或信号。因此,感觉不再是我们所谓的感觉,公平地说,感觉应该是一种行动的充分刺激。感觉的含义指的不仅仅是行动本身所引起的响应,而是行动与其相关的一些大规模的、有组织的行动的关系,就好比光亮是门把手的一种迹象或者象征。

行动不断增长的自由,是游戏的边界。儿童反复把帽子戴在父亲头上,又取下来,看起来只是为了游戏。对于儿童来说,他是为了获得此行动所带来的一种满足感;这个重复的动作提供了一种寻求满足的出路,这正是我们所看到的游戏的本质。这表明儿童在意识表达上的相对贫乏,也是响应的相对简化形式。这一点,正是响应与游戏的区别。

当某一事物不是通过其惯常的使用而是通过与别的事物的相似性唤起全部的响应时,当暗示变得转弯抹角、迂回曲折时,真正意义上的游戏才会开始。儿童看到一条表链呈曲线状态悬挂,称之为吊床而开始晃动它;看到一条绳子或一条皮带也会摇晃,嘴里叫着"前进前进"或者发出惊叹声;看到一根棍子,把它骑到胯下当马骑,推动一块石头叫着"火车";看到一扇门就去敲门,进去说"你好",并且多次重复这些动作。萨利(Sully)先生曾经讲过一个儿童的故事。这个儿童看到琴槌的圆盘时,称之为"小猫头鹰";看到罗盘的针震动,称之为"鸟"。上述仅仅是一个例子。但是,如果这个儿童继续下去,如果他继续把这种情况看作一只小猫头鹰或者一只鸟,这的确完全是一个游戏了。萨利先生还讲过另外的例子,比如当一个儿童描述一只奔跑后的狗怎么喘气时,他用到了"像火车机车呼哧呼哧声",此时在游戏中就渗入了智力方面的因素。

比较一下这些例子和前文所引用的例子,我们就会发现它们的区别。在前述的一些例子中,呈现的对象仅仅能够唤起反应。在这些例子中,起作用的仅仅是一些中介物质——从技术上来说,即图像的一部分。儿童不可能真的把下垂的表链与吊床混淆,进而因此把表链当作吊床来摇晃。更合适的解释是,这只是儿童兴趣或满足感的终止。这种现象被归纳为一个大经验中的一个部分的因素,暗示着有更多的反应和自由。因此,当一个儿童看到玩具洋娃娃的头或胳膊折断时没有反应,仍然宠爱它,把它放到床上,事情的本质就清楚地显现出来了。在此,我们看清了儿童式想象力的本质,即儿童能从一个分割的整体的物理属性得到直接的感觉,并在想象的潜意识的基础上对此作出反应。

至此,我们通过后述的例子可以得出一个法则,该法则对于解释想象力有着至关重要的作用。想象力不是我们通常所说的,来源于一系列断开的经验的整合,而是来源于对一些通过暗示的方式给定的经验的扩充和丰富。想象力就是一种能通过部分看到整体、能从整体的角度来分析直接感觉的能力。

从2岁到2岁半,儿童继续扩大他的直接感觉的物质世界。他作出一些与直接感觉对象相符合的反应,在这些行动中,他所扮演的角色特征正好与他想象的相一致。对现实生活中一些物体的反应,如球、石块、玩偶、椅子等,成为发动或开展更大范围的活动时的一些补充因素,如开玩具汽车、用积木搭建房子、给玩偶喂食、宠爱及照顾一个小婴儿等等。在这个阶段,从整体上来说,应当遵循以下原则:

1. 想象和游戏不再是两件独立的事情,而是一个不可分割的整体。它们是刺激和反应的关系,是较低发展程度的感觉和行动。想象的真正本质就是为其自身找一个行动的出口,即表达和实现想象。从生理上来说,这是没有障碍的。对大脑能量的刺激产生想象,对肌肉的刺激产生行动。唤醒的能量必须要充溢,外显或发动神经是正常的释放方式。这样,行动才能够维持和建立想象。如果不即刻作出想象,它就会消磨或死亡。想象仅存在于自己的发动表达中。因此,这个阶段的儿童表面上看起来精力过剩,他们到处跑,整天玩,其精力之旺盛连大人也比不上。此时,对于他们的恶作剧不要过分呵斥,因为这不仅有助于其身体的健康成长,也有助于其身心的自由发展。

2. 孩提时代适当的游戏有助于减少儿童的特殊化,为儿童提供实验的时间和机会,促进其智力发展和开发其动手能力。这些在当时可能没有什么用处,但对于儿童以后实际生活中效率的提高大有用处,更不用说还会丰富和扩充其个性的发展。儿童的游戏就好比动物世界里的游戏排练,比如小猫抓线团的游戏就是在训练其捕捉老鼠的技能。从深远的意义说,儿童的游戏就是现实生活的预演,而且完全是出自其兴趣和能力。儿童不可能通过游戏来估计领地的范围,也不可能估算出其在游戏中发现的数量,更不可能估算出他所做的试探性的调整的数目,这些在以后经过稍微的努力就可能转变成最适用的经验习惯。那些游戏的范围和品质被缩减的儿童,实际上被剥夺了这种与生俱来的权利。缩减的原因很多,偶尔有些儿童在很小的时候被迫去工作或者乞讨,因此其能力被限制在一个很小的范围之内;但是,更多的时候,是由于父母的经济状况,甚至连儿童充分表达的条件也无法满足。事实上,为了补偿对儿童的这些限制,公立托儿所、运动场、幼儿园等正是政府为此作出的一些努力。但是,环境越优越,儿童的成长反而受到更多的阻碍,因为其父母不愿意为此付出时间和作出必要的努力,或者由于自身文化程度不高而不能给儿童提供适当的条件。在某些极端的例子中,一些父母甚至认为,儿童的游戏是恶作剧的一种表现。

3. 在游戏中,过程和结果、正在做的事与将要完成的事之间没有有意识的区别。游戏本身有其存在的理由、目的,这一点正是游戏与劳动或工作的区别。工作中的行动不能自明，而是有着更长远的目的性，这一点也把游戏与艺术创作联系起来，有些人据此认为游戏和艺术激情在起源上是相同的；这一点，也使得游戏成为自由和自发的同义词。正是活动令人产生兴趣，就像在影像的实现中产生的精力。儿童的唯一需要就是充分地做好他正在做的事：如果是建房子，就要建一所尽可能高的房子；如果是扮演士兵，就要有尽可能多的列队行进及检阅；如果是追捕印第安人，就要有最大化的残暴的破坏；如果表现学校生活，就要把那些特别吸引儿童注意力的特征模仿到讽刺化的程度。

"游戏的兴趣完全存在于活动本身"，这一事实以一种明显而有趣的方式呈现出来，来自于反映4—6岁儿童生活特征的图画。图画完全忽视实际尺寸、比例及物体的实际结构。房子的墙是透明的，为了可以露出里面的床、椅子、桌子或人。如果画了房子外部，儿童自己房间的窗户可能是里面唯一的细节，或是占了房子的整个一面。如果鸟碰巧代表其主要的兴趣，那么鸟会比树还大。我们可以在与圣诞节有关的画中，看到长袜比房子还要大很多，以至于不得不把长袜画在一边。换句话说，儿童构思并完成那个代表物体的东西，并不是按照它们本身的样子或彼此之间的关系作画的，而是按照它们与他的兴趣的联系作画。他不是按照外在世界的局部来构思东西，而是按照某种戏剧中的成分来构思。他判断尺寸、比例、材料构成及结构的标准，是他自己的兴趣。

尽管从某种意义上说，游戏与工作正好是相反的——即考虑到它不受任何遥远考虑的控制这一事实——从另一种意义上说，它不是这个样子的。成人一般认为，他是在玩。他感觉到里面虚假的成分，完全不符合实际。对他来说，玩是娱乐，是消遣。所有这些都是因为，对成人来说，它与我们认为的真实的生活事件是相反的——实际的问题是与家庭、职业等有关的；但是，游戏在儿童的头脑中不可能有这种色彩，仅仅是因为对他来说没有什么对比。游戏对于儿童，就像工作对于成人一样严肃——从破坏自发性或逐步侵占自由的意义上说，当然不严肃了；但是，从吸引他的全部注意力，或者对他来说是当时唯一存在的事实这个意义上说，就是一种严肃的事情。

因此，假设"游戏等同于使儿童发笑"或者假设"它与严肃的甚至艰辛发奋的努力是相反的"，这是错误的。儿童经常在玩的时候劳动（从他释放最大可能能量的意义上来说）。另外，很多对成年人来说，由于其与日常事务及外在目标有关联是劳动或苦差事的事情，而对于儿童来说就是充满快乐与魅力的游戏，例如洗碗、摆放桌子等等。尤其是,或许从游戏的教育意义来说,有一种忽视儿童的全面吸收及其活动并且夸大虚假成分的倾向。

同样的陈述也适用于对孩子气想象力的解释。它并不等同于纯粹的虚幻或不真实。仅仅凭借对童话故事及神话的兴趣,或者凭借作出不可能结合的能力来识别想象力的范围和生动性,这在心理学上是站不住脚的。通常,想象力主要是实现的能力,而不是对虚幻的想象玩耍。它那起决定作用的特征是:用实际上看到的或经历的事情来作为基础,在这一基础上,相当多的联想及转换被集中和集聚起来。当然,因为儿童的经验是有限的,而且他判断关系的标准是非常粗糙的,这一关联问题的大部分会是不相关和不恰当的。但是,并不是这些特性使它成为想象力。认为想象力的培养和加强,与实际存在的当前材料和对它的想象理解之间的差异是成比例的,这没有任何的原因依据——就像一个儿童用立方体的砖块做船或气球。如果儿童是自发这样做的,那就不会有什么危害;但是,当这些解释是别人暗示给他的时候,事实上就干扰了想象力的发展。在这些情况下,要得到这一幕全面生动的实现是不可能的。儿童很可能养成困惑的、不完全的、实现了一半的意象——这些习惯是教育上智力发展的最大障碍。把神话、童话故事及对自然的有灵论解释看作对儿童的形象化描述特别合适的食粮,同样也是错误的。毫无疑问,随着儿童的性情、教养及环境而改变,这些都是有一席之地的;但是,在大多数情况下,这个地位是相当次要的。在某种程度上,大部分儿童会毫无疑问地设计出怪异的、像神话般关于太阳、月亮、星星、云彩及闪电的故事。但是,幸运的是,对普通儿童来说,与对猫和狗、马和火车的兴趣相比,与对其他真实存在的孩子的兴趣相比,与对实际的职业和实际的活动的兴趣相比,这些是短时间的且相对来说并非那么重要的。当然,主要是由于社会环境的差异。一些生活在艰辛的、有限的及肮脏的环境中的儿童,可能会需要巨大的对比冲击,从而激起并释放意象的形成。但是,受到相当复杂多变的家庭生活刺激的儿童,需要通过有秩序的适当的表达来引出或清除他们的意象,而不是需要通过应用比例不当的纯想象材料来使他们仅仅感到兴奋。在积极的游戏或其他表达中,儿童的意象受到超出客观化可能性引发的兴奋,他不但积累了大量不相关的和分散的、并与生活无关的意象,而且还形成了一个对持续兴奋的爱好。此外,当这些意象在活动中找不到自然出口时,很可能只是反应成感觉和情绪,因此后者变得不自然,甚至是病态和多愁善感的。因此,关于儿童心理学的知识,使我们极其重视这一意象(image-play)作用时期的价值。同样肯定的是,这种知识指向使用意象的必要,而不是仅仅使它兴奋。意象的唤起决不是自己的终点;通过它自身的运动表达,它有活动扩大与自由的功能。这种表达依次阐明并修正了意象,使它更加明确,并发现了相关的不一致、不可能及不现实。这种表达应该作为一种选择的、有差别的因素不断地起作用。它应该倾向于清除那些不会有什么结果的幻想,重视不但能带领孩子进入更丰富的世界而且与他将要生活在其中的人与物有着更明确联系的那些意象。

在把整个时期——从 2 岁半到 7 岁——称为"游戏时期"时,当然并不是要忽视或掩盖那些标志着每一阶段特点的重大差别。不幸的是,至今这个时期的所有部分并没有被全面地研究过,因此,我们有可能全面、准确地追溯到它的整个发展过程。通过简单的对比,我们很可能会满足于它较早的及较晚的部分。首先,意象的形成及后来的游戏作用依赖于对某一物体的陈述。这一物体与展现给孩子的某种明显的一致迹象所暗示的意象,有着非常直接的关系。这些都是已经引用过的例子(第 196—197 页)。此外,游戏反应只是存在于做最直接暗示的一两件事——摇晃一根线就好像它是缰绳,嘴里还说着"Whoa"、"Whoa"等等,但是,这个意象很快就增大了范围且越来越不依赖于某个物体的刺激。这个儿童拿来一个椅子代表马,他还添加了给不同人坐的、有大量座位的马车,他把"马车"开到一个特定的地点,等等。与最初的摇晃线相比,这表明通过提供相关的附属品建立并扩大他的意象的必要性。儿童生命第三年的显著特征,就是这种急迫要扩大意象的推动力。有很多这样的证据。这个时候,通常是儿童成为具体化的问题点。他要求知道这种、那种或另一种东西的名字——那些他并不真正关心的东西。他不断地问"为什么"和"为何"。然而,观察结果显示,从任何科学的意义上说,他并不是寻找原因,而只是感觉他所得到的经验是断断续续的、局部的且必须扩充。在很多成年人及那些有理性的人看起来,这是很愚蠢的问题。当儿童问到石头下面是什么,被告知是地面时,他还想知道地面的下面是什么等等无限制的问题。我们有一个关于儿童头脑中渴望扩大意象的很好的例子。连续这样的问题,儿童每一个问题都是他最初开始问的同一件事物的答案,是这一时期儿童特有的行为。如果他真的对原因或解释感兴趣,而不是继续无限定地漫游,他会再次遇到引发最初探究的事实,并研究两者是如何相互适应的。然而,一方面,只要这个儿童的问题是寻求起源或先例;另一方面,关心的是使用,他正在把点滴的经验和之前之后的事联系起来,整合进整个事件发生的过程中去,这样就可以为客观的联系或真实的解释提供材料了。

其他有关这种儿童对完全及各种意象渴望的例子,也可以在这一时期记忆力的增长中看到。回忆起从前的经历,讲述之前某个特定地方发生的事情的倾向,当然意味着他对经验本身实际的样子越来越不满意,并且试图通过提及它的关联来扩大它的意义。在这一年,经常成为儿童特征的微小的和仔细的观察,也要在同样的基础上进行解释。当一本新的故事书或图画书引起儿童的兴趣时,他会经常仔细地讲述它,并坚持要讲述最微小的成分。另外,在他的故事里,他可能坚持插入每一个细节内容。给这个年龄段的儿童讲过故事的人,都会意识到坚持重复的精确性,而且在语句构造上介绍所有的事情,尤其是介词以及各种连接词的使用,证明了对整体性及心理意象的渴求。因此,这一时期,经常会有反复平衡各种陈述的习惯,以及使用对比与反例的习惯。例如,萨利先生讲了一个故事,这个故事可以高度地解释这一时期的特点。当告诉儿童说"那是个小表"的时候,他会补充说"那不是个大表";或者另一个儿童会说"那是 E 的杯子,不是妈妈的杯子"。这个时候,很多父母会震惊于孩子很明显的、令人费解的撒谎的倾向。最骇人的故事经常是被编造出来的,并且会被坚持,尽管会受到道德训斥或实际的惩罚。在一些没有这么极端的情况下,儿童在编造似乎有道理的理由或对明显不利于自己的情况进行解释以消除指责的方式时,表现出极大的机灵。儿童经常会表现出毫无疑问的实际创造力;在这些情况下,为了获得某个渴望的结果而经常增加的意象,只不过是自发产生的意象的泛滥。接下来的这个趣闻,尽管可能是发生在之后的年龄段,也揭示了这一点。一个小女孩在森林里看到一条蛇,她遇到她的兄弟们,告诉他们:她看到了一条"鲥鲈"(sauger)。他们不相信那是一条"鲥鲈",说:"它的脖子上没有红色的环,是不是?"他们的话一说出口,讲故事的这个人说:"他们的话一说出来,我沸腾的想象力看到了一条这样的蛇,而且我声明它的脖子上有一个环。"作为对进一步暗示的回应,小女孩接着继续说它有伤疤,脖子上还有一个小铃铛。正如我们可以看到的,这一时期的主要心理特征就是要找出并实现每一个意象的倾向,给现实定义良好的客观标准。因此,从精确的真实度到各种说谎程度的转变是很容易的。

在第四年,儿童内在地增大每一个意象的要求,以及外在地增加时间与空间联系的要求,有点儿使自己饱和,就具有了一种比较并把各种各样的意象结合成更复杂的整体的趋向。现在,儿童不仅仅是一个故事的听众了,而是开始把故事组织起来并用自己的话讲出来。语言开始变成语篇，即说出了相对完整的每一句话，以及与某个常见的话题有关的一连串问题。现在，儿童的问题目标不再是进一步地传递某一意象，而是把它与其他的经验真正地联系起来。这就需要真实的解释和诠释。依赖仔细对比的区别也变得更加准确，例如对颜色的正确命名和颜色的细微差别。对经验联系的兴趣，在试图应用时间、数字与生长顺序的区别时，表明其自身的存在——尽管这些努力通常不会成功。在第六年，意象的特征更加明显，即它用这样一种方式把大量的经验包括在自己掌握的经验之内，使它们成为一个有关联的整体。儿童能够与越来越多的人游戏，能够迅速地采用他们的建议而不会与他自己的观念有摩擦，早些时候曾出现这种摩擦；他们还能很容易地服从他自己的即刻行为，从而能够融入更大的游戏中去。此外，现在的游戏大部分是模仿剧的翻版或把相当复杂的社会活动戏剧化。儿童扮演商店、母亲与孩子、学校或者模仿社会生活的某个其他单位。

通常，第六年基本上是一个转变时期。儿童对制作东西或找出某个特定的结果表现出更大的兴趣，例如与比较简单的即刻行为进行对比。随着意象变得复杂，孩子甚至开始在他的游戏中做一些没有即刻正当理由的事情。但是，仅仅作为联系和通往更远结果的中间步骤的这些事情是必要的。这样的行为有标志性的和象征性的价值。它们的意义或多或少都是借来的或传过来的，在于继续指向某一更关键、更有趣的事件。

现在，在儿童的经验中表现出一个很有趣的分歧。他开始在某个结果或成果的基础上获得某种行为控制能力，而不是简单地追求即刻表达的兴趣。这就意味着，有某种设置某个特定的目的作为要实现目标的能力，还有用将来的结果来管理现在的能力。在观察这一年龄段的儿童玩一种像"捉迷藏"的游戏时，把他们分成两组，很容易发现这一点。一组人能够根据要达到的目标来调节他的活动——即在别人之前摸到某一目标。他们会仔细地选择藏身地，观察好机会，然后在达到这一目的时表现出一些技巧。另一组人，除非仔细地指导，否则，将会被活动本身的瞬间激励带走。儿童们来回跑动，对于智力的直接练习的愉悦非常满意。很少有人把注意力集中到要达到的目标的能力上，并采取中间段的措施。前面一组明显地正在形成一种不同的态度与兴趣。

因此，儿童能够在小范围内做一些这样的事情。他会努力地做一些没有直接趣味的事情，因为这些事情被认为是取得有趣结果的必要手段。这些事情不再仅仅依靠自己,它们已经在一个有点广泛的整体中缩小成部分或组成成分了。这个整体的终点是在将来,因此,根据它们所扮演的角色以及在更大整体中的地位来看待和评价它们。现在有了一个评判标准,其中一种评判儿童进步的最好机会就是看他的画。早些时候,我们已经说过,可以在儿童自己的兴趣范围内找到唯一的标准。在这段时间里,儿童凭记忆画出来的画,要比看着物体画的画好,因为他是在表达自己的感觉和愿望。因此,如果试图将他的注意力吸引到某一东西上来,提供一种标准或模式,这个东西就起了干涉作用。但是,有一段时间,这个儿童的表达(尽管它的动机仍然是戏剧性的和用作例证的)需要按照实物来控制。不正确、夸张及曲解,可以通过对物体的直接观察感觉到并进行修正。换句话说,作为具有自身意义的事物,价值不会被瞬间的表达过程所吞没,结果不会充分独立并外在于所实施的控制影响力。

这一时期的儿童发展有一个很有趣的背景。同时,他意识到更遥远的结果,而且愿意投身到不感兴趣的或者令人不高兴的事情,因为它们促成了这一结果;他也会对以前曾让他满意的东西表现出嫌恶。任何关心和服务的细小行为,以前曾经只是被作为游戏,或仅仅是为了做游戏而做游戏,或是为了得到社会认可所带来的满足感,现在根据它们的实际目的来看待和判断。儿童本身没有认识到这个目的。他感觉它更多是他母亲或兄弟的目标。它对他来说是很不相关的,在他的目标之外,因此他对与它有关系的所有事情都表现出嫌恶。带着他可以通过自己的行动完成确定目标的意识,在以前更普遍的意义上说,他开始有了自己的意愿。他变得更加不得体,对别人的建议也更加不敏感,他似乎暂时迷失在善于交际与和蔼可亲的气质中。他成为一个意识更加独立的人。这是他的心理态度、构想出目标并因此而努力的能力的自然结果。然而,这标志着儿童道德发展过程中的一个关键时刻。有宜人的环境、洞察力、同情心以及对其他人得体的行为,就有机会引导儿童识别他自己和周围人的目的及目标;引导他领悟到现在的活动和其他人的目标并不像他想象的那样与己无关,而是与对自己的兴趣的恰当理解有密切关系。以这种方式,一个更宽广、更明智的道德体系就替代了孩子以前对他人建议的可塑性的敏感。这一时期的儿童,一方面通过简单地体验到他人对于其拥有自己目的的普通意识的反对和拒绝,而持续不断地依靠他自己;或者,另一方面,在实现目的的过程中,他只是被迁就并给予未受指导的自由,而没有被引导着去根据他人的目的来理解自己的目的,从而用更有意识的条件反射式的自私取代他以前天真的、有着当时兴趣的令人全神贯注的事物。

同时，儿童开始感觉到完成某些相当确定的外在结果的必要性，他的意象比以前的任何时期都更复杂、更全面。因此，他实际的成就及他的智力抱负与信念之间有一个堪称可笑的差距。从观念上说，没有什么东西对这个儿童来说太伟大或太困难，没有什么事情是他不能做的或不打算做的。他可能会成为一个伟大的将军、画家或木匠，或者承担其他曾经暂时引起他兴趣的任何职业。他在头脑中计划做了不起的东西——汽船、铁路、剧院等等——一般来说，他太聪明了而不会向没有产生共鸣的成年人吐露秘密计划。仅仅因为职业与实践之间、愿望与成就之间的不同，这也是智力发展的一个关键时刻。当儿童意识到这一差距，实际上，他可能会屈服于他的意象剧本来解决这一困境。他可能会放弃他的自发性，失去他的创造力，满足于他实际可能性的狭小的限制。因此，他安心于单调存在的相对惯例。曾经充满创造力、创新性及富有个性风格的儿童，在六七岁时常常静心安于做普通的人，因为大部分已经和别人一样了，这是最常见的说法。在其他情况下，想象的倾向与实际的成就之间的差距变得根深蒂固，这两者之间没有任何关系。儿童的外在行为受到外在情形需要的控制，受到上级命令的控制，受到施加任务的控制等等。外在的行为不受到个体的意象作用的启发或阐释，意象在发展过程中也不会受到实现条件的控制。注意力分散的状态伴随发生，儿童或多或少地活在两个分离的世界里。尽管这并不像安心于单调存在的相对惯例那么常见，然而，即使是最普通的儿童也可能过着这种双重生活；而对那些天生就更活泼的、创造力和想象力更丰富的儿童来说，这成为占统治地位的条件。

在缺少对它的心理学原因有意识认同的情况下，这一时期的主要特征几乎已经实现了。这是人们普遍赞成选出来作为学校生涯及有意识指导的开端。当这个儿童开始构想目标并在这些目标的基础上，对实现目标产生兴趣和控制管理自己的精力时，他已经成熟到可以接受指导了。以系统化的方式来保证他所构想的目标本身是重要的、有价值的，这是必要的。逐渐除去那些不会有什么结果的活动，那些不承诺任何有关成就或不变价值实现的活动，这是必要的。有必要使儿童意识到那些构成现在社会并使文明继续的更大目标与目的，也有必要给予他其重要性的意识，这会使他把它们作为自己生活经验的调节动机。在他赏识这些目标的时候，他的能力有必要得到训练（即被培训或指导），成为有效的执行手段。他的自然和自发的意象，必须通过吸收有关世界、自然和社会的知识来加以扩大和控制，必须借用社会生产与相互交往的典型模式方面的知识——读、写、简单形式的手工劳动或体力训练等，将其运动能力培养成有秩序的习惯及执行力。

此外，指导的需要及机会也因为已经提到的有分歧的趋向而得到加强：与社会条件有关的独立个性或意志的成长；以及想象力与执行能力之间的差异。

第三阶段——童年时期

从7岁到12或13岁，是身体发展比较慢的一个时期。这一时期与以前的时期或以后的最初几年相比，男孩和女孩身高和体重的增长都不太明显。代表生长比率的曲线，在这一时期下降得非常明显。尽管这一事实的全面意义很难说清楚，但几乎没有任何疑问的是：外在生长的相对停止，意味着将能量消耗在构建联系和调整上了，这些联系和调整能够使获得的能力更加精炼和复杂。观察资料显示，这是一个剧烈的运动活动时期。当任由他们自己支配时，儿童总是不断地致力于各种各样明显的身体活动形式。他们对倾向于以各种各样多少不受控制的方式来释放能量，感到躁动不安。在较早时期，正常儿童的外在活动基本上是由占据他的大脑的意象支配的。尽管活动是不稳定的、变化的，从一件事情跳到另一件事情，但在很大程度上只是因为儿童的身体活动是易变的和变动的。但是，现在儿童的身体活动似乎可以说是走在他的智力发展的前面的。运动释放本身除了要实行的意象之外，多多少少得到了一定的独立。现在的问题是要找出，利用这一可得到的能量并朝合适的方向运作的想法及目标。

儿童身上的重点转变可以在不断增长的从游戏到竞赛的转变中看到，尽管这两者之间没有强硬或牢固的分界线，然而还是有一个明显的心理差异。在游戏中，儿童的意象或多或少是自发地连续下去的，一个想法暗示着另一个想法，外在的活动遵循它的领导。它基本上是可塑的，是从属的。在竞赛中，有些特定的行为是必须执行的，并且是以特定的顺序执行的。一个儿童的活动必须适应另一个儿童的活动，而且有一个需要被观察的特定次序。这一点即使在简单的游戏，如"捉人游戏"、"一只老猫"、"皮和箍"中都很明显。在这之前，如果曾经有任何这样站在外在活动一边的组织，那在很大程度上是因为孩子们与一个成人一起玩，而这个成人了解儿童的发展并且能在合适的时间给出合适的建议。现在孩子们互相游戏，而按照规则维持某一特定顺序是比赛的根本。因此，意象游戏有一些限制是它必须遵守的。在某些游戏中，如扮演印第安人或士兵等等，各种相当复杂的意象内容可以在这些限制中被引导出来，但是在其他构成了儿童很大一部分的惯用手段、更正式更固执的品格身上，简单的调整、行为的排序以及某一目标的实现，或有节奏的或竞争性的，是全部控制的要点。

正如前面说过的，这表明儿童现在能明确地、坚持不懈地接受要达到的目标的想法了。但是，这也表明一种新的运动控制的可能性。这个儿童还没有足够的肌肉协调支配能力来玩弹球、抽陀螺或跳绳，因此不可能把很多这样的行为调整进游戏并获得满足感。凭借控制这些动作执行的能力，儿童在一个新的发展方向中获得起点。尽管一段时间内要达成的目标是获得某种积极的结果和某种实际的成就，并在儿童的兴趣和注意力中占据主导地位；然而，不同手段之间同时和有序列的调整，则一直是我们努力寻求的方向。我们将其称为调整位相和手段控制，它逐渐地在儿童的经验中占据主导地位，直到对他来说，它的重要性和已经到达的特定结果一样。例如，在比赛中，他赢得一场特定比赛的重要性与作为比赛者的技巧相比，开始变得越来越小了。那种想要对必要的调整掌控自如的想法（当然，这是心理学对"技巧"的定义），开始独立地凸显出来了。对一般的儿童来说，这种兴趣的转变很可能发生在 8 岁或 9 岁半。游戏变得更有竞争力了，因为竞争提供了一种个人技巧的量度标准。一种爱好发展是为了难题——也就是说，为了那些特定的目的不重要的比赛，所有的兴趣都只在于用方法克服困难的操作。发展正常的儿童差不多很快开始期待一种偶然性的艰苦工作，目的是为了加强能力和技巧的意识。他们也表现出一种不信任，缺乏以前曾经没有表现过的自信心。生硬的结果并不能吸引更小的儿童，因为他不想表现出自己缺乏能力的证据。现在，在某种程度上，他得到了所做事情的反省价值——他意识到工作让他反思。因此，在衡量他的工作时，他也衡量与工作相关的自己，优越感、虚荣感和自夸与自贬，以及不情愿做可能会不成功的心理交替出现。儿童以前自发、草率地实施所有感兴趣的意象的倾向，现在被经常出现的"我不能"制止了。

因此，这种对实施的干预模式、技巧的拥有以及获得的依赖感，标志着智力生长中一个新的可能性。现在是获得做事情的方法或方式的兴趣的时候了。儿童对技巧的兴趣，以及根据他在特定领域所拥有的技巧数量来衡量自己的倾向，可以通过隔离某种不适当的个人的和自我中心的性格，转变成一种对方法管理的客观兴趣，这些方法是获得某种结果类型的必备条件。我们可以把这叫做对技术的兴趣。读、写、算和成功地演奏某种乐器，意味着对技术的某种支配——也就是说，对干预措施的排序或调整的控制。有某种调整模式或方法在所有特定的执行行为的差异中，仍然是相当持久的。因此，这个时候的教育问题主要就是把孩子从对某些特定活动和结果的兴趣，转移到对一般方案、安排模式或在各式各样行为中很一致的技术性技巧上来。不仅仅这些特殊的才能和能力对于孩子将来的发展是必要的，而且其至更重要的仍然是，能力感和能力限制感是孩子将来的健康成长不可缺少的条件。

这个方面正常发展的过程被一种事实弄得异常模糊，这一事实是从整体上看，这种技能或技巧的要素过早地施加到儿童身上。不是逐渐地唤起儿童对其所需要的技巧的判断力及读、写、算等技术性调整联系的意识，而是与对儿童具有内在意义和价值的结果建立关系。过去学校的教学方法，一般都是教6岁大的儿童立刻获得和掌握这些技艺。就儿童的运动和智力发展而言，这不仅过早地教授给儿童，而且还超出了儿童天生的心理学关系。因此，它们不是作为行动的模式来吸引儿童，为了获得对儿童有吸引力的结果，他需要这些行动模式；而是仅仅作为孤立的事物来吸引儿童，因为他们的目标没有受到明确的赏识，他们作为手段的价值观也没有被察觉到。这种对心理自然发展过程的干扰，极大地模糊和扭曲了这一时期正在学习的儿童所取得结果的价值。很难说有多少进步归因于发展的自然过程，有多少进步归因于孩子一直工作由此而形成的习惯。

值得注意的是，差不多在这个年龄（即从8岁到9岁半），良好的肌肉调整开始活动。生长是从中枢的或躯干的肌肉协调到遥远的外围的肌肉协调——从根本的肌肉到附属的肌肉。对更微小的调整行为的执行所必要的中枢神经联系，包括手或指头的运动，直到这个年龄才似乎成熟。但是，这些调整的控制对写、画、手工劳动、弹钢琴等等都是非常必要的。因此，到这个时候，儿童都忙于获得有关框架、大纲、更大更粗糙的形式与行为之间的一般联系有关的经验。没有合适的详细的兴趣基础，也没有严格意义上准确的和精致的相互联系的行为排序的充分基础。观察结果（例如，关于儿童的绘画）显示，迄今为止，甚至在声称要复制物体时，这些画大部分还是图表。儿童画苹果，不是带有其显著细节的那个特定的苹果［参见伊尔·巴尼斯（Earl Barnes）的《教育研究》（*Studies in Education*）］。儿童有能力在做小事情或较大的事情时更加准确地使用手和指头，出现了对观察形式和结构及关系事实的兴趣，这将使在实现一个结果时增加准确性成为可能。因此，当我们发现，到目前为止，儿童主要根据使用和行动来定义物体——它们是如何表现的，有什么好处,这就是我们应该自然期待的东西。然而,现在他们开始更多地根据对东西本身的实际构造来定义,或者根据包括现在被看作从属因素的更大的想法来定义物体。

如果对技巧的兴趣被适时地应用,且在它合适的联系中得到应用,那么其后,儿童把他得到的能力加以运用就是可能的;他会通过运用他对方法的新的支配力,拓宽扩大他的经验。一般而言,的确,专心时间及相对沉思时间似乎与拓宽时间及整体外向时间是交替出现的。然而,在这一特定时期,部分原因是还没有进行充分的研究,部分原因是已经关注的事实,对于结果的解释变得异常艰难。我们不知道有多少生长是源于心理学定义上的发展,有多少生长或多或少是归因于环境中的人为因素,至今还不能给出确定性的观点。

第四阶段——青少年时期

为方便起见,青少年时期一般被分成两个时期:第一个时期是思春期(pubescent)——从13岁到18岁;第二个时期,根据克劳斯顿(Clouston)所述,大约持续到24岁,基本上是建构终生习惯和生活关系的框架的时期。正是在这一时期,人感觉到对某种职业的使命,至少采取初步的步骤迈向职业。就是在这个时期,关于行为、宗教等生活处世的总原则可能已经形成。换句话说,这标志着个体获得对基本生活特征的最终适应的时期。这表明,个体在物质及智力方面,对其他人的依赖转变为获得思考和行为表现出来的精神个性。这个时期的干扰与个性有着根本联系,一方面,它们是自我意识以及与它有关系的所有一切的情绪兴奋(癫狂);另一方面,是对个性及其所关注的事情的消沉(精神忧郁症)。

思春期的根本特点,当然此时是我们通过性因素建立个人与种族及社会的更大的关系。因此,这是个人兴趣范围、思想范围、行动刺激极大的扩大时期。同样,这是个人重新调整扩大个人视野的时期。我们之前也有机会注意到:任何显著的、行动的领域及方向的改变,都可以使得个体重新完全依靠自己,使得他衡量自己、评估自己有关新的行为可能的能力及想法。这是青少年时期很显著的事实:开始对最基本的关系及生活意义的深远影响有所意识,用全新的观点来思考自己。他感知并且看到自己周围不断扩展的世界。这种新的兴趣来源,表明对自身健康的现象及病态的现象都有了全新的自我意识。它存在于对原来形成的习惯以及已取得的经验的修正,从而使它们与新情境的需要相适应。它在感情困扰和焦虑中显现自己,总是伴随着事件习惯进程的破裂和改变习惯力量来适应新的环境。从各个角度——心理、道德和身体——来说,我们都有一个快速生长的时期。使它与其他快速生长时期不同的是这一事实,即从根本上说,这是一个重建和改造的时期。

从智力上说,这一扩展产生于对原理和普遍化的兴趣,产生于探索并规划一些更大、更普遍关系的能力的增长。既然青少年在社交和情感上感觉自己是更大世界的一部分,并且对自己在这个世界所占的位置及其对自己的意义感兴趣,他的观念试图与这一个人重整同步。他倾向于超越自己特定经验的限制,逃离自己个体限制的束缚,在人类世界及人种为自身形成的世界中发现自己。在历史、文学和科学上,这一时期的倾向是看到更大的整体,试着去把分散的事实聚合起来,并把它们作为局部在全面的整体中集中起来。但是,这个更大的愿景只有以归纳出来的原则为媒介时才成为可能。这种归纳把大量不同的独立事实收集起来,并把它们结合成连贯的相互关联,以至于可以感知或看到潜在的包括一切的全部。

青少年对于事物的经验是统一的或完整的,当然,他能够理解的统一是比较狭隘和肤浅的。然而不止于此,单是这种近乎以自我为中心的兴趣就能够达成统一。这要么必须密切接触孩子,要么能够很容易地被转化成他自己关心的事情。此外,维持统一的联系,严格说来,是那些行动的联系,是事件的过程把细节联系起来。这个整体本质上必须是一个故事、一个片段,必须具有戏剧性。然后,当青少年有能力欣赏技巧的价值时,他会欣赏各个成分的方法或安排,为最有效地达到某一给定目标而共同采用的某些特定手段。这种方法和关系的计划,不会占据整个思维,而只是使实际应用、成就和结果成为可能。

然而,青少年时期开始了对更大世界的认识。在这个世界里,个人只是一个因素。个人兴趣的重心从个体转变到种族——或者,如果重心还在个体,也是在作为种族成员的个体身上。一种关系,一种概括,现在因其自身而获得了某种意味。整理并认识到这个较大的客观世界,是有必要的。它是维持个体,并使其联系、参与到世界中的纽带。甚至可以说,整体的感觉不再是行为或者戏剧性的整体感觉,不再是获得结果、获得一个技术性的整体的感觉,而是一种组织的感觉。这种关系——一般原则,是有助于获得所需要的组织感的所有东西。

同时,对细节的看法也改变了。从某种意义上说,迄今为止,个体对细节几乎没什么兴趣。兴趣太自我中心而且过于实际,不允许这样。可以组成一个故事的细节,可以以生动的戏剧性形式来展现一个行动的细节,当然都是很有趣的。但是,对于青少年来说,它们不是细节,而不过是故事中的重要部分;它们是构成整个场景的意象的剧本。之后,青少年对他们想要的结果感兴趣。尽管这样,与对观察或者详情的积累兴趣是相当不同的。但是,当思维有能力接触或掌握一个新的原则时,细节就有了新的意义——它们作为事实,在一般法规的案例中、在例子中、在样本中或者在例证中展现自己。观察或搜集到细节的数量越多,对这一原则的掌握就越生动越准确。的确,掌握这种普遍原理的唯一方法是找出它在相当多的大量事实中的运用,在于看到所有明显的不同之处背后有一个普遍的有效原则。因此,对普遍原理的兴趣与对细节的兴趣不是相互排斥的,相反,它们走到一起;如果使用得当,可以相互利用。我们称为形态学的兴趣、对形式分析及结构细节的兴趣等等的东西,当这些细节作为适当组织之必备条件的一些功能运作的外在表现或迹象,在较大的整体中被赏识的时候,有独立的效力。

智力兴趣的发展,可能与植物、动物和矿物都有关系。青少年首先对立刻吸引他的性质或性能感兴趣,对漂亮的、惹人注意的特征感兴趣——换句话说,给他的活动一个直接的出口。他对拿着石头、敲打石头、刮石头等感兴趣,对采花、闻花等感兴趣,也对各种各样衍生于石头、植物或动物的产品或人类使用的物件感兴趣——尤其是当这些东西与他自己的生活具有联结点时。他还对用这些物体做事情感兴趣——播种、浇水以及有关植物的其他事情;养育和照顾他的宠物;试着用石头建造什么,等等。对形式与结构、生活或原料的原则或法则的兴趣,严格说来,都是附属于我们刚才所说的那些兴趣类型。

之后,当他感觉到过程和结果的关系,当他看到一个给定的经验代表一个目的而这个目的只能通过遵守特定的次序和以某种方式安排并控制事情的时候,他对物体的态度会稍微改变。他可以在自己的行为中欣赏规则——即给定的次序——的重要性,也可以被引导欣赏其他东西的类似顺序的重要性。植物生长的方式,动物生存的方式,石头产生并形成现状的方式,这些都使他感兴趣,不仅是作为故事,而且是作为历史——也就是说,作为一种事件的有序进展。在植物的生长过程中,在植物必须要做的事情中,从土壤和空气中获得食物原料以及营养物质的循环中,所体现的秩序和方法感是此时普遍原则表现出来的形式。对细节的兴趣,通过对很多器官的观察变得更准确、更明确,有利于使这些进程继续下去,并找到正在讨论的植物或动物的特定部位。在这一点上,普遍就意味着秩序规则的改变,细节或特殊意味着为有效完成某件事情必须采用的特殊方式或工具。

在青少年时期,生活的进步与成长变得有趣,成为其自身一个精神的整体,除了实现任何一个特定目标的从属关系之外。它不再是孩子熟悉的这种或那种植物的生长,不是这种或那种宠物的生长,而是诱人的生长本身。它成为一个令人沉迷的兴趣。因为生长是一个精神上的单元,当然就有其自身的法则及原则。仅仅由于这些法则,一旦发现这些归纳,就可以清楚地知道生长的进步到底是什么样的。细节或特殊获得了相应的价值;它们不再是不必要的或分散的,不再是仅仅被用来执行某个明确的结果时才重要。它们有意义,因为它们显示一般原则的全部活动方式。它们是细节——原则的实际体现与证据。

这可以总结为:真理以其自身为内在的、独立的目的。与此相应,调查和发现也自有其价值,因为它们有助于我们发现真实有效的真理。调查显示,青春期以前,自发的批判意识相对淡薄,为解决困惑而去质疑和调查的自然倾向大大不足。遇到事情时,青少年会用自己的经验来处理它们,通过诉诸权威来解决它们。如果多种因素相互契合,为他提供一幅稳定的心理图象,对他来说,这就足够了。现在,一种寻求证据的需要出现了。他们认识到,探索是以真理为目标和标准的过程。因此,他们不会满足于杂乱和偶然的经验。他们知道,存在假定的法则或明显的事实必须服从的某些联系,这是任何可接受的理论必须满足的条件。

在强调此时出现的新的智力观点时,当然不要忽视潜在发展的持续,这也是很重要的。每一个阶段都有一定的东西代表统一、全体及组织。每个时期的概括的因素或整体中的关系、详情或细节,都有与其相对应的东西。如果每一个观点特有的兴趣和态度都被适当地遵守并加以利用,我们就可以期待一个比较容易或者很容易分等级的、从一个时期到另一时期的转变——一个如此自然的,以至于事实上令人有些麻木的转变。它的某种与发生在普通孩子身上的一般事件过程相比有些极端甚至恶劣的特征,现在可能有一种被夸大的倾向,部分原因是在前一时期片面的和人为的发展中,转型带来的冲击太大了。

（白玉国　译）

社会心理学

心理学与社会实践*①

我希望先讨论一下心理学和社会科学的关系，从而进一步探讨它和社会实践的关系、和生命本身的关系。自然，我预期是要对涵盖整个领域的一些基本原理作一个系统的解释，然后再给其中的各部分作适当的分级和定位。可是，这个讨论现在还没有准备好。然而，我又不愿意完全离开这个课题，因为我在过去几年中，刚好都致力于研究这个主题的某一个方面，所以很清楚心理学与教育学的关系。因为教育从根本上是一个社会事务，教育学也首先是一门社会科学，所以在此，我们要探讨的是整个社会科学领域中的一部分。从某些方面看，通过处理其中某个特例来解决综合问题，或许有利于问题解决。但是，缺少一个详尽连贯的观点，也是可以通过经验来弥补的。有了经验作背景，我们可以检验思维抽象概括的投影能力，可以确保大量的词语和概念在背景上形成特定的图像。因为我期待得出的是这样一个结果，也因为我将从一个特别的角度去进行一个有关这个大领域的调查，所以我把这个讨论提交给心理学家协会而不是教育家的组织。对此，我并不感到抱歉。

如果没有谨记我的前任最近刚刚发表的几篇出众有力的论文，是不可能处理这个特别的问题的。因此，请允许我借鉴一下他对于此问题的一些观点，有时也借鉴一下其中的词语。也许不用说，大家也知道，我想要讨论的是心理学和社会科学

---

* 此文选自《杜威全集·中期著作》第 1 卷，第 94—106 页。

① 本文是在美国心理学协会会议上所作的主席致辞，纽黑文，1899 年。首次发表于《心理学评论》，第 7 卷（1900 年），第 105—124 页，以及《科学》（*Science*），第 2 期（1900 年），第 321—333 页。作为芝加哥大学对教育的贡献单独重印，第 2 期，芝加哥：芝加哥大学出版社，1901 年，第 42 页。

这两门学科的理论，而不是任何一本特定的书或一篇文章，这是至关重要的。明斯特伯格(Münsterberg)博士的一些观点，有关教师进行混杂零碎的儿童教学学习，其无用性与危险性；有关神经系统的无条理信息；有关实验室试验中未经加工和诠释的初步结果，对于这些，我大体上都十分同意。毫无疑问，我们必须反对急于将某些心理现象和某些原理强行联系在一起，这样一定会破坏它们的科学形式。因此，也有必要指出，需要对心理素材进行初步的研究，将其与教育上的一些要求联系起来。然而，这些都是小问题，最重要的问题则是：心理科学作为一门研究机制(mechanism)的学科，是否漠视和反对教育对个人在其重要态度及目标方面自由地相互作用的需要。

I

现今的校园教学实践是以心理学为基础的。这些心理学假说已经控制了教师们的教学理论和实践。潜在的心理学原理对教育存在着广泛而持久的影响，这正好成了教育改革的最大阻碍。现存的教学方法是以两个心理学的基本假说为基础的。其中一个认为，儿童心理学和成人心理学的根本区别在于个人的认知领域，也就是各种有助于形成心理能力的动机和条件。另一个是与相似性有关的假说，该假说认为，显著的差异对教育的目标来说是最重要的特征。这里，我指的是，与儿童相比成人在目的和习惯上的专门化，以及儿童充分而自由地生长与各种无差别状况之间的联系。

成人主要是指有一定职业和地位的人，他们必须去承担一些特定的责任，由此就养成了一些特定的习惯。而儿童的主要任务就是生长，他们所关心的是达成特定的目标和结果，而不是了解现有事物的大体结构。不像成人那样直接利用已经形成的习惯，儿童还在努力培养习惯。于是，他专心同周围的人和事物取得全面联系，了解各种生理和心理因素，这些就能够为他将来形成专门化的目的和追求提供背景和素材。他是而且应该是忙于形成各种各样灵活变通的习惯；而评判这些习惯的唯一直接标准，应该是它与儿童完全生长的关系。儿童不能也不该像成人一样，忙于学习特定的技能，即学习那些价值由其与专门化技术成就的关系来衡量。我认为，从心理学和生理学看，这是儿童与成人的根本区别。因此，儿童不论在生理上还是心理上都不能称为"小男性或小女性"。

充分认识这个区别，意味着我们挑选和安排的教学素材和教学方法一定要促进儿童正常的生长,希望其生长中总结出的结果有助于他们未来的职业发展。但是,看看我们的学校系统,问问它有没有教授"3R",无论从教材来说,还是从教学方法来说,它教授的是有关生长、现在的需求和机遇,还是一些将来职业所需要的技术。对地理、语法和历史也提出同样的质疑。心理学理论与现存学校教学实践之间存在着明显的差距。我们很容易看到,现行的学校系统采用的几乎都是在成人心理学上十分重要的立场和方法。

传统的初等教育课程涵盖的范围十分狭小,逻辑分析方法使用得过多且都不成熟,还假定儿童的观察、记忆和注意力等能力已经发育完全,这些都是理想的正规学科所包含的内容,但愿是孩子们自己选择的吧。所有这些有很多的解释,却独独忽略了儿童和成人之间的心理区别。这些事物已经牢牢控制着学校的教学,除非充分重视这个心理学事实,否则不可能有根本的改变。仅仅有教育界领导和教育理论家引起重视是不够的。除非每一个教师都真正理解这个改革的科学基础和必要性,否则,他们不可能真诚地、全心全意地、想尽办法地实行这些改革。

但是,从另一个角度看,有一个关于根本区别的假设,这就是关于保证智力、道德进步的条件及其获得的能力二者的关系。① 通过解决个人问题、实现个人目标,通过自己选择相关的方法和素材,通过对素材和方法的学习和应用,以及在此过程中的各种试验和检测,成年人获得了能力和控制力。对此,没有人认真质疑过。实际上,以上三种提升能力的条件,儿童都不具备。对儿童来说,问题和目的是由他人替他决定的,相关或不相关的素材也都是由他人提前替他选好的;而且,在总体上,学校试图教授他一种适合于发育完全的成人的方法来运用素材解决问题或实现目标,而且几乎没有进行任何试验。对于成人来说,我们完全可以假定,心理生长必要的前提条件是一种积极调研的态度,用以解决自己感兴趣的问题。而对于儿童来说,我们认为,前提条件更应该是一个积极的性格,使他愿意处理外部的素材和问题。成人的理想状态就是能够活跃,而儿童则是愿意去学习。对成人来说,我们认为,在处理问题、提升个人魅力的时候,在承担责任、自主决断的过程中,他们的注意力水平也就得到了发展。而对儿童,我们几乎没有给他们机会,让他们从亲身经历中去发现一些问题;我们也没有给他们机会去自主选择、分类、调整经验

---

① 这一点要归功于大家对我的帮助,尤其是我的朋友和同事埃拉·弗拉格·扬(Ella Flagg Young)女士。

和观点,以此找出解决问题的方法。这是一个针对教学定位、教材、教师、教学方法进行的改革;只有真正认识到儿童与成人在心理认知上的这些不同,改革才能有效地进行。虽然改革会遇到很多困难,但它的实现将具有深远的意义。

再次强调,仅仅教育界的领导了解正确的教育心理学是不够的。广大的教职工是直接同儿童打交道的,必须给他们提供足够的心理学平台,使他们认识到自己所从事的工作的必要性和重要性。教师是改革的直接执行者,如果他们没有这种信念,那么就不可能确实有效地实行改革,也不可能有其理想状态要求的那种精神。这样的话,改革很可能会彻底失败。

然而,从这个意义上看,此问题的范围就缩小了。我们都知道,要有人来了解和掌握这些心理学方法和结论,使其促进教育事业的发展,这是千真万确的。然而,这并不是教师的工作,而是广大教育学理论家的工作。他们构成了心理学家和教学实践者之间的一座桥梁。他们应该将改革具体地落实成各种建议和规则,使教师们可以将这些理论成果运用到实践中去。要注意的是,教师面对的是一个个富有个性的孩子,不能用心理学的治学态度去同他们打交道,否则就背离了人性化教学,会扭曲甚至毁掉师生关系;而这种伦理关系对教学来说,又是至关重要的[明斯特伯格:《心理学与生活》(*Psychology and Life*),第 122 页,第 136—138 页]。

毫无疑问,教育学家和教师之间存在着合理的分工。在通常情况下,那些从事教学工作的人,不太会意识到心理学的基础作用及其在教学工作中的对应体现,也不会致力于研究怎样将心理学现象和原理应用到教学实践中去,使其更好地为教师所用。另一个问题也很重要。我们已经有理由质疑,到底能否将两种不同的观点紧密结合起来,一种观点认为要强制立法,一种观点认为要教师们愿意。教师们能够接受这些“要求强制执行的规定”吗? 或是他们真的愿意通过这种新方法来达到教学目的而不只是勉强屈从? 改革的结果会不会优于现行的这种混合着经验主义和灵感主义的制度? 除了教师作为心理学的学习者,主动地去追根究底,去学习这些建议和规则之外,难道还有别的方法能够避免这样一种消极接受的态度就像那些被动等待将军命令的战士吗?

在此,我要引用一段比较重要的短文:“在理论和实践工作之间,难道就没有一个特殊的学科能起到连接的作用吗? 在物理学和工厂工人之间存在着工程学,在自然科学和医生之间则有医学。”(第 138 页)这些语句以一种惊人的方式告诉我们:这个问题的本质就在于,通过一个中间学科在两个极端(理论家和实践者)之间找到一个有机的结合点,即理论家的观点通过中间学科的转达,能够确实为实践者所理解和接受,这是起决定作用的问题;实践工作者则通过中间学科的媒介,与理论建立起联系的状态,直接决定实践工作的有效性、实践者的精神自由和个人发展。虽然自然科学理论本身是合理的,但是医生无法理解其基本原理,所以他们不再遵循这些理论,摆脱了束缚。于是,他们的工作不再是经验主义和平庸医术的混杂,而变得更加自由,成为了一个独立的职业。由于工程学只是在形式上联系了物理学和工厂的实践工作,没有起到实质作用,所以我们的工业问题演变成了非常严重的道德问题。工人所得的工资数量、工资的实际购买力、工作的时间和环境,这些都是次要的;最主要的问题在于中间学科仅仅只联系了外在的行为,对内在的思想意识没有起到作用。如果他们懂得了工作的重要意义,对其有了科学和社会意识,就会感觉轻松多了。因为他们要进入的是一个讲伦理道德的社会,所以也就会有一些正当的附加条件,例如工资、工作时间、卫生条件等。在这个意义上看,教师的工作与工厂工人、医院医生的工作是不是有相似之处呢?

可能有人会说,我忽略了一个重要的不同点。医生是同躯体打交道的,躯体是一个单纯的物体,是各细胞组织相互作用的产物,我们可以对其进行治疗,不会有很大的损伤。然而,教师的情况就完全不同了,如果把儿童看成单纯的物体,有可能会毁掉他们的个性。当然,这个不同点并不像说的那么严重。毕竟内科医生要面对的不是毫无生命的躯体,而是各种有生命的官能和运作。我们不能找到几世纪前的医学史,说当时的医生治病是多么直接迅速。因为当时医学落后,各种疾病显得异常强大,除了搞些迷信活动或照搬前人经验,医生根本束手无策。这里的迷信活动,指的是医生使用的治疗方法出于盲目的类比,或者对宇宙和生命作奥秘的猜想。照搬前人经验,指的是医生只是单纯模仿以前类似病症的治疗方法。在看了医学史之后,我们才懂得,正是由于能够用构造来解读官能,将各种有生命的运作简化成一种系统的各个部分,医疗事业才摆脱了对迷信主义和经验主义的依赖;将一个真正的生命看成物体,医学就取得了进步。这种将生命活动转化为无生命物体的能力,就提供了一个科学标准,能够衡量医生的治疗方法和临床操作,衡量医生作为一个生命对另一个生命所做努力的可靠性和有效性。

当然,仅仅进行类比是不够的。我们必须从教师的行为准则中找出一些具体的原因,使我们相信暂时将人的个性转化为客观结构的心理学不只是偶尔提供帮助,而且是必须融入整个系统中去。总的看来,现阶段教师的努力没有收到很好的效果,有的彻底失败,有的背离初衷,有的毫无成效,因为他们没有分析儿童的性格特征。师生关系完全是具有伦理道德的、人性化的,教师很难走出这种束缚,进行更好更有效的教学。教师的处境正好和当年的医生相同,当年除了将健康看成一个实体,将疾病看成是它的一个敌对力量或一种侵略势力,医生们别无他法。而教师也是一样,把他所知道的一古脑儿地教给学生。正是由于不能将自己和学生单纯地看成是以特定方式相互作用的物体,教师们只能被迫采用专制措施,遵循学校的传统教学,或者借鉴教育学理论家提出的最新方法——寻求学校期刊和教师研究所提出的最新灵方,就像古时候医生求助于迷信偏方那样。

我重复一遍:现在教育力量最大的弊病正是教师孤立地将学生的表现看成是一个实体(不考虑那些动机不正当或者准备不充分的不合格教师),而不是根据其具体构成要素进行分析。如果儿童生气了,教师就把他当生气的人来对待,把生气看成一个实体、一种力量,而不是一个表现。如果儿童不专心,教师认为他就是不愿意集中注意力。教师告诉你一个小孩不专心、不集中注意力的时候,就好像说一张纸是白的,已经是最终的事实了。只有承认注意力是一个系统,意识到各种感觉、意象、生理冲动相互作用是一个客观事实,教师才能将注意力看成一种官能,更有效地进行处理。当然,对其他一些教师想要培养的实践能力也是一样,例如记忆力、敏锐的观察力和良好的判断力。

要仔细想想"机制"(mechanism)和"个性"这两个抽象概念。大多数人只是笼统抽象地去了解,并没有将它们转换成相关的现实情况,这样就很容易遇到困难。这个有着伦常的"个性"并不是赤裸裸地走进学校,它还带着"身体"来作为一种接受各方影响以表达、阐述想法的工具。教师也不是笼统地与"个性"打交道,而是与其表象直接接触——各种智力和实践的冲动和习惯。这种有着伦常的"个性"正在形成,而不是已经形成。教师必须激励学生发展积极、良好的习惯和兴趣。当我们考虑要怎样培养良好习惯和兴趣的时候,会遇到这样一些问题:要给感觉器官提供什么样的刺激?怎样刺激?应该有哪些固定的组合?应该激起哪些生理冲动?刺激到什么程度?怎样才能更好地控制那些有益的刺激,降低有害刺激带来的风险?总之,教师要和心理学的一些因素打交道。这些因素就是要促进一些好习惯的形成,防止一些坏习惯的养成,包括各方面的习惯:学习习惯、情感习惯和外在行为习惯。

此外,教师使用的所有工具和素材都可以看成是精神刺激,当然还需要双方的共同参与和反应,这就是所谓的因果机制。教师所做的大部分现实工作,都可以用心理学理论来阐释:在各种固定组合中引进一些特定的变化,巩固一部分特定的感觉运动联结,再削弱或根除剩余的联结。不是说有些老师会考虑到机制问题,其他老师不会;而是有些老师不了解机制这个概念,所以在教学中很被动、很迷信、很盲目,而另外一些老师知道自己在干什么,他教得很自由、很清晰、很有成效。①

学校教育使用的素材,也是一样的情况。不论目的论中多么强调个性,不论这个强调多么真实、多么必要,都掩盖不了这样一个事实,即教学是一个使儿童了解具体的事物、绝对的事实、明确的观点和特定的象征符号的事业。象征符号,指的是一些在算术、阅读和写作中的客观事物。观点,指的是历史和科学上的真理。事实则来源于一些特定学科,如地理学、语言学、植物学和天文学。如果认为只要纯粹的个性与个性之间相互影响,加上对教育理论家制定的规则的了解,只要这个具有生理和理想目标的躯体能和儿童的生活有效地相互作用,就是成功的教学,那显然是错误的。这样的教学只不过是一种迷信,是对常规的被动依赖。在阅读、写作和数字中的象征符号,不管是它们本身还是它们所代表的观念,都是机制中的元素,要让孩子学会运用。除非教师有能力将符号和内容转化成对应的心理学理论,除非他能够把孩子看成一个心理机制,能够提供最大限度的支点,否则,他是绝对不可能把这个改革发挥得最有益、最经济、最有成效、最自由的。

很可能有人会说,现在的问题并不是整体而专制地对待学生及其行为,而是(正如所谓的新教育所关注的那样)太过于把学生当成机制,寻找各种各样的刺激鼓动和吸引他们。也就是说,采用这种心理机制观点,正好是可能使教育仅仅在乎一致性、削弱了孩子们的个性、使他们只知道沉溺于兴奋愉悦的罪魁祸首。欢迎大家提出不同的意见,因为这有助于我们看清真相。教师仍然遵循传统常规,使用专制教学方法,力守智育准则,将对孩子冲动的暂时满足等同于感召力,这是由于他们片面地理解了其中的一部分。他们对某些感觉和冲动以及怎样刺激和引导这些感觉和冲动有了一定的意识,但对于更大的机制(单纯看成一个机制)以及他们正在实践的和他们所未了解的心理学知识之间存在的因果关系,就不得而知了。要改正这种错误,不是告诉他们心理学的观点起了误导作用,而是要让他们知道机制

---

① 可以坦率地说,有些教师出于本能,就能够很好地理解这些心理学知识。所以,我们不是要制造教师,而是要强化和启发他们,他们是有教学权的。

作为一个整体,其范围和它各个部分复杂的相互作用。然后,他们就能认识到,当通过运用此理论的浅层部分在实践中取得显著成效的同时,他们正在误排、误置、误组这个理论的基础因素。总之,他所做的事情不像是心理学会做的事,更完整地说,是作为一个糟糕的心理学家对片面心理学的治疗方案。通过漂亮的颜色、兴奋的语调或者愉快的相处,他也许赢得了孩子片刻的注意,却失去了这个机器装置的齿轮,使剩下的零件自由运转,失去控制。在理论上,可以这样对教师解释:一种错误的方法对孩子产生的不好影响,就像在机器设备中,几个错误的构造会造成能量转换率低下。

这使我想到,许多观点迥异的人(例如,哈里斯博士和明斯特伯格博士)都认为科学心理学只能运用在病理学上,解决一些与"生理、心理健康"有关的问题。但是,教师的工作与孩子的生理和心理健康无关吗? 孩子的健康不是教师的最终目标吗? 在目的和方法都有缺陷的教学中,就不能使用病理学原理了吗? 我觉得,使用以下两种方法和素材并没有本质的区别:一种方法较为明显,它造成了孩子精神上的不满和疲劳、视力下降以及驼背;另一种方法则较为隐晦,它使孩子们有了强健的身体,部分达到了教育目的,但事实上却阻碍了大脑中视觉和听觉的联系,使大脑的视觉器官不能充分发育。教学上的什么错误是不能用正确的心理学理论来解释的呢? 一种错误的阅读教学方法(说它错误,是从完全的教育学和伦理道德上说),也是一种关于心理-生理机制的病理学案例。一个伦理道德上有缺陷的方法,在培养学生良好阅读能力的同时,却没有监管好他们阅读材料的范围,任由他们"机缘巧合"地读到一些"黄色杂志"、垃圾小说,或者一些对他生命毫无意义的文学作品。如果相关的心理和生理因素没有充分联系、充分发展,这样的教学失败是不是会重演呢? 如果说教师掌握心理学知识,对于那种明显由于教学不当引起的心理疾病是十分重要的,那么,对那些作用和表现都较为隐晦和间接的案例,是不是就更重要呢?

概括地说,这个争论既与教育学的伦理特征无关,也与心理学能够将个性简化成一个物体的抽象作用无关。事实上,教师是忙于和其他人打交道的一类人。他生活在这个社会,是社会生活的成员和细胞。他的目标也是社会目标,让孩子学会在各种社会生活中,在其越来越复杂的社会圈中,承担起越来越多的责任。不管他作为老师做些什么,他首先是作为一个人去做的,而且是和其他人一起做的,为其他人做的。就像他的目标一样,他的方法在有效执行的时候,也是实际的和社会的,是与伦理有关的……而不仅仅是精神上的。与此相比,有关心理学的材料和数据、立场和方法就抽象多了。心理学将具体的行为和人际关系转换为意识中的一些步骤,而只有通过具体生物,我们才能充分识别这些步骤。说教师的工作是具有社会性和目的性的,说心理学家提出的机制是具有抽象性和部分性的,我觉得都不为过。

是不是因此就可以说任何教师所作的想要发挥这种抽象作用的努力,例如把儿童看成一个机制,把自己的教学看成是因果影响力对机制的作用,都是无效的、有害的?从这里看,我实在不能理解,为什么有人会说,因为机制是一个机制,其行动、目标和价值都是与生命相关的,所以用前者来阐述的理论是无法用来理解和运用到后者身上的。目标的实现,是离不开必要的方法的。价值经过仔细和精确的衡量之后,仍然是价值。行动,在将其生效机制搞清楚之后,也仍然是行动。认为机制和现实生活不能等同的说法,既不够真实,也没有解决任何问题。现在不可能有什么区别来证明心理学同任何形式的实践活动的关系。这个区别很有价值,也很有必要了解,但它还处在初级阶段。事实上,我们这个讨论的主旨就是要去质疑任何一种过于理想化的方法,不能从一种执行机制中走出来,又进入另一种同样不起任何作用的机制。

曾经有人提出,将石头、钢铁和水泥解释成机制条件的因果联结,这种物理学的成果是与现实生活完全脱节的。这样的说法,在今天是不会引人注意的。每一幢摩天大楼,每一座铁路架桥,都是对其的反驳,一缸子的狡辩也是徒然。即使有人接着争辩说,在这个机制中,还包括举起石头和钢铁的蒸汽起重机,包括建筑师的体力和脑力劳动,包括泥土工人和钢铁工人,也不会引起反响。事实非常明显:系统论和因果论的阐释越全面越彻底,人类目标的探索和实现就越经济、控制得越好。正是由于有了系统论,人类活动更加自由,在成千上万种新的实践内容中取得了成效,其范围之广也是之前无法想象的。从我们的讨论可以看出,讨论心理学这样一个问题可能仅仅是因为我们现在还没取得什么进展,因为我们要实践的这个领域中能够使用的科学实践方法太少了。也可以看出,我们要面临的困难实际上是视环境而定的,而不是内在的、有关学说的。如果我们培养教师像培养建筑师一样;如果学校的经营确实是以心理学理论为基础的,就像工厂是以化学和物理学为基础那样;如果心理学足够地条理和连贯,能够充分阐释人性的系统论,就像物理学阐释物质那样,我们就不用讨论这个问题了。

当然,也不能忽略一些正面的因素。无论如何,心理学的观察和解读都存在很大的困难,但我们也不能忽视其可能存在的辅助作用。由于心理-生理实验室,我们已经付出了代价,我们犯了一些明显的错误。要更全面地控制各种条件,要更加准确地下决断,我们必须有一种孤立的状态,需要抛开通常的想法和行为,否则会造成一定的疏远,也很容易有造作之感。当实验室得出一些结论时,比如重复是影响记忆的主要因素,我们必须记住,这种结果是通过一些无意义的试验得出的——排除了通常影响记忆的一些条件。如果换一种说法,这个结果就是适切的:如果我们排除通常环境因素对记忆的影响,排除的程度越大,单纯重复对记忆的影响也就越大。说重复是影响记忆的主要因素,实在值得怀疑,也很可能是完全不恰当的。

下面是一个一般原理。除非我们的实验结果只是为了生产出人造物品,为了唤起我们的科学求知欲,否则就必须用生活中的相似事物去解读。这些结果可能在形式上非常准确,但在现实生活中运用他们,确实需要小心谨慎,很容易出现错误。总之,实验室不能给我们提供一个最后的避难所,使我们能够避免通常的一些科研困难,例如创立假说、解读结果等等。从某些意义上说(从实验结果的准确性和有限性上说),我们的责任更大了。从心理学上看,学校在许多方面就介于实验室的极端简化和日常生活的极端混乱复杂之间。它的环境是整个生活,是社会的和实际的。但是,当所要达到的目的可以简化成数字的时候,就可以进行试验;因为这样就简化了各种环境条件,可以得出明确的结果。这些目的——养成良好的注意力、观察力和记忆习惯等等,在心理学上看,是最高阶段;但是,在平常生活中却是次要的,不会引起人们的关注。

如果生物学和进化的观点将人脑看成是适应的工具是正确的,那么任何一种方法,只要能在促进适应(或能力)发展的条件下,使我们接近各种各样正在形成的适应,就具有一定的优点,而这正好是组织良好的教育系统应该有的情况。心理学理论可以指导和启发实践,按其规则进行活动可以检验它的正确与否,对它进行评判,有助于它的修改和完善。总之,心理学成了一个假说,教学工作是实验测试和对假说的演示,实验结果则是实际控制力的提高和理论的不断发展。

II

我必须提醒自己,我的目的不是要下结论说心理学对教育学有促进作用,我们所关心的是一个更大的问题,即心理学和社会实践的关系。到目前为止,我想要表达的是：心理学能够为我们所用，正是由于它用机制论来阐述个人目标和社会的关系。将各种伦理关系简化成物体，我们就能够旁观我们所处的环境，客观地看待我们的传统习惯、空洞的追求以及变化无常的欲望等等。我们能够看清它的形成因素，以此来寻找改善的方法。说物理学和心理学对现实生活的作用等同，也是有道理的。通过对理论的转换，我们的控制范围扩大了，操作更直接，能量得到保护，目标得到启发。

学校是一个检验心理学对社会实践的指导作用的理想场所，因为学校的明确目标就是在特定态度和努力下，培养特定的社会个性。至少在思想领域，没有其他的目标可以限制或损害这个目标的支配地位。在商业、政治和其他领域，情况就不一样了，在表面上还有其他的目的；这些目的在许多方面都更加重要，而伦理则退居次席甚至只是偶尔附带。赢得一切却迷失自我，对一个人来说毫无益处，因此对其他所有社会机构的评判标准间接地或最终地取决于其对人类生活的贡献。其他的目标可能会暂时占据首要地位，但终究会转换成手段；它们必须有利于生活，否则就会受到谴责。

换句话说，一旦我们用伦理标准去评判其他的社会机构，他们就与学校站在同一起跑线上了，也就是说，他们都是加大深度和实现生命价值的机构。在这两种情况下，能够实现伦理目标的机制论都是可以实行的，也是绝对必须的。心理学不仅是偶尔对日常任务进行补充。这个观点和这种抽象作用的本质，就是要使我们掌握一种方法来引入价值、实现价值。把个性看成物体、社会关系看成机制以及有关刺激和抑制的一些理论，正好就是用实现目标的方法来解读这些目标。

值得注意的是，人们老是对一些道德标准的无效性如此忽视。人们树立典范，制定标准和宣扬规则，却没有找到任何根本的措施来实现它们。树立典范是为了让人学习，制定标准是为了让人遵守，宣扬规则是用来指导人的行动。总之，制定这些道德规范的唯一原因，是它们能够影响和指导人的行为。如果它们本质上无法做到这些，只是偶然地发挥作用，那么，这比毫无成效还要糟糕。它们就是无耻的冒名者，是逻辑的自我矛盾。

如果人们的道德理想和规范是从风俗习惯中总结出来的，就仍然会通过风俗习惯来实现；但是，如果是从其他一些背离习惯和传统的方法中得出的，如果是有意为之，那么，肯定存在一个事物替代风俗习惯来充当执行的媒介。我们必须了解它们的操作方法，而且必须详细了解。否则，我们越坚持这些绝对规定，越坚持它们的绝对控制，对它们的实际统治力就越无能为力。习俗、道德和心理学有着类似的历史发展过程，而意识则不是，它只是我们在已有目标和对其实现手段的兴趣之间的一种必要等同物的具体识别。同样的情况，我们之前已经讲过两次：一次是关于要实现的价值，另一次是关于实现的机制。只要习俗和传统还占据着支配的地位，只要社会价值还是由本能和习惯所决定，也就不存在有关实现方法的意识问题，心理学也就无用武之地了。社会机构有属于自己的一套，它使一个个成员都融入机构，在它们的控制范围内活动。个人受社会团体的共同生活支配，机构和习俗保障着社会典范和方法。但是，当价值被意识到，苏格拉底坚持反思人生和道德之间存在着有机关系，这就意味着用于阐明伦理典范的机制也成了意识。当我们开始反思道德的时候，就产生了心理学。

此外，作为对个性运作机制的描述，从将生命完整价值的实现限制在一个社会部门的意义上说，心理学是社会的专制和等级观念，是阶级观点的唯一替代性选择。随着在历史和社会学中的运用，心理学不断发展，它试着用心理学中的刺激和抑制去描述不同团体之间人们的相互作用，它见证了我们已经不再把社会形态看成不可置疑的最终形式。现在，社会机构存在分配不均、随意决议和发展受挫等问题；将心理学运用到社会机构中去，才是改变伦理价值的唯一科学方法。这也表明，已经承认心理学原理可以运用到社会生活的大部分事件中；也承认现有秩序不是由命运或巧合所决定的，而是以法律和制度为基础，以现有刺激系统和反应模式为基础，通过可以改变实践结果的知识建立起来的。承认并探寻个性之间的相互作用的机制——它控制了现有的价值分配；或接受一个固定的等级制度——领导人自封为最高个体，广大群众只有被动接受和遵守某些目标和法律，除了上述两种情况，我们别无选择。将心理学运用到社会事物的努力意味着，我们已经确定伦理价值不是只存在于某一特定群体或阶级中，不管其多么优越；而是存在于整个社会生活中，这是针对整体复杂的相互作用和相互关系作出的解释。想要挽救所有的个性，我们要做出类似的努力——用机制论来阐释所有的成就。抛开机制谈个性，会失去它的一部分意义，会使其运用变得变幻不定且独断专制。

很明显，我们现在的社会生活是很不规则的。我们对自然的控制力越来越强，我们运用自然资源创造出越来越多的商品以满足需求；但是，我们发现，这种目标的实现和价值的享受已经不再稳定和确定了。有时候，我们似乎陷入一种矛盾之中，我们生产越多的产品，就越不能好好地利用。难怪卡莱尔（Carlyle）和鲁斯金

（Ruskin）主张禁止整个工业文明，托尔斯泰（Tolstoi）提议回到沙漠中去。但是，稳当地看待情况、将其看成一个整体的唯一方法，就是谨记整个问题都是有关科学的发展及其在生活中的运用。我们生产出大量商品，实现对自然的控制，是物理科学发展的必然结果——我们能够将事物解释成机制中相互关联的各个部分。现在，物理科学的发展大大超过了心理学。我们掌握了物理机制，能够生产出可能的产品；但是，我们还没有一种关于条件的理论、一种可以将价值实现到生活中去的条件的理论，所以依然受到习惯、随意性和强制力的支配。

毕竟，心理学只是对将意识价值和意义引入人类实践中的机制的描述。随着它不断发展，并逐渐运用到历史和其他社会学科中去，我们可以预料，将来对伦理道德领域的控制力会越来越强。要评判伦理道德的性质和范围，最好借鉴一下发生在物理学上的这场变革；人们通过对物理学规律的了解，提高了对物理性质的操控力。心理学不可能为伦理道德生活提供现成的素材和解决方法，就像物理学不可能在没有准备的情况下得出蒸汽机和发电机的原理。但是，不管是物理学还是心理学，都让我们了解某些结果是由哪些条件引起的，从而使我们找到处理和控制的方法。心理学不可能告诉我们在伦理道德上要做什么，或是怎么做；但是，它能使我们洞察到控制目标形成和执行的一些条件，从而使人类的发展更加健全、更加理性，也更加有保证。我们聚集在此，不是为了吹嘘，或是感伤科学的可能性。最好，我们能够全心全意地做好我们的调研和反思工作。我们有权继续我们的日常工作，因为我们的工作同人类社会的实践努力不是毫不相关的或完全背离的。尽管心理学家的工作似乎离实践很遥远，但他们努力研究的学问能够让人类懂得保护和掌控更多的人生价值。

（白玉国　译）

人性与行为（节选）

1. 作为社会功能的习惯 *

把习惯比作诸如呼吸和消化这样的生理功能是有益的。诚然,诸如呼吸和消化之类的生理功能是自然而然的,而习惯却是后天获得的。然而,尽管这种差异在许多情势下是十分重要的,但它不能掩盖如下这一事实,即习惯在许多方面,尤其在要求有机体与环境相协调方面,如同生理功能一样。呼吸确实是与空气相关的事情,同样也是与肺相关的事情;消化确实是与食物相关的事情,同样也是与胃组织相关的事情。看当然包括光的作用,同样也当然包括眼睛和视觉神经的作用。行走不仅暗示着腿在起作用,而且也暗示着地面的作用;演讲需要的不仅是发声器官,而且需要自然空气(physical air)、人类团体(human companionship)和听众。我们可以把"功能"一词的生物学意义上的用法转变为数学意义上的用法,然后说像呼吸和消化这样的自然活动,以及如同演讲和诚实之类的后天获得的活动,都不仅是环境作用的结果,而且确实是个人作用的结果。它们都是有机体的结构或后天养成的倾向与环境相互作用的产物。同样的空气,在一定条件下会在水面上吹起波涛或摧毁建筑物,而在另外的条件下则会净化血液和传播思想。其结果取决于空气对什么事物起作用。社会环境通过与生俱来的冲动而起作用,于是就出现了言语和道德习俗。一般来说,把行为归因于直接发出行为的那个人是有具体而充

---

* 选自《杜威全集·中期著作》第 14 卷,第 13—17 页。首次发表于 1922 年,为《人性与行为》一书第 1 章。

分的理由的。但如若把这种特定的关系转变成一种为其所独有的信念，那么就会产生误解，如同认为呼吸和消化完全是人体内部的事这一观点会产生误解一样。为了给道德讨论找到一个理性的基础，我们必须从一开始就意识到功能与习惯是运用与综合环境的方式，后者确实像前者一样有同样的发言权。

我们可以借用不像生物学语境中那样十分专业的词汇，用习惯就是技艺（arts）这种说法来表达同样的思想。这些习惯包含着感官与运动神经器官的能力、心计或技艺（cunning or craft）以及客观材料。它们吸收了客观能量，并且最终控制了环境。它们所要求的是秩序、纪律和表现的技术。它们有开始、发展和结束。每一个阶段都标志着在利用材料与工具上的进步，并且都标志着在把材料投入积极运用方面上的进展。如果任何一个人说他自己是石雕大师，但又认为这种技艺只为他自己所独有，而决不依赖于客体的支持和工具的协助，那我们就会嘲笑他。

然而，我们在道德上却十分习惯于这种愚蠢的看法。道德倾向被看作是只属于自我的东西，因此，自我与自然环境和社会环境相脱离。把道德限制在性格之中，然后把性格与行为分离开来，把动机与实际的行为分离开来，所有的道德都是以此为核心来发展的。意识到道德行动同功能和技艺的相似性，就会消除使道德成为主观的和"个人主义的"原因，这样就会使道德回到现实中来。如果道德仍然向往天堂，那么，它也将向往现实中的天堂，而不是向往另外一个世界。诚实、纯洁、恶意、易怒、勇敢、轻浮、勤奋和不负责任都不是一个人的私有物，它们是个人能力与周遭各种力量的有效适应。所有的美德和邪恶都是综合了各种客观力量的习惯，它们是个体性格中的组成要素与外部世界所提供的要素之间相互作用的产物。它们像生理功能一样能够被客观地研究，而且它们随着个人要素或社会要素的变化而改变。

如果一个个体在世界上孤零零地存在，那么，他将在道德真空状态下形成他的习惯（即认为他不可能形成各种习惯）。习惯将只属于他，或者就各种自然力量而言，习惯只属于他。责任和美德都将为他所独有。但是，由于习惯包含着周遭各种条件的支持，所以，由同类人所组成的社团或某一特殊团体，就总是这一事实之前和之后的同谋者。一个人做出了某一活动，然后这一活动在周遭引起了不同反应，有的赞同，有的反对，有的抗议，有的鼓励，有的参与，也有人加以阻止。即使任由一个人去做的这种立场，也是一种明确的反应。嫉妒、羡慕和模仿都是同谋者，中立的情况是不存在的。行为总是人们共同参与的,这就是它与生理过程的区别。行为应该(should)是社会的行为,但这不是伦理意义上的"应当"(ought)。无论是善的行为,还是恶的行为,都是社会性的。

就与其他人所犯的罪脱离关系这一做法鼓励了其他人以邪恶的方式去行动而言,这也是一种参与犯罪的方式。采取不关注恶的方式而对恶不加以阻止,本身就是一种助恶的方式。个体渴望通过远离道德败坏而使其良心不受污染,这也许确实是导致恶并使个人对其负责任的一种手段。然而,在一些情况之下,消极的抵制也许是阻止错误行动的最有效形式,或者以德报怨从而使作恶者深感惭愧也许是改变其行为的最有效方式。为罪犯而伤感——由于情感的炽热而"宽恕"罪犯——对罪犯的产生也负有责任。但是,假定遭受惩罚的痛苦已经足够而与具体的后果无关,这种看法不但没有触及犯罪的本来原因,而且又成为报复和残暴产生的新的原因。如果关于正义的抽象理论需要法律来"证实",而这一法律又不考虑教导和改变作恶者,那么,这一理论就是拒绝承认责任,差不多就像把罪犯理解为遭受痛苦的受害者这种情感迸发所导致的结果一样。

单单责备一个人仿佛他的邪恶意志是其作恶的唯一原因的行动方针,以及那些因参与了造成不良倾向的社会条件而宽恕犯罪的行动方针,都同样是把人与其所处的环境、把心灵与世界虚幻地分离开来的方式。一种行为总是有各种各样的原因,但这些原因并不是借口。因果关系问题是自然问题而不是道德问题,除非当它关注于未来的后果时。借口与谴责正是作为未来行动的原因,才必然都被考虑。目前,让我们先臣服于充满怨恨的情感,然后通过把它看作是对正义的证实来对其做出"合理化的解释"。我们关于惩罚性正义的全部传统,通常意识不到社会在导致犯罪方面的作用;而只是赞同形而上的自由意志在起作用这一信念。通过杀死作恶者或把他关进石头房子,我们使自己能够忘记他的产生是由我们和他共同作用所致。社会通过谴责罪犯而为自身开脱责任,而罪犯则反过来归咎于先前不良的环境、其他人的引诱、机会的缺乏,以及法律公务员们的迫害。除了双方互相指责这一总体特征外,这两者都是正确的。但是,对这两者所产生的效果却是要使整个问题回到先前的因果作用,即一种拒绝把问题引入真正的道德判断中去的方法。因为道德不得不处理仍然处在我们控制中的、仍然要被实施的行为。许多罪都是由作恶者所犯的,但这不能免除我们对他的影响以及对待他的方式所产生的其他影响而负有的责任,也不能免除我们对人们养成故意作恶习惯的条件而负有的连带责任。

我们需要区分自然问题与道德问题。前者关心的是已经发生的事情，以及它是如何发生的。考虑这个问题是道德不可或缺的部分。如果不能回答它，那我们就无法说明是何种力量在起作用，也不能说清楚如何指引我们的行动去改善环境条件。在知道帮助我们形成所赞同和反对的性格的环境条件之前，我们创造一种环境条件而废除另一种环境条件的努力将是盲目和时断时续的。然而，道德问题关注的是未来，它是处于盼望之中的。使我们自己满足于宣布优点与缺点的判断而不参照如下这一事实，即我们的判断就是产生出各种后果的事实本身，而且它们的价值依赖于它们的后果，这种做法就是自大地逃避道德问题，也许甚至会使我们自身沉溺于愉快的激情之中，就像我们谴责过的人曾使自己沉溺于这种情感之中一样。道德难题就是改变那些现在正在影响未来结果的各种因素。为了改变另一个人的实际性格或意志，我们必须改变融入他的习惯之中的客观环境条件。我们自己的判断体系，自己确定的赞扬与责备以及奖善惩恶的体系，这些都是环境条件的组成部分。

在实际生活中，社会因素在人格特征的形成中所起的作用获得许多认可。这些认可之一，就是我们对社会进行分类的习惯。我们赋予穷人与富人、贫民区居民与工业领导者、乡村居民与郊区居民、官员、政治家、教授以及种族、团体和党派的成员以不同的特征。这些判断通常都由于过于粗略而没多大的用处。但是，它们表明，我们实际上意识到人格特征是社会处境作用的结果。当我们概括这一领悟且明智地根据它来行动时，就会保证据此意识到唯有通过改变环境条件——这些环境条件再一次成为我们自己处理所判断之物的方式——来使性格由坏变好。我们不能直接地改变习惯，直接改变习惯这种观念是非常不可思议的。但是，我们可以通过改变环境条件，通过明智地选择与权衡我们所关注的事物以及影响欲望满足的事物而间接地改变习惯。

一个野人能够在丛林中勉强地穿行。然而，文明地行走是如此复杂，以至于没有平坦的道路根本不可能行走。它需要有信号灯、枢纽站、交通管理机构和迅捷快速的交通运输手段，需要有预先准备好的、适宜的环境。没有这种环境，尽管有最好的主观意向和善良的内在倾向，文明也会再度堕落为野蛮。劳动和技艺的永恒高贵性，就在于它们对重新塑造作为未来安全与进步重要基础的环境所产生的长期影响。个体就像地上的野草一样，有茂盛之时，也有枯萎之时。但是，他们的工作所产生的成果是持久的,并使更有意义的活动进一步发展得以可能。正是靠着恩典而不是靠我们自身,才使我们过着文明的生活。感恩是所有美德的基础,这一古老的观念是有其合理意义的。忠于任何在确定的环境之下使美德生活得以可能之物,是所有进步的开始。我们能够为后代做的最好事情就是传递未被毁坏且增加了一些新意义的环境,它使保持体面而优雅的生活习惯得以可能。我们个体的习惯成为无尽的人类链条中的链环。它们的意义取决于我们从先辈那里继承而来的环境。当我们预料到我们的劳动成果在后继者所生活的世界里起作用时,它们的意义就会增强。

不管已做之事何其多,总有更多的事要去做。我们只能通过不断重新改变环境来保持和传承我们自己的遗产。虔诚地对待过去,不是为了我们自己之故,也不是为了过去之故,而是为了现在之故;只有现在是安稳的和富裕的,我们才会创造一个更美好的未来。虽然具有劝诫、布道、能力以及内在的渴望与情操的个体已经消失,但他们的习惯长期存在,因为这些习惯在自身中综合了客观的环境条件。因此,它将与我们的活动相伴随。我们也许渴望消灭战争,渴望产业公平,以及所有人都能得到更大的平等机会;但是,再怎样宣讲善良意志或金科玉律(the golden rule)或培养爱好和平等情操,都将不会获得这些结果。我们必须改变客观的安排和制度。我们不仅必须改变人的心灵,而且要改变环境。如果从其他方面来思考,那就是假定我们能在沙漠中养花,或者能在丛林中驾驶摩托车。这两件事情都可能发生,并且不是奇迹;但是,我们首先必须改变丛林和沙漠。

然而,在习惯中,各种个人所特有的或主观的因素很重要。爱花也许是建造蓄水池和灌溉渠的第一步。欲望和努力的激励是改变环境的最初动因。尽管个人的劝诫、建议和指导与稳定地出自非人格的力量和非个人化的环境习俗之物相比较,是软弱无力的刺激物,但也许它们启动了后者的进行。趣味、欣赏和努力总是源自于某一现实的客观情形。它们以客观条件为支撑,代表了摆脱先前所完成的某物的束缚,以便其在进一步的活动中仍然是有用的。对花之美的真正欣赏不是从自我封闭的意识中产生的,它反映了一个世界,在其中,美丽的花已经成长起来,并被人所喜爱。趣味与欲望代表着先在的客观事实,而这一事实在保证永久性和持续性的行动中反复出现。对花的渴望,是在对花的实际喜爱之后才出现的;但它是在使沙漠中长出花这一工作之前出现的,是在培育花之前出现的。每一种理想都是后于现实的;但理想不仅仅是对现实的内在影像之模仿。它以更稳固、更普遍和更完整的形式树立某一善的形象,而这种善的形象先前是以不确定的、偶然的和稍纵即逝的方式被体验到的。

2. 习惯与社会心理学*

前面的讨论一直在尽力表明,何以这种关于习惯的心理学是一种客观的、社会的心理学。既定的、有规则的行动必定包含着一种对周围各种环境条件的调整,必定把它们综合到其自身之中。对于人类来说,直接重要的周围事务,就是其他人的活动所形成的那些事务。这一事实被幼儿期的事实——每一个人在生命开始之初都完全依赖于其他人——所显明而成为根本性的事实。相应地,最终结果是与传统理论相反,在行为和心理上能被称为独特个体之物并非原始材料。毫无疑问,物理的或生理的个体性总是带有反应活动的色彩,因此它修改了风俗在其个人繁殖时所采取的形式。这种属性在精力充沛的人物身上表现出来。但是,重要的是注意到,这是习惯的一种属性;它不是独立于环境调整而存在的一种要素或力量,并且不能被称作单独的个体心灵。然而,正统的心理学正是从一开始就假定这种独立的心灵存在。不管各个思想学派在定义心灵时有多么的不同,它们都同意以这种分离性和先在性为前提。所以,努力按照旧的心理学特有的方式来揭示这一事实,就会给社会心理学带来混乱,因为其独特之处就在于暗示着对那种旧的心理学的拒斥。

认为有最初的、单独的灵魂、心灵或意识的传统心理学,事实上是一种对割裂人性与其自然的客观关系的状况之反映。它首先意味着人与自然的分裂,其次意味着每个人和他的伙伴的分裂。人与自然的分裂,在心灵与身体的分裂中被准确地彰显出来——因为身体很明显是与自然相关联的部分。因此,行动的这种工具、连续修正行动的这种手段,以及不断把过去的活动转变为新活动的这种手段,都被看作是一种神秘的入侵者,或者被看作是一种与之平行的神秘伴随物。可以公正地说,认为有单独的和独立的意识存在的这种心理学,以从理智上阐明下述道德事实为开端:这些道德事实把最重要的行动视为一种私人的关切,视为在纯粹为个人所拥有的性格之中被规定和决定之物。想使理想成为一个单独王国的宗教兴趣与

* 选自《杜威全集·中期著作》第 14 卷,第 52—54 页。首次发表于 1922 年,为《人性与行为》一书第 5 章。

形而上学兴趣，最终同对加强当前心理学中个人主义的现时风俗与制度的一种实际反抗恰好一致。但是，这种（以科学的名义所提出的）表述反过来肯定了它所产生的环境状况，并把它从一个历史插曲转变为根本性的真理。它对个体性的夸张，大体上是对制度僵化所导致的压力的补偿性反叛。

任何深受当前心理学理论影响的道德理论，都必定强调意识的各种状态，以及一种内在的、秘密的生命，而这是以具有公共意义、综合并需要各种社会关系的行为为代价的。相反，一种以各种习惯（和各种本能，只要遵照它们来行动，它们就会成为习惯中的要素）为基础的心理学，将专门关注习惯形成和起作用所依赖的客观环境状况。反对传统与正统心理学的现代临床心理学的兴起，是伦理意义的一种征候。它作为一种对理解和探讨具体人性的工具，是对关于有意识的感觉、影像和观念的心理学无效所进行的抗议。它坚持认为，下意识的力量不仅在决定公开的行为上，而且在决定欲望、判断、信念和理想上是非常重要的，而这表现出对现实的一种感知。

然而，每一种反应和抗议活动通常都接受它所反对的立场中的一些基本观念。因此，在与心理分析的创立者相关联的临床心理学的各种最盛行的形式中，都保留着一个单独的心灵王国或力量的观念。它们接着又附加一种表明最重要的事实的陈述，这等于实际上承认心灵依赖于习惯，而习惯又依赖于社会状况。这是关于"下意识"的存在和起作用的陈述，是关于因与其他人相接触和相冲突所导致的情结的陈述，是关于社会稽查作用的陈述。但是，它们仍然倾向于有单独的心灵王国存在的思想观念，因而实际上谈论的是下意识的意识。它们使它们的真理在理论上与这种关于最初个体意识的错误心理学相混合，这就像社会心理学家这一学派所做的那样。它们对社会心理学中的，比如神秘的集体心理、意识和上帝所做的精细的、人为的解释就是由于没有以习惯和风俗这些事实为开端。

那么，个别的心灵或作为个体的心灵意味着什么呢？事实上，我们已经对此作出了回答。各种习惯之间的冲突释放出了冲动性的活动，而这些活动在它们的表现中要求更改习惯、风俗和习俗。起初具有个体化色彩或性质的习惯性活动被抽象化，成为一种目标是按照某种被当下情形所否定的欲望来重建风俗的活动的核心，而这种欲望因此被认为是属于某人自我的，被认为是一个个体部分地、暂时地反对他的环境的标志和所有物。这些一般性的、必定是模糊的陈述，将在对冲动和理智的深入讨论中变得更加明确。因为，当冲动宣称它自己故意反抗一种现存的风俗时,它就是个体性心灵的开端。这种开端在试图改变环境的观察、判断和发明中被发展并巩固,以至于一种变异的、不合规则的冲动本身反过来也许会具体化为客观习惯。

3. 冲动与习惯的改变 *

习惯作为有组织的活动,是第二性的和后天获得的,而不是最初的和天生就有的。它们是非习得性的活动之产物,而这种活动是人与生俱来的天赋中的一部分。因此,在我们讨论中所遵循的主题顺序也许会受到质疑。为什么在行为中是派生的因而从某种意义来说是人为的东西,却应当先于初始的、自然的和必然的东西而被讨论呢? 我们为什么不从考察获得习惯所依据的那些本能活动开始呢?

这个疑问是一种十分自然的质疑,然而它却容易引出一种悖论。在行为之中,后天获得之物是初始的。尽管各种冲动从时间上来说是在先的,但事实上,它们决不是首要的,而是第二性的和附属的。这一陈述中,表面上的悖论掩盖了一个众所周知的事实。在个体的生命中,本能活动是先出现的。但是,一个个体是作为婴儿来开始其生命的,而婴儿都是具有依赖性的存在。如果没有那些具有已经形成习惯的成人给予帮助,那么,婴儿的活动最多只能持续数小时。而且,婴儿依赖于成人的,不仅仅是养育之恩,不仅仅是维持生命所需要的食物和保护的不断供给,而且是有机会以有意义的方式来表达他们的天生活动。尽管由于某种奇迹的作用,最初的活动在没有成人有组织性的技能帮助下也能继续下去,但这并不能说明任何道理。也许,这只不过是大吵大闹罢了。

简言之,天生活动的意义不是天生的;而是后天获得的。它依赖于其与成熟的社会媒介(medium)之间的相互作用。就虎或鹰而言,愤怒(anger)也许会被等同于一种有用的生命活动,具有攻击和防御的作用。对一个人来说,愤怒就像泥潭上刮过的一阵风那样毫无意义,除非其他人出现来指引它的方向,除非他们对它作出各种反应。愤怒是一种身体的痉挛,是一种浪费能量的盲目而散乱的爆发。当它成为一种潜伏着的忧郁、一种令人烦恼的中断、一种乖张的愤怒(irritation)、一种凶残的报复、一种强烈的愤慨时,它就获得了性质和意义。尽管这些有意义的现象源

---

* 选自《杜威全集·中期著作》第 14 卷,第 57—60 页。首次发表于 1922 年,为《人性与行为》一书第 7 章。

自于对各种刺激最初的、天生的反应,但它们也依赖于其他人的反应行为。这些现象以及所有类似的人类愤怒的表现都不是纯粹的冲动;它们是在与其他人相关性的影响之下形成的习惯,而这些其他人早就已经具有各种各样的习惯,并且在把盲目的身体宣泄转变为有意义的愤怒中显示出他们的习惯。

在长期为了感觉之故而忽视冲动之后,近代心理学现在倾向于以详细列举和描述各种本能活动为开端。这是一种毋庸置疑的进步。但是,当它试图通过直接参照这些天生的力量来解释个人和社会生活中的复杂事件时,这种解释就变得令人困惑和十分牵强。这就如同说,跳蚤和大象、地衣和红杉树、胆小的兔子和凶猛的狼、长有最不引人注目的花簇的植物与长着最耀眼的花簇的植物同样都是自然选择的产物。也许从一定意义上来说,这种说法是正确的;但是,除非我们知道选择发生时所处的特定环境状况,否则,我们实际上对此一无所知。因此,在我们能够探讨社会的心理要素之前,需要了解已经把最初的活动培育为确定而有意义的倾向所需要的社会条件状况。这是社会心理学的真正意义。

在地球上的某一地方、某一时间,每一种实践似乎都曾经被人们容忍过,甚至还被赞扬过。如何解释这种制度上(包括道德规则在内)的巨大多样性呢? 实际上,天生的一类本能到处都是一样的。尽管我们愿意夸大巴塔哥尼亚人(Patagonians)与希腊人、苏人(Sioux Indians)与印度人、布须曼人与中国人之间天生的差别,但他们之间最初的差别将无法与在风俗和文化中发现的差别相提并论。既然这样一种多样性不能被归因于最初的同一性,那么,天生冲动的发展就必须根据后天获得的习惯来进行陈述,而风俗的发展则不能按照本能来进行陈述。秘鲁大批人的牺牲和圣法兰西斯(St. Francis)的仁慈、海盗们的残忍和霍华德(Howard)的博爱、自焚殉夫的实践和圣母玛丽亚的崇拜仪式、科曼切人(Comanches)的战争与和平之舞和英国的议会制度、南太平洋诸岛的共产主义和美国北方领主的节俭、巫医的咒语与化学家在实验室中所做的实验、中国人的不抵抗和普鲁士帝国侵略性的军国主义,以及君权神授的君主政体和民治政府,通过这种随意列举所暗示出来的习惯之无限多样性,实际上源自于同样数量的天生本能。

如果我们能够挑选出那些我们喜欢的制度,并把它们归因于人性,而把其余的制度归因于某一魔鬼,那将是十分令人愉快的;或者把那些我们喜欢的制度归因于我们这种人的人性,而把那些我们不喜欢的制度归因于被蔑视的外国人的本性,因为他们根本不是真正"土生土长的"(native)。如果我们能够指向某些风俗,并认为它们纯粹是某些本能的产物,而其他那些社会安排方式则完全归因于其他冲动,这似乎将是十分简单的。但是,这样的方法是不可行的。最初的恐惧、愤怒、爱和恨都是相同的,却纷纷不可救药地陷入最相反的制度之中。我们需要知道的是,天生的原料如何通过与不同环境之间的相互作用而被修改。

然而,不用说,最初而非习得的活动有其独特的地位,而且在行为中占有一个重要的地位。冲动是重新组织各种活动的枢纽,它赋予旧习惯以新的方向,并改变了它们的性质,因而是偏离常规的力量。因此,每当我们想理解社会变迁与流动或者关心个人的和集体的改革计划时,我们的研究就必须去分析各种天生的趋向。确实,对进步与改革的兴趣解释了当前对原始人性的科学兴趣得到巨大发展的原因。如果我们探究一下人们为什么长期对人类各种强有力的本能的存在视而不见,那么,答案似乎在缺少有序进步的观念中就可以找到。心理学家们关于他们是否应该在天赋观念和空洞的、消极的、像蜡块一样的心灵之间作出选择的争论,很快就变得令人难以置信。这好像只要对儿童一瞥,就已经揭示出这两种学说都不是真的,因为特定的天生活动的汹涌澎湃是如此之明显。但是,这种对事实的迟钝性反应成了对探讨冲动缺乏兴趣的证明,而这种兴趣的缺乏又是由于对修改现存制度缺乏兴趣所致。当人们开始对废弃旧的制度感兴趣时,就开始对野蛮人和婴儿的心理学感兴趣,这绝非偶然。

传统个体主义和近来对进步的兴趣之结合,解释了对各种本能的力量和范围的发现为什么导致许多心理学家把它们看作是所有行为的源头,并认为它们的地位是在各种习惯之先而不是之后。心理学的正宗传统,建立在个体与其周围环境相分离的基础之上。灵魂、心理或意识被认为是自足的和自我封闭的。现在,在一个个体的生涯之中,如果它本身被看作是完善的,那么,很明显,本能就是先于各种习惯而存在的。如果对这种个体主义式的观点加以概括,我们就会假定,在个体生命中的所有风俗、所有重要的经历都可以直接追溯到本能的作用。

但是,如我们已经注意到的,如果一个个体是以这种方式而独立的,那我们除了发现本能的首要性这一事实外,还发现死亡这一事实。一个婴儿所具有的不成熟的、分散的冲动,除非通过社会的附属与伴随,否则就不能协调而成为有用的力量。他的各种冲动,只不过是吸收他所依靠的更加成熟的人所具有的知识和技能的起点。它们是伸出去的触角,从风俗中收集所需的营养,最终使这个婴儿能够独立地去行动。它们是把现存的社会力量转变为个人能力的媒介;它们是重构式生长发展的手段。在抛弃一种不可能的个体主义式心理学之后，我们就会得出如下事实：天生的活动是重新组织和重新调整的工具。母鸡先于鸡蛋而存在。尽管如此，但这个特定的鸡蛋也许可以被认为能够修正未来母鸡的类型。

4. 冲动的可塑性 *

就年轻人而言，各种冲动很明显是非常灵活的活动之起点，这些活动根据它们被运用的方式而多样化。任何冲动根据它与周围环境的相互作用，几乎都可以被融入任何倾向之中。恐惧可以变成可鄙的怯懦、三思而后行的谨慎、对长者的敬畏或对同辈的尊重，可以成为轻易相信的荒唐迷信或具有警惕性的怀疑主义之推动力量。一个人也许主要是害怕他祖先的亡灵，害怕官员，害怕引起同伴的反对，害怕被欺骗，害怕新鲜的空气，实际的后果取决于恐惧这一冲动与其他各种冲动是如何交织在一起的。这一点，又取决于社会环境所提供的发泄与抑制之途径。

因此，从一种确定的意义来看，人类社会总是不断重新开始的。它总是处于更新过程之中，而且只是由于更新之故才得以持续存在着。我们把南欧各民族都说成是拉丁民族；他们现存的各种语言彼此之间非常不同，而且与拉丁语母语也非常不同。然而，这种言语的改变没有任何时候是有意的或明确的。人们总是打算复制从他们的长辈那里听来的言语，并且认为他们正在继承这种言语。这一事实也许是作为一种在习惯中所完成的重构之象征而存在的。之所以如此，是因为只有通过年轻人不成熟的活动这一媒介，或通过与拥有各种不同习惯的人之间的关联，这些习惯才能够被传递并且被保存下来。

这种连续的改变，在很大程度上，一直是无意识的和非故意的。不成熟的、未充分发育的活动已经通过偶然的和暗中进行的方式成功地修改了成人有组织的活动。但是，随着进步主义改良观念的出现，以及一种对各种冲动的新式运用的兴趣，某种意识已经成熟到这种程度，以至于通过慎重地对待年轻人的各种冲动，也许可以创造一个被改变了目的和欲望的未来新社会，这就是教育的意义。因为一种真正人道的教育就在于按照社会情形所提供的可能性与必然性理智地对天生活动进行引导。但是，大体而言，成人已经给予的是训练而不是教育。在成人思想与

---

* 选自《杜威全集·中期著作》第 14 卷，第 61—66 页。首次发表于 1922 年，为《人性与行为》一书第 8 章。

情感习惯的固定模式背后，一直渴望着一种急切的、不成熟的冲动性活动的机制。热爱力量、面对新事物的胆怯以及自我钦佩式的自满所共同造成的影响是如此强烈，以至于不允许未成熟的冲动去运用它的各种重新组织的潜能。较为年轻的一代人几乎很难直接敲开成人风俗的大门，更别说被鼓励通过良好的教育去纠正成人习惯中已经确立起来的野蛮和不公正了。所有新一代的人都已经盲目地和偷偷摸摸地爬过了这种碰巧是悬而未决的偶然性鸿沟。否则，它就一直是按照旧有的模式而被塑造。

我们已经注意到最初的可塑性是如何被歪曲的，温顺是如何被卑鄙地利用的。它一直被用来意指的，不是宽泛而不受限制的学习能力，而是学习成人同伴的风俗的意愿，学习有权力和权威的人希望教的那些特殊事物的能力。最初的可改造性一直没有被给予一个公平的机会，来作为一个人类更好生活的受托人（trustee）而行动。它一直承载着被成人的有用性所影响的习俗。实际上，它已经被变成不承认独创性的对等物，变成一种易受影响的、体现其他人意见的调和之物。

因此，温顺已经被等同于模仿，而不是等同于重塑旧有习惯和重新创造的力量。可塑性与独创性一直处于彼此对立之中。可塑性中最宝贵的部分就是形成独立判断和实施创造的习惯的能力，而这点一直受到忽视。因为，它需要一种更完全、更强烈的温顺，以形成灵活的、易重新调节的习惯，而不是要求获得严格模仿其他人方式的那些习惯。简言之，在年轻人的天生活动中，有一些活动倾向于调和、吸收和复制，其他一些活动则倾向于探险、发现和创造。但是，成人风俗一直被强调是保存和强化遵从趋向，而反对那些有助于变异和独立自主的趋向之风俗。正在成长中的个人所具有的各种习惯，由于受到猜疑而被限制在成人风俗的界限之内。儿童身上令人愉快的独创性被驯服了。对制度和名人本身的崇拜因缺乏富有想象力的预见、多方面的观察和丰富的思想而被强化了。

在个体生命中非常早的时期，各种心理定势无需专门的思想就已经形成；这些心理定势持续存在着，并控制着成熟的心理。儿童学会了避免令人不愉快的不一致所产生的打击，学会了从容的解决办法，学会了表面上遵守对他来说是完全神秘的风俗，以达到随心所欲的目的——即显示出某种自然的冲动，而又不引起令那些权威们不快的注意。成人不信任儿童所拥有的理智，却要求他完成一种需要更高级的理智才能完成的行为，如果它将是完全可理解的话。这种矛盾是通过向儿童逐渐灌输各种"道德"习惯来协调的,这些道德习惯具有最大化的情绪热诚,以及对最小化理解力的坚定掌握。这些习性在思想觉醒之前,甚至在后来能够被回忆起来的经验之前,就已经根深蒂固并控制着后来才有意识的思想。它们通常是处于最深处的,在最需要批判性思想之处——在道德、宗教和政治学中——是最难获得的。这些"幼稚行为"解释了在其他方面具有理性旨趣的人们当中为何大量流行无理性。这些个人的"残留物",是文化的研究者所称之为残存物的理由。但不幸的是,这些残存物比人类学家和历史学家所愿意承认得更多、更普遍。列举它们或许会把人们从"值得尊敬的"社会中驱赶出去。

然而,我们绝没有完全放弃这种想法,即认为在儿童时期和青年时期未成形的活动中到处都存在着对个体和共同体来说使生活更美好的可能性。这种模糊的感知,是我们长期把儿童时期理想化的根基。因为尽管它完全没有节制和不确定、热情洋溢和默不作声,但它仍然是一种生命的坚实证明;在这种生命里,生长成熟是正常的而不是反常的,活动是一种愉快而不是一个任务;而且,在这种生活中,习惯的形成是力量的扩展而不是缩减。习惯与冲动彼此之间也许相互冲突,但这是成人习惯与年轻人冲动之间的一种搏斗,而不是像在成人那里出现的一种使人格分裂的内部冲突。我们通常衡量儿童"善性"的方法就是看他们给成年人制造麻烦的数量,这当然也意味着他们偏离成人习惯与期望的数量。然而,通过抵罪的方式,我们嫉妒儿童们对新经验的热爱,嫉妒他们热衷于从每一情形中推断出最后一点意义,嫉妒他们非常严肃地对待那些对我们而言是非常陈旧的事物。

我们通过想象一个未来天国,在其中,我们将对生命中的每一微小的事件作出新奇和丰富的反应,以此来弥补我们现在已形成的习惯所带来的严肃性和单调性。由于我们态度的分裂,导致我们的理想自相矛盾。一方面,我们梦想着一种可被达到的完满,即一个终极的静态目标,在那里,一切努力都将停止,欲望与执行将一劳永逸地处于完全平衡的状态之下。我们希望有一种坚定不移的性格,于是就把这种被欲求的忠实看作是某种不变之物,是一种在昨天、今天以及将来永远都完全相同的性格。但是,我们也偷偷摸摸地同情爱默生的勇气,因为他宣称当连续性位于我们和现在的生活机会之间时,它应该被抛到一旁。在重返浪漫自由这一自然梦想的借口之下,我们伸向永恒理想的相反方面,在其中,一切生活都易受冲动,即一种临时自发性和新奇想法的连续根源之影响。我们反对所有的组织和所有的稳定性。如果近代思想和情操在其理想上能够避免分裂,那么,它必定是通过运用被释放的冲动而达到这一目的的;这些被释放的冲动,则是作为坚定不移地重新组织风俗与制度的一种媒介。

尽管儿童时期是通过冲动使更新习惯成为可能的、显而易见的证明,但冲动绝不可能在成人生活中完全停止其更新作用。如果确实如此,生活就会变得僵化,社会就会停滞不前。各种本能的反应有时也过于强烈,以至于不能被融入平稳的习惯模式之中。在日常条件下,它们似乎被驯服而服从它们的主人,即风俗。但是,各种非正常的危机把它们释放出来,它们通过狂野的、强烈的能量表明常规的控制是多么肤浅。"文明仅仅是表面现象,在一个文明人的外衣下面仍是一个野蛮人",这一说法认识到这个事实。在受到不寻常刺激的危急时刻,支配所有活动的各种本能的冲击与情绪的爆发都表明一种僵化习惯所能产生出来的改变是多么的肤浅。

当我们在一般意义上面对这一事实时,我们所面对的就是人类历史中一个不祥的方面。我们意识到,在理智指导下所产生出来的人类进步是多么的少,而偶然的动乱所导致的进步是如此之多,即使是通过为某一特权制度做辩护的利益,后来我们也把偶然变成了天道(providence)。我们已经依赖战争的冲突、革命的压迫、英雄式个人的出现、由战争和饥荒所导致的移民的影响,以及野蛮人的入侵,来改变已建立的制度。我们并不是经常运用从未用过的冲动去影响连续的重建,而是等待着不断累积的压力突然冲破风俗的堤坝。

通常有一种观点认为,犹如年老的人会死,古老的民族一样会如此。在历史上,有许多事实支持这种信念。随着年龄的增长,衰老与退化似乎成了规则。于是,某一野蛮的游牧部落的入侵就提供了新的血液和新鲜的生活——如此以至于历史一直被定义为一种重新野蛮化的过程。事实上,就衰老与死亡而言,在个人与民族之间进行类比是有缺陷的。一个民族总是通过它的年老的成员的死亡,以及那些像出生在本民族鼎盛时期的任何个体一样年轻和富有朝气的人的出生而被更新。不是这个民族衰老了,而是它的风俗变得陈旧了。它的制度变得十分僵化;它有社会动脉硬化症。于是,某个未负担繁琐而呆板的习惯的民族,就开始加入到继续生命运动的过程之中。然而,富有朝气的民族的数量正趋于用尽。依赖于这种更新文明的昂贵方法,是不可靠的。我们需要发现如何从内部使其恢复活力。在冲动被释放、习惯容易受到具有转变力量的冲动之影响时,一种正常的不朽就成为事实。当风俗是灵活易变的，而且，青年人被作为青年人而不是作为未成熟的成年人接受教育时，就没有任何民族会衰老。

总是存在着相当多的不起作用但也许可以被利用的冲动。当突然来临时，它们的显现和运用被称为转变或重生。但是，它们也许会被连续而适度地利用。我们把这称作学习上的增长或教育上的增长。僵化的风俗并不意味着没有这样的冲动，而是意味着它们没有被系统地利用起来。事实上，如果风俗越僵化越无灵活性，那么无法找到正常出口，因而只有等待着找到非常规的、不协调的显现机会的本能活动之数量就越多。常规性习惯绝没有堵住所有的懈怠之处。它们只是在条件状况保持相同或以一致的方式反复出现的情形下才会起作用。它们并不适合不寻常的和新奇的事物。

因此，僵化的道德规范尽力给生活中的每一情形规定出明确的强制令和禁律，但实际上，证明它们是无约束力的和松散的。只要你愿意，通过独创性的解释把十诫延长或变成其他任何数量的戒律，但在它们意料之外的行为仍将发生。描述详尽的成文法不能事先预料各种不同的案例和必要的专门解释。道德体系和法律体系就确定的详细阐述而言是不可能的，于是通过某些内在的松散性来弥补其他方面表现出来的外在严厉性。唯一真正严厉的规范就是放弃所编辑的成典，把审判每一案例的责任抛给相关的执法官们，并把发现和改编的重担强加给他们。

在缺乏指引的本能与过度条理化的风俗之间实际存在的这种关系，在当前关于野人生活的两种观点中得到证实。流行的观点把野人看作是野蛮的人；看作是不知行动的控制原则或规则的人；看作是自由地跟随他自己的冲动、怪念头或欲望的人，无论他何时何地想到或拥有这种想法。但是，人类学家们却持有相反的观念。他们把野人看作是风俗的奴隶，他们注意到控制他的起立、坐下、出去和进来的各种规定所组成的网络。他们得出结论：与文明人相比，野人是一个在行为和观念上由许多不变的部落习俗所支配的奴隶。

关于野人生活的真理就在于这两种观念的结合之中。只要存在着各种风俗，它们就有一种模式，束缚着个人的情操和思想，并达到了不为文明生活所知的程度。但是，由于它们不可能遍及日常生活中所有不断变化的细节，故而凡是未被风俗覆盖之物都不受规定的控制，而将被遗留给意欲和暂时的环境所支配。所以，受风俗的奴役与对冲动的允许并存。严格的遵从与不受限制的狂野彼此之间互相强化。这幅生活图式以一种夸张的形式,向我们表明了当前文明生活中的心理学。每当各种风俗变得坚固并使个体陷入其中之时,在文明之中,野人仍旧存在着。我们可以通过他在僵化的习惯与无约束的纵容之间摇摆不定的程度来认识他。

简而言之,冲动本身带来了可能性,但并不保证稳定地重新组织各种习惯以满足新的情形中的新要素。在儿童和成人中类似的关于冲动与本能的道德难题就是运用它们形成各种新习惯,或者同样地运用它们来更改旧习惯,以至于它在新的条件下也可以非常有用。冲动在行为中的地位是重新调整和重新组织的枢纽,其在习惯中的地位或许可以作如下定义:一方面,它与被控制的、顽固的习惯领域相区别;另一方面,它有别于冲动对其自身来说是一种规律的地带。①概括一下这些区别,一种有效的道德理论与所有那些建立静态目标(即使它们被称为完满)的理论形成鲜明的对比,而且与那些把原始冲动理想化并在其自发性中发现人类充分自由的模式的理论也形成比照。冲动是获得自由的源泉,是不可或缺的;但是,只有在它被用来赋予习惯以针对性和新颖性时,才能释放出力量。

5. 冲动与思想[*]

让我们重新返回到最初的命题,即冲动在行为中的位置是中介性的。道德是为了在特定情形下显示冲动而找到的一种更新和恢复活力的作用之企图,这种企图很难实现。比较容易实现的,是使行动和信念主要的和公共的渠道服从于变化缓慢的风俗,并且由于在情感上依恋于传统的安逸、舒适和特权而把传统加以理想化;但不是通过使传统与当下的需要之间保持更稳定的平衡,在实际上把传统加以理想化。再者,没有被用于恢复活力和生命力的冲动能够被转变,以找到它们自己

---

① 把"本能"与"冲动"这两个词在现实中用作等价物,这一做法是有意的,即使这或许会使挑剔的读者们感到悲伤。"本能"这个词单独看,仍旧承载着太多比较陈旧的观念,即一种本能总是被明确地组织起来和加以改编——大体来说,它不仅仅属于人类。"冲动"这个词暗示着某种初始的、然而是不受约束的、缺乏指导的最初之物。人能取得进步而野兽却不能,就是因为他有如此之多的"本能",以至于它们之间彼此相反,以至于最有用的行动必定是习得的。在学习各种习惯时,对人来说学习(to learn)学习(learning)这一习惯是可能的。于是,改善提高就成为生活中有意识的指导原则。

* 选自《杜威全集·中期著作》第 14 卷,第 103—104 页。首次发表于 1922 年,为《人性与行为》一书第 13 章。

的、非法的残忍之途，或找到它们自己的情操高尚之径。或者，这些冲动被扭曲到病态的路向上——其中的一些，我们已经提及。

随着时间的流逝，风俗因其压迫性而变得令人难以容忍；而且，某种偶然的战争或内部大灾，使冲动以不受限制的方式被释放出来。在这样的时刻，我们获得了把进步等同于运动、把盲目的自发性等同于自由的哲学；而且，这些哲学在神圣的个性或重返自然准则的名义下，使冲动成为其自身的一种法规。当保守主义时代与革命热情交替出现之时，我们可以非常明显地看到，冲动在被囚禁、冷冻于僵化风俗里还是被孤立而没有引导之间摇摆不定。但是，这种相同的现象在个体中被小规模地重复着。在社会中，这两种趋向与哲学是同时并存的；它们在引起争论的冲突中，消耗着特定的批评和重构所需要的精力。

所贮存的冲动的部分释放是一个机会，而不是一个目的。从它的起源来说，这种释放是机会的产物；但又为想象和发明提供了它们的机会。被释放的冲动的道德关联项不是直接的活动，而是对运用冲动去更新倾向和重组习惯的方式的反思。逃脱风俗的控制，提供了用新的方法去做过去事情的机会，因此，提供了构造新的目的和手段的机会。风俗凝结的外壳上的裂缝释放了冲动；但是，找到运用冲动的方法则是理智的事情。要么让一只船在这个港口抛锚，直到它变成一只腐烂的废船；要么让它随着每一反方向的风漂流。发现并界定这种选择是心灵的事情，是善于观察、记忆和设计的倾向所处理的事情。

作为一种有生命力的艺术习惯，取决于习惯被冲动所激发的生气；只有这种令人激动之物，才能处于习惯与迟钝之间。但是，艺术无论是伟大的还是渺小的，无论是不出名的还是因尊贵的名称而著名的，都不能被临时拼凑。如果没有自发性，那么，艺术是不可能的；然而，艺术又不是自发性。对于唤起思想、引起反思、激活信仰来说，冲动是必需的。但是，只有思想注意到了障碍、发明了工具、想到了目标、引导着技术，因此，它把冲动转变为一种存于物体之中的艺术。在每一习惯受到阻碍的时候，思想天生就是冲动的孪生兄弟。但是，如果没有养料，思想很快就会消亡，而习惯与本能仍然继续着它们之间的内战。在青年人忽视环境的限制这种趋向中，有着本能性的智慧。只有如此，他们才能发现他们自己的权力，才能了解不同环境限制之间的差异。但是，这一发现一旦完成，就标志着理智的诞生；随着理智的诞生，成年人观察、回忆和预测的责任就接踵而至。所有的道德生活都有它的激进主义倾向；然而，这种激进的因素不是在直接的行动中，而是在比传统或直接的冲动走得更远的理智的勇气中得以充分表达。现在，让我们把注意力转向对理智在行动中的作用的研究上。

6. 习惯与理智 *

在讨论习惯与冲动时，我们已经反复遇到了必须提及思想的作用之类的主题。除非通过把这些偶然提到的主题收集起来并重新肯定它们的意义，否则，明确地考察理智在行为中的地位与作用几乎是不可能的。因而，被冲动所激励的反思性想象，它对已经确立起来的习惯的依赖，以及它在改变习惯和调节冲动上所产生的效果，构成了我们的第一主题。

习惯是理智发挥效能的条件。习惯以两种方式影响理智。显然，习惯限制着理智的范围，并确定理智的阈限。习惯是把心灵之眼限制在前面路途之上的障眼物。习惯禁止思想从它当下所从事的活动中偏离出来而进入一个更复杂、更生动但与实践无关的视域之中。在习惯的范围之外，思想在混乱的不确定性中摸索前行；然而，在常规中逐渐完成的习惯是如此有效地监禁着思想，以至于思想不再是必需的或可能的了。墨守成规者的道路，是他无法跳出的壕沟；壕沟的边沿禁锢着他，并且如此彻底地指引着他的路线，以至于他不再去思考他的路途或目的地。一切习惯的形成都包含着一种理智性专门化的开始，如果这种理智性的专门化没有被约束的话，它就会成为无思想的行动。

十分值得注意的，是这种完全达到的结果被称作心不在焉。刺激与反应机械地连接在一根不断的链条之中。每一个由之前的行为很容易引起的后续行为，都推动着我们自动地进入一个预先决定的序列里的下一个行为之中。只有遇险求救的信号旗，才会把意识召回到它正在进行的工作之中。幸运的是，引领我们走上这条阻力最小之路的本性，也在我们完全接受它的邀请之途中设置了各种障碍。取得一种无情而枯燥的行为效能的成功，被不利的环境所阻碍。即使是最熟练的才能，有时也会碰到意外，从而陷入麻烦之中；而只有观察和发明，才能摆脱这种麻烦。因此，遵循通常道路的效能就不得不转变为开辟一条穿过陌生地带的新路。

尽管如此，实际上，对舒适的热爱已经在道德上伪装成了对完满的热爱。一个

---

* 选自《杜威全集·中期著作》第 14 卷，第 107—111 页。首次发表于 1922 年，为《人性与行为》一书第 14 章。

功成名就的目标已经被设定，要是达到了这个目标，那只不过意味着它是一种愚蠢的行动。人们一直把它称为完全自由的活动，而实际上，它只是一种单调的活动，或不过是在一个地方原地踏步罢了。人们已经意识到，在所有方面同时达到这样一种"完满"，实际上是不可能的。尽管如此，人们已经把这样的目标视为理想，而且进步就被定义为是对这一理想的接近。这一理想在不同的理智背景下，采取了各种不同的形式和风格。但是，所有这些理想都包含着一种已经完成了的活动和静态的完满的观念。欲望与需要已经被看作是缺乏的标记，努力则被看作是对不完满的证明而不是对力量的证明。

在亚里士多德那里，这种观念，即一个穷尽了所有现实性并排除了所有潜能性的目的，似乎就是最高的完善（excellence）的定义。它必然会排除所有的需要、奋斗和所有的依赖性。它既不具有实践性，也不具有社会性。除了沉浸于它自身自给自足的、自我循环的思想之外，就没有什么了。一些东方道德已经把这种逻辑与一种更深刻的心理学统一起来，并看到这条路的终点就是涅槃，即摒弃所有的思想与欲望。在中世纪的科学中，这一理想作为对只有被拯救的不朽灵魂才可达到的天堂般的极乐之定义而再次出现。赫伯特·斯宾塞距离亚里士多德、中世纪的基督教和佛教非常遥远，但在他关于进化目标的观念中，即在有机体适应环境是彻底的和最终的观念中，这一观念重新出现了。在通俗的思想中，这一观念存在于对一种遥远的、达到状态的模糊认识中，在这种达到状态之下，我们将超越"诱惑"，而且美德将因它自己的惯性作为一种胜利的圆满实现而持续存在下去。即使是以完全蔑视幸福为开端的康德，也是以美德与喜乐的一种永恒的、不受干扰的合一这一"理想"而结束的，尽管在他那里只承认一种象征性的接近才是可行的。

同一观念这些不同版本中的谬误，也许是所有哲学谬误中最普遍的谬误。它是如此普遍，以至于有人质疑它是否可以不被称为这种哲学上的谬误。这一谬误就是假定，凡在一些条件下被发现是真实的东西，立刻就可以被宣布为普遍的或没有限制和没有条件的。一个口渴的人，只有在喝水时才会得到满足，所以他最大的快乐就是被淹死。由于任何特定奋斗所取得的成功都可以通过理想性行动（frictionless action）的达到来衡量，所以就会有一个无所不包的目的这种东西；而这一目的，是通过无尽地持续下去的毫不费力、畅通无阻的活动所达到的。人们已经忘记了，成功是一种特定努力的成功，满足是一种特定需求的实现，以至于当把成功和满足同需要和奋斗割裂开来，或者当它们被普遍地理解时，它们就会变得毫无意义,因为所谓成功与满足恰恰就是需要与奋斗的圆满实现。关于涅槃的哲学最有可能承认这一事实,但即便是这种哲学,也认为涅槃是值得欲求的。

然而,习惯不仅仅是思想的一种限制。习惯之所以成为否定性的限制,是因为它们最初是动因(agency)。我们的习惯越多,观察和预料的可能范围就越广。习惯越灵活,知觉就越能在它的区分中得以精细化,并且由想象所引起的表象就越精致。从理智上来说,水手在海上会觉得很安闲,猎人在森林中会觉得很安定,画家在他的画室中会觉得很自在,从事科学研究的人则在他的实验室中才觉得无拘无束。这些老生常谈,在具体情况中被人们普遍地意识到;但在当前流行的关于心灵的一般性理论中,它们的意义却被弄得模糊不清,其真实性也被否定了。因为它们恰恰意味着,在运用生理倾向过程中所形成的习惯,是观察、回忆、预见和判断的唯一行动者;而认为有一个一般性的心灵、意识或灵魂来实施这些活动的看法,是一种神话。

关于单一、简单和不可分解的灵魂的学说,无法认识到各种具体的习惯是知识与思想的手段这一观点的原因和结果。许多人认为他们自己被科学所解放,并且为了一种迷信而自由地倡导这种灵魂,从而把一种关于谁知道即一个单独的认知者的错误观念永恒化了。今天,他们通常专注于作为一种流动、过程或实体的一般性的意识,否则,就会更具体地专注于作为理智工具的感觉和影像。或者,有时候,他们认为,通过浮夸式地注意到作为认知关系中一项一般性的形式上的认知者,他们已经测量出实在论的最终高度;他们认为,通过驳斥同知识和逻辑无关的心理学,把已经用魔法召来的心理学魔鬼隐藏了起来。

现在,有人武断地认为,在现时代的心理学中,将没有场所、行动者或载体这样的概念。具体的习惯做了所有知觉、认识、想象、回忆、判断、思考和推理的活动所做的工作。"意识"无论是作为一种流动,还是作为特定的感觉和影像,都表现了习惯的各种功能,表现了习惯的形成、运转、中断和重组这些现象。

然而,习惯并不能自发地认识,因为它没有自发地停下来去思考、观察或回忆。冲动也没有自发地进行反思或沉思,它只是任它去。习惯自己太有组织性、太坚定和太确定,以至于不需要沉迷于探究或想象了。而冲动却非常混乱、喧嚣和无序,以至于即使它想去认识,它也无法去认识。习惯本身过于确定地适应于一种环境,以至于不能对它进行考察或分析;而冲动与环境的关系是如此不确定,以至于它不能报道关于这种环境的任何情况。习惯综合、命令或控制着客体,但它并不认识这些客体。冲动则以其永不停止的骚动来分散和消除这些客体。习惯与冲动的某种精妙的结合,是观察、记忆和判断的先决条件。那种不从黑暗的未知领域展现出来的知识,居于肌肉之中而非意识之中。

诚然,可以说我们是依靠习惯而知道怎样的。而关于知识的实际功能的一种明智的启发,已经使人们把一切后天获得的实践技能,甚至把动物的本能与知识等同起来。我们走路和大声朗读、上下电车、穿衣服和脱衣服,并且,我们做了成千上万种有用的行为而没有去思考它们。我们知道某些事情,即如何去做这些事情。柏格森的直觉哲学不过就是详尽地以文献资料证明的方式,去评论鸟儿凭本能就知道如何筑巢和蜘蛛凭本能就知道如何织网这样的通俗观念罢了。但最终,除非出于礼貌的原因,否则,习惯和本能在确保迅速而确切地适应环境时所做的实际工作就不是知识。或者,如果我们选择把这种工作称为知识的话——而且没有人有权利颁发相反的谕旨——那么,也被称作知识的其他东西,比如事物的知识和关于事物知识、事物是如此这般的知识、包含反思和有意识的评价的知识,就仍然是一种无法解释和描述的不同种类的东西。

说一种习惯的效验越文雅,它起作用的方式就越无意识,这是一种老生常谈。只有当它在运转中遇到故障时,才会引起情绪和激发思想。尽管卡莱尔(Carlyle)和卢梭在性情和观点上相互敌对,但他们却一致地把意识看作是一种疾病,因为只要身体的或心理的器官非常健康地正常运转,我们就不会意识到这些器官。然而,如果我们并没有非常悲观地把一个人在适应环境时所做的一切调节中的每一个错误都看作是某种不正常行为的话,那么,除了这一点以外,这种关于疾病的观念就是一种再次把健康与完美的机械行为等同起来的观点。真实的情况是:在一切清醒的状态,有机体与其环境之间的完全平衡经常被打断,就如同这种平衡经常被重新恢复一样。因此,一般性的"意识流"与它的特定阶段被威廉·詹姆斯赞扬为飞翔与栖息的交替。生命是中断与重新恢复。在一个个体活动中连续的中断,是不可能的。缺乏完美的平衡,并不等同于对组织好的活动的一种完全打碎。当干扰达到这样一种程度时,自我就会土崩瓦解,就像弹震症(shell-shock)一样。正常而言,环境与被组织好的活动的总体充分保持着和谐,以保证这些活动的大多数能够发挥积极的作用。但是,环境中一种崭新的因素释放出了某种冲动,这种冲动倾向于开始一种不同的、不相容的活动,从而在那些已经分别是主要的和次要的活动之间,重新分配被组织好的活动中的各种要素。因此,被眼睛所指引着的手就会向着表面移动,视觉是主导要素,手会触及客体。尽管眼睛并没有停止转动,但某种未预料到的触摸的性质,即一种肉感的光滑或令人烦躁的热,会迫使人进行重新调整;而在这一重新调整中,这种用手触摸的、用手拿的活动就会努力去支配这一行动。现在,在活动转变的这些时刻,有意识的情感和思想就出现了并被强调。这种在有机体与环境之间受到干扰的调整,反映在以旧习惯与新冲动达成一致而结束的一种暂时性的冲突上。

在这一重新分配的时期里,冲动决定着运动的方向。它提供了重新组织所围绕着的核心。简言之,我们的注意力总是被引向前方,以注意到即将发生的但至今尚未给予关注的事物。冲动界定了凝视、寻找和探求。用逻辑语言来说,这是进入未知领域的运动,但不是进入非常无意义的整个未知领域而是进入那个特殊的未知领域,即当偶然进入该领域时,就会恢复有序的、统一的行动。在这种寻找过程中,旧习惯提供了令人满意的、可填补的、确定的、可识别的主要内容,它以我们正在朝向的模糊预感为开端。当组织好的习惯确定地被运用并被集中时,这种混乱的情形就发生了转变,理智的基本功能就是"消除"这种情形。过程就变成了目标。如果没有习惯,就只会有愤怒和含混的犹疑;如果单单具有习惯,就只会像机器一样重复和像复制一样再现以前的行为。只有在习惯与冲动的释放之间发生冲突时,才会出现有意识的寻找。

7. 思维心理学[*]

我们正在远离任何直接的道德问题。但是,知识与判断在行为中的地位这一难题,取决于我们是否能弄清关于思想的基本心理学。因此,我们必须继续探讨下去。我们把生命比作一位正要动身去旅行的旅行者,可以认为:最初,他的活动在某一时刻是确信的、简单的和有组织的,前进时没有直接注意自己所走的路径,也没有思考要去的目的地。突然,他受到阻拦而停止,在他的活动中发生了某种错误。从一名旁观者的角度来看,他遇到了一个障碍,这一障碍必须在他成功地继续前进之前被克服。从他自己的角度来看,出现了震惊、混乱、焦虑和不确定。正如我们所说的,他暂时不知道什么东西阻碍了他,也不知道他正在往何处去。但是,激起了一种新的冲动,这种冲动成了研究、调查事物,试图了解这些事物,并弄明白正在发生什么事情之起点。当受到干扰的习惯聚集在冲动的周围去观看和了解时,它们便开始得到一种新的指引。被阻碍的运动习惯告诉

---

* 选自《杜威全集·中期著作》第 14 卷,第 112—116 页。首次发表于 1922 年,为《人性与行为》一书第 15 章。

他，他曾经打算何处去，他已经开始去做的事情和他已经走过的土地的某种感觉。当他观看时，他就看到了确定的事物，而这些事物不仅仅是一般性的事物，而且是与其行动路线相关的事物。他所从事的活动的契机作为一种方向感和目标感持续存在着，这是一种预期的计划。简言之，他在回忆、观察和计划着。

这些预测、知觉和回忆的"三位一体"，构成了有区分且可以识别的对象之主要内容。这些对象代表着产生巨大变化的习惯。这些对象既显示出习惯的向前趋向，也显示出已经被综合到习惯中的客观条件。当下意识中的感觉，是因中断所产生的震动而变得紊乱的行动之要素。然而，这些感觉绝没有完全垄断这种情景，因为还有许多残存而未被干扰的习惯，这些习惯反映在被回忆起来和被感知到的有意义的对象之中。因此，在震动与困惑中，逐渐出现了过去、现在与未来的对象的有形结构。这些对象又以各种方式，消失在一个模糊而无形的事物的巨大阴影中、一个被认为理所当然而绝非清晰地显示出来的背景中。这个有形情境在它的范围和内容的精细程度上的复杂性，完全取决于先前的习惯和这些习惯的组织状况。当面对相同的事物时，之所以一个婴儿知道得很少，一个有经验的成年人却知道很多，其原因并不是后者具有前者没有的"心灵"，而是因为成年人已经形成了习惯，而婴儿不得不去获得这些习惯。研究科学的人和哲学家，像木匠、医生与政治家一样，都是用他们的习惯而不是用他们的"意识"去认知的。意识是最终的结果，而不是根源。意识的出现，标志着在高度有组织的习惯与无组织的冲动之间具有一种独特而微妙的关联。意识所观察、回忆、设计并概括为原则的内容或对象，代表着被习惯所吸收的质料浮出了水面，因为习惯一旦触及与其相冲突的冲动，就会逐渐瓦解。但是，习惯也把自身聚集起来以理解冲动，并使冲动产生效果。

这种解释作为心理学来说或多或少有些让人感到奇怪，但它的某些方面在静态逻辑的公式中已经成为老生常谈。例如，知识既是分析的，又是综合的；一组被区别开来的要素通过关系相互联结起来，这些几乎都已成为一种自明之理。统一与差别、要素与关系这两种相反的因素之间的结合，一直是知识理论中长期存在的悖论与神秘之物。在我们把知识理论与一种经验上可证实的行为理论相联结之前，它将仍旧如此。这种联结的步骤已经被勾勒出来，而且也可以被一一列举出来。当冲动被释放出来而导致冲突时，我们知道，在这样的时候，习惯就会受到阻碍。就这一冲动设置了一种确定的向前趋向而言,它构成了知识向前的、预期的特征。在这一阶段中,我们发现了统一或综合。我们正在努力统一我们的各种反应,并且正在努力获得将恢复行为统一的一致的环境。统一和关系是可以期望的,它们勾画出向核心收敛的线条。统一和关系是"理想"。但是,我们所知道的东西,即确定而自信地表现自身的对象,是向后看的;它们是以往被掌握和吸收的条件。它们是各种各样的要素,这些要素之所以被区分、被分析,是因为就旧习惯受到阻碍而言,这些旧习惯也被分解到对象之中,而这些对象界定了继续进行的活动所受到的妨碍。它们是"实在",而不是理想。统一是所寻求之物;分裂与分离则是现成的、给定的东西。如果把这种相同的心理学加以细化,我们就会形成对被感知到的特殊性和被想象出来的普遍性的解释,就会形成对发现与证明、归纳与演绎以及间断与连续之间的关系的解释。这近乎说讨论的任何东西因太过技术化而不适于此处。然而,不管这种要点在陈述中是多么地技术化和抽象化,它对于同道德信念、良心以及正确与错误的判断相关的一切事物来说,都是极其重要的。

最一般性的、即使是最含混的问题,也涉及道德知识的器官(organ)本性。只要把一般知识看作是一个特定的行动者的产物,无论这个行动者是灵魂、意识、理智,还是一般认知者,那么,在逻辑上就会倾向于为道德区分的知识也设定一位特定的行动者。意识与良心不仅仅有一种口头上的关联,如果意识本身是某种东西,即一种先于理智功能的场所或力量的话,那么,良心为什么就不应该也是一种具有它自己单独权限的、独一无二的官能呢?如果一般意义上的理性不依赖于在经验上可证实的人性中的实在,例如,本能和组织好的习惯,那么,为什么就不应该也有一种独立于自然活动(natural operations)的道德理性或实践理性呢?另一方面,如果人们意识到认识是通过自然因素的媒介而进行的,那么,在道德认知中,假定有一个特定的行动者这种做法就失去了合法性,而且变得令人难以置信。现在,这种特定的行动者是否存在,从技术上来看,不是一个遥不可及的问题。相信有一个单独的器官这种信念,包含着相信有一个分离而独立的主题之信念。从根本上来看,所争论的这个问题恰恰就是:道德价值、道德规定、道德原则与道德对象不仅是构成一个分离而独立的领域,还是一种正常发展的生活过程中的重要组成部分。

这些考察解释了为什么否定一个单独的认识器官以及趋于认知的本能或冲动

并不是有时被看作平庸的原因。当然,从某种意义来说,有一种与众不同的冲动,确切地说,有一种习惯性的倾向去认知。但是,从同样的意义来说,也有一种驾驶飞机、操作打字机或为杂志写故事的冲动。一些活动产生出知识,其他活动则产生出这些其他的东西。这个结果对于促使人们为了培育这些活动而专门注意它们来说,也许是非常重要的。从一个几乎是副产品的事件而达到自然的、社会的和道德的真理,也许成了一些活动的主要特征。在这种情况下,这些活动已经发生了改变。于是,认知就成了一种与众不同的活动,具有它自己的目的和它独有的适应过程。所有这些都是理所当然的。可以说,无意中偶然发现了知识,并且注意到相似的产物及其重要性之后,获得知识就偶然地变成了一种确定的职业。而且,教育肯定了这种倾向,就像它肯定音乐家、木匠或打网球者的倾向一样。但是,在这种情况下,就像在其他情况下一样,并没有一种最初的、单独的冲动或力量。每一习惯都是易冲动的,即是向外的和急迫的,因而认知的习惯也不例外。

坚持这一事实的原因并不否认知识一旦存在,就具有了独特的价值。这种价值是如此之巨大,以至于可以被看作是独一无二的。这一讨论的目标,不是要把认知附属在某一困难而乏味的功利目的之上。坚持认为认知在活动中的衍生性地位的原因,植根于对事实的感知;并且认识到,主张知识有一种单独的、最初的力量与冲动这种学说,把知识与人性中的其他阶段割裂开来,从而导致非自然地对待知识。理智倾向同生物冲动和习惯形成的具体经验事实的分离,导致了对心灵与自然之间连续性的否定。亚里士多德宣称,纯粹认知的官能从虚无进入人之中,就如同穿过一道门。自从他之后,许多人都宣称,知与行两者之间没有内在的关联。有人宣称,理性与经验没有关系;有人说,良心是一种崇高的神谕,它不依赖于教育和社会的影响。所有这些观点都自然而然地源于没有认识到:所有的认知、判断与信念都代表一种后天获得的结果,而这一结果是与环境相联系的自然冲动所导致的。

正如我们已经表明的,从伦理的方面来看,所争论的问题关系到良心的本性。正统的道德学家们已经宣布良心在起源和主题上都是独一无二的。同样的观点也暗含在所有通俗的道德训练方法之中,而那些方法通过把道德判断与其他形式的知识中所运用的检验与帮助手段分离开来,从而试图固定关于正确与错误的严格的权威观念。因而,有人已经宣称,良心是一种最初的启蒙官能(如果它没有因沉溺于罪之中而变得昏暗的话),它照耀着道德真理与道德对象,并且毫不费力地揭示出它们的确切之所是。那些持这种观点的人们之间,对良心的对象的本性的看法是十分不同的。一些人认为良心的对象是一般性原则,而其他人认为良心的对象是个体行为,还有一些人认为良心的对象是诸多动机中的价值秩序,另外一些人则认为良心的对象是一般性义务感,也有人认为良心的对象是绝对正确的权威。此外,还有人把这种暗含着权威的逻辑推向其结论,并把关于道德真理的知识等同于一种对戒律法则的神圣而超自然的启示。

但是,在这些不同的观点中,有一个根本上一致的方面。道德知识必定有一个单独而非自然的官能,因为被认知的事物,即正确与错误、善与恶、义务与责任的问题,形成了一个单独的领域,这一领域同通常人类与社会意义上的日常行动领域相分离。日常的活动也许是审慎的、政治性的、科学性的和经济性的。但是,从这些理论的观点来看,直到把这些活动引入我们本性的分离而独特的部分之范围时,它们才具有道德意义。因而,这证明了关于道德知识的这些所谓的直觉理论,在其自身中汇集了在这些段落里受到批评的所有观念,即宣称道德在起源、运转和命运上不同于人性的自然结构与进程。这一事实对于表面上把理智活动同习惯与冲动的联合作用连接起来的专门化发展来说,是一个借口,如果我们希望找到一个借口的话。

8. 思虑的本性 *

到目前为止,这个讨论一直忽视了如下事实:一个有影响的道德学派(在当代思想中,最好的代表就是功利主义学派)坚持认为,道德判断和信念具有自然的经验特征。但不幸的是,这一学派一直遵从着一种错误的心理学;并且由于引起了一种反作用,实际上倾向于强化那些人的立场。他们固执地认为,道德有一个单独的行动领域;并固执地认为,道德知识需要有一个单独的行动者。这种错误的心理学有两个基本特征:第一个是,知识来源于感觉(而不是来源于习惯和冲动);第二个是,对行动中善与恶的判断,即是对令人愉快的后果与令人不快的后果以及利润与

---

* 选自《杜威全集·中期著作》第 14 卷,第 117—122 页。首次发表于 1922 年,为《人性与行为》一书第 16 章。

损失的计算。对于许多人来说，这种观点似乎不仅贬低了道德，而且与事实相违背，这不足为怪。关于道德知识的这种经验观点所产生的逻辑后果是：如果所有道德都涉及计算什么是有用的、明智的和审慎的，并通过在令人愉快或痛苦的感觉过程中所产生的后果来衡量，那么，正统派的道德学家们就会说，我们与这样一种卑鄙的观点没有任何关系。这是一种前提归谬法。我们将有一个单独的道德门类，并且有一个单独的关于道德知识的器官。

我们的首要难题是：依据做什么是最好的或最明智的来研究日常判断的本性，或者用日常语言来研究思虑的本性。我们以一个概括性的论断，即思虑是对各种不同的、相互冲突的、可能的行动方式的一种（在想象中的）戏剧式彩排，以此作为开端。思虑始于有效的公开行动受到阻碍之时，这一阻碍是由于先前的习惯与前面提到过的新释放出来的冲动之间的冲突所造成的。于是，包含在暂时悬而未决的公开行动中的每一种习惯和冲动都依次被试验。思虑就是弄清各种可能的行动路线实际上是什么样子的。它是一种把习惯与冲动中挑选出来的要素进行不同的结合的实验，从而看到所导致的行动如果被执行，那将会是什么样子。然而，这一试验是在想象中进行的，而不是公开的事实。这种实验是通过在思想中尝试性的彩排来进行的，它并没有影响身体之外的自然事实。思想跑到了前面并预见到结果，因此不必等待实际上的失败和灾难的教训。一种被公开试验的行为是不能改变的，它所导致的后果也不能被消除。然而，一种在想象中被试验的行为却不是最终的或命定的，它是可以挽回的。

所有互相冲突的习惯与冲动都轮流把它自己投射到想象的屏幕之上，展现出一幅其未来历史的图画，并展现出一幅将会采取的路线的图画，如果它可以自由地去行动的话。尽管公开的展示被相反的有推动趋向的压力所阻碍，然而，正是这种抑制给了习惯一个在思想中表现自身的机会。思虑确切的含义是：对活动进行分解，并且使活动各种不同的要素彼此互相制约。尽管没有任何一种要素有足够的力量成为一种改变方向的活动之中心，或者足以支配一种行动的过程，但每一要素都有足够的力量去阻止其他要素成为主导性要素。活动并没有为了让位于反思而停止；活动从执行转变为机体内的渠道，结果产生出戏剧式的彩排。

如果活动被直接表现出来，它就会产生一些经验，并且与环境相接触。活动将通过使周围的对象、事物和个人成为它向前运动的合作者而获得成功；否则，它就会遇到障碍物而受到干扰，并且很可能失败。这些同对象及其属性相接触的经验，赋予一种在另一方面来说是流动而无意识的活动以意义和特征。我们通过被我们所看到的对象来弄清观察意味着什么,这些被看到的对象就构成了视觉活动的意义,否则,视觉活动就仍然是一片空白。对于意识来说,"纯粹的"活动就是纯粹的虚空。只有在达到它所停留的静态终点时,或者在阻止它向前运动以及使它偏离方向的障碍物中,纯粹的活动才会获得内容或充满意义。正如我们已经说过的那样,对象就是那——进行反对之物。

就这一方面而言,可见的行为路线与思虑中设想的行为路线之间是没有区别的。我们没有直接意识到我们打算去做的事情,只能跟随行为进入它所引向的情形之中,注意到行为所遇到的对象,并根据它们是如何抗拒行为的或者如何出人意料地鼓励行为,才能判断行为的本性并赋予其意义。在想象中就像事实上一样,我们只有通过在走过的路途上所看到的东西,才会知道这条道路。而且,在所计划的行动路线中标出的对象,直到我们能够看到设计为止,也有助于指引最终的、公开的活动。习惯在经过它的想象的路途时偶然遇到的所有对象,都对当下的活动有着直接的影响。它强化、抑制和改变了已经在运行着的习惯,或者激励了先前没有积极参加的其他习惯。在思想和公开的行动中,在执行一种行动路线时所体验到的对象或具有吸引力,或令人讨厌,或使人满足,或使人焦虑,或具有促进作用,或具有阻碍作用。因而,思虑在继续进行着。说思虑最终停止了,就等于说选择和决定发生了。

那么,什么是选择呢?它不过是在想象中偶然遇到的一个能够对恢复公开行动提供适当刺激的对象罢了。只要某一习惯,或习惯要素与冲动要素之间的某种结合找到了一条完全敞开的路径,选择就作出了。于是,能量就得以释放出来,决心就会下定,心灵就会镇定和统一。只要思虑把浅滩、礁石或令人烦恼的大风描绘成所计划的航海路线的标识,思虑就仍在继续着。但是,当行动中各种不同的因素都和谐地统一在一起时,当想象发现没有令人烦恼的障碍时,当有一幅满帆顺风的宽广大海的图景时,航海确实就可以开始了。行动的这种确定的方向就构成了选择。认为在选择产生之前没有任何偏好,这是非常错误的。我们始终是有偏见的存在物,总是倾向于一个方向而不是另一个方向。思虑的出现就是偏好的过度,而不是天然的冷漠无情或缺乏喜好。我们需要彼此不相容的事物;所以,不得不选择什么是我们真正需要的东西,选择行动的路线,即那些最充分地释放活动的行动路线。选择并不是从漠不关心中出现的偏好,而是从相互冲突的偏好中出现的一种统一的偏好。曾经互相阻碍的偏见，现在至少暂时地互相加强，并构成一种统一的态度。当想象描绘出行动的一种客观的后果，而这种后果提供了适当的刺激并释放出确定的行动时，这一时刻就会来临。所有的思虑都是对行为的方式的一种寻求，而不是对最终目的的寻求。思虑的职责就是促进刺激作用。

因此，就有合理的选择与不合理的选择之分。所想到的对象也许仅仅激励了某一冲动或某一习惯达到了如此强烈的程度，以至于它暂时是不可抗拒的。于是，它征服了所有的竞争对手，并为自身确保了唯一的优先通行权。这一对象就在想象中凸显出来，它膨胀得充满了这一领域。它没有给其他对象留有空间；它通过自身的吸引力而吸引着我们，使我们狂喜不已、失去理智、如醉如痴。所以，选择是任意的，是不合乎理性的。但所想到的对象，也许是一个通过统一和协调不同的、相互冲突的趋向而起到激励作用的对象。这一对象也许释放了一种活动，而在这种活动中，一切趋向都得到了实现；但这不是以它们最初的形式，而是以一种"升华的"形式来实现的，即通过在一种被改变性质的活动中把它还原为与其他组成成分并列的一种成分，从而更改了它的最初方向。在设计一种可能的活动路线时，思虑能够如此精细、敏捷而又巧妙地剔除或重新组合，没有什么比这更超常的了。对于所有想象的环境中的阴影部分来说，有一种振动反应；对于所有复杂的情形来说，对它的整体性有一种敏感性，对它是否公平地对待所有事实，或者它是否控制了一些事实以有利于其他一些事实有一种感知。当思虑这样被付诸行动时，决定就是合理的。也许在结果中有错误，但它源于资料的缺乏而不是不善于处理资料。

这些事实帮助我们对欲望与理性在行为中各自的地位这一古老的争论作出了解答。众所周知，一些道德学家们曾经谴责欲望的影响；他们在欲望与理性冲突之中找到了善恶斗争的核心，在这一冲突中，前者有其自己的力量，而后者则具有权威性。但是，合理性实际上不是与欲望相对立的东西，而是各种欲望之间有效关系的一种属性。合理性意味着秩序、前景和比例，而这些东西是在思虑过程中从各种各样先前互不相容的偏好中产生出来的。当选择促使我们合理地行动时，它就是合乎理性的；也就是说，当选择关心所有相互冲突的习惯与冲动的要求时，它就是合乎理性的。当然，这意味着出现了一个综合性的对象，这种对象把引起冲突、悬念和思虑的情形中的每一因素都协调和组织起来，并使每一因素都发挥作用。正如被赞同的习惯与冲动要求统一时是如此，一些"坏的"习惯和冲动开始时也是这样。我们已经看到阻塞和努力直接压制冲动和习惯的效果。坏习惯只有通过被用作一种新的、更丰富而全面的行动计划中的要素,才能被克服;而好习惯也只有通过同样的运用,才能免于变坏而得以保存下来。

威廉·詹姆斯对理性与激情之间相互冲突的本性作过详细的论述。大意是说,激情的暗示就是使想象停留在那些对象之中,这些对象与它的天性相适应,给它提供了养料,并通过给它提供养料而加强了它的力量,直到它把所有关于其他对象的思想都排挤出去为止。一种极其情绪化的冲动或习惯赞颂一切与它相协调的对象,而压制那些每一出现就与它相反的东西。一种充满激情的活动学会了人为地激励它自身——就像当奥利弗·克伦威尔(Oliver Cromwell)想要做违背他的良心之事时,就会陷入突发的愤怒之中一样。如果允许相反的对象的思想在想象中得到一席之地的话,那么,这些对象就将起作用,就将冷却并驱逐那时的热烈激情,而这种预感就会被感觉到。

结论并不是行动的这种情绪化的和充满激情的阶段能够或应当为了冷酷无情的理性而被消除。我们的回答是更多的"激情",而不是更少的激情。为了阻止憎恨的影响,就必须有同情;而为了使同情合理化,就需要有好奇、小心以及尊重其他人自由的情绪——就需要有引起那种对象的倾向,此对象使同情所唤起的那些对象得到了平衡,并防止同情堕落为多愁善感和爱管闲事。再强调一下,理性不是一种引起反对冲动和习惯的力量。理性是各种不同的欲望之间和谐运转的实现。"理性"作为一个名词,指的是许多倾向之间的愉快合作,诸如同情、好奇、探索、实验、率直、追寻——全力追究事物——小心谨慎地全面考虑事物的来龙去脉等等。科学的精密而复杂的体系不是从理性,而是从最初微不足道且摇摆不定的冲动中产生出来的;正是冲动去操纵、移动、搜寻、揭示,把分离的事物混合起来并把结合着的事物分离开来,去言说和倾听。方法就是把这些冲动有效地组织成连续不断的探究、发展和检验的倾向。这种方法是在这些行为之后并因这些行为的后果而产生的。理性作为合理的态度,就是最终所产生的倾向,而不是能够被随意唤起并开始运转的一种现成的先行之物。一个明智地培养理智的人,将拓宽而不是缩小他的强烈的冲动之生命,而他的目标就是这些冲动在起作用时愉快地协调一致。

如我们所说,冲动的意义就是使某事开始;冲动处于匆忙之中;冲动使我们疲于奔命。它没有给考察、记忆和预见留有任何时间。但是,理性的意义正如习语所说,就是停下来并去思考。然而,需要力量去阻止一种习惯或冲动的前进,另一种习惯提供了这种力量。最终导致公开行动的延缓、悬置和推迟的时期,就是被拒绝直接发泄的活动在想象中找寻对应物的时期。用专门术语来说，这意味着对冲动的调解。因为一种孤立的冲动是直接的，它把世界缩小为直接的现在。各种相互冲突的趋向则扩大了这个世界。它们在心灵中引起许多思考，并且之所以能使行动最终发生，是由于宽泛地构想出并细致地提炼出一个对象，而这个对象是经过一个漫长的选择与组合过程才得以形成的。用通俗的话来说，深思熟虑就是要缓慢和不着急，需要时间以使对象处于有序之中。

然而，冲动有缺陷，反思也有缺陷。因为我们受冲动的压迫而急着去行动，所以也许没有向前看得足够远；但是，我们也许会对反思所带来的快乐过度感兴趣；我们害怕对决定性的选择和行动承担责任，而且，一般来说，我们会因一种苍白的思想模式而变得缺乏生气。我们也许对遥远而抽象的问题如此之好奇，以至于对处于我们周围的事物仅仅给予一种吝啬而不耐烦的关注。我们也许认为，当我们仅仅沉溺于一种令人喜爱的职业并轻视当下情形中的需求时，我们正在赞美为真理自身的缘故而热爱真理。投身于思维中的人们，很可能在一些方面，例如，就像在直接的个人关系中，非常无思想。对于将严谨治学作为一种有吸引力的追求的人来说，在日常事务上可能非常糊涂。谦卑和公正也许在一种专门化的领域中显示出来，而卑鄙与傲慢在处理与其他个人的关系时显示出来。"理性"不是一种先在的、作为万灵丹而起作用的力量。它是习惯经过艰苦努力而获得的结果，需要被连续检查。如果把在思虑——即理性——中表现出来的有推动力的活动平衡地安置在一起，要取决于一种灵敏而适中的情绪敏感性。只有一种片面的、过度专门化的情绪，才会导致把理性看作是与情绪相分离的东西。在传统上，关于正义与理性的关联，背后是以善良的心理学（good psychology）为基础的。正义与理性都暗示着对思想与能量进行平衡分配。一种目的是如此确定，一种激情或兴趣是如此有吸引力，以至于对后果的预见被歪曲为仅仅包括促进执行预先已经确定了的偏见的那些东西，就这一点来说，思虑是非理性的。先见（forethought）灵活地重塑了原有的目的与习惯，并构成了对新目的和行为的感知与热爱，就这一点来说，思虑是理性的。

（罗跃军　译）

思维和理智

概念如何由感知而来*①

没能作出某种根本性的区分,可能是造成后续的所有讨论像无的之矢一样盲目而混乱的根源。关于概念的本质的讨论,经常受限于不能区分心理状态和这种状态的功能。就像在生理学中,作者本来想要讨论心脏,但是他却没有首先决定他是要讨论心脏本身,还是心脏的工作及其对于整个器官的价值。假如情况如此,就难怪某一学派的生理学家认为,心脏是一种明确的、独立的东西,有确定的形状和大小,由确定的纤维组成;而另一学派的生理学家却坚持,心脏是有内在联系的整体的一个要素或组成部分,它不是一个物体而是一个活动,它的结构与由这一结构促进的一般目标相比基本无关。

考虑到关于概念的必要的区分,可以这样认为:概念并不是标志一种心理状态或它的存在的术语,而是指示它的功能和价值。每一种心理状态,作为一种纯粹的存在,(静态地来看)只是一个图像。如果是这样,那么这种心理状态就是一种特例,它无论在量上还是质上都不同于有限时间下的其他持有物。假如唯名论者说的是精神的存在,他坚持不存在一般观念这样的东西是完全正确的。但是,他这样还完全没有触及到问题。概念是一种力量:一种特定图像,通过这种力量表明或传达确定的意义或理性价值。让我们从鲍桑奎先生那里借用一个例子。在铁路上,用什么样的旗子作为表示危险的信号是无关紧要的。它可能是八英寸的正方形,

* 此文选自《杜威全集·早期著作》第 3 卷,第 117—120 页。
① 本文首次发表于《公共学校》(*Public-School*),第 11 期(1891 年 11 月),第 128—130 页。作者生前未曾重印。

也可能是十英寸的,甚至可能根本不是正方形。它可能是新的,也可能是旧的;可能是干净的,也可能是脏的;可能是完好的,也可能是破损的。在被用作信号旗之前,旗子可能是任何一种颜色。换句话说,主要的并不在于旗子作为存在物到底是什么,关键在于旗子被用作什么。因此,当我们考虑一个特定的心理图像的结构时,我们还完全没有进入概念的领域。概念是图像所指示的东西,是概念所传达的那些意义。

意义是什么?这个问题明确地把我们带到了概念在感知中如何起源的问题。我对这个问题的回答是:概念起源于意识到感知所意味的全部意义,而不是概念直接就有这些意义。以三角形的概念为例。只要它还停留在感知阶段,它就完全被认为是一个特殊的物体。关于它的知识将只可能是诸如它准确的形状、大小、边长、角的度数、构成它的材料,以及它的颜色等等。意识不能考察超出眼前存在的这个物体本身之外的任何东西。即使我们可以知道,它的三内角之和等于两个直角,虽然这是它的一个显著特征,但这仅仅是一条信息,并不比它的一条边长为12/17英寸更有价值。但是,假设意识前进到超出具体的某个三角形,达到这样一种想法,有一种规则包含在三角形中,和世界上的任何其他东西一样,三角形建立在内在于自己的这种特定规则之上。这个规则提供方案和规范。根据这些方案和规范,为了构成一个三角形所需的任何东西都必须存在。如果超过或者达不到这个规则,就不会有任何三角形。我们应该把这个规则叫做什么呢?鉴于这个规则构成了一个具体的三角形,而不是一个南瓜或者烟囱管,难道不能证明,这个规则正是三角形所要指示的和我们试图知道的东西吗?的确,正是这个规则形成了“三角形”这个概念。换句话说,“三角形”这个概念,就是一种把三条线组合到一起的方法。它是构造的一个模型或形式。另外,正如我们所知,这个构造三角形观念的模型非常不完善。

下面是关于概念的特点。(1)概念是“观念上”的东西,而不是感官上的。作为心理活动的一种模型或方法,它不能被感觉到、看到或者听到。它只能在构建它的活动中被领会。理解三角形这一概念的唯一方法就是去构造它——如方法所要求的那样,把三条直线组合到一起。(我要顺便注释一下,这里显示出了外部和机械说明的不可能性。如果一个概念是一个物体的真正意义所在,而这真正的意义是心理活动的一种模型,是理性构造的过程,那么正确信息的直接传达是如何可能的?)(2)概念是一般,而不是特殊。这通常体现为如下事实:概念是行动的模型,是把事物或部分组织成一个整体的方法。一台织布机的每一部分都是特殊的,它织出来的每一尺布也都各不相同,但如何把线织成布的方法以及织布机的功能却是一般的。

因此,任何一个给定的三角形,无论是现实存在的,还是只是想象的,都是特殊的三角形。但是,构造三角形的方法却不是特殊的。构造一个三角形,不会比构造另一个需要做更多的事情。它是构造任何三角形都必须的规则。任何东西,只要它是以这样的方式被构造出来的,它就叫三角形。

我的上述论证可以合理地解释:三角形的概念比关于三角形的感知包含的东西多。这些结论是通过找出概念的真正特征得到的,而不是简单地罗列特征。

这样做的确会把某些特征排除在外。但是,这一排除一些特征的行为并不是使概念得以形成的原因;相反,正是在概念,即构造的规则的基础上,某些特征被忽略了。不,这些概念和构造规则不仅仅是被忽略,而且是被完全排除在外。它们被认为是与三角形本身无关的东西。

简言之,概念就是关于对象的知识,关于对象的构造规则的知识;感知也是关于对象的知识,但这种途径或多或少有些从属的性质。就理性价值而言,概念是对象的完全的知识,它涉及对象的起源和各种关系;感知则是对象的不完全(这是"抽象",真正意义上的抽象)的知识,它涉及对象性质、空间和时间上的界限。

然而,必须补充的是:概念往往会返回并且充实感知,因此,感知与概念的区分是动态的而不是静态的。一旦我得到一个三角形的概念,当我看到构造三角形的过程时,就会把三角形的知识增加到具体的三角形中。这样,概念就成了一种充实感知意义的因素。

从完全发展的理想的角度来说,感知和概念应该有相同的内容。这将超出我为讨论这个问题而设定的界限。但是,让我们假定一个对象的完全的知识,例如给定一棵枫树(感知意义上的),将不仅包括这棵树本身的每一个细节,而且还应该包括这棵树的变化过程。另一方面,"树的生长"(概念意义上)的完全的知识将不仅包括一般的观念,还应该包括使树落叶或不落叶的特殊环境和条件;使枫树、橡树、山毛榉树等等这些树落叶的不同条件;包括一般意义上"树的生长"所需要的环境和一棵具体的树,上面提到的那棵枫树,生长所需要的环境之间的区别。

无论从个体(我们称之为感知)出发还是从规则(我们称之为概念)出发,这样一种系统的知识都是任何一门科学的理想。除非我们能把原理包括在内,否则我们关于个体的知识都是有限的。除非我们看到原理是如何在不同的情况下起作用的,否则我们关于原理的知识就是不完善的(抽象的)。当两者之中有一个完善的时候,它就会促使另一个达到完善。

我不知道我是不是被什么东西召唤来指出任何说教式的道德(pedagogical morals),但是我挡不住诱惑。如果所说属实,显而易见的是,要从它的起源、发展和恰当的关系中引出感知。只有一条正确的道路,可以引领不成熟的学生从感知达到概念。明确地指出过程的基本原理不是必须的,或说不需要告诉孩子一切事情的原因。相反,过早地确定知觉的注意力放在这些关系上,反倒会阻碍对它们的领会。我们应当让对象如其自身那样存在;让各种关系运用其中;让意识依据其中的原理而活动;以此确保以后理解概念有足够的空间。教师的工作主要限于以一种纯化的方式把上述观念传达给孩子,这种形式要求孩子必须经历被包括在概念中的建构性的过程。这种过程本身以后在反思中会变成一个对象。这个过程首先被运用在意识中,然后这种变为自觉的过程将会成为一种一般的心理学方法。

(邵强进 马 明 译)

有情感地思考^{*①}

　　哲学和心理学的传统理论让我们习惯于把一方面是生理的和有机的过程、另一方面是科学和艺术中较高级的文化表现形式截然分开。这种分隔概括在心智和身体之间所作的惯常划分中。这些理论还让我们习惯于把在科学中达到顶峰的逻辑的、严格意义上的理智的运作，支配诗歌、音乐和较小程度上的造型艺术的情感的和想象的过程，与管理我们的日常生活并引发工业、商业和政治事务的实践行为之间，严格地划分开来。换言之，思想、情绪或情感和意志彼此已被泾渭分明地区分开来了。这些划分的结果产生了大量的问题，它们的专业方面是哲学的特殊关切。但是，当人们在实际生活中把他们所从事的活动割裂开来，把生活肢解得支离破碎，把兴趣分门别类时，就会遭遇这些问题。科学是为了科学的缘故，艺术是为了艺术，商业通常是为了赚钱的事情，政治移交给了专业的政治家，运动的专业化，等等，其间很少为生活留下空间。这种生活是为了生活本身，一种全面的、丰富的和自由的生活。

　　就总体上的生物学功能，尤其是神经系统功能而言的一些基本概括上的新近进步，已经使明确地理解从较低级的功能到较高级的功能的连续发展成为可能。非常有趣的是：生理的运作和科学与艺术中深层的文化之间固定屏障的破除，已经把科学、艺术和实践活动彼此割裂开的基础连根铲除了。很早就有关于经验和心智生活统一的模棱两可的讨论了，这意味着知识、情感和意志都是相同能量的表

＊ 选自《杜威全集·晚期著作》第 2 卷，第 84—89 页。
① 首次发表于《巴恩斯基金会期刊》，第 2 期（1926 年 4 月），第 3—9 页。

现,等等;但现在,我们手里有了使这种讨论明朗化和具有意义的手段。

其中包含各种各样生理学的细节,很自然地还没有充分地加以组织,也没有时间消化它们并获取最终的结果。无论如何,作者不是这个领域的专家,即使他是专家,这里也不是阐发它们的合适的地方。但是,它们某些最终的结果是容易理解的,它们对艺术以及艺术与正常生活过程的联系有着确定的影响。

我们可以从推理的领域开始。它长期被认为由纯粹的理智所先行占领,被认为除了偶然情况以外,完全是和情感、欲望分隔开来的,是和我们借以作出对周围世界必要的实践调适的运动器官和习惯分隔开来的。但是,最近,里格纳诺(Rignano)先生从生物学基础出发,得出了如下的结论:"对我们最高的心智能力即推理能力的分析,把我们引向了如下观点,即推理完全是由我们心智的两种基本的和原始的活动,也就是理智的和情感的活动相互作用构成的。前者在于简单和记忆性地唤起过去的知觉和意象,后者表现为我们的心智对某个要实现的、推理本身也指向它的目的的倾向或渴望。"①

一句孤立的引用,当然不可能展现出这些观点的全部力量。但这里在"情感性"的理念下概括出来的,是有机体有某些基本的需要,如果不借助于改变周围环境的活动,就不可能满足它们;当有机体和它所处的环境的"平衡"以任何方式被打破时,它的需要就会以持续存在的不安的、渴求的和想望的活动表现自身,直到这样引发的行为带来有机体与其环境关系的新的整合。那么,思考落入了这个原则的范围内,这一点已经展现出来;推理是促成有机体和生活条件之间新的关系的一般功能的一个阶段,而且像其他阶段一样,受需要、欲望和逐步满足的控制。

里格纳诺称另一阶段为"理智的"。但上下文表明,这里的基本原则是实践调适的原则。过去的经验得以保留,以便当需要利用它们来实现基于我们的情感本质的需要所设定的新目的时,援引它们和安排它们。但是,记忆不是理智的。这是有机体的修正,是改变性情、态度和习惯的事情。通过确立和周围环境的一种新关系来满足需要时思考由以获取它的材料的"素材",在可以被称为习惯的东西中(对这个词的通常意义作些引申)被发现;也即,因先前的经验而融入我们的行为和做事方式中的变化。因此,思想的材料全部来自过去;但它的目的和方向在于未来,发展一种新的环境作为维持一种新的和更加充分完整的自我的条件。

---

① 里格纳诺:《推理的心理学》(*The Psychology of Reasoning*),第 388 页。

虽然论证过于专业了,以至于当前还不能详述;但结果已经表明,传统上在较低级的生理功能和较高级的文化功能之间所留下的巨大鸿沟,首先是由于把有机体和环境割裂开来,没有看到它和环境融合的必然性;其次是由于忽视了需要在创造目的或要实现的结果中的作用。因此,当"目的"得到承认后,唤起某种更高级的和独立的力量来解释它们,被认为是必要的。然而,目的和情感性与渴望和欲望的联系深深地植根于有机体,而且在经验中不断地被扩展和提炼。欲望、兴趣实现了在传统理论中要援引纯粹的理智来实现的东西。越来越多的欲望和更加多样和灵活的习惯打造了更加精致的思想轨道;最后,产生了逻辑体系和谐的、一致的和综合的结构。

这样,推理和科学明显地离艺术更近了。满足需要必须改变周围的环境。在推理中,这个事实表现为实验的必要性。在造型艺术中,这是常识。艺术也明确地承认在科学中花费如此长的时间所发现的东西,承认情感在重塑自然条件时发挥的控制,承认想象在欲望的影响下,把世界重塑为一个更加有序的居所时的作用。当所谓的非理性因素被发现在产生逻辑体系中一致关系和秩序时发挥很大的作用时,它们应该在艺术的结构中发挥作用这一点就不足为怪了。实际上,可以质疑:是否任何现存的科学体系,或许除了数学体系以外,在完整性、精致和范围上与艺术的结构相媲美,虽然后者更容易和更广泛地被理解,而且是更加普遍的和直接的满足的来源。只有在认识到科学的和艺术的体系体现了生命和其周围环境关系的同样的基本原则,而且两者都满足了同样的基本需要时,这些事实才是可以说明的。很可能有这样的时刻,即那时连贯的逻辑体系和诗歌、音乐与造型艺术中的艺术结构之间的差别,被普遍地认识到是技术上的和专业上的而非根深蒂固的。

过去,我们曾经不得不主要依靠短语来解释艺术结构的产生。它们被用来指称天才或灵感或创造性的想象。当代对于无意识和种族无意识的诉求换汤不换药,不过是改了名字而已。大写字母开头拼写一个词,以及在它前面加上定冠词,就好像它是一种独特的力量,这没有给我们带来比从前拥有更多的光明。然而,无意识的活动是现实,而且新的生物学正在使下面这一点变得清晰:这样的有机体活动就像为了实现充分的满足去重塑自然对象一样的那类活动,而且被重塑的对象以已知属于艺术作品的特征为标志。

地点和时间、韵律、对称、和谐、调移,悬念和解决、情节、高潮和与此相对的下移、强调和间隔、行动和延迟、统一作为"完整的一块",以及数不胜数的许多种类,是在所有的艺术生产中,以各种不同的方式来满足不同媒介需要的手段。这些仅仅是当环境和基本的有机体的需要和谐一致时,自然地刻画对象的特征。另一方面,它解释了观众和听众在面对艺术作品时如此紧密地和强烈地"产生共鸣"这一事实。通过它们的手段,原来深层的习惯或有机体根深蒂固的"记忆"得以释放出来;但这些过去的习惯以新的方式被采用,它们适应了一个更加充分的、完整的世界,从而其自身实现了新的整合。这就是艺术解放性的、扩展性的力量。

同样的考虑,解释了一种新风格的艺术作品必须培养它们自己的观众。首先主要是经历了与最容易唤起的表面习惯的大量不和谐。但是,周围环境的改变,包含有机体中相关的变化。因此,他们的视觉和听觉逐渐变得适应了。实际上,有机体在产生一件艺术作品的充分的知觉时,被改造和重组了。因此,后者的恰当的效果逐渐被认识到。这样,起初被蔑视为不合常规的东西,融入了艺术成就史中前后相继的位置。

在《绘画的艺术》(*The Art in Painting*)中,巴恩斯(Barnes)先生已经表明,有创造力的形式是所有的有创造力的手段的整合。在绘画的例子中,这些是颜色、线条、光线和空间。借助它们彼此之间的关系,影响了设计:设计,即光谱、表面质量、三维立体图,以及空间间隔——关于对象的"空间",不管是上下的、侧面的还是前后的。而且,巴恩斯先生表明,正是在实现它自身所采纳的每一种设计元素时,有创造力的手段的整合的种类和程度,以及每一种与其他类型的手段的整合的种类和程度,构成了绘画中的价值的客观标准。从心理学的角度看,图画中的这种整合,意味着在整个系列的有机体的反应中,产生了一种相关的整合;眼睛的活动引起了类似的肌肉运动,它反过来,不仅和眼睛的活动协调起来,而且支持着眼睛的活动,而这又激起对光线和颜色进一步的经验,等等。而且,如在感觉和运动行为的每一个充分的统一中那样,处在内脏、循环和呼吸功能后台的因素,同样协调一致地被唤醒并发挥作用。换言之,对象中的整合在有机体活动中允许并实现了一种对应的整合。因此,独特的幸福,兴奋之中的恬静,平和之中的生机,这些都是审美愉悦的典型特征。

有缺陷的价值当然可以通过同样的标准来判断。元素中的某一个可能是有缺陷的;因此,没有为其他元素的运作提供充分的支持,并且作为反应,出现了对应的生机的缺乏,甚至感到受挫和困惑。或者,更加可能发生在图画中的是:按照惯例,可能在一段时间内获得了声誉,某些因素被过分地强调了——以至于尽管暂时抓住了视线,留下了印象,而最终的反应是偏颇的和片面的。这对某些没有被其他的活动所滋养和加强的有机体的活动,提出了令人疲乏的要求。

因此,说巴恩斯先生第一次详细地阐释了绘画中客观的价值标准,这一表达迟早会使观众的审美反应在心理学、甚至是生理学方面的分析成为可能,以至于对绘画作品的欣赏不再是私人的、绝对的品味和武断的事情。这么说,一点也不为过。

通过利用同一个对具体手段整合的概念,巴恩斯先生同样第一次向我们指明了就绘画自身而言的现代绘画的历史发展的线索。在较早的时期,整合在相当大的程度上,是通过外在于绘画自身的手段,例如通过宗教和先前的(学术的)传统中相关的题材,或者通过不适当地依赖光线、形状和空间位置之间人们熟悉的联系来实现的。艺术史表现出借助为绘画作品所独有的元素即色彩来获取塑性造型的多样性和关系的倾向。例如,线条不再是僵硬的和泾渭分明的划分(在这个例子中,它们或多或少是非整合性的),而且由颜色-质量的微妙交融所决定;经过仔细地考察,两者被发现彼此融合在一起了。类似地,光线和形状长期以来基于日常实践中的联系而被采用,给人以坚固的印象。但是,根据颜色本身而对他们的经验作进一步的区分和整合的艺术家们,实验性地通过颜色的变化和并置来表达三维关系。因此,颜色被用来建立起结构上的坚固,以及在同一个对象中的变化。画家也学会了不依赖与外在的经验的联系——这经常导致过分地强调某个特征,即光线或线条,像描绘夸张的肌肉的姿势时那样——而是通过利用形式彼此之间的联系,连同空间的间隔(可以借助作为手段的颜色来实现这个目的)产生行为和运动。这种更微妙、更完整的整合,通常包含对熟悉的形式的变形和歪曲——也就是说,与在绘画领域之外形成的联想相冲突——这个事实解释了它们起初受到蔑视性批评的这一事实。但是,最终一种新的有机体的联想被建立起来,在纯粹的审美经验以及变形——从日常实践的角度看——的基础上形成,不再引起麻烦和令人厌恶了。它们变成了真正的和直接的审美把握中的要素。

从分析图画的角度看,对于任何熟悉巴恩斯先生著作的人来说,这些评论并没有什么新奇之处。我重复提到它们,仅仅因为巴恩斯先生的分析,首先是如此彻底地与基本的生物学概念的当前倾向相一致;其次是它有可能把这些生物学的概念应用到艺术结构和审美批评的整个领域中。然后,使得打破科学的和理智的系统与艺术系统之间的传统分隔成为可能,而且可能有助于把整合的原则用于文化中那些在我们当前的生活中被隔绝开来的要素的关系中——应用于科学、艺术、工业和商业、宗教、体育运动和道德等方面。日益变得明显的是：除非能够实现某种整合，否则，所有领域的专业化增长所带来的、一直在加剧的孤立和对立，终究将给我们的文明带来困扰。特别地体现在绘画中的艺术及其明智的欣赏本身就是一种整合性的经验，这是如反映在《绘画的艺术》中的巴恩斯基金会工作的经久不衰的意义。因为要让绘画成为教育手段，就必须宣称：图画真正的明智的实现，不仅是对如此这般的绘画中发现的专业化要素的整合，而且是对完全和谐的经验本质的深刻和持久的体验，以至于为所有其他的经验设定了一个标准，或形成了一种习惯。换言之，当绘画作品被带出专业化的壁龛时，它们成了教育经验的基础。它抵消了使我们当前的生活如此混乱和虚无的那些顽固的专业化、区隔性的划分，以及严格的分隔导致令人困扰的倾向。

（王巧贞　译）

我们如何思维：重述反思性思维
对教育过程的关系（节选）

1. 什么是思维*

I. 思维的不同意义

最好的思维方式

任何人都不能准确地向别人说明应当怎样去思维，这正如他不能准确地说出自己应当怎样呼吸，以及自己的血液循环的情景一样。可是，人们思维的各种不同的方式却能够被说明，思维的一般特征能够被描述。某些思维方式与另一些思维方式相比，是比较好的。为什么好呢，也可以提出一些理由来。那些懂得什么是较好的思维方式，并且知道为什么这些思维方式比较好的人，只要愿意，他就可改变他个人的思维方式，从而使思维变得更有成效。这就是说，按照这种思维方式，他们就能把事情办得好些；而按照其他的心理活动方式去办事，就不能取得同样好的效果。本书所论及的思维的较好方式叫做反思性思维（reflective thinking），这种思维乃是对某个问题进行反复的、严肃的、持续不断的深思。然而，在讨论这一主题之前，首先要简短地说明其他的一些心理过程，有时我们把这些心理过程命名为思想（thought）。

"意识流"

在我们完全清醒着的时候，或者，有时甚至当我们睡着的时候，有些事情仍萦回

---

* 选自《杜威全集·晚期著作》第 8 卷，第 85—93 页。首次发表于 1933 年，为《我们如何思维：重述反思性思维对教育过程的关系》一书第 1 章。

脑际。当我们睡着的时候,我们把这种现象称为"梦境"。我们也会有白日梦、幻想、呈现海市蜃楼,甚至更为杂乱无章的意识流等现象。这种遍布于我们头脑中不能控制的观念过程,有时也被我们称做"思想"。它是无意识的和不受控制的。许多儿童试图知道他们究竟能否"停止思想",就是说,试图使头脑里的心理活动停止下来,但是欲罢而不能。我们醒着时的生活有许多是消磨在稀里糊涂的心思、漫无目的的回想、欢快而无稽的期望、倏忽即逝的模糊印象等等前后并无关联的细微琐事之中的。大多数人乐于承认这种状况,实际上,这种状况比人们承认的还要多。因此,如果有人说他能够把他"呆呆地在想什么"表述出来,那么,你最好不要对他抱多大期望:他表述不出什么来;他只能觉察出碰巧出现的"心中的闪念",而这种"闪念"过后,几乎不能留下什么有价值的东西。

反思性思维是连续性的

有个故事说到,一个在智慧上声望较低的人想在他所在的新英格兰镇竞选市政委员,他对人们发表演说:"我听说你们不相信我有足够的知识去从政。我希望你们理解,我大部分时间都在思索着这样那样的事情。"照这种说法,即使最笨的傻瓜也算能思维了。反思性思维同心中随意奔流的各种事情一样,是由一系列被思考的事情组成的;但是,反思性思维不同于那种仅仅是偶尔发生的"这样那样"的偶然事件的不规则的连续。反思性的思维不仅包含连续的观念,而且包含它的结果——一种连续的次第,前者决定后者,后者是前者正当的结果,受前者的制约,或者说,后者参照前者。反思性思维各个连续的部分相因而生,相辅而成;它们之间来往有序,而非混杂共存。从某一事物到另一事物的每一步骤,用术语表示,便是思想的一个"词"。每个词都为下一个词留下了可资利用的成分。事件的连续流动构成思想的一系列链条。任何反思性思维都有一些确定的成分,它们连结在一起,向着一个共同的目标持续不断地运动。

思维通常限于不直接感知的事物

思维的第二种含义,即它所涉及的事物不是感觉到的或直接感知的,它并没有看见、听到、触摸、闻嗅和品尝那些事物。我们问一位讲故事的人,他是否看到过发生的那些事,他也许会回答说:"没有看到,我只是想象那些事。"这里表现出来的是一种虚构,而不同于观察到的、实际的记录。在这种情况下,最为重要的是:想象中的偶然事件和一系列事件中的某些事件是具有某种连续性的,它们首尾一贯,被一条连续的线索贯穿起来,处于千变万化的幻想之流和有意识地导出深思熟虑的结论之间。儿童们信口讲来的幻想故事，其内部的一致性是参差不等的，有些是互相断开的，有些则是联结一体的；当它们联结在一起时，便类似于反思性思维了，实际上，它们通常是头脑的逻辑能力的表现。通常，想象的活动总是出现在严密的思维之前，并为严密的思维作好准备。在这个意义上，可以说：思想或观念是关于某种事物的心理上的印象，而不是实际的存在；思维则是这类印象的连续。

反思性思维旨在求得结论

对比来讲，反思性思维不只是通过头脑中一系列令人惬意的虚构故事和种种景象而得到欢快，除此之外，反思性思维还自有其目的。上述一系列的景象必须导向某种境地；它必须得出一种结论，该结论在想象之外能够得到证实。一个关于巨人的故事，本身可能是有趣味的，而反思性思维的结论却要求说明这个巨人生活在大地上的特定时间和特定地点，需要在一系列的想象之外做出某些说明，使之成为事实确凿、理由充分的结论。通常所谓的"把它思索出个头绪来"，也许能最好地表达这种对比的成分。这句话的意思表明，通过专心思考，把一团乱麻似的思绪弄得顺理成章，把含混不明的思绪弄得一清二楚。这里便有一个要求达到的目的，而这目的就控制着相继出现的种种观念。

思维实际上是信念的同义语

思维的第三重含义，即它实际上等同于信念。"我想明天将冷起来了"，或"我想匈牙利比南斯拉夫要大"，等于说"我相信什么什么"。我们说"人们总是想世界上的大地是平坦的"，这显然是指我们的前人拥有这种信念。关于思维的这种含义，比前面提到的两种含义要狭窄些。信念是超于某物之外而对该事物的价值作出的测定。它对事物、原则或定律的性质作出一些断定。这意味着指定状态的事物和定律或被采纳，或被拒绝。信念对某种事物作出适当的判断，至少是默认。信念的重要性无需多加强调。信念包含那些我们并不确定的知识，然而却确信不疑地去做的事情；也包含那些我们现时认为是真实的知识，而在将来可能出现疑问的事情——正如同过去许多曾被认为是确定的知识，现在却变成了不过只是一种看法或者竟是错误的。

单纯就思维等同于信念作为一个单纯的事实而言，并没有什么意义，也不能表明信念有无根据。两个人都说，"我相信大地是球形的"。可是当有人提出质疑时，其中一个人几乎不能提出或根本拿不出这种说法的证据来，因为他只是人云亦云而已。他接受这种观念，只是因为这种观念是流行的说法，他本人并未调查事实，并未亲身参与建立这种信念。这种"思想"是无意识地产生的。人们偶然地得到它,但不知道是如何产生的。这种思想是从隐蔽的源泉,通过不被人们觉察的渠道潜入头脑,不知不觉地变成了思想库中的一部分。传统、指导、模仿——所有这些或是依据某些形式的权威,或是依据我们本身的利益,或是符合一种强烈的情绪,这些都是形成这种思想的原因。这类思想不过是偏见而已,它们不是经由观察、收集和检验证据等人类思维活动而得出的结论,而是凭空而下的断语。即使它们碰巧是正确的,其正确性对具有这种思想的人来说,不过是一件偶然的事情。

反思性思维激励人们去探索

现在,我们再次用对比的方式来研究本书中所提及的特殊种类的思维——反思性思维。我们前面提到的两种意义的思维可能对于心智是有害的,因为它分散对真实世界的注意,可能浪费时光。一方面,如果适当地运用这类思维,人们可能得到真正的欢乐,并且可能成为进行必要的再创造的资料。但是,无论如何,它们都不能获得真理:它们本身并不能展示让人们接受、坚持和愿意作为行动依据的东西。它们可能包含一种情绪的信仰,但却不含有理智的和实际的信仰。另一方面,信念却明确地包含理智的和实际的信仰,并且迟早必然会要求我们去调查研究,找出它们所依据的理由。把一片云朵想象成一条鲸鱼或一匹骆驼,这只是一种"幻想",并不会使人得出要骑这些骆驼或用鲸鱼炼油的结论。可是,当哥伦布把大地"想"成球形的时候,他的意思是"相信大地是这样的",他和他的同伴由此萌生出一系列其他的信念,并做出相应的行动:坚信沿此航线可以抵达印度,坚信船只在大西洋中向西远航会出现什么结局;他们认为,正是将大地视为平面的思想,使人们作出不可能环球航行的结论,使人们把大地限制在欧洲人已经熟知的一小块文明的地区,如此等等。

人们早先认为大地是平面的这种信念,还是有某些证据的,其依据的是人们在视野的限度内所能看到的现象。但是,对这种证据没有作进一步的考察,没有经过本应加以重视的其他证据的检验,也没有探寻新的证据。这种信念基于人们的惰性、惯性和传统,而缺乏探究的勇气和精力。稍后的人们认为大地是球形的,这一信念植根于细心的和广泛的研究,植根于有目的的、领域广阔的观察,植根于结论的推导,即考察不同的假设,看哪一个同信念相符合。这种信念同第一种思维含义的区别在于,它是种种观念井然有序的连接;它同第二种思维含义的区别在于,它有受控制的目的和结局;它同思维的第三种含义的区别在于,它有个人的考察、检定和探究。

哥伦布之所以能够提出他的新思想，正是由于他并非不加怀疑地接受传统的理论，而是富有怀疑和探索的精神。长久以来习惯上认为最确定无疑的事物，他也敢于怀疑；人们认为似乎不可能发生的，他相信其可能发生。他就是这样不断地思考着，直到他得到他能够确信或不能相信的证据为止。即使他的结论最终导向错误，也与先前他所反对的观念不同，因为这是通过不同的方法求得的。对于任何信念或假设性的知识，按照其所依据的基础和进一步导出的结论，进行主动的、持续的和周密的思考，就形成了反思性思维。上述的三种思维都可能引起反思性思维；但反思性思维一旦开始，它便具有自觉的和有意的努力，在证据和合理性的坚实基础上形成信念。

II. 思维的核心因素
对于某些观察不到的事物的暗示

然而，上面概述的各种思维作用之间并没有明显的界线。如果各种不同的思维模式不是彼此混杂一起的，那么，获得正确的思维习惯的问题就容易得多了。到目前为止，为了清晰明了，我们考察了每种思维极端的实例。现在，让我们回过头来考察一下基本的思维状态，即处于周密检验的证据和单纯的飘忽不定的想象之间的状态。一个人在温暖的天气下散步，起初，他观察到天空是晴朗的，但是，由于他原先一直想着别的事情，现在突然注意到天气变得比较凉了。于是他想到，可能要下雨了；仰望天空，他看到一片乌云遮住了太阳，就加快了脚步。在这样一种情况下，究竟什么是思想呢？走路的动作和对冷的感知，都不是思想。走路是一种活动的趋向，看到乌云和感知到冷是动作的其他一些模式。可是，天将要下雨这种可能性，乃是某种"暗示"（*suggested*）。走路的人感觉到凉，首先，他想到了云；继而，他看到和观察到云；再后，他想到某种看不见的东西：暴风雨。这种暗示的可能性是一种观念，这便是思想了。如果他相信这种暗示具有真正的可能性，那么，这种思想就属于知识的范围，并且要求反思性的思考。

当一个人看到云，于是想起人的形象和面孔；在某种意义上可以说，这同上述的情境是同样的。在这两种情境（信念和想象）中，都包含着注视或觉察到一件事实，由此引出某种别的未观察到的事物，尽管其未被观察到，但却由已观察到的事物引起心中的联想。正如我们所说，一件事情提醒我们想到另一件事情。然而，这两种情境除了上述相一致的情形外，还有明显的不同。我们并不相信云所暗示的脸就是人脸;我们完全没有考虑其可能成为一种事实。因而,这就不是反思性思维。与此相反,下雨的威胁对我们来说,却具有真正的可能性——这同观察到云是具有同样性质的事实。换句话说,我们并不认为云就意味着脸或预示着脸,这仅仅是一种假想;然而,当我们考虑到冷时,那却有可能意味着要下雨了。在第一种情境中,我们看见一种事物,偶然地想起别的事物;在第二种情境中,我们考虑的是看到的事物和暗示的事物二者之间的关联,以及其可能性和性质。被看到的事物的某些方面就成了被暗示事物的信念的根据或基础,因而它便具有证据的性质。

指示的功能

一种事物指示(signifies)或预示(indicates)另外一种事物,这种功能引导我们去思考一种事物在多大程度上可以被看作另一种事物的根据,这便是所有的反思性思维或具有鉴别性智慧思维的核心因素。研究者借指示和提示这些词语想起各种情境,就能体察到这些词语所提示的各种真实的事件。这些词语的同义词还有:指示、显示、预示、预测、表示、代表、暗指(implies)。[①] 我们还说,一个事物预兆另一个事物,是另一事物的预示,或是它的征兆,或是它的启示,或者(假如两者之间的联结不是十分明显)它给另一事物提供了线索、迹象或提示。一个事物表示、意味着另一个事物,单就此而言,它同反思性思维并不是一回事。当我们开始探寻任何特殊提示的可能性及其价值时,当我们试图检验它的价值并查明什么条件能保证现有资料真正地引出预想的观念、获得合理的证据而被人承认时,反思性思维便开始进行了。

反思性思维是把信念建立在证据的基础上

如此说来,反思性思维的含义在于:某事物的可信或不可信不是因为它本身的缘故,而是通过能作为证明、证据、证物、证件、依据等其他事物来体现的,就是说,是通过作为信念的根据来体现的。有时,雨是实际感觉或直接体验到的;有时,我们通过草和树的表面痕迹推断出下雨了,或者说,通过空气的湿度以及晴雨表的状态来推断将会下雨。有时,我们不经过任何中介而直接看到一个人(或假想我们看到了人);有时,我们却不能十分肯定所看到的东西,而是探究一些同时出现的征兆、提示或符号,从而使我们相信所看到的究竟是什么。

---

① 暗指通常用在这样一种情况下,一个原则或普遍真理产生关于其他真理的信念;其他的短语则通常用来指这样的情况,即一个事实或事件导致我们相信某个其他的事实或规律。

根据这一探究的作用,可将思维定义为:现有的事物暗示了别的事物或真理,从而引导出信念;此信念以事物本身之间的实在关系为依据,即以暗示的事物和被暗示的事物之间的关系为依据。一片云朵可以暗示一只仓鼠或一条鲸鱼,这种暗示并不意味着云团是仓鼠或鲸鱼,因为人们看到的事物和暗示的事物本身之间没有联系或联结。灰烬不仅仅暗示先前曾燃烧着火,而且证明曾经存在着火,因为灰烬是由燃烧而形成的。如果真的是灰烬,那就只有燃烧才能形成。这是一种客观的真实的联结,是实际事物的联结。这种联结使一种事物引出某种其他事物的信念具有根据、理由和证据。

III. 反思性思维的各种形态

我们可进而申述,反思性思维和一般所谓的思想具有显著的不同,它包括了,(1)引起思维的怀疑、踌躇、困惑和心智上的困难等状态,和(2)寻找、搜索和探究的活动,求得解决疑难、处理困惑的实际办法。

不确定性和探究的重要性

在我们列举的事实中,冷气温的冲击引起了信念的混乱和犹豫不决,至少在短暂的时间内是如此。因为这种现象是突如其来而未曾料到的,所以这种冲击和干扰需要加以说明、鉴别和评判。把气温的突然变化说成是一个问题,听来似乎有些勉强和武断;但是,如果我们想要扩大问题这个词的含义,使它无所不包,不论多么轻微和平凡的困惑和挑战,只要它引起信念的疑难,那么,便是真实的问题。一种突然变化的体验,也包含在内。

抬头、举目、瞭望天空这些动作,乃是为回答天气突然变凉而提出的问题,以求认识这些事实。这些事实刚一提出时是疑惑的,然而,它暗示了云朵。抬头注视的动作,就是寻求所暗示的解释是否有道理。把几乎是自动的注视的动作说成是研究或探索的行动,似乎是牵强附会的;但是,如果我们再一次地愿意扩大心智作用的概念,使之包括那些琐细的和日常的事物,也包括那些专门技术性的和高深莫测的事物,那就没有足够的理由拒绝把注视的动作说成是探究了。因为这个动作的目的在于使心智获得一些事实,使人们能够在证据的基础上求得结论。如果注视的动作是深思熟虑的,这一动作的完成就能得到支持一种信念的客观的根据,那么,它便可以作为含有反思性思维的探究的基本方式的范例了。

再举另一个平凡然而并不十分琐细的事例来阐明这个观点。一个在不熟悉的地区旅行的人,走到道路的分岔口处。他没有确切的知识去辨别,于是停下来犹豫不决:究竟走哪一条路才对呢？他的疑难怎样才能解决呢？只有从下述两种办法中任选其一;或者盲目、武断地选择一条路径,碰碰运气;或者寻求根据,导出结论,分辨哪条路是正确的。若试图用思维来决定这件事,那就要凭记忆或进一步的观察,或者既靠记忆又靠观察来探究其他的一切事实。这位困惑的旅行者必须仔细检查他面前的事物,并且必须绞尽脑汁地回忆。他将寻找支持他的信念的证据,以判断哪条路对他是适合的——他的证据将对一种暗示作出估价。他可以爬上一棵树,可以先顺这一方向走走,然后再向另一方向走走,看看在哪种情况下可以找到标志、线索和迹象。他所需要的是具有路标或地图性质的某种东西,他的反思性思维的目的是发现适合他的目标的各种事实。

综上所述,思维开始于可称之为模棱两可的交叉路口的状态;它于进退两难中任选其中之一。如果我们的行动顺畅无阻地从一事物进行到另一事物,如果我们允许自己的想象如天马行空,那便不需要反思性思维。可是,当我们树立一种信念而遇到困难或障碍时,便需要暂时停顿一下;在暂停和不确定的状态中(我们可用爬树来比喻),寻找某个立足点去审视补充的事实,以便寻找某些证据,从而判定这些事实彼此之间的关系。

思维受目的的控制

在整个反思性思维的过程中,居于持续的和主导地位的因素是解决疑惑的需要。如果没有需要解决的疑难问题或需要克服的困难,则暗示的过程必为胡思乱想;这样,我们只能有所谓的第一种思维。如果连续的暗示单纯是被情绪所控制,与单一的情景或故事相吻合,那么,我们便只有第二种思维。但是,如果要解答一个问题,处理一种疑惑,那便要树立起一个目标,并且使观念沿着一定的渠道流动。每一个暗示的结论都要由它所依据的目标来检验,由与它具有的问题是否相关来检验。这种要把疑难搞清楚的需要,也支配着已经着手的探究的性质。一位旅行者,他的目的只是希望找到通往某一特定的城市的途径,而如果他的目的又是想找到一条风景最优美的小路,那么便要寻找另外的标志,并在另外的基础上检验他的设想。问题的性质决定思维的目的,而思维的目的则控制思维的过程。

IV. 本章要点

简要地说,思维起源于某种疑惑、混淆或怀疑。思维不同于自发的燃烧,思维的发生也不是依据"普遍的原则",而是由某种特定的事物诱发并产生。笼统地要求一个儿童(或成人)进行思维,而不管他自己的经验中某种使他困惑和难以平静的困难的存在,就像建议他抓住自己的鞋把自己的身体提起来一样,是徒劳无益的。

困难提出以后,接下来便要提出某种暗示——制订某种尝试问题的特性,考虑对问题作出某种解释。现已拥有的资料并不能提供解决问题的答案;它们只能提出解决问题的暗示。那么,暗示又从何而来呢?显然,它靠人们以往的经验和可供自由使用的相关知识的储备。如果没有某些类似的经验,那么,疑难终究是疑难。即使儿童(或成人)有了问题,若事先不具备某些类似情境的经验,要想促使其思维,也是全然徒劳的。

然而,有了疑难的状态,也有了先前的经验,能够产生一些联想,思维还未必就是反思性的。因为人们可能对所得的观念没有加以充分的批判:他可能匆匆忙忙地得出结论,而没有对结论的根据作出衡量;他可能放弃或过分削减了研究、探索的行动;他可能由于心智的怠惰、麻痹,只采用了第一次出现的"答案"或解决办法,而不肯耐心地寻求某种更为稳妥的方案。只有心甘情愿地忍受疑难的困惑,不辞劳苦地进行探究,他才可能有反思性的思维。有许多人,既不能承受判断时的困惑,又不愿作出理智的研究,就想要尽快地获得结论。他们养成了过分独断的或教条式的思想习惯,也许认为对某种情境发生怀疑乃是心智能力低劣的表现。对此加以检验研究,反思性思维同拙劣的思维是绝不相同的。我们要想富有真正的思想,就必须愿意坚持和延续疑虑的状态,以便促进彻底的探究。这样,如果没有足以下判断的理由,就不轻易地接受任何信念或作出断然的结论。

2. 为什么必须以反思性思维作为教育的目的 *

思维的价值
它使合理的行动具有自觉的目的

我们全都承认,至少在口头上承认,思维的能力是非常重要的;思维能力被看作把人同低等动物区别开来的机能。但是,思维怎么重要,思维为什么重要,我们

---

* 选自《杜威全集·晚期著作》第 8 卷,第 94—98 页。首次发表于 1933 年,为《我们如何思维:重述反思性思维对教育过程的关系》一书第 2 章。

通常的理解是含糊不清的。因此，确切地说明反思性思维的价值，是有益的。首先，它使我们从单纯冲动和一成不变的行动中解脱出来。从正面来说，思维能够指导我们的行动，使之具有预见性，并按照目的去计划行动，或者说，我们在行动之前便明确了行动的目的。其次，它能够使我们的行动具有深思熟虑和自觉的方式，以便达到未来的目的，或者说，指挥我们去行动，以便达到现在看来还是遥远的目标。我们心中想到了行动的不同方式可能导致的结果，就能使我们知道我们正在做些什么。思维把单纯意欲的、盲目的和冲动的行动转变为智慧的行动。就我们所知，一只凶猛的野兽费力地从后面冲过来，它的动作是依据某些当时的外界刺激而引起的生理状态。一个能够思维的人，其行动取决于对长远的考虑，或者取决于多年之后才能达到的结果。例如一个年轻人为了将来的生计而去接受专业教育，即是如此。

举例来说，没有思维活动的动物，当受到淋雨的威胁时，也会钻到洞里去，这是因为它的机体受到某些直接的刺激。一个有思考能力的人觉察到未来可能要下雨的某些特定的事实，就会按照对未来的预测而采取行动。播种、耕种和收获谷物，都是有意图的行动。只有人类才会有这些行动，因为人类知道服从经验中直接感知到的种种因素，知道这些因素所暗示和预示的价值。哲学家们说过许多"自然之书"、"自然之语言"等名言。是的，已有事物成为未见事物的象征，自然界发出的声音可以被人们理解，就在于思维的作用。对于一个有思维能力的人来说，实物是事物以往的记录。例如，化石使我们知道地球远古的历史，并能预示地球的未来；又如，从天体目前的位置，可以预测很久以后才会出现的日食。莎士比亚的名句——"树林中有动听的旋律，溪中流水是大好的文章"，正是表明了一个有思维能力的人可以给客观事物增添机能。只有当周围的事物对我们具有意义，当我们以特定方式使用这些事物并可表明达到的结果时，我们对这种事物才可能作出自觉的、深思熟虑的控制。

它可能作出有系统的准备和发明

人们也运用思维建立和编制人造的符号，以便预先想到结果，以及为达到某种结果或避免某种结果而采取种种方式。前面提到的思维的特点，表明了野蛮人和野兽的不同；这里提到的思维的特点，表明了文明人和野蛮人的不同。一个曾经在河里乘船出过事故的野蛮人，可能会注意到某些东西，这些东西对于他来说是预示着未来危险的信号。但是，文明人却有意制作这种符号，他预先设置显著的、警戒船只失事的浮标,建造灯塔,使人们可以看到可能发生事故的迹象。野蛮人观测天象,凭其干练的技巧;文明人则修建气象台,人工收集气象情况,并且在种种迹象出现以前公布信息,而不借助其他的方法。一个野蛮人能通过辨别某种不明显的标记,熟练地觅路穿越荒野;文明人却建造公路,向大家提供要走的路。野蛮人由学习探测火的标记而得知火的存在,并且发明了取火的方法;文明人却发现了可以燃烧的瓦斯和油,发明了电灯、火炉、熔炉以及中心供暖装置,等等。文明的文化特质是:深思熟虑地建立标志和记录,以免遗忘;在生活中的各种意外事件和突发事件出现之前,深思熟虑地建造一些装置,以便在意外突发事件临近时能够提前觉察,并把它们的性质记录下来,以预防那些不利事件,至少可保护自己免遭其害,并且取得更多的回报和大量的收益。各种形式的人造装置,都是有意地变更自然的性质而加以设计的,使之同自然状态相比,更好地揭示那些隐蔽的、不完善的和遥远的事物。

它使事物的意义更加充实

最后,思维赋予有形的事物和对象非常不同的地位和价值,而没有反思性思维能力的人则做不到这一点。这些文字,对于那些不知道语言符号的人来说,只是黑白相间的古怪的胡抹乱画;而对那些知道文字是其他事物符号的人来说,这些符号堆集在一起代表着某些观念或事物。一些事物对我们来说是有意义的,它们不只是感官的刺激物,我们对此已经习以为常,因而认识不到它们之所以赋有意义,是由于已见过的事物暗示了未见的事物,而这种暗示又为后来继起的经验所证实。如果我们在黑暗中被某种东西绊着,我们可能作出反应,想办法避免被撞伤,或者由于没有看出它是什么特殊的对象(object),因而被它绊倒了。我们对许多刺激物几乎都作出自动的反应,它们对我们没有什么意义,或者说,它们不是特定的对象。对象比事物(thing)包含更多的意义,对象是具有一定意义的事物。

我们作出的这种区分是非常容易理解的。读者如果回想他认为奇异的事物和事件,把具有专门知识的人对这些事物和事件的看法两相对比,或者把关于一种事物或事件在过去的认识与以后的理智认识两相对比,那么,这种区分便一清二楚了。对于一个没有经验的平常人来说,水这种特殊的物体仅意味着是可以洗涤或饮用的某种东西;而对另外一个人来说,水却是两种化学元素的化合物,这两种元素本身不是液体而是气体,或者水是不能饮用的某种东西,因为它有招致伤寒病的危险。对于一个小孩子来说,起初,事物仅是颜色、光亮和声音的组合;当事物变成可能的而现在还未成为实际经验的事物的符号时,这些事物对儿童才有意义。对于一个有学识的科学家来说,普通事物所拥有的意义是更为广阔的:一块石头不仅仅是一块石头,而是一种含有特定矿物质的石头,它来自一种特殊的地层,等等;这块石头告诉人们几百万年以前发生的某些事情,并有助于人们描绘地球的历史图景。

控制的和充实的价值

上面提到的前两种价值,是属于实际的;它们使控制能力有所增加。刚刚提到的这种价值使事物的意义更加充实,而与控制能力并无关联——天空中的某种特定事件难以躲避,正如我们知道了日食,并知道它是如何发生的;我们知道了过去我们不曾知道的意义。当某些事件发生时,我们可能不需要去作任何的思考,但是如果我们以前思考过,那么,这种思维的结果就成为使事物加深意义的基础。训练思维能力的巨大价值在于:原先经过思维充分检验而获得的意义,有可能毫无限制地应用于生活中的种种对象和事件,因而,在人类生活中,意义的不断增长是没有限制的。今天,一个儿童可能对某些事物的意义有所了解,而这些意义对托勒密和哥白尼来说,却是含而未露的。儿童之所以能了解,是因为在当时已经出现了反思性的研究成果。

密尔在下面的这段话中综述了思维能力的各种价值:

> 推论一直被人们视为生活中的伟大事务。每个人每日、每时、每刻都需要确定他没有直接观察到的事实:这不是出于增加他的知识存储的一般目的,而是因为事实本身对他的兴趣或他的职业具有重要性。地方行政长官、军事指挥员、航海家、医生、农学家的职责,仅仅是对证据加以判断,并根据判断采取相应的行动。……根据他们做得好或不好,也就知道他们在各自的职业中是否恪尽职守。这是要用心从事而永不终止的唯一的职业。①

训练思维的两个理由

以上提到的三种价值累积起来,形成了真正人类的理性的生活与受感觉和欲望支配的其他动物的生活方式之间的区别。这种价值远远超过由生活需要所引起

---

① 密尔:《逻辑体系》(*System of Logic*),导论,第5节。

的某种狭窄的范围,然而,这种价值本身却不能自动地成为现实。思维需要细心而周到的教育的指导,才能充分地实现其机能。不仅如此,思维还可能沿着错误的途径,导引出虚假的和有害的信念。思维系统的训练之所以必要,不仅在于担心思维有缺乏发展的危险;而且更为重要的是,担心思维向错误的方向发展。

比密尔更早的作者约翰·洛克(John Locke,1632—1704)曾论述过思维对生活的重要性以及思维训练的必要性,认为思维训练能实现思维最好的可能性而避免其最坏的可能性。他说过如下的话:

> 任何人从事任何事项,都依据某种看法作为行动的理由;不论他运用哪种"官能"(faculties),他所具有的理解力(不论好坏)都不断地引导他;所有的活动能力,不论真伪,都受这种看法的指导。……我们注意到,寺庙里的神像对大多数人经常发生什么样的影响。其实,人们心目中的观念和意象才是不断控制他们的无敌的力量,人们普遍地顺从这股力量。因此,应当高度关切的仍是"理解",要引导理智正确地研究知识,作出判断。[1]

思维的力量使我们摆脱对本能、欲望和惯例的奴性屈从,然而也给我们带来谬见和错误的机会和可能性。它把人类提升到其他动物之上,同时对人类开启了失败的可能性,而受本能支配的动物不会陷入这种可能性。

3. 推理和检验的案例[*]

我们已经在以前的章节中对反思性思维的性质作了解释。我们举出了一些理由,说明为什么需要用教育的手段方法去保证反思性思维的发展,并且考虑到内在的各种素质、困难和教育纪律的将来的目的——形成训练有素的逻辑思维能力。现在,我们从学生的课堂作业中选取一些简单的真正思维的例子,并作一些说明。

I. 反思性活动的例证

我们已经再三强调,在某种程度上,内部和外部的环境唤起并指导了反思性的

---

[1] 洛克:《理解能力指导散论》(*The Conduct of the Understanding*),第 1 节。

[*] 选自《杜威全集·晚期著作》第 8 卷,第 142—148 页。首次发表于 1933 年,为《我们如何思维:重述反思性思维对教育过程的关系》一书第 6 章。

思考。与现有的自然和社会条件相关的实际需要，可以引发并指导思考。我们从一个这类的例子开始。我们还注意到，好奇心是强大的内在动力，因此第二个例子也来自该领域。最后，在科学科目中经过训练的思维会产生由智力问题引起的质询，我们的第三个例子也是这种类型的。

实际考虑的事例

前几天，我前往第 16 大街，看见了一个时钟。我看到它的指针指着 12 点 20 分。这使我想起 1 点钟在第 124 大街有个约会。我这样来推理：因为我坐地面车辆去要花 1 个小时，如果原路返回则晚大约 20 分钟。如果乘地铁快车，可以节省 20 分钟。但是，附近有地铁站吗？如果没有，有可能找地铁站时花去 20 多分钟。然后，我想到高架电车，因为我看到两个区之间有这样一条线路。但是，车站在哪里呢？要是车站和我所在的这条街有好几个街区的距离，那么，我不但没有赢得时间，反而更费时间了。于是，我又想到，乘坐地铁要比高架电车更快一些；此外，我想起乘地铁去第 124 大街的那个地方，要比乘高架电车更近一些，这样会节省时间。最终，我选择了地铁，而且在 1 点钟以前到达了目的地。

反思一个观察的事例

我每天过河所乘坐的那艘渡船，从上层甲板几乎水平地伸出一根长长的白色杆子，它的顶部有一个镀金球。我第一次看到它时，联想到一根旗杆；它的颜色、形状和镀金球与这种想法是一致的，这些理由似乎证明我的这个想法是有道理的。但是，问题很快就出现了：这根杆子几乎是水平横向的，而旗杆通常不是这样的位置；其次，那里没有用来挂旗帜的滑轮、环或绳索；最后，在其他地方还有另外两根直立的旗杆。这样看来，这根杆子似乎不是用来挂旗子的。

然后，我试着想象这样一根杆子所有可能的用途，并考虑这些用途中最合适的一种：(a)它可能是装饰品。但因为所有渡船，即使是拖轮，也有这样类似的杆子，因此这一假设被否认了。(b)它可能是无线电报机的电线杆。但是，同样的考虑，这一点也是不可能的。此外，这种电线杆的位置更自然地应该在船的最高处，即在驾驶室顶部。(c)它的用途可能是指示船前进的方向。

为了证实这一结论，我发现这根杆子要比驾驶室低一些，这样驾驶员很容易看到它。此外，它的尖端要比底部高得多，这样从驾驶员的位置似乎就可以看到船前部以外很远的地方。此外，驾驶员接近船的前部，他就需要某种对船的航向的引导。拖船也需要有这样用途的杆子。这个假设要比其他假设有更多的可能性，因而我接受了它。于是,我形成这样一个结论,即树立这根杆子的用途就是向驾驶员表明船所指向的方向,从而使他正确地掌舵。

一个涉及实验的反思事例

在热肥皂水中洗平底玻璃杯,把杯子口朝下放在一个盘子上,泡沫似乎在杯子口外面,然后就跑进去了。这是为什么呢?泡沫的出现表明有空气,我注意到空气一定是从杯子里面出来的。我又看到,盘子上的肥皂水阻止了空气逃离,除非空气可能在肥皂泡中。但是,为什么空气会离开杯子呢?并没有什么东西进入杯子迫使空气出来。它一定膨胀了:它通过加热或减压或通过二者而膨胀。杯子从热肥皂水中取出来以后,空气还会变热吗?显然,泡沫里的空气不会变热。如果被加热的空气是原因,那么把杯子肥皂水转移到盘子时一定有冷空气进入。我多取几个杯子来检验这一点,看看这个假设是不是真的。我摇晃一些杯子从而确定里面有残留空气。我取出一些杯子,使它们口朝下,从而阻止冷空气进入。前一种情况下,杯子外面似乎有泡沫;而后一种情况下,杯子外面则没有泡沫。我的推论一定是正确的。来自外面的空气受到杯子的加热一定会膨胀,所以泡沫在杯子外面出现。

但是,为什么泡沫又会进到杯子里面呢?热胀,又遇冷收缩。杯子凉了,杯子中的空气也凉了。杯中的张力消除了,因此泡沫就在里面出现。为了确定这一点,我在这个杯子上放一块冰来试验,而泡沫仍然在外面形成。很快就反过来了,泡沫往杯子里面移动。

这三种事例构成了一系列

以上三个事例由简到繁,形成了一个系列。第一个例子是日常生活中人们常常遇到的问题,思维并不复杂。最后一个例子则比较复杂。如若没有一点科学思维,就不会想到这些问题而且想出其答案。第二个例子是思维的一种自然转变,它的材料在日常生活中都会遇到,思维者也不需要有什么专业经历。然而这一问题与他的日常生活并没有直接的关系,问题是间接想到的,因为他对此产生了某种理论性的和无偏见的兴趣。

在下文中,我们将会谈论从比较实际和直接的感触引发抽象思维的问题。在这里,我们只谈各类思维中通常共有的元素。

接下来,我们将对以上三例的共同性作一个分析性的说明。我们将说明:第一,在理智行动中占中心位置的推论作用的性质;第二,在所有场合下,思维的目的和结果是把含糊和困惑的情境转变为确定的情境。

II. 对未知的推理

没有思维就没有推理

在各种反思活动中，一个人都会碰到一种特定的、现时的情境，由此出发，他要达到或推断现时尚不存在的某种另外的事物。这也就是以他现已掌握的事实为基础，求得尚未存在的观念的过程。现实的事物传导或引导心智以便求得这种观念，并且最终把某种另外的事物接受下来。在第一个例子中，那个人考虑到预定的约会地点和时间这些事实，作出推论，找出了最佳的行程路线；而他的约会是未来的事情，最初，如何践约是未确定的。在第二个例子中，那个人根据观察和记忆的事实，推论杆子可能的用途。在第三个例子中，根据特定的情境下出现的水泡和可靠的物理学事实及物理学原理知识，推断以前不知道的特殊事情的道理或原因；即是说，玻璃杯外边形成泡沫，泡沫又向玻璃杯里边移动的道理或原因。

推理包含跳跃

每一个推理仅仅因为它超越了确定和已知的事实，这些事实是通过观察或对先验知识的回忆而得到的，所以才包含了从未知到已知的跳跃。它包含的跳跃，超出给定的和已经建立的东西。正如我们已经注意到的，[①]推理是经由或通过由所见所闻引起的暗示而出现的。现在，虽然暗示会进入脑海，但是发生何种暗示首先取决于个人经验。这反过来又依赖于同时代文化的一般状态。例如，暗示不容易发生在野蛮人的脑海中。其次，暗示取决于人自己的偏好、欲望、利益，甚至他当前的情绪状态。暗示的必然性是思维之前的活泼力量，如果它是合理的，或者没有明显与事实矛盾，那么接受它的自然倾向就会表明控制暗示的必要性，这形成要被相信的推理的基础。

证明就是检验

这种先于信念而且代表信念对推理的控制，就构成了证明。证明一个事物，首先意味着要检验它。受命参加婚宴的客人原谅了自己，因为他必须证明自己的牛。为了证明一个规则，免责条例曾说过，他们提供的实例如此极端——考验最严厉的样式的适用性；如果规则能够通过这样的检验，就没有理由进一步怀疑规则。直到事情已被尝试——用通常的话来说"尝试尽"——我们就知道了它的真正价值。直到那时之前，规则可能是借口或虚张声势。但在检验或力量审查中，已经取胜的东

---

① 见《杜威全集·晚期著作》第8卷，第119页和第145页（均为边码，下同。——译者）。

西是有凭据的;它被认可,因为它已经被证明。它的价值清晰地显示了出来,即已经得到证明。因此,它是支持推理的。一般而言,推理作用是一种无价之宝,仅仅这一事实还不能保证也不能帮助说明任何特殊推理的正确性。任何推理都可能走入歧途;正如我们所见,已有的影响随时煽动它出错。重要的是,每一个推理都是经过检验的推理;或(因为通常这是不可能的)我们区分依赖于经过检验的证据的信念和不依赖于经过检验的证据的信念,并且因此提防被证明合理的信念或赞同的种类和程度。

两种检验

所有三个事例体现了检验操作的存在,它把否则会变为松散思考的内容变为了反思性活动。经过考察,我们发现,检验有两种。被暗示的推理在思考中被检验,从而看出暗示的不同元素之间是否具有一致性,暗示性推论在思考中被测试。在一个推理被接受之后,被暗示的推理也被行动检验,从而看到参与思考的推论是否在事实中出现。第二种证明的一个很好的例子可以在引用的第一个事例中找到,通过推理得出结论:使用地铁,就能让那个人按时到达他约会的地点。他通过行动尝试或检验他的想法,结果证实了想法,因为推理得出的东西实际上通过了检验。

在第二种情况下,只有当人想象自己在驾驶员使用杆子的情况下绕过那个地方,通过行动来检验才会发生。对连贯性或一致性的检验,很明显在证据中。旗杆、装饰品、无线电报机的电线杆的暗示都被否定了,因为一旦进行反思,就知道它们不符合观察到的事实的一些元素。它们被放弃了,因为它们没能与这些要素相符合。相反,杆子是用来表明船所移动的方向,这个想法被发现与若干重要元素相符合,比如,(a)需要驾驶员,(b)杆子的高度,(c)杆底和顶端的相对位置。

两种检验在第三个事例中都被采用。达到结论后,它作用于进一步的实验中,不仅在想象中被采用,而且在事实中被采用。一些冰放置在玻璃杯中,如果推理是正确的,那么,泡沫就应该像它们应该表现的那样来表现。因此,它被弄明白、被确定、被证实。其他检验行为,通过使用不同的方法从水里拿出玻璃杯,在这个过程中出现。对于思维中一致性的检验是这样出现的:反思膨胀的性质及其与加热的关系,并且考虑被观察到的现象是否符合从这条原则必然得出的事实。显然,同时使用两种证明被提出的推理的方法,要比单独使用一种方法更好。然而,这两种方法并非在种类方面不同。在思维中检验一致性,涉及在想象中行动。另一种方式公开了被想象的行动。真的推理首先被定义为牵涉达到被暗示的结论的跳跃,其次被定义为尝试这种暗示从而确定它符合情景的要求。反思活动的原始模式是通过这样的情况来设定的:做某件事的要求是十分紧迫的,用做完的结果来检验思维的价值。随着求知欲的发展,与公开行动的联系就变成次要的和偶然的。即使只是想象,它仍然存在。

III. 思维从怀疑的情境到确定的情境

它源于直接经历的情境

通过对几个事例的考察表明,在每种情况下,思维产生于直接经历的情境。人们不只是泛泛地思考,想法也不会凭空出现。在一个事例中,一个人正在某一个城市的某个地方忙着,又被提醒在另一个地方还有个约会。在第二个事例中,一个人在一艘正行驶着的渡船上,思考这艘船的建造情况。在第三个事例中,一个先前受过科学训练的人在洗杯子。在每个事例中,每种情景的本质都如同它实际上被经历、引起探究并引发反思。

对于这些特别的事例来说,这个事实并无特别之处。到你自己的经验中去,你找不到思维凭空而起的事例。一连串思想会使你远离出发点,你很难回到思维由之产生的某种在先的东西中去;但是,追究线索,你将发现某种直接经历过的情境,某种经历过的、做过的、享受过的或者忍受过的情境,而绝不只是单纯想出来的。这种原始情境的特点引起反思。反思不仅产生于它,而且回归于它。它的目的和结果是由产生它的情境所决定的。

在学校中,不能使学生获得真正的思维活动最常见的原因,也许是在学校中不存在这种性质的被经历的情境,它能唤起像校外情境所能唤起的思维活动。教师对小学生做数学题时的失误感到困惑,在含有小数的乘法运算中,小数点的位置要正确。数字是对的,数值全错了。例如,一个学生说是 320.16 美元,另一个学生说是 32.016 美元,第三个学生说是 3201.6 美元。这种结果表明,学生们能够正确地计算,但没有思考。如果学生经过思考,他就不会任意地改变对数值的理解。因此,教师派学生到木材厂购买木板,以便在学校的手工作业车间中使用;他事先同商人约定,让学生们自己计算购买物的价值。结果,数字运算与教科书所示的相同,根本不会产生小数点位置放错的错误。这种情境本身引导学生们去思维,并控制他们对价值的理解。把教科书上的问题与木材厂实际购物的需要这两种情境作一对比,可以作为一个很好的例证,说明情境对于引起和指导思维的必要性。

思维趋向确定的情境

以上三个事例的考察也可以表明,每种情境都是不确定的、困惑的、麻烦的,它向人们提出有待解决的困难和未确定的疑问。它表明,在各个场合中,反思性思维的功能引起新的情境,在新的情境中,困难解决了,混乱排除了,麻烦消除了,问题得到了答案。当一种情况安定了,决定了,有秩序了,清楚了,那么,任何特殊的思维过程自然地也就结束了;等到新的麻烦或可疑情境发生时,就再引出反思性思维。

因而,反思性思维的功能是把经验含糊的、可疑的、矛盾的、某种失调的情境转变为清楚的、有条理的、安定的以及和谐的情境。

一个命题里表述性的结论并不是最后的结论,而是形成最后结论的钥匙。例如,第一个人得出结论——"到达第124街的最佳方式是乘地铁",可这个结论只是达到最后结论的钥匙;就是说,乘地铁的最终目的是要遵守约定。思维是把初期引起困惑的情境发展为最后的、令人满意的情境的手段。在其他两个事例中,也能容易地作出同样的分析。我们在上一章已经说过,形式"逻辑"的最大困难是它的开始和结尾都仅是命题,而命题中却没有两种实际的生活情境,即一种是怀疑或困难,另一种是最后期望得到的结果。这两种情境凭靠反思性思维,才能产生出来。

怎样确定已经发生过的推论是不是真正的推论呢?最好的方法是看其结果能不能把困惑的、混乱的和不一致的情境,转换成清楚的、有秩序的和令人满意的情境。不完全的和无成效的思维,其结论在形式上是正确的;但是,它对个人的和即时的经验却没有什么影响。充满活力的推论,则经常使思维着的人在他经验到的领域内,获得某些不同的认识,因为某些事物变得明确了,并且作了有秩序的安排。简而言之,真正的思维必然以认识到新的价值而告终。

4. 反思性思维的分析*

I. 事实和观念

当一个人处于困难或疑惑的情境时,他可以从许多方法中选取一种方法。他可以躲避困难或疑惑,放弃引起困惑的活动而另外去做别的事。他可能沉迷于想入非非,想象自己有势力或有钱财;或者有某些其他的办法,使他能够解决这种困难。最后,他可能面对这种情境,毅然地进行处理;在这种情况下,他便开始进行反思性思维。

---

* 选自《杜威全集·晚期著作》第8卷,第149—158页。首次发表于1933年,为《我们如何思维:重述反思性思维对教育过程的关系》一书第7章。

反省包含着观察

当一个人开始进行反思性思维时，便需要从观察开始，以便审查鉴定种种情境。有些观察是直接通过感官进行的；另外一些是回忆自己的或别人以往的观察。前面提到的预定约会的人，用眼睛注视他现在的位置，回忆在1点钟时他将到达的那个地方，并且回想他熟悉的、他现在所处地区和将要去的地区之间的交通工具。这样，他对要处理的情境的性质，尽可能地有了明白的和准确的认识。有些情境是障碍物，其他一些情境则有助于问题的解决，为解决问题提供了材料。不论这些情境是他直接感觉到的还是记忆的，它们都是事实。这些事实明明摆在那里，非要加以考虑对付不可。像所有的事实一样，它们都很顽固。我们不能因为这些事实令人不快，便想用幻术去摆脱它们。希望这些事实不存在，或者希望这些事实不是眼前这种样子，那是无济于事的。我们只能就事论事，按它们本来的面目去应付它们，因而必须充分运用观察和回忆，以防漏掉重要的事实，或把重要的事实搞错。在良好的思维习惯形成之前，面对要处理的情境去发现事实，是要花费力气的。因为人的心智讨厌那些令人不愉快的事实，所以便不去留心那些特殊的、令人烦恼的事实。

反省包含着暗示

当我们去应付由种种事实组成的情境时，关于可能的行动方法的暗示也就随之出现了。在我们举出的事例中，①那个人想到地面车辆、高架电车和地铁，这些可供选择的暗示彼此竞争。通过比较，他判断出哪种方法是最好的，最适合于解决他的问题。这种比较是间接进行的。当那个人想到一种可能解决问题的办法时，他又犹豫起来，举棋不定，于是又回到那些事实上面。既然他现在有了一种看法，那么，这种看法引导他去从事新的观察和反思，并且仔细审查已经作出的观察，以便检验暗示的价值。如果他不运用暗示去指导新的观察，也就不能作出慎重的判断，那么，他就会立即接受现时的任何暗示；如果这样，他就不会有真正的反思性思维。新看到的事实可能会引起新的暗示（在任何复杂的情境中，新的事实必然会引起新的暗示），这些新的暗示就成为进一步研究种种情境的线索。这种审查的结果，检验并改正了所提出的推论，或者暗示出一种新的推论。被观察到的事实和暗示的解决问题的答案，这二者之间不断地交互影响，不断地暗示应付情境的方法，

---

① 见《杜威全集·晚期著作》第8卷，第187页。

这种过程一直进行下去，直到得出一种解决方法。这种方法适合情境中的所有条件，而与现在已看到的任何事实并无违反之处。①

在反省中，资料和观念是相关的、不可或缺的因素

用专门术语来表达，观察到的事实称为资料（data）。资料是用来解释、说明和阐述的材料；或者，在思虑的情况下，用这些材料来决定做什么和如何做。对于观察到的种种困难提出种种解决的暗示，称为资料。资料（事实）和观念（可能解决问题的暗示）在所有的反省活动中，形成两个不可缺少的、彼此相关的因素。这两个因素的存在和保持，分别依靠观察和推论；为了方便起见，我们把对以前观察到的类似情况的反思，也算作观察。推论超越了实际观察到的事实，超越了已经发现的事实，它仔细检查现时实际存在的事实。因此，推论是指可能的，而不是指真实的事物。推论的进行，靠的是预测、假设、猜想、想象。所有的预见、预言、计划等等与推理和沉思一样，其特点都是从真实的推移到可能的。因此，如同我们已经看到的那样，推论需要双重的检验：第一，观念的形成过程，或提出解决方案的过程，要不断地由现时实际观察到的种种情境来核查；第二，观念形成之后，要由行动来核查，如果可能的话，就由想象来核查。行动结果进一步核实、修改或否定已得到的观念。

我们举出一个简单的例子来说明：假如你在尝试开发一条新的道路，当道路平坦时，你什么也不想，因为你已经形成了习惯，能应付平坦的路。忽然，你发现路上有一条小沟。你想你一定能跳过去（此为假设和计划；但是为了牢靠些，你得用眼睛仔细查看，此为观察）；你发现小沟相当宽，而且小沟的另一边是滑溜溜的（此为事实和资料；这时你就要想，在这条小沟的别处是否有比较窄的地方呢（此为观念）？你顺着小沟上下寻找（观察），希望有比较窄的地方（用观察来检验观念）。你没有发现任何好的地方，于是制订一个新的计划。当你正在制订新计划时，你发现了一根木头（又是事实）。你寻思，能否把木头拖到小沟上边，横跨过去，架成一个小桥（又是观念）。你判断这个观念有试验的价值，于是把木头架在小沟上，从木头上走了过去。用明显的行动检验和进一步证实观念。

如果情境更为复杂，当然，思维也就更加周密。你可以设想一个情境，如做一个木筏，建造一座浮桥，或制作一个独木舟。这些最终都要在脑中形成观念，并必

---

① 要检验和具体说明这种说法，应当参见第 6 章提出的三个事例。

须以推论加以验证，于是进入行动（事实）的种种情境，即进入实际。不论是简单的或复杂的，也不论是实际的困难处境或是科学的、哲学的问题，都经常存在两个方面的问题：需要解释和应付的种种情境；为了应付情境或解释、说明种种现象而设计的观念。

例如推测日食和月食，一方面需要关于地球、太阳和月亮的位置及其运行的大量由观察得到的事实；另一方面，需要用来预测和解释包括广泛的数学计算在内的种种观念。在哲学问题中，种种事实或资料也许是遥远的，不能通过感官的观察而直接得到证明。但是，或许有关科学的、道德的、艺术的或以往思想者的结论可以作为资料，并用以进行核实。再者，心智又有沉思的作用，它可以引导寻求另外更多的材料，这些材料既可发展作为观念的理论，又可检验观念的价值。事实成为资料，必须用来暗示或检验某些观念，用来找出克服困难的某些方法，否则，单纯的事实或资料便是一堆死东西。观念必须用来指导新的观察，用来对过去、现在或将来的实际情况进行反思，否则，单纯的观念就是凭空的推测、空想和梦幻。最后，观念必须由实际材料和另外原有的观念来审查。许多诗歌、小说或戏剧的观念具有巨大的资料价值，但却不是知识的资源。然而，即使观念对当下的现实没有直接的参考价值，但当新的事实出现时，这种观念却能付诸应用。因此，这种观念也具有理智的价值。

II. 反思性活动的基本功能

现在，我们已经掌握资料用以分析反思性思维的全部活动。在前面，我们看到每个思维的两个极限：思维开始于困惑的、困难的或混乱的情境；思维结束于清晰的、一致的、确定的情境，前一种情境可称为前反思性的情境，它提出需要解决的问题，提出反思性思维要回答的问题。后一种情境中，怀疑消除了；这是反省后的情境，它的结果是控制直接经验，获得满足和愉快。反思性思维就是在这两种情境之中进行的。

反思性思维的五个阶段或五个方面

思维处在这两种情境之间，有如下的几种状态，它们是：（1）暗示，在暗示中，心智寻找可能的解决办法；（2）使感觉到的（直接经验到的）疑难或困惑理智化，成为有待解决的难题和必须寻求答案的问题；（3）以一个接一个的暗示作为导向意见，或称假设，在收集事实资料中开始并指导观察及其他工作；（4）对一种概念或假设从理智上加以认真的推敲（推理是推论的一部分，而不是推论的全部）；（5）通过外显的或想象的行动来检验假设。

我们现在逐个地说明这五个阶段或五种功能。

第一阶段：暗示

一个人做事要持续地做，以取得进展，这是很自然的事情；这也就是说，要明显、公开。令人不安和困惑的情境暂时阻止了这种直接的行动。然而，继续的倾向依然存在。它改变方式，采取观念或暗示的形式。当发现自己陷入绝境时，关于怎样做的观念就代替了直接的行动。这是替代性的、预期的行动方式，是一种戏剧的彩排。如果只存在一种暗示，我们会毫无疑问地马上接受这种暗示。但是，若有两种或更多的暗示，它们彼此互相冲突，形成含糊不定的状态，就需要进行更深一步的探究。方才举的例子中，第一个暗示是从沟上跳过去，但是种种感知到的情况抑制了那个暗示，转而引出别的观念。

某些直接行动的抑制，必然会形成犹豫和拖延的状态，这对思维来说是必要的。思维好像是行为转向到自身方面，检查它们自己的目的、情境、资源和助力，以及困难和阻碍，等等。

第二阶段：理智化

我们已经指出，就思维而言，认为它起源于现成的问题，起源于凭空捏造的问题或起因于真空之中，这种看法是虚假的。实际上，这种所谓的问题只不过是一种指定的作业。本来就没有一种情境与起初问题一齐出现，然而，也没有问题能够离开情境而自行提出。当出现困难的、困惑的、难堪的情境时，困难究竟在哪里？它似乎遍及整个情境之中，整个情境都受其影响。如果我们知道困难是什么、困难在哪里，那么，反思性思维便比较容易进行了。俗话说得好，题目出得规范，答案就有了一半。事实上，我们知道，问题恰好是与寻求答案同时发生的。问题和答案完全是在同一时间呈现出来。在这之前，我们对问题的理解或多或少有些含糊不清，没有把握。

一种暗示行不通时，我们就要重新检查所面对的种种情境。我们感到忧虑不安，心理活动失常，在观察情境和对象的基础上渐渐地有了某种程度的固定化问题。单是那条小沟，并不构成什么困难，小沟的宽度和沟对岸的滑溜才构成了困难。困难在什么地方找到了，困难的性质便被确定了；它就不再是令人烦恼不安的事，而是某种理智化的真正的问题。前面例子中提到的那个想按时实现原定约会的人，突然遇到了困难，马上出现了一个暗示，即如何节省时间到达有一定距离的约会地点。但是，为了使这一暗示能富有成效地实现，他得寻找交通工具。为了寻找交通工具，他又得注意到现在的位置以及从这里到车站的距离、现在的时间以及他这样做需要多少时间。这样困难之所在就比较清楚地找到了：即需要走多少路程，需要多少时间走完这段路程。

"问题"这个词总是显得过于郑重，而不能表述在较小的反省的场合下所发生的事情。但是，在任何反省活动中，都有把整个情境中起初仅仅表现为感性的因素加以理智化的过程。这种转化，可以使情境中的困难和行动的障碍更加明确起来。

第三阶段：导向性观念、假设

第一个暗示是自发出现的，它自动地出现于人们的心头，即突然出现，就像人们所说的"掠过心头"。第一个暗示的出现并没有受到直接的控制，它来自来，去自去，如此而已。第一暗示的出现也不含有什么理智的性质。理智成分在于：它作为一种观念出现之后，我们用它做什么以及我们如何用它。正因为如上所述的状态，才有可能对暗示加以控制。我们对困难越有明确的认识，就越能得到实际可行的解决问题的较好观念。事实或资料能向我们提出问题，对问题的洞察和理解能够改正、改变或扩展原来发生的暗示。这种暗示就变成确定的推测，或者用专门术语来说，这种暗示就称为假设。

医生诊断病人或机械师检查一架不能正常运转的机器，在以上场合中，肯定是在某些地方出现了毛病。如果不知道毛病出在哪里，便不知道如何补救。一个未经训练的人很可能胡乱猜想——暗示——并且胡乱地采取行动，希望碰巧有好的运气把事情搞好。某些以前发生过效力的药物或邻居介绍的药物，都被拿来试一下。或者，那个人对着机器，手忙脚乱，这里敲敲，那里戳戳，想碰巧使机器运转起来。训练有素的人则绝不会这样做。他熟悉有机体或机器的结构，精细地观察，运用医师和专门技师一般拥有的种种方法和技术，找到问题究竟出在哪里。

已经作出的判断支配着解决问题的观念。但是，如果情况异常混乱不清，那么，医师或机械师就不能因为有了某种合适的补救方法的暗示，就不再去进一步思考。他们的行动是试探性的，而不是决定性的。也就是说，他把暗示当作一种主导的观念、一种工作的假设，根据这个暗示，进行更多的观察，搜集更多的事实，看一看是否有了假设的、要求的新的材料。他作出推论，如果这种疾病是伤寒，那么，一定会出现特定的征兆；他便格外注意，看是否正好出现了那些情况。这样一来，第一个和第二个活动都被控制了，问题的性质就变得更充分更明白了，暗示的种种情况也更具有可能性了。暗示被检验过了,如果可能,暗示就变成合乎标准的可能性了。

第四阶段:(狭义的)推理

观察的对象是自然界中存在的事物。观察到的事实,既控制暗示、观念和假设的形成,又检验它们作为解决方法具有的价值。另一方面,如我们所说的,观念产生于我们的头脑中,产生于我们的心智中。它们不仅在头脑中产生,而且具有很大的发展能力。特定的、丰富的暗示产生于经验之中,产生于有丰富知识的心智之中,心智可以对暗示认真思索,使得产生的结果与心智开始时的观念十分不同。

例如,上一章第三个事例中,[①]关于热的观念与那个人已经知道的关于物质遇热膨胀的原理联系起来,并且与物质遇冷收缩的倾向联系起来了,所以,膨胀的观念能够用来作为一种解释的观念;而如果只有一个热的观念,就没有任何效能。热是由观察情境直接得到的暗示;水的热是可感觉到的。但是,只有头脑中先前有了关于热力知识的人,才能推论出热意味着膨胀,把膨胀的观念作为一种有效的假设。在更复杂的情况下,存在着一长串的推理,一个观念被引导到另一个原先已得到检验的相关的观念。当然,这种观念连续展开的推理,要依靠人们头脑中已经具备的知识积累。这不仅依靠从事探究的人先前的经验和所受的专门的教育,同时要依靠当时、当地科学文化的状态。推理有助于知识的扩大;同时,推理依靠我们已有的知识,依靠知识传播的便利程度,以及使知识成为公共的、公开的资源的程度。

现在的医生凭借自己的知识,并根据疾病所暗示的症状,可以作出某种推断,而这在大约 30 年以前是不可能做到的;另一个方面,由于临床设备和应用技术的改善,医生也能对症状作出更进一步的观察。

推理对于暗示性的解决办法,以及对于原有困难所作的更直接、更广泛的观察,具有同样的影响。经过更周密的考查,第一次形成的暗示便不能被人们接受。乍看起来似乎是有道理的推测,当其结果被仔细推敲之后,往往发现是不合适的,甚至是荒谬的。例如,长杆作为一种标志杆,只是在其意义被搞清后,才能判断出它对于当前的情况具有特殊的适用性。有些最初看来像是遥远的和不着边际的暗示,经过仔细推敲往往转变为恰当的和有效的暗示。通过推理,一个观念得到了发

---

① 见《杜威全集·晚期著作》第 8 卷,第 189 页。

展,这有助于提出一些可作为中介的或居间的成分,把起初表面上似乎彼此矛盾的元素连接在一起,指引心智从一种推论到另外的相反的推论。

数学是典型的推理。数学是推理活动的典型例子,它可以说明观念间彼此的相互作用,而不需要凭靠感觉的观察。在几何学中,我们从少数简单的概念(如线、角、平行线,以及几条线相交形成的平面等等)出发,也从确定它们性质的少数原理出发,从而得知:平行线与一条直线相交形成的对应角相等,一条线与另一条线垂直相交形成两个直角;把这些观念联合起来,我们就容易确定三角形的内角之和等于两个直角。再继续把已经证明的定理的意义加以推论,整个平面图形的意义最终就搞清了。运用代数符号建立一系列方程式和其他数学算法甚至能提供更为显著的范例,表明建立观念之间的相互联系能取得的成就。

经过一系列科学的观察和试验所提出的假设,一旦用数学形式表述出来,其观念几乎可以转用到任何领域,使我们能够迅速有效地处理问题。许多自然科学的成就,就是依靠数学观念推导出来的。数量形式的测量不单存在于科学知识领域内,而且存在于应用特殊类型的数学的表述中;这种表述可借助推理来发展其他更为有成就的形式——一个值得考虑的事实是:许多教育测量只是采取数量的形式,因而难以作出科学的论断。

第五阶段:用行动检验假设

最后一个阶段是通过明显的行动对推测的观念加以检验,以便得出实验性的证实或验证。推论表明,如果这种观念被学被接受了,那么,跟着就会出现特定的结果;而结论则是假设性的或有条件的。如果我们看到理论上所需要的全部情境都存在,而任何相反的特性又都不存在,那么,就几乎会不可抗拒地去相信,去接受。有时,直接的观察也能提供证明,前面举的船上长杆的事例就是如此。在另外的情况下,就要求经过试验,例如杯子与水泡的事例就是如此。这就是说,精心布置符合观念或假设要求的种种情境,从而审视这种观念在理论上说明的结果在实际上是否发生。如果试验的结果与理论的或推论的结果一致,如果有理由相信只有这种情境才能产生这种结果,那么,这种认识便强而有力,从而导致一种结论——至少可以说,如果没有相反的事实表明要修正这个结论,那么,这结果就是确定无疑的。

当然,取得一种证明往往不是这么顺畅的。有时,试验结果表明,要想得到证明还缺少坚实的证据。这种观念最终被否决了。但是,这种失败并不是单纯的失败。失败也是一种教训，对具有反思性思维习惯的人有很大的益处。真正善于思维的人，从失败中学到的东西，和从成功中学到的东西，是完全相等的。因为失败可向思维的人指明它的症结所在，指明他由于盲目的偶然性而不能达到目的，以及他应当作哪些进一步的观察。失败也向他提出，他的假设应该作出什么修正。这种失败或者使他发现新的问题，或者使他正在处理的问题得以确定和澄清。对于经过训练的思维者来说，没有什么东西比从失败和错误中吸取教益更好的了。对于一个不习惯思维的人，那是一些令人烦恼、沮丧的事情，或使他们用试探性方法进行新的无目的之尝试的事情；但对训练有素的研究者来说，却正好是一些刺激和指导。

五个阶段的顺序不是固定的

我们已经指出，这五个阶段、终端或思维的功能，并不是按一定的次序一个接一个地出现的。相反，在真正的思维中，每个阶段都有助于一种暗示的形成，并促使这个暗示变成主要的观念或成为指导性的假设。它有助于明确问题究竟在何处，问题的性质究竟是什么。这种观念的每一次改进，都可引导新的观察，产生新的事实或资料，使心智更准确地判断已有事实的现实意义。精心地提出假设，并不一定要等到问题确定之后，任何时候都可以提出一些假设。正如我们看到的，任何明显的检验并不一定要到最后阶段才进行，可以依照出现的结果，引导新的观察，作出新的暗示。

然而，在实际行动中，进行推论和科学研究有着重要的区别。前者在行动中采取的实际做法比在后者中更为重要。一个天文学家或者一个化学家，他们完成某种行动，其目的是为了获得知识；他们的行动是为了检验和发展他们的概念和理论。在实际中，其主要的结果是超出知识范围之外的。思维的伟大价值之一是：它能延缓采取不可弥补的行动，就是说，那是些一经做出便不能取消的行动。因而，甚至在道德的和其他的实际事务中，有头脑的人总是把他的外部行动尽可能当作试验性的。这就是说，虽然他不能撤回他的行动，无法避免这一行动造成的后果；但是，他细心体察这种结果，以及非理智性的后果对他有何教训。他把自己行为产生的后果当作一个问题，从中寻找造成后果的可能的原因，特别是由于自己的习惯和愿望所造成的原因。

总之，我们指出反思性思维的五个阶段，只是一个大概的轮廓，是反思性思维不可缺少的几个特质。实际上，有的阶段可以两个合并起来，有的阶段可以匆匆略过,而谋求结论的重担也可能主要放在单一的阶段上,使得这一阶段看来似乎是发展不匀称的。在这里,不可能建立一些固定的规则。怎样处理,完全凭个人理智的机巧和敏感性。然而,一旦事情出现错误,一个明智的做法是:重新查找所有的方法,找到不明智的决定是什么,看看失策之处在哪里。

每一阶段均可展开

在复杂的情况下,五个阶段中的某些阶段,其范围是相当广泛的,它们内部又包含着某几个小阶段。在这种情况下,哪些较小的功能被当作一个部分或被列为独特的一段,都是随意的。关于数字"五",也并没有什么特殊的意义。例如,在实际的思考过程中,其目的是要决定做什么,它可能要很好地仔细检查支配其行动的愿望和动机,就是说,不去追问那些能最好地满足自己愿望的结果和手段,而是反过来查问其愿望表现的方式。这种探求是当作一个独立的问题而自成一个阶段,还是当作原来问题中的一个附加的阶段,则是无关紧要的事情。

与未来和过去的关联

再有,反思性思维包括对未来的探查、预见、预测或预言,这应当列为第六个形态或阶段。事实上,每个理智的暗示或观念都是对某些可能的未来的经验作出的预测,而最后的解决是确定未来的趋向。它既是对某种已实现的事物的记录,又是对未来行动方法的规定。它有助于形成持久的行为习惯。例如,当一个医生为患者诊断时,他通常要对疾病未来的可能发展作出一种预见。他的治疗不仅验证或否定关于疾病的观念或假设,而且治疗的结果也影响他对病人未来的治疗。在某些情况下,对未来的参照是相当重要的,需要做特殊细致的工作。在这种情况下,它可能成为一种附加的独特的阶段。例如,某些天文观测队的研究活动,他们观测日食,其直接的意图可能是取得验证爱因斯坦理论的材料;而这种理论本身相当重要,对这种理论的认可或驳斥,对物理科学的未来都具有决定意义。这种考虑,在科学家的头脑中,恰恰是最为重要的。

在反思性思维中,对过去的参照是同样重要的。当然,在任何情况下,暗示都凭靠过去的经验,暗示不可能凭空而起。但是,有时我们的暗示走到前头,而不中止回顾原来已有的经验;但另些时候,我们又都自觉地仔细回顾过去的经验,把它作为检验暗示价值过程的一部分。

例如,一个人要投资房地产。那么,他将回忆起以前这种投资的不幸遭遇。他将把先前的情况同现时的情况逐一对比,看一看两种情况相似的程度和相异的程度。检查过去的情况，可能成为思维中主要的和起决定作用的因素。然而，参照过去的最有价值之处在于得出结论。我们早先曾指出，最后的观察对于保证从实际结果和它所依据的逻辑前提中得出最后公式的重要意义。我们在前面的讨论中已经说到，[①]这不仅是检验过程的一个重要的部分，而且几乎是养成良好的习惯所必备的。组织知识的能力，大体上就是习惯于在新的基础上，重新检查以往的事实和观念以及它们彼此之间的相互关系，就是说，要得到结论。这种作用包含在检验阶段中。但是，它对学生态度的影响相当重要，应当时时加以强调，也可将此单独算作一个特定的功能或阶段。

5. 理解：观念与意义 [*]

I. 作为暗示和假设的观念

倘若我们看到某种活动着的事物，意外地听到一种声音，嗅到一种异常的气味，便要问：那是什么？我们看到的、听到的、嗅到的具有什么意义？我们发现了它们的意义：一只松鼠在跑动，两个人在交谈，火药在爆炸；这时，我们便可以说，我们理解了。所谓理解，就是把握住事物的意义。在理解之前，如果我们有好奇心，遇到困难，感到迷惑，就必然有探究的行动；理解之后，我们至少在理智上比较稳定了。在调查研究过程中，有时意义只是暗示的；我们把它当作一种悬而未决的可能性，而不把它当作一种现实的东西。这时，意义便是一种观念了。观念处于确实的理解和心智的混乱迷茫二者中间。当一种意义被有条件地接受，以便运用和试验时，这种意义便是一个观念、一个假设。当一种意义被肯定地采纳了，那么，某个对象或事件也就被理解了。

观念是判断的因素和解释的工具

和判断不同，观念不是一个整体，而是形成判断的一个单位因素。我们可以把完全的反思性思维与一篇文章作个对比；判断就好比是文章结构中的一个句子，而观念则好比是句子中的一个词。我们已经说过，观念是推论中的必要成分。当意义没有得到肯定和被人相信时，明确的推论可能要延缓和停留在发展与检验的过

---

① 见《杜威全集·晚期著作》第 8 卷，第 174 页。

* 选自《杜威全集·晚期著作》第 8 卷，第 168—178 页。首次发表于 1933 年，为《我们如何思维：重述反思性思维对教育过程的关系》一书第 9 章。

程中。而且,在推论中,观念是不可缺少的,因为它们引导观察,控制资料的搜集和检查。没有一种起指导作用的观念,事实就像一盘散沙;它们不能形成理智的整体。因此,在讨论观念时,我们并不引出一个新的问题,而是像讨论判断一样,仔细考察思维整体中的因素。

让我们举个例子。假如这里有一种模糊不清的东西在活动,我们就会提出疑问:那东西是什么? 即是说,那模糊不清的东西有什么意义。一个人挥动手臂,一个朋友向我们挥手致意,这些暗示都是可能的;如果马上接受其中一个暗示,就抑制了判断。但是,如果我们仅是把暗示当作一种假定、一种可能性,那么,它就变成一种观念了。观念有下列两个特点:(a)单纯作为一种暗示,它是一种推测、一种猜想,或者在更庄重的场合下,我们称之为一种"假设"或一种"理论"。就是说,这是一种可能的但却又存在疑问的释义模式。(b)虽然存有疑问,但它还是有任务——指导探索和检查。如果那个模糊不清的东西是一个朋友在招手示意,那么,通过细心观察就能看出某些别的特点。如果是一个人赶着难驾驭的牲口,那么,也能发现一些别的特点。我们可以看一看,是否可以发现那些特点。如果只把观念看作疑问,那就不能进行探究。如果只把观念看成是必然的事,那也会阻碍探究。如果把观念看作存有疑问的可能性,那么,它就给探究提供了一个立足点、一个立场和一种方法。

如果不把观念当作研究事实、解决问题的工具,那么,它就不是真正的观念。希望学生理解"大地是球形"的观念,和教给学生球形这一事实是不相同的。让学生看或者让学生去回想一个皮球或一架地球仪,并且告诉学生:大地就像这东西而且一样是圆形的;然后,让学生日复一日地复述这句话,直到在学生的头脑中把大地的形状和皮球的形状重合为止。但是,学生并不因此就取得了大地是球形的观念;学生至多可以有某种球形的意向,最终不过是与皮球的意象比拟而得到大地的意象。要理解"地圆"这种观念,学生首先必须从观察到的事实中,看清某些困惑不解的特点,然后向学生暗示地圆的观念,作为理解这些现象的可能的解释。例如,船体在海上消失以后,仍然可以看到桅杆的顶部,以及在月食中地球投影的形状,等等。只有用这种方法去解释资料,使资料有更充实的意义,"地圆"才能成为一种真正的观念。生动的意象并不等于观念,而是一个短暂的模糊的意象。如果它能激励和指导对于事实的观察和对事实之间关系的理解,那么,它也就成为一种观念。

逻辑的观念就像参照一把锁而形成的钥匙。将一条梭鱼和一条可被其捕食的小鱼用玻璃隔开,梭鱼的头碰撞玻璃,直到搞得筋疲力尽,确信得不到食物为止。动物的学习都是通过实验性的方法,漫无目标地乱碰,如此继续下去,直到取得成功。人类的学习如果不在观念的基础上进行,也会如此,就如同最聪明的低级动物的胡乱行动一样。我们可用"monkey"这个词来形容这种行为。以观念自觉指导行动(即采用暗示的意义,以便使用其进行试验),乃是唯一的选择。它既不是顽固偏强的蠢笨行为,又不必依靠代价很高的教师——以偶然性的实验去获得知识。

值得注意的是:有许多形容智慧的字眼,暗示了暗含的观念和不可替换的活动——甚至往往带有道德不当的提示。比如这句话:爽快的、诚恳的人有时做事是直来直去的(这也含有蠢笨的意思);聪明的人是灵巧的、精明的(不老实)、足智多谋的、精巧的、能干的、机灵的、有远见的,这些观念都含有另一层意思。① 所谓观念,就是通过反思性思维避免或克服障碍的方法,否则,人们就只会使用盲目的力量。但是,若习惯性地使用观念,观念就可能失去它的理智的性质。当儿童初次认猫、狗、房子、弹珠、树、鞋或其他物体时,伴有某种程度的含混不清;此时具有直觉的、试验意义的观念就参与进来,作为辨别的方法。这样一来,按照通常的惯例,事物和意义便完全融合在一起,就没有严格意义上的观念了,而只有机械自动的认识。另一方面,对于那些相当熟悉的、已经认识的事物,即使没有观念的参与,也能出现在一种异常的关系中,并引起问题;为了理解这个事物,则又需要观念的参与。例如,一个人画一个房间,则要形成一种新的观念,即两面墙壁和屋顶相交形成房间的角的观念,并把它表现在一个平面图上。一个儿童在日常生活中,从玩具和器具中,实际上已经熟悉了方和圆的形状。但是,这些形状如果出现在一定的几何图形关系中,那么,儿童还得运用心智的力量去形成方和圆的观念。

观念是逻辑的工具,不是心理的混合物

一种观念的逻辑上的意义与心理学课本上常常提到的观念是很不相同的。逻辑上所说的观念,不是对一个客观事物薄弱的知觉作用,也不是许多感觉的混合物。比如说"椅子",你不能从一把椅子的心理意象中了解到它的特殊意义。一个未经教化的人也许能够形成电线杆和电线的想象,一个普通人也许能够形成电线杆和电线的复杂的科学图解的想象。但是,除非那个未经教化的人对电报有某些了解,否则,他就没有关于电线杆和电线的概念,或者说,至少没有正确的概念。而

---

① 参见王尔德(Ward):《文明的心理因素》(*Psychic Factors of Civilization*),第153页。

对那个普通人来说，即使最确实的心理图解再生作用，使他能把它的种种性质一个接一个地列举出来，他仍然完全不能理解它的意义。事实上，在理智上说，一种观念不是由其结构规定的，而是由其功能和用途规定的；凡是在疑难的情境或疑而未决的争论中，帮助我们形成一个判断，并用预期的可能的解决办法进行推论而达到一个结论的，便是观念；此外，别无其他。所谓一种观念，就是因为它有使困惑得到澄清，或使残缺的片断调和在一起的作用，而不是因为它的心理的结构。

II. 事物和意义

一般说来，一种观念在得到理解之后，它的作用便终止了，这样一个事件或事物便具有了意义。理解了的事物即是具有意义的事物，它既不同于存有疑问和仍未获得意义的观念，也不同于单纯的没有感觉到的物质的东西。我在黑暗中被某种东西绊倒了，而且受了伤，但不理解那是什么东西造成的。就此而言，它只是一件东西、一件这样或那样的东西。如果有一点亮光，又经调查研究，我得知，那件东西是一个凳子、一个煤斗或一根木柴棒。那么，它就是一种已知的对象、一种被理解了的事物和一种有意义的事物（这三种表述是同义词）。

理解就是掌握意义

如果一个人突然走进你的屋子，喊了一声"paper"，你对这个喊声可能有各种各样的选择。如果你不懂英语，这不过是一种起物理刺激作用的噪声。但这噪声不是一个理智的目标，它没有理智上的价值。它不过是刚刚说到的野性的东西。可是，第一，如果这喊声是通常送早报的伴随物，它就会有意义了，有理智的内容，你就会理解它。或者，第二，如果你在焦急地等待接收某份重要的文件，你可能会以为这喊声意味着宣布它的到来。第三，如果你懂英语，但是没有上下文从你的习惯和期待联想到它自身，那么，这个词有意义，而整个事件没有意义。于是，你感到困惑，并被促使去思考和搜寻对这种表面上无意义现象的某种解释。如果你找到某种东西说明这种行为，那么，它就得到了意义；你终于理解了它。作为理智的存在者，我们预先假定意义的存在，而意义不出现是反常现象。因此，如果那喊声原来只是一个人仅仅要告诉你人行道上有一片纸，或者，这片纸存在于宇宙的某个地方，那么，你就会认为他是一个疯子，或者你受到一个愚蠢的玩笑的愚弄。因此，把握一件事物、一个事件或一种情境的意义，就看它同其他事物的关系；注意到它是如何运作或发挥作用的，由此得到了什么结果，它能带来什么用处。相反，我们所谓的赤裸的事物，对我们没有意义的事物，就是没有掌握与其关系的东西。

因为所有的知识，包括所有的科学探究，都旨在把握事物和事件的意义——即理解它们，这一过程总是在于使事件摆脱其孤立性。探究一直进行，直到发现该事物是与某个更大整体相关的组成部分。因此，一块岩石，可以参考特殊条件下形成的沉积地层来理解；天空中突然出现的一道光，在确认哈雷彗星回归时得以理解。假设这块岩石上有特殊标记。这些标记可能以纯粹审美的方式被看作好奇心，很可能引发探究；如果这样，所导致的探究会为达到目的而消除标记的明显孤立和无相互联系的特征。最终，这些标记被确定意味着冰河时期的擦痕。它们不再相互孤立。它们被带入与地球历史上一个时期的联系中，这一时期大量缓慢移动的冰川下降到现在气候温暖的地区，携带沙砾和岩石，形成地面并刮擦嵌入地面的其他岩石。

两种理解方式的相互作用

上面的例子说明了对意义的两种理解。当一个人懂英语时，他立即把握了"paper"的意义。然而，对那喊声的全部意义，他可能没有看到或理解。同样，一个人看到的物体是一块石头；关于它，没有隐秘，没有神秘，没有困惑，但是他不理解石头上面的条纹。这些条纹有某种意义，但这种意义是什么呢？在一种情况下，已知的事物和它的意义，在某种程度上是合一的；在另一种情况下，这个事物和它的意义至少暂时是分开的。为了理解这个事物，就必须探索它的意义。在第一种情况下，理解是直接的、迅速的、立即的；在第二种情况下，理解是迂回的、迟缓的。

大多数语言都有两类词来表达这两种理解方式；一类表示对意义的直接理解或把握，另一类表示间接理解。这样，希腊文的 $\varepsilon\iota\delta\acute{\varepsilon}\nu\alpha\iota$ 和 $\gamma\nu\tilde{\omega}\nu\alpha\iota$；拉丁文的 *noscere* 和 *scire*；德文的 *kennen* 和 *wissen*；法文的 *connaître* 和 *savoir*；还有英文的 *acquainted with*（了解）和 *know of or about*（知道），都被认为是等价词。[1] 我们的思维世界就由这两种交织而成。知道和知道某事大概是更准确的等价词；比较"我知道他"和"我知道他回家了"，前者简单地表达了一个事实；对于后者，可能需要并提供证据。在我们的理智生活中，包含着这两类理解之间的特别的相互作用。所有判断，所有反思的推论，都预先假设了某种缺乏理解，在某种程度上缺少意义。我们进行反思性思维，就是为了更完整和更充分地掌握实际情况的意义。然而，某

---

① 詹姆斯：《心理学原理》（*Principles of Psychology*），第 1 卷，第 221 页。知道和知道什么，或许是完全一致的；比较一下"我知道他"和"我知道他已经回家了"，前者简单地表达了一个事实，对于后者则需要补充证据。

种东西必然已经被理解，必然具备它已经掌握的某种意义，否则，思维活动是不可能的。我们进行思维是为了把握意义，但尽管如此，随着知识的扩大，我们意识到了盲点和暗点；而在知识少的时候，这些盲点和暗点似乎一直是明显的和自然的。将一个科学家送入一个新地区，他就会发现许多他不理解的东西；而当地土著居民或村民，则完全清楚在这些直接显然的东西以外的任何意义。一些被带到大城市的印第安人，看到桥梁、空中吊车和电话时，反应迟钝，呆头呆脑；但看到工人爬上电线杆修理电线时，却十分着迷。意义的累积增加，使我们意识到新问题，而只有通过把新的困惑转化为已经熟悉和明白的东西，我们才能理解或解决这些问题。这是知识持续不断的螺旋运动。

理智进步的节奏

我们在真正知识上取得的进步，总是一部分由于在以前被当作清楚的、显然的、不言而喻的事物中发现某些未被理解的东西，一部分由于用直接把握的意义作为工具来掌握含糊的、可疑的和令人困惑的意义。没有对象如此熟悉、如此显然、如此普通，以致它不会在一个新情境中出人意料地表现出问题，因而引起反思性思维来理解它。没有对象或原则如此古怪、特殊或遥远，以至于只有当它的意义为人熟悉——一看见就不加反思地接受——人们才对它进行详细阐述。我们可以逐渐看见、感知、认识、把握、抓住和掌握原理、规律、抽象的真理，也就是直接理解它们的意义。如前所述，直接的理解称之为直接理解，而非直接的理解称之为间接理解，智力的进步就在于直接理解和间接理解有规律的循环运动。

III. 事物获得意义的过程

与直接的理解相联系而产生的第一个问题，是如何建立直接认识到的意义的存储。我们如何学会把看到的东西看作一种情境的重要部分，或看作当然的具有特定的意义呢？我们回答这个问题的主要困难，在于对熟悉事物的知识已经习得的彻底性。思维固然能够改变已彻底完成了以致深深扎根在无意识的习惯中的东西，但它探究未探索的领域却更加容易。我们迅速而直接地了解椅子、桌子、书籍、树木、马、云、星星、雨；而在这些事物过去曾是单纯的未被感知的事物时，我们却难以认识它们，正如乔克托语（Choctaw language）的声音对我们来说是很奇怪的，如果我们突然听到了它们。

模糊整体先于理解

詹姆斯先生有一段常常被人引用的话，他说："婴儿一旦受到眼睛、耳朵、鼻子、皮肤和内脏的刺激,就感到乱糟糟、乱哄哄,一片混乱。"①詹姆斯先生是在说,儿童把世界被当作一个整体。然而,这种描述同样适用于任何新事物打动成年人的方式,只要事物确实是新的和陌生的。对于传统的"猫在陌生的阁楼里"来说,所有东西都是模糊的和混淆的;并没有什么通常的标记来标明事物,从而使它们相互分开来。我们不懂的外语,听起来似乎总是发音吐字模模糊糊的,不能辨别,不清楚它们的单音节的声音。另一些例子,比如,农村人走在城市拥挤的大街上,没出过海的人到了海上,一个新手在一场复杂比赛中与高手竞争。把一个没有经验的人安排到一个工厂里,一开始,那种工作对他来说,似乎是毫无意义的混乱一团。俗话说,来访的外国人看另一个种族的所有陌生人都是一样的。对于一群羊,门外汉只会感到大小或颜色方面的差异,而牧羊人却对每只羊的特点了如指掌。模糊不清的东西和毫无章法的变化,标志着我们不理解的东西的特征。因此,获得事物的意义,或者(以另一种方式说)形成简单理解的习惯,就是把意义的(a)明确性或区别,以及(b)一致性、连贯性、恒常性或稳定性,引入含混或变化不定的事物之中。

实际的反应澄清了模糊

意义的明确性和融贯性主要是通过实践活动获得的。儿童滚动一个物体,就可以感觉到它的圆;拍打它,就知道了它的弹性;举起它,就知道重量是它显著独特的因素。相应的调整不是通过感官,而是借助反应,成为一种对有别于引起不同反应性质的特征的印象。例如,儿童了解颜色的差别,通常十分缓慢。一些在成年人看来十分显眼因而不可能不注意到的差别,却很难被儿童认识到和回想起来。毫无疑问,儿童并非感觉到颜色都是一样的,但对于差异却没有理智的辨认。物体的红色、绿色或蓝色,并不引起一种足以专门突出或区别这种颜色特性的反应。然而,有一定特征的习惯反应却逐渐与一定的事物联系起来:白色成为小孩喜爱的牛奶和糖的标志;蓝色成为小孩喜欢穿的服装的标志,等等;而且,这些不同的反应有助于使颜色性质从那些埋没它们的事物中表现出来。

再举一个例子。我们不难把耙、锄、犁、铲和锹区别开来。它们各自均有与自己联系在一起的用途和功能。然而,我们可能很难分辨锯齿状与牙齿状、卵形与倒卵形的树叶形状和边缘之间的区别,或者很难区分高价酸和低价酸之间的差异。有一些差别,但是什么差别呢?或者我们知道差别是什么,但怎样一一指出它们的

---

① 詹姆斯:《心理学原理》,第1卷,第488页。

差别呢？事物形状、大小、颜色和结构方面的变化与特征和意义独特性的关系，比我们认为的要小得多；而事物的用途、目的和作用与特征和意义独特性的关系，比我们认为的要大得多。误导我们的是这样一个事实，即形状、尺度、颜色等等的性质现在十分独特，以致我们看不到问题恰恰在于要说明它们最初获得自己明确性和显著性的方式。只要我们被动地处于物体之前，它们就不会从淹没它们的那一片含混模糊的东西中显露出来。声音的高低和强弱方面的差异，给人们带来不同的感觉；但是，只有当我们对它们采取不同的态度，或者做一些特殊的推理时，才能从理智上掌握并记住它们含混的区别。

绘画和语言中的例证

儿童的绘画进一步提供了对相同原理的例证。对于儿童来说，透视法并不存在，因为儿童的兴趣不在于绘画表象，而在于所表现的事物。而透视法对于前者具有根本的重要性，它与事物自身的特征和价值没有关系。画出的房子有透视的墙壁，因为其中的房间、椅子、床和人是这个房子中意义重要的东西；烟囱总是在冒烟，否则，为什么要有一个烟囱呢？在圣诞节，长筒袜被画得几乎和房子一样大，甚至大得只好放到房子外面——无论如何，正是使用的价值尺度提供了它的性质的尺度。绘画是这些价值的提示，而不是对物理和感觉性质的公正记录。大多数学习绘画艺术的人所感到的主要困难之一，就是习惯地使用和使用的结果已经被如此深入地融入事物的特征，以致实际上不可能随意地排除它们。

声音获得意义，就变成了词。这也许是最明显的例证，从中可以发现对纯感官刺激获得意义的明确性和恒定性的方式，并且为了辨认而使它们本身得到确定和相互联系起来。语言是一个特别好的例子，因为现在有数百个甚至数千个词的意义与物理性质完全准确地联系在一起，因而可以被直接理解。就自然物体而言，譬如桌子、椅子、纽扣、树木、石头、山冈、花朵等等，它们在理智上的意义与物体的事实似乎是统一的，是本来就如此的；而就词的情况而言，事物和意义的连结要靠逐渐的、艰难的获得，才能比较容易地认识它们。自然物体的意义似乎是自发给予我们的，而不是通过主动探索而获得的。就词的意义而言，我们很容易看到，正是通过发出声音和注意由此产生的结果，通过聆听别人的声音和观察同时出现的活动，最终一个给定的声音变成了一种意义的稳定承载者。

意义与背景

就文字的意义而言，我们通过观察儿童的经验和我们自己学习法语或德语的经验,就可以知道,这类事情和声音一样,它们原先并没有什么意义,通过使用才获得了意义,而这种使用经常包含在背景之中。儿童学习理解和使用语言,其背景主要是事物和行动的关系。儿童把帽子同他出门时戴在头上的某种东西联想在一起;把抽屉同从桌子中拉出来的某种东西联想在一起,等等。就儿童而言,单独的词,由于它直接地存在于事物与行动的关系之中,其作用与成年人的整个句子一样。把原先已获有意义的其他词逐渐地运用到外部行动的关系之中,这样就能提供一个背景,使得在思维活动中,可以免除事物和行为的关系。只说出一个单独的字到说出整个句子,这标志着语言的明显的进步。但是,更重要的是:它表示一个人在理智上有了巨大的进展。这时,虽然事物并不出现在感官上,也没有任何明显的活动,他却能通过事物的语言指号来进行思维。当他理解了别人做成的类似的组合时,他便有了无限地扩大其他方面狭窄的个人经验的新资源。当他学习阅读时,纸上任意的符号对他来说,也获得了意义;他具有了进一步扩充经验的手段,包括别人的经验以及在空间和时间上离他遥远的经验在内。

如同我们刚刚说过的,有些事物起初在我们的经验中并没有什么意义,它们同声音一样,是通过在一定的关系中加以运用才获得了意义,通过给我们带来乐趣和有所帮助,才获得了意义,如食物、家具、服装等物品;或者是通过给我们带来伤害和痛苦,才获得了意义,如离火过近、被针刺痛、铁锤钉钉时敲打到手指上等等。这种种事实是不容易理解的。

例如,夜空中显现出来一点儿亮光,一般人单纯认为它是小亮光,而有辨别能力和渊博知识的天文学家却不同,天文学家认定它是行星、小行星、卫星或恒星,即某种其他星系中的太阳。每件事物都伴有其巨大的知识积累——距离、运动速率、化学成分以及厚厚的天文学著作中实际涉及的一切事物。从单纯的一点儿亮光,到一个特别重要的物体,这种认识的变化说明了在我们理解或认识各种事物时获得意义的过程;也说明了获得理解能力(这种能力也是通过获得事物的意义取得的)的过程,也是由于语言和通过推理得到的对一系列意义[①]的详尽阐述才得到巨大的发展。后者的发展也依靠某种语言指号系统,而我们必须牢记:数学符号也是一种语言。

手段-结果关系及其在教育上的重要意义

概括来说,事物被用来作为手段去得到某种结果(或者作为防止发生不希望产

---

① 参见《杜威全集·晚期著作》第8卷,第204页。

生的结果的手段），或者，我们为了达到某种结果而去寻求手段，这时，事物便取得了意义。这种手段-结果的关系是各种理解的中心和核心。对椅子、桌子、鞋、帽、食物等事物的理解，说明手段-结果的关系是从"手段"开始的。任何发明，都是从"后果"或寻求结果开始的手段-结果的关系。爱迪生由于电的应用，才想到制造光亮；于是，他必须去寻找制造光亮事物的条件和关系——即寻找手段。兰利和莱特兄弟俩设想出一种观念、一种希望达到的结果，即制造一部在空中飞翔的机器，有了这种想法之后，同样也要取得种种手段。一切日常的设计，都是如此。我们想到某些需要的或希望有的事物，便去寻找材料和方法，以得到这些事物。每当我们要解决这类问题，就要把这个事物放到手段-结果的关系中，使事物增加意义。例如，由于制造电灯，炭丝得到了新的意义；又如，汽油一度几乎是无用的副产品，当发明了内燃机之后，汽油便获得了新的意义。

这个原则在教育上的重要意义是不言而喻的。在学校教育中，未能培养理解能力，未能得到这种最有价值的成果，其主要原因之一是忽视了为取得结果而积极利用种种条件作为取得结果的手段，忽视了向学生提供引起学生发明、设计的活动，使他们能够完成设计的目的或寻求种种手段，达到某种预想的结果。各种常规的活动和外力强制的活动都不能发展理解能力，即使这些活动能够促进技能的进步，但却不能发展理解的能力。许多所谓的"问题"，实际上是指定的作业；仅仅在应用固定的原则和符号时，才能得到技术上的熟练。总之，要有预期的结果，并为此结果而去寻求实现的手段；或者提出种种事物（包括已经熟练使用的符号），在反思性思维的种种条件下，看其在使用中能有什么结果。只有这样，理解力的发展才是可能的。

人们总是认为，在记忆中把教材储存起来，并能按照要求再现出来，这便是理解。而我们的讨论得到的真正结果却是：只有理解，才是真正的学习。

6. 理解：概念与定义 *

I. 概念的本质

在前一章，我们从两个方面讨论了意义。我们建议，应当在本章给予第三方面

---

* 选自《杜威全集·晚期著作》第 8 卷，第 179—188 页。首次发表于 1933 年，为《我们如何思维：重述反思性思维对教育过程的关系》一书第 10 章。

更多、更充分的考虑。已经讨论过的两方面是：(1)作为可疑的意义，作为一个假设的可能性；简言之，作为思想（思想不是一个纯粹的复杂心理，但是一个对象或情况，具有一种被认为而非被接受的状态）。(2)意义作为事物和事件的性质，表明在联结中，事物怎样获得意义，意义最终与一件事物结成一体，以至于我们从来没有想要把事物与它的意义分割开来。

概念是已确定的意义

在有关意义的部分，我们指出了想法是传递的一个事实，后被用来作为观察和行动指南，可以确认，因此代表其自身获得一种公认的地位。后来被采用，不是暂时的和有条件的，而是确定与保证作为一种工具的理解和对目前还含混不清的事情的解释。这些既定的被保护和授权的意义，就是概念。这些都是判断的意义，因为它们都是参考的标准。它们可能是作为"标准化的意义"的最佳描述。为人所熟知和了解的每一个普通名词，可以用于判断其他事情来表达概念。桌子、石头、日落、草、动物、月亮……在普通名词列表上的这些词，是固定的、可靠的，它们的意义本身便是概念。我们看到一个很奇怪的物体，有人告诉我们，它是某个民族使用的一种床。正在讨论的事情，其意义已不再陌生；对我们来说，它的意义已经被确定。

概念使我们能够概括

概念使我们能够从一件事到另一件事中概括、扩展和延续我们的理解。如果我们知道一般意义的"床"是指什么，那么，我们至少可以说明什么种类(kind)以及什么类型(sort)的事情是独特的事情。它是简单的概念，因为这些概念代表整个类或事物的集合，极大地节约了我们中间的努力。有时，我们当然对对象的特征尤其感兴趣，如它的独特性是什么以及是什么使其成为独特的。但概念使适合先前已知的大量情况的任何东西产生作用，让思想摆脱发现**这东西**是什么的禁锢。

概念规范我们的知识

概念使我们的知识标准化。概念能使事物未定形的方面确定下来，使事物变动的方面不再变动。如果我们任意改换磅的重量和尺的长度，那么，很明显，当我们使用磅和尺的时候，什么也测量不出来了。如果那样，我们说这块布是 1.5 码宽，或者说这一大堆糖是 20 磅重，那还会有什么意义呢？参照的标准，在任何情况下使用它都必须保持不变。概念的意义一经确定之后，在任何场合下，都应保持不变；有时，当人们讨论某一有争议的事情时，越争越乱，把参与讨论的人们搞糊涂了，这是因为，在他们争论的时候，无意中变换了自己所使用的名词的意义。反思性思维和新的发明确实能够改变旧有概念的意义,正如人们可以把测量由尺-镑制改为公制一样。然而,他们必须格外当心,牢记自己现在使用的是变换了的意义,否则,将会一塌糊涂。

当人们说他们彼此相互理解了,其含义是指他们对一些事情和问题,经过讨论后达成了一致。这一事实说明,标准化的、稳固的意义是人们进行有效联系的一个条件。有两个人说着互相听不懂的语言,他们在某种程度上仍然可以交流思想,因为他们在交谈中,提供了双方都公认的具有相同意义的手势、姿势。实际上,对于两个人来说,尽管各自的经历不同,他们都需要社会生活的共同意义,而且其生活的条件是使意义标准化的一个主要力量。当意义得到社会的公认后,个人就能保持自己思想的稳定,因为在思想中有一些东西本来就是稳定的。"椅子"的意义永远相同;还有"太阳"、"水"、"地球",等等,也是如此。我们日常使用的所有名词,不管在什么地方、什么时间以及在其他的经验条件下,总是指同样的一些事物。

概念帮助我们认识未知的事物,使我们已经感知的尚不完备的知识得到补充

提到概念的重要性之后,我们可以这样总结一下,即概念或标准的意义是:(1)鉴别的工具;(2)补充的工具;(3)把一种事物纳入一种体系的工具。假设在太空中探测到迄今未见过的很小一点光,除非有意义的存储可以作为工具支持探究和推理,否则,这束光对于感官就仅仅保持它所是的东西,即仅仅是一点光。尽管它导致某种结果,但也可能仅仅是视神经的一种刺激。如果有了在先前经验中获得的意义存储,就可以借助适当的概念对这束光加以分析。它表明是一颗小行星或彗星,或是一个新形成的恒星,或是由于某种宇宙碰撞或蜕变而形成的星云。这些看法各自有特定的和与众不同的特征,于是人们进行详细而持久的探究来寻求它们。结果,我们会说:这点光就是一颗彗星。通过一种标准意义,它获得特征的识别和稳定性。这时,人们的认识就有了补充。彗星所有已知的性质都被加到这个特殊的事物上,即使尚未观察到它们。过去的天文学家所获知的关于彗星轨道和结构的知识,都变成用以解释这束光的有用资本。最后,这种彗星的意义自身并不是孤立的;它是整个天文知识系统里的一个相关的部分。恒星、行星、卫星、星云、彗星、流星、尘埃等所有这些概念之间,都有一定的相互关系和相互作用。当这一束光被识别为一颗彗星时,它立即被接受为这一浩瀚的知识王国中的正式成员。

达尔文曾讲过一个自己的小故事。年轻时,他告诉地质学家西季威克(Sidgwick)说,他在一个砂砾矿中发现了一个热带贝壳。对此,西季威克说,一定是哪个人把它扔在那里的;接着又说,"但如果它真是深埋在那里的,就将是地质学最大的不幸,因为它会推翻我们知道的所有关于英国中部地区地表沉积的理论"——因为这些理论认为,地表沉积是冰河时期形成的。于是,达尔文接着说:"当时我感到非常吃惊,西季威克对于英国中部地区靠近地表的地方发现一个热带贝壳这一事实并不感到高兴。过去还没有什么事情使我完全认识到,科学就在于对众多事实进行分类,以便从它们当中得出一般规律或结论。"这件事(当然,从任何科学分支中都能重复发现)表明,科学理论,包括所有概念的使用,其所涉及的系统化倾向变得明晰。

概念的教育意义

接下来,我们将指出,获得概念的重要性无论怎样估计,都不会过分,即是说:意义是普遍的,因为它适合大量、多种多样的不同事例。尽管它们各不相同,意义对它们也是适用的。它们是稳定的、始终如一的,是自我同一的;它们是标准化的参照点。有了这个参照点,我们就能够在遇到奇异和未知的事物时找到方向。

儿童当然不能获得和使用那些经验比较丰富的人所使用的概念。但是,在每一个发展阶段、每一节课上,要发挥教育的作用,就应该引导获得一定数量的概念化的印象和观念。如果没有这个概念化或理智化的观念,他们将不能获得知识去更好地理解新的经验。这便是教育上所说的积累的含义。一时的兴趣或许能起到一些吸引和激励的作用,但却不能弥补理智积累的不足。

然而,概念在教育上非常重要的作用曾使教学犯了很严重的错误。我们前面提到的对逻辑的错误使用,[①]其根源是相信可以把确定的、一般的意义或概念提供给学生,让他们将其作为现成的东西加以吸收,这样就能加快和提高获得知识的速度和效率。其结果,忽视了构成概念的基础条件,留给学生更多的只是一些文字符号的公式。所传授的概念距离学生的理解和经验太远,必定造成人为的混乱。

实验学校反对强迫学生接受难以理解的教材,然而却走到了另一个极端。他们把各种各样有价值的经验和实际的活动提供给学生,但是,他们不清楚这些活动的最终目的是要有教育的价值,而不是为了消遣取乐——也就是说,要有一种使经验达到相当确定的理智化。这种理智化就是指既确定又普遍的观念的积累。使教育具有理智性,和从经验中获取观念,这二者的意思是相同的。如果经验不能增加

---

① 参见《杜威全集·晚期著作》第 8 卷,第 178 页。

意义,不能很好地理解事物,不能确立未来的计划和行动方向,总而言之,不能成为一种观念,那么,这种经验还有什么用处呢？在教学方面,没有比真正概念的构成这个问题更重要的了。现在,我们就来研究这个问题。

II. 概念是如何产生的

概念不是从现成对象中提取共同特征形成的

为了方便,我们从反面开始讨论这个问题,从某些流行的对概念形成的错误看法的性质说起。概念不是把很多具有特定意义且早被人们完全理解的事物拿来,将它们一个对一个、一点对一点地加以比较,直到排除相异的性质,保留这些事物所具有的核心。关于概念的由来,有时人们有这种说法,例如一个儿童刚开始看到的都是许多不同的、特殊的事物,比如说一些特殊的狗:他自己的小狗"菲多",他邻居的小狗"卡罗",他亲戚家的小狗"翠翠"。他面对所有这些不同的对象,分析这些对象许多不同的性质,比如说(a)颜色、(b)大小、(c)形状、(d)腿的数目、(e)毛的数量和性质、(f)饲料等等;然后去掉各条狗不同的性质(如颜色、大小、形状、毛),保留每条狗所具有的共同的性质,比如它们是四足动物,是驯养的动物。

概念源于经验

事实上,这个儿童是从他所看见、听到和与之玩耍的某一条狗的任何有重要意义的东西开始的。他发现,他能把对一些特别的行为方式的期待,从对这个对象的一次经验延伸到随后的经验——甚至在这些行为方式表现出来之前就期待它们。每当某一事物的刺激出现时,每当这个对象给予他任何理由时,他就容易采纳这种期望的态度。这样,他就可能把猫叫做小狗,或称马为大狗。但是,当他发现他所期待的特点和行为方式与实际不完全符合时,他就不得不从这种狗的意义抛弃一些特点,对比之下,其他一些特点被挑出来并得到强调。随着他把这种意义运用于其他动物,这种狗的意义就得到进一步的明确和完善。他不是从许多现成的对象开始,从这些对象中,抽出一种共同的意义;他试着把来自其旧经验而有助于理解新经验的东西,运用于新经验;而且,由于这恒定假设和实验的过程被结果实现和反驳,他的概念就获得了明晰性。

概念因为使用而更加确定

如果认为儿童关于每条具体的狗的观念一开始就是清楚和确定的,他对自己的狗的各种独特的性质具有充分的知识,那么,这种说法是不真实的。确切地说,只要儿童所知道的狗,只有"菲多"这一条(而且,更有甚者,他所知道的动物只有这一条狗），那么，他最初关于"菲多"这条狗的观念是含糊的、不固定的和犹豫不决的。通过观察家里的猫，他才辨别出猫、狗这两种动物之间的不同性质。随着与马、猪等其他动物的接触，他关于狗的确定特征就辨别得更加清楚了。所以，即使没有与其他的一些狗作更多的比较，一个关于狗的概念也就逐步建立起来了。只要他达到这个程度，即认识到他的"菲多"是一条狗而不是猫或马，也不是其他的什么动物，那么，当他与其他动物接触的时候，就能以此作为参照点，对其他的动物加以归类和区分了。在整个过程中，他试图把经验中模糊的和不确定的观念应用于所有与狗相似的动物身上，凡是能够应用的，那就说明原来的观念也适用于与狗相似的动物；凡是不适合的，他就能认识到这些动物之间的区别。通过这些过程，他的观念就获得了整体性、稳定性和明晰性。一个概念就这样形成了。

概念因使用而具有普遍性

一个模糊的、或多或少尚未定型的观念，需要经过同样的过程才能获得普遍性。这就是说，概念具有普遍性是因为它被使用，而并非因为它本身就含有普遍性的成分。不能把概念的起源归结为分析，认为在观念中有一种与概念非常相似的东西，它是通过详细考查许多个别事物之后，保留其中所有类似的因素，用这种因素构成概念。其实，并非如此；一旦人们了解了概念的意义，它就进而成为加深理解的手段，成为理解其他事物的工具。从而，随着意义的确定，它的内容也扩充了。概念的普遍性在于用来理解新的事物，而并非在于构成概念的那些成分。从众多的事物中搜集它的性质，得到的是一堆废渣，这种做法仅仅是堆积而已，只能得到一份目录清单或一个混合体，而不是一个一般的观念。任何在后来的实践中有助于理解其他经验的特性，由于其应用的价值，才能具有普遍性。

刚才我们说的意见，可以与早先提出的关于分析和综合的论述作一比较。①分析的结果是：使观念具有概念的稳固性和确定性，只是强调为解决某些未知事物提供一条线索。假如一个儿童远远地看见一个动物在摇尾巴，就辨认出那是条狗，那么，这个以前从来没有意识到的特征现在清楚了——从对动物整体的、模糊的认识中分离出来了。这种分析和化学、生物学的科学工作者的分析不同，后者更注重为确认尽可能多的事物提供线索，他希望找到这类符号，使无论事物在特别异常的情况下，还是以一种模糊的隐蔽的形式存在，运用这种符号都能得到辨别。那种认

---

① 参见《杜威全集·晚期著作》第 8 卷，第 216—218 页。

为选择出来的性质其实在心里早已明确了,只是后来才和其他性质分离开来的观念,好比把马车放在马的前面一样,前后颠倒了。正是由于选择,才能提供证据和线索,辨明事物的特征,而没有作出选择之前,就不能辨别事物的特征。

如果说分析可以使意义明确,那么,综合则可以使观念得到扩充,具有普遍性。综合与分析是互相联系的,一旦任何性质被确认下来,并且赋予它自己特殊的意义,我们的思想就马上寻找可以运用这种意义的其他事例。在运用的过程中,原先意义分离的各种事物,成为在意义上融合、同化在一起的事物。这样一来,它们就属于同类的事物了。甚至一个儿童也是这样,一旦他掌握了一个字的意义,就试着找机会来使用它;如果他有圆柱体的概念,就会把它运用到火炉的铁管和树木等事物上面。这和牛顿在头脑中最初形成万有引力概念的过程,在原则上是没有差别的。从苹果落地的观念,他马上联想到月亮趋向于地球,然后又想到行星的运动和太阳的关系,想到海洋潮汐的变化,等等。这一观念运用的结果是:原先在一种场合下,已经被认识的、有明确含义的观念被应用到其他的事件上,应用到原先被认为彼此孤立的许多现象上,使其结合成为一个严密的系统。换句话说,有了一个理解上的综合。

然而,就像刚才所说的,仅把综合的观念限制为像牛顿那样,对重要事例作出概括,那就非常错误了。相反,当任何人把一件事物的意义转移到以前似乎被认为是不同种类的事物上时,这就是综合。当一个男孩将水注入一只他认为是空的瓶子时,发出的声响使他联想到空气的存在和压力;当他理解到水的虹吸现象和船的行驶是被同样的事实联结在一起时,这就是综合。把不同的东西如云朵、草原、小溪、石头,同时纳入一幅图画,这也是综合。尽管铁、锡器、水银各不相同,但却把它们设想为同类事物,这也是综合。

III. 意义的定义和组织

含糊性的有害影响

一个根本不能理解的人至少不会产生误解。但是,借助推论和解释、判断事物表示什么而获得知识的人,却总是面临曲解、误解、误会——有差错的理解——的危险。误解和错误的一种永久的根源是意义的不确定性。由于意义的模糊性,我们误解他人、事物和我们自己;由于歧义,我们歪曲和曲解意义。故意歪曲意义,可以被看成是胡说;错误的意义,如果是明显的,就可以被发现和避免。但是,含糊的意义过于凝结而不能提供分析的素材,过于稀软而不能为其他信念提供支持,难以对它们进行检验,也难以辨明其是非。含糊性掩盖了各种不同的意义无意识的混合,助长了用一种意义替换另一种意义的倾向,并且掩饰了没有任何精确意义的无知状态。这本是逻辑上的过失——产生最坏的理智结论的根源。完全消除这种不确定性,是不可能的;要降低它的程度和削弱它的能量,需要我们的真诚和努力。

意义的内涵与外延

为了清晰或明白,一种意义必须始终是分离的、单独的、独立的,也可以说是同质的。表示任何这样个别化的意义,在技术上称为内涵(*intension*)。达到这样的意义单位(以及在达到时阐述它们)的过程,就是定义(*definition*)。人、河、种子、诚实、首都、最高法庭这些词的内涵,就是专门而特别地附属于这些词的意义。这种意义是在这些词的定义中阐明的。

对意义独特性的检验,就是成功地划分一组事物的分界线。这组事物可以作为例子来说明其他组事物的意义,尤其是那些几乎传达类似意义的对象。河流的意义(或特征),必须能够用来表示罗纳河、莱茵河、密西西比河、哈得逊河、沃巴什河,尽管这些河流的地理位置不同、长度不同、水质不同;而且,河流的意义一定不能使人联想到海洋、池塘或溪水。意义的这种用途,即划分各种不同事物的界限并加以归类,就构成了意义的外延(*extension*)。

正如定义表明内涵一样,划分(或相反的过程,分类)表明外延。内涵和外延,定义和划分,显然是相互关联的;用前面用过的语言来表示,内涵的意义是作为识别事物特征的原则;外延的意义是对被识别和区别的特殊事物的归类。作为外延,意义若是不指向某个对象或某类对象,就会是完全不着边际或不真实的;而对象如果不是在从它们联想到且始终以它们为例作说明的独特意义的基础上结合成群或类,那么,在理智上就会像在空中一样,是孤立的和独立的。

定义和划分合在一起,使我们拥有个别化的或明确的意义,而且还能说明这些意义所指的那群对象。它们代表对意义的固定和组织。任何一类经验的意义被搞得清清楚楚,以致能够作为划分其他相关经验的原则,于是在这种程度上,这类特殊的事物就变成一门科学了;也就是说,定义和分类是科学的标志,它使科学不同于许多没有联系的混杂的知识,也不同于使融贯性进入我们的经验而却没有意识到它们在起作用的习惯。

定义的三种类型

定义有三类:指示的(*denotative*)、说明的(*expository*)和科学的(*scientific*)。

在这三类定义中,第一类和第三类在逻辑上是重要的,而介于两者之间的第二类,其定义在社会和教育方面起着重要的作用。

1. 指示的定义。一个盲人,绝不会对颜色和红色的意义有恰当的理解;一个有视觉能力的人,只有通过具有以这样的方式来表示从而注意其某些性质的事物,才能获得这种知识。这种通过唤起对事物的某种态度来确定意义的方法,可以称为指示的或陈述的(indication)。它们需要所有感觉的性质——声音、味道、颜色——而且,同样需要所有情感的和道德的性质。诚实、同情、仇恨、恐惧的意义必须从个人的直接经验中表现出来,它们的意义才能被把握。教育改革家要改进语言训练和书本训练,通常采取的方式是诉诸个人的经验。无论个人在知识、在科学训练方面多么高明,他获得对一门新学科或一门旧学科的新进展的理解,必然总是通过那些直接地感受有争执的性质,或对其进行想象的行为。

2. 说明的定义。给定直接的或以外延方法划分出来的意义存储,语言就成为一种可以建立富于想象的组合和变化的资源。对一种没有看见过的颜色,可以把它限定为介乎绿色和蓝色之间,从而给它一个定义;可以从猫科的已知成员中选择出一些性质,然后把这些性质与从其他对象中得出的尺寸和重量结合起来,以此来定义一只老虎(也就是说,使老虎的观念更明确)。举例说明具有说明定义的性质;字典中给出的对意义的说明,也具有说明定义的性质。接受人们更熟悉的意义并且把它们结合起来,这样,一个人所获得的意义存储就可以供他使用。但是,这些定义本身是间接的和约定的;因此存在一种危险,即不是激励人们根据个人经验去努力说明和证实这些定义,而是根据权威作为直接观察和实验的替代物来接受这些定义。

3. 科学的定义。甚至通俗的定义也可以被用作对个别事物进行识别和分类的规则。但是,这样的识别和分类的目的主要是实践的和社会的,而不是理智的。把鲸当作鱼,并不妨碍捕鲸者的成功,也不阻碍在看见一头鲸时认出它来;相反,不把鲸看作鱼而看作哺乳动物,丝毫不损害这种实际结果,而且还提供了更有价值的科学识别和分类的原则。通俗的定义选择某种相当明显的特征,作为区别事物的原则。科学的定义则选择原因、结果和产生的条件,作为它们独特的因素。通俗的定义所使用的特点,并不帮助我们理解为什么一个事物具有普通意义和性质;它只能简单地阐明它有这些意义和性质这一事实。因果定义和产生定义确定一个事物的构造方式,这种方式决定了它属于某一类对象。这些定义根据对象的产生方式来说明为什么它属于这个类或者具有共同特征。

例如,如果问一个富有经验的外行金属的含义,或者他怎么理解金属,他大概会借助(1)在辨认任何给定的金属和(2)在技艺中有用的性质来回答。在他的定义中,大概会包括平滑、坚硬、光泽,以及光亮、相对于体积的重量,因为当我们看见和触摸这些特定的事物时,这些特点使我们能够识别它们;大概还会包括能够锤打、拽拉而不断裂、加热则软而遇冷则硬、保持给定的形状和形式,以及抗压抗腐蚀这些有用的性质——无论如何,可锻造和可熔化这样的术语是一定要列举出来的。如今,科学的定义不使用这类特点,甚至也不补充说明它们,而是在另一种基础上确定意义。现在,关于金属的定义大概是这样的:金属意谓任何与氧气结合起来而形成一种基础的化学元素,换言之,是与酸结合起来而形成盐的化合物。这一科学的定义不是基于直接感知的性质,也不是基于直接有用的性能,而是按照某些特定事物相互因果联系的方式建立起来的;也就是说,它指一种关系。正如化学概念越来越变成那些构成其他实体的相互作用的关系的概念一样,物理概念越来越多地表达物质运动的关系;数学概念越来越多地表达从属(函数关系)和组合次序;生物概念越来越多地表达由各种环境的调整而影响的遗传变异关系,如此等等,整个科学领域都是这样。简言之,我们的概念在这样的程度上达到最明确的个别性和普遍性(或可适用性),即它们表明事物彼此之间如何相互依赖或相互影响,而不是以统计学的方式表达事物具有的性质。一个科学概念系统的理想是:在概念从任何事实和意义转变到任何其他事实和意义的过程中,要保持其连续性、自由性和灵活性;这一要求在如下程度上得到满足,即我们在不断变化的过程中,把握使一些事物结合在一起的动态联系——一条使我们洞见产生或生长模式的原则,那么,系统的科学概念理想就实现了。

7. 语言与思维训练[*]

作为思维工具的语言

语言与思维有着特别密切的联系,因此需要专门讨论。"逻辑"这个词来自逻各斯(λόγος),一般意谓思维或理性;然而,"语词、语词、语词"只能意味着理智的贫乏、思维的虚假。学校教育用语言作为学习的主要工具(并且常常作为主要的教

---

[*] 选自《杜威全集·晚期著作》第 8 卷,第 231—234 页。首次发表于 1933 年,为《我们如何思维:重述反思性思维对教育过程的关系》一书第 16 章。

材）。然而，几百年来，教育改革家对学校中流行的语言的使用提出了最严厉的批评。语言对于思维是必要的(甚至等同于思维)这一信条，受到了语言歪曲和隐瞒思维这一论点的对抗。

对思维和语言关系的几种观点

关于思维和语言的关系，一直有三种典型的观点：第一种认为，它们是同一的；第二种认为，语词是思维的外表或衣服，它不是对思维而只是对传达思维才是必要的；第三种(我们在这里将坚持这种观点)认为，尽管语言并不是思维，但它对于思维活动及其交流是必要的。然而，当人们说没有语言就不可能思维时，我们必须记住：语言包括的东西远远超出口头的语言和书写的语言。姿势、图片、纪念碑、视觉形象、手指运动——任何有意地作为一种指号(sign)使用的东西，从逻辑上说，都是语言。说语言对于思维活动是必要的，即是说符号对传递意义来说是必要的。思维不与单纯的事物打交道，而与它们的意义，与关于它们的暗示打交道；而意义为了被理解，必须以可感觉的和特殊的存在物体现出来。如果没有意义，事物不过是盲目的刺激，或者是快乐和痛苦的偶然根源；而且，意义本身并不是有形的东西，它们必须依附在某种物理存在物上才能固定下来。专门用来固定和传达意义的存在物，即是符号(symbols)。如果一个人向另一个人走过去，把他推出房间，那么，他的这一动作不是指号。然而，如果这个人用他的手指着门，或者发出"走"这个声音，那么，他的行为就成为意义的载体：这是一个指号。就指号来说，我们毫不关心它们本身是什么，而关心它们表示和代表的所有东西。*Canis, hund, chien, dog* 这四个词分别是拉丁文、德文、法文和英文，意思都是"狗"这个词；只要表达了外部事物的意义，用哪个词都无关紧要。

自然界的物体是其他事物和事件的指号。例如：云代表雨；一个脚印代表一个猎物或一个敌人；一块突出的岩石用来指示地表下的矿物。然而，自然指号的局限性很大。首先，物理的或直接的感官刺激很容易分散对所意谓或表示的东西的注意力。几乎每个人都会想到，向一只小猫或小狗指点一个食物对象时，只能使它专注于正在指物的手，而不会注意被指的东西。其次，在只存在自然指号的地方，我们主要听凭外部事件的摆布；为了得知其他某些事件的可能性，我们必须等待，直到自然事件自己表现出来。第三，由于自然指号最初并非有意作为指号，因而是笨拙的、庞杂的、不方便的、难以运用的。相反，符号则是出于传递意义的目的而引进和发明的，就像人为的工具和器具。

人为指号用于表达意义时的几个优点

因此,对任何高度发展的思维来说,人为的指号是必不可少的。语言正好满足这种要求。姿势、声音、书写或印刷形式都是严格的物理存在物,但是,它们朴素的价值有意地服从于它们获得的、作为意义表达物的价值。人为指号用于表达意义有这样三个优点:

首先,微弱的声音和细小的书写或印刷标记,它们的直接和可感觉的价值不大。因此,它们不会分散人们的注意力,不会影响它们所代表的意义以及它们的表现功能。

其次,它们的产生受到我们直接的控制,因此,它们可以在人们需要时产生出来。当我们能够构造"雨"这个词时,不必等待雨的某种自然前兆把我们的思想转移到这个方向上。我们不能制造云,但我们能够制造这种声音;而作为一种意义标志,这种声音像云那样很好地为我们的目的服务。

第三,任意的语言指号运用起来十分便利和容易,它们简洁、轻便、精巧。只要我们活着,就要呼吸,而且通过喉咙和嘴的肌肉变化而变更声音的量和质。这是简单、容易并可以无限控制的。身体姿势以及手和胳膊的姿势也可被用来作符号,但是与调整呼吸产生声音相比,它们是粗糙的,不好运用的。难怪口头言语被选作为有意的理智符号的主要材料。声音是精巧的、精练的、容易修改的,也是短暂的。诉诸眼睛,书写和印刷语词系统弥补了这一缺陷。书写的词不变(*Litera scripta manet*)。

记住意义和指号(或语言)的密切联系,我们就可以更详细地说明:(1)语言为特定意义做些什么;(2)语言为意义的组织做些什么。

语言选择、保存和应用特定的意义

在个别意义的情况中,一个词语指号(a)选择一种意义,即把它从含混不清的、变化不定的东西中分离出来(参见本卷第228页);(b)保存、记录、存储这种意义;(c)在需要时应用它来理解别的东西。用一种混合的隐喻方式,把这些不同的职能结合起来,我们可以说,一个语言指号是一个围栏、一个标签、一个载体——集三者于一身。

(a)文字是一堵围墙。谁都体验过,对于一个朦胧含混的东西,获知了适合它的名字,就能够使它完全清晰和明朗。有的意义看上去几乎伸手可及,却又难以捉摸;它不凝聚成明确的形式;命定一个词,就是以某种方式(到底用什么方式,几乎是无法说明的)对意义加以限制,把它从虚空中抽象出来,使它成为一个依靠自身的实体。当爱默生(Emerson)说,他更愿意知道表示一个事物的真正的名字,即诗人赋予的名字,而不愿意知道这事物本身时,他大概是想到语言的这种启发的功能。儿童在要求和获知自身周围每个东西的名字时所表现出来的乐趣说明,对于他们,意义正在变成具体的个体,因而他们与这些东西的交往正在从自然的水平转变为理智的水平。原始人赋予语词以魔力,这没有什么奇怪的。命名任何东西,就是给它一个称号;把它从纯物理现象提高到一种独特而持久的意义,从而使它获得尊严和荣誉。在原始传说中,知道一些人和事物的名字并且能够操纵这些名字,就是占有它们的尊严和价值,就是掌握它们。

(b) 文字是一个标签。事物产生又消亡,或者我们产生又消亡,而且不管怎样,事物都没有引起我们的注意。我们与事物直接可感觉的关系是十分有限的。自然指号引起的意义联想,限于能直接接触或观察的场合。但是,由语言指号固定的意义却为未来的使用保存下来。即使没有表示某种意义的事物,也可以产生语词,从而使事物具有那种意义。由于理智生活依赖于对大量意义的占有,因而不会夸大语言作为一种保存意义的工具的重要性。当然,存储的方法并不是完全无菌的;同样,即使语词保持住原样,也会有讹误,有意义的变化,这是每个生存的人都要为生存的权利付出的代价。

(c) 文字是一种媒介。当一种意义被一个指号分离出来并且固定下来时,就可以在新的语境和情景中使用这种意义。这种转移和重新应用,是所有判断和推论的关键。一个人认识到某一片特定的云是某一场特定的暴风雨的先兆,如果他的认识到此为止,那么,这对他不会有什么益处。这样,他就不得不一遍一遍地重新学习,因为下一次的云和雨不同于上一次的云和雨。这样,任何理智的累积增长都不会出现。经验可以形成适应自然的习惯,但不会教人们任何东西,因为我们不能有意识地利用旧经验来预料和调整新经验。能够用过去的东西来判断和推论新的和未知的东西,这意味着,尽管过去的东西已经消失,它的意义却以某种方式留存下来,以至于可以被用来确定新东西的特征。语言是我们巨大的运载工具:像易于操纵的载体,通过它们,把意义从与我们不再有关系的经验运送到那些尚模糊不清和无法确知的经验中去。

语言指号是组织意义的工具

在强调特定意义的指号的重要性时,我们忽略了另一个同样重要的方面。指号不仅划分出特定的或个别的意义的界限,而且是把种种意义按其彼此关系加以组织起来的工具。语词不仅仅是单个意义的名字或名称;它们还可以把意义相互联系、组织起来而形成句子。当我们说"那本书是字典"或"天空中那团模模糊糊的光是哈雷彗星"时,表达了一种逻辑联系——一种超出自然事物领域,进入种和属、事物和属性的逻辑范围的分类和定义的活动。命题、句子和判断的关系,与主要通过分析命题的各种不同类型而形成的独特的语词和意义或概念的关系相同;正如语词隐含句子一样,句子隐含它所适合的、连贯的、更大的篇章整体。正像人们经常说的那样,语法表达一般心理的无意识的逻辑。构成思维效用资本的主要的理智分类,是由我们的母语为我们建立起来的。使用语言时,我们对于自己正在运用本民族的理智系统恰恰缺乏明确的意识,这表明我们已经完全习惯于语言的逻辑分类和组合。

(马明辉　译)

图书在版编目(CIP)数据

经验的重构：杜威教育学与心理学/李业富主编. —上海：
华东师范大学出版社,2017
（杜威选集/刘放桐,陈亚军主编）
ISBN 978-7-5675-6886-0

Ⅰ. ①经… Ⅱ. ①刘… Ⅲ. ①杜威（Dewey，John
1859—1952)-教育思想-文集②杜威(Dewey，John 1859—
1952)-心理学-文集 Ⅳ. ①G40-097.12②B84-069

中国版本图书馆 CIP 数据核字(2107)第 246290 号

杜威选集
经验的重构——杜威教育学与心理学

主　　编　刘放桐　陈亚军
编　　者　李业富
责任编辑　朱华华
责任校对　邱红穗
装帧设计　高　山

出版发行　华东师范大学出版社
社　　址　上海市中山北路 3663 号　邮编 200062
网　　址　www. ecnupress. com. cn
电　　话　021-60821666　行政传真 021-62572105
客服电话　021-62865537　门市(邮购)电话 021-62869887
地　　址　上海市中山北路 3663 号华东师范大学校内先锋路口
网　　店　http://hdsdcbs. tmall. com/

印　刷　者　上海中华商务联合印刷有限公司
开　　本　787毫米×1092毫米　1/16
印　　张　30
字　　数　482 千字
版　　次　2017 年 12 月第 1 版
印　　次　2023 年 8 月第 3 次
书　　号　ISBN 978-7-5675-6886-0
定　　价　138.00 元

出 版 人　王　焰

(如发现本版图书有印订质量问题,请寄回本社客服中心调换或电话 021-62865537 联系)